사람은
왜
도덕적이어야
하는가

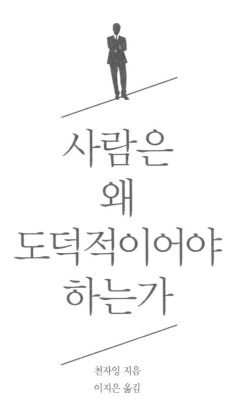

사람은
왜
도덕적이어야
하는가

천자잉 지음
이지은 옮김

사람in
saram
in.com

한국어판 서문

        이 책은 '사람은 어떻게 살아야 하는가'에 대한 질문으로 시작한다. 사실 개인적으로 이 문제에 대한 정답은 존재하지 않는다고 생각한다. 모든 사람이 살아가는 목적과 삶의 경험을 외면한 채 단순히 문제에 대한 답을 구하는 행위는 근본적으로 아무런 의미가 없기 때문이다. 세상을 살아가는 목적과 그 과정에서 겪게 되는 경험이 다채로운 모습을 띠고 있다는 점에서 사람은 자신의 경험 속에 갇혀서는 안 될 것이다.

    우리가 살아가면서 얻는 경험은 원래 타인과 함께 살아가면서 얻는 경험이다. 자신의 삶의 목적과 경험을 접목시키는 행위는 자신을 가둬두는 성벽을 짓는 것이 아니라, 오히려 타인에게 자신을 있는 그대로 드러내는 것이다. 그 과정에서 나보다 뛰어난 타인, 귀감이 될 만한 사건을 통해 새로운 지식과 경험을 배울 수 있다. 그런 점에서 이 역시 적극적인 의미의 자기방어라고 생각한다.

그렇기 때문에 내 책이 한국어로 번역된다는 사실에 솔직히 말해서 기쁜 마음을 감출 수 없다. 외국 작가가 쓴 글을 한국 독자가 읽는다는 사실만으로도 흐뭇하지만, 이번 기회를 통해 한국의 문화와 사상에 대해 더 많이 알 수 있다는 기대감 때문에 내게는 좀 더 특별한 의미를 지닌다. 내 책을 한국어로 번역해준 역자와 출판사 관계자에게 감사의 뜻을 전한다. 또한 이번 기회를 마련해준 샤오하이오우肖海鸥, 마오지옌毛靜彦 두 여사님에게도 고맙다는 인사를 하고 싶다. 독자 여러분이 이 책을 통해 읽는 즐거움을 만끽하며, 날카로운 비평과 의견을 스스럼없이 제시해주기를 바란다.

베이징에서

천자잉

3/ 우리는 세상을 어떻게 이해하는가
사실과 가치의 문제

4/ 실천하는 삶이란 무엇인가

5 / 아는 것을 어떻게 실천할 것인가

6 / 행복한 양질의 삶을 위하여

7 / 선을 향한 마음
본선과 향선

8 / 우리는 어떻게 살아야 하는가

1

윤리적 삶이란

무엇인가

윤리란
무엇인가

　　이 책에 등장하는 몇몇 논제, 예를 들어 목적과 수단, 참지식과 실천의 관계, 성선설·성악설, 참살이 등은 일반적으로 윤리학이라는 테두리 안에서 다뤄진다. 그럼 윤리학이란 무엇인가? 먼저 윤리학에 대한 개인적인 생각부터 간단하게 소개하려고 한다.

　　윤리학이라는 용어는 서양의 에틱스_{ethics}에서 비롯된 것으로, 아리스토텔레스는 최초로 그 어원인 '타 에티카_{ta ethika}'를 전문용어로 정립하고 이를 바탕으로 윤리학이라는 학과를 창시했다. 타 에티카에 대응해 키케로가 사용한 '필로소피아 모랄리스_{philosophia moralis, 도덕철학}'의 용어가 영어에 그대로 이어져서 '모랄 필로소피_{moral philosophy, 도덕학, 윤리학}'라는 이름이 탄생하게 되었다. 큰 틀에서 봤을 때 모랄리스_{moralis}와 에토스ethos, 성격·관습의 뜻을 지닌 그리스어에서 비롯된 철학 용어로 예술의 감정적 요소인 파토스(pathos)와 대립되는 개념, 후에 윤리학으로 발전는 비슷한 뜻을 지녔지만 그 의미를 자세히 짚어보면 의미나 용법에서 차이가 존재한다. 그리스어인 에토스는 성격, 인물, 성향character을 주로 가리킨다. 라틴어인 모랄리스가 습관customs이나 기품manners 등 '무리'와 관련된 내용을 강조하는 데, 반해 에토스는 '개인'과 관련된 내용을 강조한다.

근대 영어에서 모랄moral과 에티컬ethical, 윤리적인은 종종 혼용되지만 둘 사이에는 엄연한 차이가 존재한다. 양성兩性 문제를 다룰 때는 주로 모랄리티morality를 사용하고, 에틱스ethics는 사업과 관련된 문제에 주로 사용한다. 해당 단어의 용법으로 볼 때, 오늘날 에티컬은 주로 사회나 인륜관계를 다룰 때 사용되며, 모랄리티는 개인과 관련된 문제에 집중적으로 사용된다. 결론적으로 말해서 오늘날 두 단어의 함의는 고대와 반대로 사용되고 있다.

윤리 영역에 줄곧 많은 관심을 보여온 동양의 사상은 윤리 본위, 그 자체라고 할 수 있다. 예를 들어 공자의 학설은 논리학설로 평가받았고, 노자의 학설은 정치-윤리학설로 다뤄졌다. 송명이학末明理學은 불교의 도전에 순응하며 불교와 도교의 요소를 일부 흡수해 본체론, 즉 우주론과 지식론으로 발전했다. 하지만 대체적으로 볼 때 동양 사상의 핵심에는 여전히 윤리-정치에 대한 관심이 자리 잡고 있음을 알 수 있다. 또한 준덕성尊德性, 인간이 선천적으로 부여받은 선한 덕성을 존승하고 보존할 것을 강조한다.─역주이 도학문道學問, 학문을 통하여 선한 덕성을 배양할 것을 주장한다. 준덕성과 도학문은 유교의 대다.—역주보다 항상 높은 평가를 받아왔다. 동양의 학문체계는 서양과 달리 구체적으로 분류되거나 조직되지 못하다가 19세기에서 20세기로 넘어가는 시기에 기존과 다른 움직임을 보였다. 즉 이 시기에 양학西學이 도입되면서 '윤리'라는 새로운 용어가 등장한 것이다.

인간의 마땅한 도리,
윤리 · 도덕적 삶

오늘날 '윤리'와 '도덕'은 동일한 의미로 사용된다. '윤리'와 '도덕'이라는 용어는 예전부터 존재했지만 오늘날 그 함의는 서양 언어로부터 큰 영향을 받았다. 영어로 윤리는 'ethical_{에티컬}', 도덕은 'morality_{모랄리티}'에 해당한다. 윤리적 마지노선과 도덕적 마지노선이 같은 의미로 쓰일 만큼 두 단어의 의미는 매우 비슷하다. 하지만 그 의미를 좀 더 자세히 들여다보면 에티컬은 사회 인륜에 관한 영역에서 주로 언급되는 데 반해, 모랄리티는 '도덕적 소양'과 같은 개인적인 문제에서 주로 사용된다는 사실을 발견할 수 있다. 그밖에도 윤리는 도덕에 비해 덜 언급되며 총체적 문제의 성향에 관한 추리용어_{Dianoetic Words}에 가깝다. 이러한 차이 탓에 일반적으로 '윤리에 맞지 않는다'는 표현은 사용하지 않는다. 게다가 단어 자체가 학구적이어서 현실과 동떨어진 느낌을 주기 때문에 듣는 사람에게 그다지 대수롭지 않은 일이라는 인상을 심어줄 수 있다. 이와 달리 개인이나 특정 행위를 부도덕하다고 표현하면 매우 심각한 느낌을 준다.

사회를 살아가는 데는 다양한 규범이 존재한다. 이를테면 발음이나 맞춤법, 운동 등에도 모두 저마다의 규범이 존재하는데 이런 규범은 윤리 도덕과 관련 없기 때문에 기술적 규범Technical norms이라고 부르기도 한다. 물론 풍습이나 습관과 관련된 규범도 있다. 돼지고기를 먹지 않는 민족적 특성이 여기에 속한다. 이렇게 구분하기는 했지만 풍습, 습관과 규범, 도덕적 규범 사이의 구분이 항상 명확한 것은 아니다. 늦게 자고 늦게 일어나는 것을 좋아하는 사람과 일찍 자고 일찍 일어나기를 좋아하는 사람은 그저 생활습관이 다를 뿐, 반드시 어떻게 해야 한다는 강제적 조항이 없는 것과 같은 이치다.

그런데 《제자규弟子規》청나라 이육수(李毓秀, 1647~1729)가 저술한 아동 계몽서에서는 늦게 자고 일찍 일어나라고 말한다. 공자는 낮잠을 자던 재여宰子에게 썩은 흙으로는 담을 쌓을 수 없다며 크게 꾸짖기도 했다. 듣고 있자니 도덕 교과서에나 나올 법한 이야기다. 또한 돼지고기를 먹지 않는 유대인의 문화를 우리는 그저 관습의 차이라고 여기지만, 그들에게는 심각한 부도덕한 행위에 속한다. 노출이 심한 옷을 입었다고 해서 관습에 어긋난다거나 도덕을 해친다고 말할 수 있을까? 실오라기 한 올 걸치지 않고 거리를 활보한다면? 이러한 문제들을 통해 우리는 어떤 기준으로 도덕성을 판단할지 고민하게 된다.

도덕과 비도덕의 경계가 명확하다는 사람이 있는가 하면, 칸트처럼 도덕의 경계는 자율적으로 정해진다고 주장하는 사람도 있다. 또 혹자는 도덕규범은 시간이나 지역, 문화에 따라 변하지 않으며, 시대와 문화 그리고 대상인간을 막론하고 일괄적으로 유효하게 적용된다고 말한다. 그러나 나는 도덕은 고립된 영역이라고 생각한다. 도덕규범은 시간이나 지역, 문화에 따라 쉬지 않고 변하기 때문에 윤리가 도덕보다 더 앞선다고 주장한다.

윤리와 도덕 사이에는 미세하지만 중요한 차이가 존재한다. 윤리에 대해 이야기할 때 우리는 특정한 사회형태 쪽으로 좀 더 기울어지는 경향을 보이는데, 다양한 사회마다 온갖 형태의 윤리관계와 윤리규범이 존재한다. 이에 반해 도덕을 이야기할 때는 개별적인 윤리관계에서 특정한 윤리 규범을 뽑아내는 방향으로 기울어지는 경향을 보인다. 한마디로 말해서 도덕을 독립적이면서도 보편적인 대상으로 간주하는 것이다.

만약 윤리 이론이 여전히 도덕 연구에서 비롯된다면, 윤리학은 일반적인 사회생활에서 나타나는 도덕과 선악을 탐구하는 학문이다. 즉 사회생활에 입각해 윤리관계를 살피고 나아가 윤리관계에서 도덕적인 요건을 다루는 것이다. 도덕규범과 일반적인 사회풍습을 구분하려면 일반적인 사회생활과 이에 대한 당사자의 보편적 견해를 관찰해야 한다. 당사자의 성향, 성격, 심미관 외에 전반적인 자아의식, 삶의 실천과도 밀접한 관련이 있기 때문이다. 이를테면 품격이라는 단어는 성격, 도덕과 연관된다. 이러한 이야기를 종합해볼 때, 도덕과 윤리의 출발점에 대한 나의 개인적인 결론은 이러하다. 도덕은 윤리에 뿌리를 두고 있으며, 윤리적 삶과 한데 얽혀 있다. 또한 윤리는 일반적인 사회생활에서 비롯되며, 그것과 궤를 함께하는 것이다.

도덕이란
무엇인가

도덕은 영어로 모랄리티morality라고 하는데, 사실 이는 매우 애매한 표현이다. 좀 더 정확하게 말해서 도덕과 모랄리티는 같은 의미가 아니다. 윤리학은 철학 논리의 한 갈래로서, 윤리학과 철학 논리의 관계는 윤리 영역의 철학 일반 중에서 사물과 사물을 담론하는 언어가 완전히 분리될 수 없다는 개념으로 이해될 수 있다. 이 문제를 좀 더 명확하게 이해하기 위해 '도덕이란 무엇인가?'라는 주제를 가지고 좀 더 자세히 이야기해보자.

사물에 속하지 않는 도덕은 관찰만으로는 구체적으로 묘사될 수 없다. 그래서 무엇이 도덕이냐는 질문에 답하려면 일단 도덕이라는 단어를 사람들이 사용하기 시작한 계기부터 살펴봐야 한다. 일상적인 대화에서 사람들이 특정 행위, 심지어 특정 생각이 부도덕하다고 말하면, 논리학자가 이를 한데 모아 사람들이 무슨 이유 때문에 '부도덕'이라는 카테고리를 형성했는지 살핀다. 윤리탐구는 항상 윤리적 담론에 관한 탐구와 맥을 같이한다. 철학에서 추구하는 근원적인 이치의 상당 부분이 우리가 사용하는 언어와 긴밀한 관계를 맺고 있기 때문에, 철학자는 학설을 설명할 때 언어 속의 실제 사례를 동원해 증명해야 한다. 이 책의 5장에서 등장하는 왕양명 王陽明은 '知孝知悌 지효 지제'라는 표현으로 지행합일을 주장했다. 해당 내용은 뒤에서 좀 더 구체적으로 다룰 생각이다.

다시 본론으로 돌아와서, 윤리학과 철학 논리의 관계가 사물과 사물을 담론하는 언어와 같은 개념이라는 주장은 단순히 사고가 비롯되는 출발점에 국한된 문제가 아니다. 많은 이론가가 영원히 변치 않는 도덕이 있다고 주장하지만 그리스어에는 도덕과 유사한 단어가 없다. 그뿐만 아니라 도가에서 말하는 도덕의 의미도 지금과는 전혀 다르다. 또한 오늘날 다양한 윤리학파가 다양한 관점과 내용에 의거해 도덕을 정의하지만 자신의 주장을 논증하는 일은 점점 어려워지고 있다.

매킨타이어 Alasdair MacIntyre는 중세시대가 거의 끝나갈 무렵까지, 그보다 더 앞선 시대 혹은 중세시대의 언어에서 지금의 'right權利, 권리'라는 단어와 정확히 대응될 수 있는 표현방식이 존재하지 않는다는 사실에 주목했다. 그래서 그는 권리와 같은 단어가 근본적으로 존재하지 않는다는 결론을 제시하기도 했다.

결론적으로 윤리학에서 다루는 맥락과 어휘는 본디 한데 뒤엉켜 있다. 예를 들어 해명, 설득, 모두에게 귀감이 되겠다는 의지, 삶의 의미에 대한 혼란, 마음의 상처, 이질_{이단}적인 존재에 대한 배척 등과 같은 일부 행위와 심리는 언어 없이는 존재할 수 없다. 제아무리 철저 하게 전술을 세웠어도 전술을 수행하는 데 필요한 전자통신설비가 없 으면 탁상공론에 그치는 것과 마찬가지다.

현대의 윤리탐구에서는 또 다른 문제를 다루고 있다. 원래 우리의 일상적인 윤리생활은 모국어를 통해 얻은 경험과 연계되어 있다. 우 리는 특정 상태의 magnanimousness_{도량이 큼, 관대함} 혹은 megaloprepeia_{도 량, 고매함, 호방함}가 아닌 상대의 대범함을 경험할 수 있다. 또한 상대의 goodness_{선량함}가 아니라 선의 혹은 우수함을 경험하게 된다. 따라서 윤리적 경험을 반성하려면 당연히 선이나 우수함 같은 모국어의 어휘 를 사용해야 하지만 윤리에 관한 현대의 어휘는 대부분 서양 언어에 서 이식된 것이라는 데 문제가 있다.

앞서 이야기한 것처럼 도덕, 윤리라는 두 단어가 현재 사용되는 함 의에는 모랄리티_{morality}와 에틱스_{ethics}의 의미가 한데 뒤섞여 있다. 서양

---

1   알레스데어 매킨타이어, 《덕의 상실_{After Virtue}》. 매킨타이어의 결론을 토대로 뒷글에서 일부 논의를 추 가했을 때 적어도 한 가지 사실은 분명하게 이야기할 수 있다. 예를 들어 중국의 전통사회에 right_{권리}와 가장 비슷한 의미의 단어가 존재하지 않았다면 당시의 중국인에게 권리라는 개념 자체가 없었다는 것 이다.

의 윤리학에 대해 토론할 때 가장 많이 사용되는 단어가 바로 good이다. 이를 '好좋다'로 써야 할지, '善선하다'으로 써야 할지 몰라 난처할 때가 있다. 하지만 물리학에서 전혀 문제되지 않는다. 동양인, 서양인 모두 동일한 물리학 용어를 사용하며 그 의미가 명료하다. 이를테면 중성자는 더도 덜도 말고 neutron뉴트론으로 번역되는 것이다. 이러한 문제가 책 전체에 걸쳐 등장한다는 점을 먼저 밝혀두고자 한다.

나는
어떻게 살아야
하는가

　　　　　　　　　윤리가 도덕 문제와 밀접하게 관련되어 있다
고 해서 협의적인 의미의 도덕 연구에만 머물지 않는다. 그보다는 생
활 전반에 걸쳐 도덕을 연구한다고 표현해야 옳을 것이다. 그래서 윌
리엄스는Bernard Williams 소크라테스의 문제, 즉 '사람은 어떻게 살아야 하
는가?'라는 문제를 윤리학의 최초 문제[2]로 간주해야 한다고 주장했

2　　"소크라테스의 문제는 도덕 철학이 시작된생겨난, 최고의 출발점이다." 버나드 윌리엄스Bernard Williams,
　　　《윤리와 철학의 한계Ethics and the Limits of Philosophy》, Routledge, 2006, p4. 해당 저서의 1장에서 윌리
　　　엄스는 몇 가지 중요한 문제를 통해 위의 문제가 담고 있는 중요한 의미를 짚어냈다. 그중 하나로 그는
　　　should와 ought를 구분했다. ought를 도덕·의무적인 색채를 지녔다고 주장한 윌리엄스의 이론을 응
　　　용해, 어설프게나마 '사람은 어떻게 살아야 하는가?'와 '사람이라면 어떻게 살아야 할 것인가?'라는 문제
　　　로 구분했다.

다. 윤리학이 삶에 관한 문제를 해결하고 삶의 의의를 밝혀내야 한다는 것인데, 아마 오늘날 대부분의 사람들 역시 이렇게 생각할 것이다.

우리는 밑도 끝도 없이 어떻게 살아야 할지 생각하기보다는 구체적인 사건이 일어날 때마다 어떻게 행동할지 고민한다. 이를테면 대학원에 진학할 것인가, 아니면 고향으로 내려가 아이들을 가르칠 것인가. 이러한 구체적인 고민을 할 때 특정한 조건에서 이해득실을 저울질하거나 자신에게 이로운 것이 무엇인지 재빨리 계산기를 두드려보는 등 단순히 결정하기 위해 논의하는 선에서 그쳐서는 안 된다. 내가 어떤 사람인지, 내 삶의 목적은 무엇인지 통합적으로 고민해야 올바른 답을 찾을 수 있다. 이때 구체적인 상황에서 내가 어떻게 행동할 것인지 피상적으로만 고민하지 말고, '어떻게 살아야 할 것인가?'처럼 좀 더 일반적인 문제와 연계해 고민해야 한다.

'나는 어떻게 살아야 할 것인가?'라는 문제는 삶에 대한 나 자신의 일반적인 인식과 이해를 담고 있는데, 이러한 견해와 생각은 개인에게만 국한될 수 없다. 다른 사람의 삶도 함께 고려해야 한다. 이를테면 내가 동경하는 삶이 무엇인지 이해하려면 사람은 어떻게 살아야 하는지에 대한 고민이 선행되어야 한다. 또는 누군가의 행동으로 인해 상대에게 반감을 갖거나 경멸의 시선을 보낼 수도 있다. 이처럼 우리는 다른 사람에 대한 관심을 아예 배제한 채 오로지 나 자신만 어떻게 살아가야 할 것인지 고민할 수 없다. 스스로 자신의 행동을 판단할 수는 없기 때문이다.

내 행동은 나 자신에게는 의심할 여지가 없는 지극히 당연한 것이다. 그러다 보니 '어떠어떠하다'는 사실의 묘사와 '어떻게 해야 한다'는 가치의 당위성이 분리되는 현상을 타인을 통해 먼저 목격하게 된다. 하지만 우리는 나 자신이, 혹은 제3자가 어떻게 행동해야 한다고 이야기할 뿐 나 자신부터 어떻게 행동해야겠다고 말하지 못한다.

이 문제에 대해 내가 말하고자 하는 바는 구체적인 사건이 일어났을 때 내가 이렇게 행동한다고 해서 다른 사람도 반드시 나처럼 똑같이 해야 한다는 뜻이 아니다. 하지만 '나는 어떻게 살아야 하는가?'라는 문제를 다른 관점에서 고민해봐야 한다고 생각한다. 언뜻 보면 개인적인 문제로 착각하기 쉽지만 궁극적으로는 '사람은 어떻게 살아야 하는가?'라는 문제와 필연적으로 연계되기 때문이다.

요컨대 '나는 어떻게 살아야 하는가?'라는 문제는 나 자신에만 국한된 듯 보이지만 또 다른 측면에서 봤을 때, '사람은 어떻게 살아야 하는가?'라는 문제와 같이 고민해야 비로소 의미를 찾을 수 있다. 또한 윤리적 사고가 제아무리 심오한 문제를 다룬다고 해도, 결과적으로 윤리적으로 사고하는 당사자의 관심 범위에서 벗어날 수 없다. 한마디로 말해서 타인의 삶에 무관심한 채 '나는 어떻게 살아야 하는가?'라는 문제에 매달려봐야 아무런 소용도 없고, '사람은 어떻게 살아야 하는가?'라고 물어봐도 모든 사람에게 어떻게 살아야 하는지 정답을 찾아줄 수 없다. 바꿔 말하면 '사람은 어떻게 살아야 하는가?'라는 문제에 있어서 모든 사람에게 통하거나 의미를 지닌 정답은 존재하지 않는다.

선함을
가르칠 수
있는가

'사람은 어떻게 살아야 할 것인가?'라는 문제는 소크라테스 철학의 핵심적인 주제여서 소크라테스 문제라고 불린다. 하지만 소크라테스는 윤리학이라는 분야를 다루지 않았다. 철학 혹은 일반 학문을 분류한 것은 소크라테스가 아니라 아리스토텔레스였다. 그는 인간의 활동을 이론$_{theorie}$ 활동, 실천$_{praxis}$ 활동, 제작$_{poiesis}$ 활동으로 구분했다. 실천 활동은 대상을 변화시킬 수 있다는 점에서, 대상을 변화시킬 수 없는 이론 활동과 구분된다. 또한 실천 활동은 오로지 효용만을 추구하는 제작 활동과는 다르다. 제작 활동은 제작 그 자체에 목적이 있지만 실천 활동의 목적은 실천 그 자체에 있는 것이 아니다.[3] 이러한 활동에 대응해 아리스토텔레스는 학과를 크게 형이상학, 수학, 물리학을 포함하는 이론학과 정치학[4], 윤리학을 아우르는 실천학과 시학詩學을 다루는 제작학과로 구분했다.

아리스토텔레스는 이론의 앎과 실천의 앎을 구분했다. 전자는 에피스테메epistemè, 학문적 인식라고 부르고, 실천에 속하는 앎은 프로네시스phronesis, 실천적 지혜라고 부른다. "진실한 지혜를 획득할 수 있는 자질 중 하나가 바로 진리logos다. 진리는 사람의 선함과 선하지 못한 행동과 관련되어 있다(니코마코스 윤리학), 1140b4.[5]" 프로네시스는 일반적으로 실천적 지식 혹은 실천적 지혜라고 번역되며, '밝은 앎明智'으로 번역되기도 한다. 프로네시스를 실천적 지식으로 번역한 점은 납득하기 어렵다. 뒤에서 좀 더 자세히 다루겠지만 간단히 짚고 넘어가자면, 지식이라는 단어는 체계적인 앎을 의미한다는 점에서 실천 지식보다는 실천적 앎

3   이 문제는 4장에서 보다 구체적으로 다룰 예정이다. 그밖에 한 가지 짚어두자면, 아리스토텔레스가 항상 일괄적으로 또는 명확하게 개념을 구분하지는 못했다는 것이다. 때로는 제작 활동을 실천 활동으로 부르기도 했다. 이때의 실천이란 집을 짓는 것처럼 외부적인 목적을 실현하기 위한 활동과 전반적인 생활, 심사숙고처럼 그 자체로 목적인 활동으로 구분된다. 또 다른 장소에서 아리스토텔레스는 광의적인 함의를 다룰 때 praxis프락시스라는 단어를 사용했다. 하늘의 별과 땅 위에 자라는 초목 모두 실천하고 있지만 아리스토텔레스는 '동물'은 실천하지 못하며 오로지 인간만이 실천한다고 자주 이야기했다(니코마코스 윤리학Ethika Nikomacheia).

4   아리스토텔레스는 윤리학과 정치학을 모두 실천학과로 간주했지만 아리스토텔레스의 정치학은 오늘날의 정치학과 전혀 다르다. 게다가 그는 철학과 사회과학을 구분하지도 않았다. 아리스토텔레스의 정치학은 오늘날의 정치철학과 정치학을 한데 뭉뚱그린 것이라고 할 수 있다.

5   아리스토텔레스 철학에서 에피스테메episteme와 프로네시스phronesis를 구분한 것과는 대조적으로, 플라톤은 종종 혼용하곤 했다. 게다가 용법 역시 일관성을 유지하지 못했다. 아리스토텔레스는 모든 지혜를 에피스테메라고 부르기도 했는데 그의 표현대로라면 프로네시스는 에피스테메에 속해야 옳다. 하지만 실천에 대한 전문적인 논의 과정에서 아리스토텔레스는 에피스테메와 프로네시스를 바꿔서 이야기하고 있다. 이 정도 문제는 다루지 않아도 무방할 것이다.

行爲知로 번역해야 옳을 것이다. 그렇다고 실천적 지혜라고 번역하는 것도 썩 적절하지 않다. 지혜는 상당히 고차원적이기 때문이다.

고대 아테네의 위대한 정치가 페리클레스Pericles나 중국 제齊나라의 재상 관중管仲 같은 인물을 향해 실천적 지혜를 지녔다고 이야기하지만, 단순히 밥을 짓거나 집을 지을 줄 안다고 해서 지혜롭다고 이야기하지 않는다. 게다가 실천 지식 혹은 실천적 지혜로 번역하든 결과적으로 보면 해설에 가까울 뿐, 그것만으로는 적절한 용어가 될 수 없다. 하지만 밝은 앎은 수단을 의미하는 데 주로 사용되며, 프로네시스는 기술techne, 테크네이 아니라 덕을 가리킨다(니코마코스 윤리학), 1140b25~26. 정확한 수단을 선택할 수 있는 능력으로서의 프로네시스는 어떤 목적이 추구할 만한 가치가 있는지에 대해 사고하는 능력을 가리킨다. 그렇기 때문에 억지로라도 번역해보자면 밝은 지혜明慧 또는 슬기로운 지혜聰慧라고 번역할 수 있다.

이론 과학의 목표는 진리를 위해 진리를 추구하는 것으로, 본래의 모습을 바꾸지 못한다. 이를테면 천체를 연구한다고 해서 천체의 운행을 바꾸지 못하는 것과 같다. 이와 대조적으로 실천학과는 단순히 진리 그 자체만을 위해 진리를 추구하지 않는다. 예를 들어 윤리학을 연구하는 목적은 무엇인가? 착한 사람이 어떤 사람인지 알아보는 데 머무는 것이 아니라, 우리가 착한 사람이 되기 위한 방법을 고민하는 것이 바로 실천학이다. 덕이란 무엇인가, 또 우리 스스로 덕을 갖추려면 평소 어떻게 생각하고 행동해야 하는가를 열심히 연구한다. 그런 점에서 윤리학은 "지식을 추구하는 여타 분파처럼 정적이며, 이론 그 자체를 목적으로 삼지 않는다. 어떻게 해야 선한 사람이 될 수 있는지 연구하는 것이 윤리학이 존재할 수 있는 이유가 된다. 그렇지 않다면 윤리적 연구는 아무런 의미도 지니지 못한다.[6]"

아리스토텔레스는 인간의 3대 활동과 이에 상응하는 3대 학과를 구분하는 한편, 이론적 앎과 실천적 앎을 구별했다. 언뜻 보면 한눈에 봐도 쉽게 알아볼 수 있을 만큼 가지런하게 구분된 것 같지만, 이를 한데 합치면 윤리학—정치학의 위치가 불분명하다. 윤리학—정치학은 명확하면서도 체계적인 지식을 갖추고 있지만, 이는 실제로 윤리를 실천하는 과정에서 생겨나는 것으로, 성장하는 앎과는 성질이 다르다. 행위자의 밝은 지혜를 연마하거나 프로네시스와도 엄연히 다르다. 또 다른 측면에서 윤리학—정치학은 물리학처럼 냉철하게 관조하는 이론이 아니다. 왜냐하면 이론 지식을 탄생시키지 못하기 때문이다. 그렇다면 윤리학—정치학은 대체 어떤 종류의 앎이란 말인가? 이 문제에 대해 아리스토텔레스는 정확한 답변을 들려주지 않았다.

이보다 더 까다로운 문제도 존재한다. '인간은 과연 선함과 덕을 가르칠 수 있는가?' 가르칠 수 있다면 '몸소' 가르칠 것인가, 아니면 윤리학처럼 체계적인 논리를 동원해 가르칠 것인가? 윤리학이 사람에

---

6   아리스토텔레스, 《니코마코스 윤리학》, 1179b, 조나선 반스Jonathan Barnes 엮음, 2006년, p25

게 선함을 가르칠 수 있다는 명제가 고대에 등장했다면 미심쩍은 눈길을 받는 데 그쳤을 것이다. 하지만 지금은 의심의 눈길은커녕 명제 자체가 성립될 확률조차 거의 '0'에 가깝다. 그렇게 주장한다 해도 이름을 알리는 데 급급해서 겉만 번드르르하게 가장하는 가짜 학자 취급을 받기 십상이다. 하지만 윤리학이 생기기도 전에 세상에는 이미 선한 사람들이 존재했고 선한 행동이 존재했다. 윤리학이 사람에게 선함을 가르칠 수 있었다는 주장은 모두가 수용할 수 있는 선함이 존재한다는 발전적 의미도 내포하고 있다. 그래서 윤리학자는 공동의 선을 좀 더 정확히 이해하고 이를 사회 주체와 논의해야 한다. 윤리학이 사람에게 선함을 가르칠 수 있다는 주장에 대해 아리스토텔레스는 한 발 물러난 태도로 조심스럽게 이야기했다.

"사람을 고귀하게 만드는 여러 이론은 천성적으로 고상한 사람들을 덕으로 돌려보낼 수 있는 힘을 지닌 것처럼 보이지만, 많은 사람이 선함과 아름다움을 추구하도록 이끌 만한 강력한 힘이 없다. (중략) 이론적으로 이미 성격이 되어버린 습관을 고치는 것은 불가능하거나 무척 어려운 일이라 하겠다(니코마코스 윤리학), 1179b."

윤리학은
어디서
비롯하는가

아리스토텔레스에게 윤리학은 상당히 모호한 학과였다. 훗날 윤리학의 외연이 점점 확대됨에 따라 윤리학자들은 윤리학을 몇 가지 학파로 구분했는데, 가장 대표적인 것이 틸리Frank Thilly의 분류법이다. 윤리학을 이론윤리학과 실천윤리학으로 구분한 틸리는 전자를 법칙을 발견하는 것, 후자를 법칙을 응용하는 것이라고 정의했다.[7] 이러한 구분은 윤리학이 '사람에게 선함을 가르칠 수 있는가?'에 대한 이분법적 사고를 상당 부분 누그러뜨렸다. 이 구분

---

7   프랭크 틸리Frank Thilly, 《윤리학 도론Introduction to Ethics》, 2002년, 제1부 12장

에 따르면 사람에게 선함을 가르치는 일은 이론윤리학이 아니라 실천 윤리학과 관련이 있기 때문이다. 중국에 윤리학을 도입한 학자 중 한 명인 채원배蔡元培는 《중학수신교과서中學修身教科書》에서 이론윤리학과 실천윤리학을 이렇게 구분했다. "이론윤리학이 추구하는 원리를 일처리를 위한 올바른 규범으로 활용하는 것이 실천윤리학이라면, 위생학에서 생리학이 비롯되었듯이 이론윤리학은 실천윤리학에서 비롯된다고 할 수 있다.[8]"

또 다른 분류법으로는 규범윤리학과 기술윤리학의 구분이 있다. 이론윤리학과 실천윤리학의 구분과 매우 비슷한 내용으로, 규범윤리학은 우리가 어떻게 살아야 하는지를 집중적으로 탐구하고 이를 위한 윤리적 규범을 제시하려 한다. 이에 반해 기술윤리학은 단순히 각종 이론 규범을 '기술descriptive'한 것으로, 어떤 규범을 준수해야 하는지 알려주지 않는다.

무어George Edward Moore에 이르러 메타윤리학Meta-ethics이라는 새로운 학파가 생겨난다. 메타윤리학은 도덕적 규범을 제공하지도 않고, 심지어 도덕적 문제에 대한 사고의 방법도 제시하지 않는다. 그저 윤리학이라는 학문의 자체적인 특징을 밝혀내는 것이 목적이다. 이를테면 윤리학의 학문적 지위, 윤리학과 기타 학과, 이를테면 심리학, 사회

---

8   채원배, 《중국윤리학사中國倫理學史》·《중학수신교과서》, 상우인서관商務印書館, 본 장에서는 인용한 채원배의 수장은 모두 이 책을 참고하였다.

학과의 관계를 연구하는 데만 관심이 있을 뿐이다. 윤리적 지식은 존재하는가? 윤리적 주장은 객관성과 보편성을 확보할 수 있는가? 윤리적 이론과 윤리적 실천은 어떤 관계를 이루고 있는가? 윤리학의 목적은 사람에게 선함을 가르치는 데 있는가? 윤리학은 삶을 이끌 수 있는가?

메타윤리학은 20세기 초에 분석철학에서 크게 유행했다. 일부 철학자는 소위 규범윤리학은 사실상 앞서 설명한 수신술修身術, 말 그대로 몸을 닦는 내용을 기록을 담은 책수신서에 불과할 뿐, 진정한 의미의 철학에 속하는 것은 메타윤리학이 유일하다고 주장하였다. 메타윤리학의 등장은 철학에서 사용하는 언어의 변화와 관련 있다. 메타윤리학의 임무를 윤리 영역에서의 언어 사용 연구라고 분석한 철학자도 여럿 된다. 실제로 무어 역시 윤리학을 '도덕적 언어의 논리를 연구하는 것'으로 이해했다.[9] 하지만 나는 위에서 설명한 구분법에 결코 동의할 수 없다. 그 근거를 다음과 같이 설명해보겠다.

첫째, 소위 규범윤리학의 임무가 도덕규범을 제시하는 것이라면 그 규범이 제아무리 고상하거나 적절하다고 해도, 혹은 규범을 제시한 주체가 뛰어난 지식의 소유자라고 하더라도 특정 교파의 전도서에 가

---

9   리처드 헤어Richard M. Hare, 《도덕 언어The Language of Morals》

까울 뿐이다. 설교나 정치사상 교육에 그칠 뿐, 하나의 '학문'은 될 수 없다. 《중학수신교과서》가 세상에 등장하기 전에 채원배는 《중국윤리학사》에서 윤리학과 수신서를 이렇게 구분했다.

"수신서가 도덕 실천을 위한 규범을 보여주는 것이라면 윤리학은 학문의 이론을 연구하는 것이다. (중략) 윤리학이 지식의 길이라면, 수신서는 행위의 기준이다. (중략) 윤리학은 학문의 이론을 연구한다는 점에서 순간의 이로움과 해로움에 따라 여러 사람이 찬성하기도 하고 반대하기도 하니, 반드시 돌아볼 필요는 없다."

훗날 《중학수신교과서》에서 채원배는 기존의 틀을 유지한 채 이론윤리학과 실천윤리학이라는 용어를 사용했다. 하지만 실천윤리학을 집중적으로 다루고 있는 상권, 하권에서 이론윤리학을 소개하는 등 실천윤리학이라는 이름을 잘못 사용하고 있다. 책에 소개된 실천윤리학의 내용을 찬찬히 살펴보면 행위의 기준 혹은 규범을 제공하는 데 목적을 지닌 수신서에 가깝다. 채원배 역시 응용의 학문은 사실상 기술에 속한다고 분명히 밝혔다. "오직 이론적 윤리학만이 윤리라는 이름을 차지할 수 있다."

실천윤리학과 수신서의 차이가 무엇이냐고 묻는다면 실천윤리학의 배후에 이론윤리학의 원리가 있다고 대답할 수 있겠다. 즉 '실천윤리학은 이론윤리학에서 설명하는 원리를 응용'하는 것으로, 이는 두 번째 근거로 이어진다.

둘째, 윤리학과 수신서를 구분해야 한다는 점에는 나 역시 동의한다. 수신서와 윤리학은 특수한 관계를 맺고 있지만 둘을 구분하는 것은 그리 어렵지 않다. 하지만 이 둘을 구분 짓는 특수성을 명확히 설명하기란 결코 쉽지 않다. 틸리와 채원배에 따르면, 수신서 혹은 실천윤리학은 오늘날 우리가 응용윤리학이라 부르는 것이다. 응용윤리학은 구체적인 상황 속에서 어떻게 행동해야 도덕적인지를 연구하는 학문이다. 예를 들어 의학윤리학에서는 의료 혹은 의사의 윤리 등을 연구한다.

실천윤리학이라는 표현은 오해의 소지가 다분하다고 앞서 지적한 것처럼 응용윤리학이라는 이름 역시 의혹을 일으킬 수 있다. 채원배는 응용의 학문은 기술이라고 이야기했지만 실은 그렇지 않다. 응용역학, 응용수학은 엄연히 독립된 학문이 아닌가? 여기서 말하는 의혹이란, 응용역학이 이론역학을 밑거름으로 삼고 있는 것처럼 응용윤리학 역시 일부 윤리학 이론을 전제로 하고 있다는 점이다. 윤리학은 이론을 제공할 수 있는가? 의학윤리의 연구는 윤리 이론의 응용에 불과한 것인가? 한 가지 분명한 점은 역학의 기본 이론에 모두 동의했기에 응용역학이 탄생할 수 있었다는 점이다.

이와 대조적으로 윤리학은 여러 가지 학파의 다양한 이론이 존재한다. 그렇다면 '윤리 이론의 응용'을 위해 대체 누구의 이론을 응용해야 한단 말인가? 윤리학은 철학의 한 분류로서, 철학 응용이라는 일설이 없었다면 윤리학의 응용이라는 표현조차 생겨나지 않았을 것이다. 실천윤리학과 응용윤리학 중 어느 쪽으로 부르든지 '실천윤리학이 이론윤리학에서 설명하는 원리를 응용'하는 것이라는 생각은 납득하기 어렵다.

그런 점에서 나 역시 비트겐슈타인과 같은 입장이다. 철학은 결코 이론을 제공해주지 않는다. 의학윤리가 누군가의 이론을 응용하지 않는 것처럼 수학철학도 마찬가지다. 누군가의 이론을 수학적 영역에 응용한 것이 아니며, 과학철학 역시 누군가의 이론을 과학이라는 영역에 응용한 것이 아니다. 이들 모두 수학과 과학에 대한 철학적 사고일 뿐이다. 의학윤리학 역시 의학에 대한 윤리학적 사고에 속한다. 아메리카를 발견한 콜럼버스 일행은 그곳을 인도라고 착각하고 원주민을 '인디언_{Indian}'이라고 불렀다. 훗날 아메리고 베스푸치가 새로운 대륙이라는 사실을 발견한 뒤에도 그곳에 살던 원주민들은 '인디언'이라고 불렀다. 이렇듯 응용윤리학 역시 이왕 응용윤리학으로 명명된 이상, 굳이 고칠 필요까지는 없을 것 같다. 그저 겉으로 드러난 이름에 오도_{誤導}되지만 않으면 된다.

셋째, 기술윤리학이라는 이름에도 오해의 소지가 다분하다. 특정한 민족의 윤리적 규범을 기술하는 것은 인류학–사회학에서 짊어져야 할 의무이지 윤리학의 임무가 아니다. 뒤에서 좀 더 구체적으로 다룰 예정이지만 살짝 이야기하자면 인류학–사회학이 대상에 대한 평가 없이, 그저 '순수하게 기술_{記述}'할 수 있는지의 여부도 하나의 문제가 된다. 하지만 사실 여부를 떠나 중요한 것은 어떤 학과도 기술 작업에서 벗어날 수 없다는 것이다. 윤리학 혹은 인류학–사회학에 대한 사람들의 평가나 기술은 모두 제각각이다. 다만 한 가지 공통적인 사실이 있다면, 이들 모두 문제를 이해하기 위해 단 한순간도 기술을 중단하지 않았다는 것이다.

개괄적으로 이야기해서, 나는 윤리학을 규범윤리학, 이론윤리학, 메타윤리학 등으로 구분할 수 있다고 생각한다. 특정한 문맥에서는 이들은 문제를 제기하고 알리는 역할을 수행할 수도 있겠지만, 대부분의 경우 오도되기 쉽다. 그런 점에서 수신서라는 방식을 동원해 도덕규범이 윤리학의 임무가 아니라는 점을 여러 가지 예시로 설명한 채원배의 생각에 동의한다. 다양한 도덕규범에 대한 반성과 논증이야말로 윤리학의 의무이기 때문이다.

하지만 규범의 제시와 규범에 대한 반성이나 논증은 서로 단절된 것이 아니다. 소위 규범윤리학은 일반적으로 도덕규범을 단순히 나열하는 데 머물지 않는다. 예를 들어 신유교학자들은 유교적 도덕규범을 제시하는 데 목적을 두고 있지만, 동시에 윤리학 분야에서의 논증에도 참여한다. 다른 윤리규범 체계에 대한 논증보다 유가의 윤리규범에 대한 논증이 더 수준 높게 이루어지고 있다는 것이 그 반증이라 하겠다. 해당 규범이 기존 사회와는 전혀 다른 현대 사회에 어떻게 응용하거나 적용할 수 있는지에 대한 논증 역시 여기에 포함된다. 윤리규범에 대한 반성은 다양한 문제를 끌어들일 수 있는데, 윤리학의 자체적인 성질에 대한 사고, 즉 메타윤리학에 관한 문제도 여기에 포함될 수 있다.

무엇이 '앎'이고,
무엇이 '마음'인가

틸리와 채원배의 주장에 따르면 수신서 혹은 실천윤리학은 '이론윤리학에서 설명하는 원리를 응용'한 것이지만, 개인적으로 판단하기에 이는 '이론윤리학'을 정반대로 정의했다고 생각한다. 우리는 사회생활에서 특정 윤리규범을 지킬 것을 요구받는다. 그러다가 적당한 때가 되면 성인聖人이 나타나 삶 속에 녹아내린 실제 규범을 정리하고 정제하여 '실제로 행할 수 있는 도덕규범'을 보여준다. 대표적인 사례로 모세의 십계나 공자의 《논어》가 그러하다. 오랜 세월이 흘렀어도 여전히 우리에게 피가 되고 살이 되는 소중한 말씀과 가르침을 들려주고 있지 않은가!

하지만 이러한 규범에서 강조하는 도리나 이치에 대해서는 정작 아무 말도 하지 않았다. 어쩌면 드문드문 이야기했을지도 모르지만, '백성을 따라오도록 할 수는 있어도, 그 이유를 알게 하기는 어려운 법民使有之可也, 不可使知之'이라며 더 이상 아무 설명도 하지 않았다. 하늘과 인간의 관계를 큰 틀 안에서 일일이 꿰뚫어본다는 성인이지만, 그렇다고 해서 이를 모두 이론으로 발전시키지는 못했다. 그 때문에 추상적인 이념이나 가르침을 하나의 논리로 발전시켜야 한다는 근거와 학문적 스킬 모두 제대로 발전하지 못했다.

윤리규범 시스템의 적절성 여부를 판단하는 근거는 '이치나 도리를 말로 표현할 수 있는가'가 아니라, '윤리규범이 이치에 맞는가'가 되어야 한다. 하지만 문자의 시대가 시작되면서 도와 술은 천하에 의해 갈가리 분열되었고, 사방에서 자기가 옳다며 목소리를 높이고 있다. 규범을 처음 제시할 때는 아무래도 거칠고 단조로울 수밖에 없기 때문에 누구든지 쉽게 규범을 이해할 수 있도록 이치를 풀어내야 한다. 쉽게 표현하는 길을 택한다고 하더라도, 이야기하고자 하는 이치는 반드시 본래 제시된 규범과 그 이치를 고스란히 계승해야 한다.

그러나 어떠한 이치를 담고 있어야 합리적인 규범이라고 부를 수 있는 것인지, 누구도 딱 꼬집어 이야기할 수 없다. 대부분의 규범 체계에서는 살인을 저질러서는 안 된다고 강조하지만, 동물을 대상으로 하는 도축이나 살생 등은 금하지 않는다. 이러한 주장에는 물론 그 나름대로의 이유가 있다.[10] 그중에서도 모기나 개미는 죽을 때 고통을 전혀 느끼지 않는다는 주장이 큰 힘을 얻고 있다. 이러한 주장은 다양한 의미로 해석할 수 있다. 이를테면 개미 한 마리를 죽이는 것보다 개 한 마리를 죽이는 일이 더 힘든 이유를 설명할 수도 있다. 인공 낙태의 권리를 주장하는 일부 세력은 태아가 고통을 느끼지 못한다는 이유를 근거로 낙태를 정당화하기도 한다. 이러한 주장은 상당한 해석력을 지니고 있지만, 동시에 누구나 쉽게 발견할 수 있는 문제를 끌어낸다. 개미가 고통을 느끼지 않는다고 어떻게 단정할 수 있단 말인가? 어떤 근거로 태아가 고통을 느끼지 않는다고 주장하는 것인가?

이 문제를 차치하고 반드시 한 가지 짚고 가야 할 문제가 하나 있다. 사람을 죽이는 행위와 개미를 밟아 죽이는 행위를 다르게 인식하는 기준은 대체 무엇인가? 개미가 고통을 느끼지 못하기 때문인가? 꿈을 꾸면서 자고 있는 사람을 고통 없이 죽인다고 하더라도 결과적으로는 살인이 아닌가? 사람을 죽이는 행위와 개구리를 죽이는 행위의 심각성을 우리가 다르게 인식하는 원인은 상대가 고통을 느끼느냐가 아니다. 중요한 것은 앞으로 다양한 의미를 갖게 될 누군가의 삶을 망가뜨렸다는 데 있다. 이러한 관점에 따르면 어린아이나 누군가에게 사랑과 관심을 받는 존재가 억울하게 생을 마감하게 되었을 때, 주변에서 더욱 안타까워하고 분노하는 이유를 어느 정도 이해할 수 있다.

그렇다고 해서 우리의 의문이 말끔히 해소된 것은 아니다. 생존이

10　여기서 다룬 내용은 낙태에 관한 맥마한McMahan의 의견을 참고한 것이다.

라는 큰 틀에서 대체 우리는 어떤 기준으로 살생이라는 문제를 바라봐야 하는가? 어떤 삶이 더욱 의미 있는 삶인지에 대해 누가 판단할 수 있단 말인가?

이처럼 어떤 논리는 개별적으로 존재하는 것이 아니라 다른 다양한 논리나 이치와 연결되어 있다. 하나의 논리를 놓고 여러 논리가 동조하기도 하고, 때로는 반기를 들기도 한다. 목적의 정당성이 하나의 목적을 실현하기 위해 동원되는 모든 수단을 충분히 변호할 수 있는가? 이러한 물음에 대한 반응이 서로 다를 수도 있겠지만, 저마다의 논리를 편다는 공통점을 발견할 수 있다. 지식과 실천은 서로 배타적인가, 아니면 지행합일이라는 새로운 논리를 탄생시킬 수 있는가? 물에 빠진 사람을 구하기 위해 스스로 물에 뛰어드는 행위는 도덕적 사고에서 비롯된 것인가, 아니면 본능에 따른 것인가? 오래된 건물을 보호하는 것과 멸종위기에 처한 북극곰을 구하는 것 중 무엇이 더 중요한가? 역시나 저마다의 논리를 앞세워 제각각 다른 의견을 내놓을 것이다. 이처럼 같은 차원에 해당하는 문제를 여러 번 논박해봤자 확실한 결론에 도달하기는 어렵다.

그렇기 때문에 우리는 보다 심층적이면서도, 보다 보편적인 논리나 이치를 찾아내는 데 집중해야 한다. 예를 들어 "개미는 고통을 느끼는가?"라는 물음에 대답하려면 무엇부터 생각해야 할 것인지 고민해야 한다. 이는 크게 두 가지 문제와 연결되어 있다. 즉 "개미가 고통을 느끼는지 어떻게 알아낼 수 있는가?"라는 문제뿐만 아니라, "다른 사람이나 동물의 감정을 알 수 있는 방법은 대체 무엇인가?"라는 문제와도 관련 있다. 그 해답을 찾으려면 일단 '앎'이란 무엇인지, 또 '심리'나 '마음'이란 무엇인지부터 고민해봐야 한다.

무엇이 앎이고, 무엇이 마음인가? 사실 이 문제는 근세 철학가가 말하는 개념의 고찰이다. 앞장에서 말한 것처럼, '배움'이라 함은 사물이 존재하는 이유나 그 논리를 밝혀내는 행위라고 정의할 수 있다. 개념을 고찰하거나 이름을 구분하고, 이치를 분석하는 작업은 특수한 형태의 '규명' 작업이다. 메커니즘에 대한 분석이 아니라, 평범한 이유 뒤에 숨겨진 근본적인 이치와 논리를 찾는 것이다. 복잡한 논리 뒤에 체계적으로 숨겨진, 보다 근본적이면서 보편적인 논리를 찾는 것이 바로 우리가 흔히 말하는 철학적 활동이다. 이를 두고 '궁리窮理'라고 한다. 요컨대 궁리라는 것은 단편적인 규명 활동이 아니라, 보다 입체적이면서도 심오한 형태의 규명 작업이라고 할 수 있다.[11]

사람에게는 감정이라는 것이 있어서 생활 속의 특정 사건이나 상황에서 어려움을 겪으면서 끊임없이 사고한다. 윤리적 사고는 인간의 다양한 사고 중에서도 특히 중요하다. 어떤 일을 처리할 때 공평하게 행동할 수 있는 방법을 고민하기도 하고, 다른 사람의 행동에 대한 옳고 그름을 판단하기도 한다. 때로는 특정한 이유에 입각해 누군가에

---

11   궁리에 관해, 근본적인 이치에 관해, 궁리는 궁극적으로 '지극한 이치至理'에 도달할 수 있을 것인가 등에 관한 문제는 《이치를 말하다》 중에서 특히 1장을 집중적으로 참고했다.

게 행동하라거나 혹은 행동하지 말라고 설득하기도 한다. 자신의 특정 행위를 정당화하기 위해 특정한 이유를 제시하기도 한다. 이처럼 삶 속에서 실제로 이뤄지는 윤리적 사고, 토론, 쟁론 등은 모두 윤리학의 근간이자, 윤리학이 탐구해야 할 숙제이다.

하지만 이러한 활동이 그 자체만으로 윤리학은 될 수 없다. 우리는 누구나 이러저러한 구체적이거나 우연한 사건으로 인해 곤란한 처지에 놓일 수 있다. 그리고 난처함을 해소하기 위한 노력은 우리를 보편성을 띤 문제, 즉 '철학 문제'로 이끈다. 이러한 과정을 통해 철학 문제에서 이러저러한 우연한 문제, 즉 당신의 문제와 나의 문제가 한데 뒤엉키면서 일상적으로 논리를 말하는 단계에서 체계적으로 논리를 다루는 단계로 발전하게 된다.

결론적으로 말해서 윤리적 삶이란 항상 암묵적이거나 공인된 규범에서 탄생한 뒤 현실 생활 속에서 실효성이나 현실성 등을 놓고 뭇매를 맞으며 발전한다. 정도의 차이는 있지만 일단 성현의 가르침을 통해 한결 정제된 규범은 계속해서 자신만의 논리를 끊임없이 발전시킨다. 때로는 상대를 향해 의구심을 드러내기도 하고, 반박하거나 변호에 나서기도 한다. 때로는 부족한 점을 채워 논리를 명명백백 밝혀냄으로써 상당히 온전한 형태의 논리 시스템을 탄생시키기도 한다. 그것이 바로 윤리학이다.

논리로
진리를
구하다

윤리학의 궁극적인 취지는 논리를 설명하고_{說明}, 이치를 구하는_{求理} 것이다. 하지만 그것만으로 선함을 권할 수 있을까? 어느 정도 수준의 상식을 갖춘 사람이라면 단순히 이치를 이야기하는 것만으로 다른 사람에게 자신의 바람, 생각, 주장을 받아들이도록 하는 일이 얼마나 어려운지 납득할 수 있을 것이다. 이를 위해 도리를 이야기하는 것 외에도 좋은 말로 권유하거나 간구, 설득, 선동, 기만, 유혹, 위협 등 다양한 방법이 존재한다.

다양한 관점에서 위의 방법을 하나하나 분류해보자.

스티븐슨은 일단 위협과 유혹을 같은 유형으로 분류한 뒤, 나머지 방식을 이성적인_{rational} 방식과 비이성적인_{nonrational} 방식으로 구분했다.[12]

다양한 사실과 논리logic를 동원해 자신의 주장을 뒷받침하는 것은 전형적인 이성적 방법에 속한다. 이를테면 담배를 피웠을 때 생기는 여러 가지 부정적인 이유를 들어 아버지에게 금연을 권하거나, 특정 약품의 약효를 설명하며 건강이 좋지 않은 남편에게 복용할 것을 권하는 것이다. 논리에 맞지 않는 상대방의 주장을 지적하는 것도 전형적인 이성적 방식에 속한다. 이처럼 다양한 사실과 논리는 우리가 흔히 말하는 과학적인 진리 추구에 속한다.

이에 반해 비이성적인 방식, 예를 들어 권고, 경고, 간청, 간구 등에서 무엇보다 중요한 것은 설득persuasion이라고 스티븐슨은 말한다. "이번 한 번만 봐줘, 부탁이야"라며 도움을 청할 때 요청자는 아무런 이유도 제시하지 않는다. 우리가 흔히 이야기하는 '좋은 말로 서로 권고한다'는 방법에서도 상대가 납득할 만한 적합한 이유가 아니라 권할 때의 태도를 강조한다.

하지만 이러한 분류 방식은 항상 명확하게 구분되는 것은 아니기 때문에 이성적과 비이성적인 방식을 두루 아우르는 문제를 다룰 때면, 권위 있는 근거를 인용하거나 공의公義에 호소하는 경향이 있다. 실제 토론이나 논쟁을 벌일 때 사람들은 흔히 이성적 방식과 비이성

---

12 찰스 L. 스티븐슨Charles L. Stevenson, 《윤리학과 언어Ethics and Language》, rational이성적과 nonrational 비이성적은 본래 적절한 번역문이 되지 못한다. '이치로 깨닫게 하다曉之以理', '정으로 마음을 움직이다動 之以情'는 표현이 좀 더 적합할 것이다. 스티븐슨이 여기서 말하는 소위 비이성적인 방식은 정으로 마음을 움직이는 것보다 좀 더 포괄적인 의미로 쓰였다.

적인 방식을 번갈아가며 사용하거나 한데 섞어서 이야기하기도 한다. 하지만 이 둘 사이에 엄연한 차이가 있는 것만은 확실하다. 단 이성적인 방식과 비이성적인 방식이라는 표현으로 차이를 설명하기란 적절하지 않은 것 같다.

비이성적이라는 표현은 이미 그 자체만으로 상대방에게 명백히 규명할 수 없고, 상당히 모호하고 혼란스럽다는 이미지를 강하게 심어주기 때문이다. 여기서 말하는 '비이성'이라는 표현이 애매모호하다는 뜻이 아니라고 우리가 공개적으로 밝힌다고 해도, 이런 인위적인 구분법은 조악한 데다 효과적이지 못하다. 이럴 바에야 차라리 좀 더 솔직하게 '이성적인 방식'은 이치를 말하는 행위로 분류하는 편이 나을 것이다. 그렇다면 '비이성적인 방식'은 이치를 말하지 못하는 방식으로 불러야 할 것이다. 독자의 이해를 돕기 위해 권고라는 임의의 표현을 들어 위의 두 가지 방식을 구분해보겠다.

이치를 판단하는 행위를 다른 방식과 구분하려면, 이치를 판단하는 행위가 다른 방식과 한데 묶어서 이야기할 수 없는 상당히 독특한 형태의 권고 방식이라는 점부터 설명해야 한다. 물론 이치를 판단하는 것이 독특한 권고 방식이라고 해서 권고의 효과가 상당히 뛰어나다고는 이야기할 수 없다. 과학적으로 진리를 구하는 행위를 평생의 '업業'으로 삼은 학자들은 사실과 논리의 힘을 의례적으로 높이 평가하지만, 우리는 그렇지 않다. 다만 현실을 살아가는 우리들도 한 가지 사실만은 분명히 알고 있다. 하루하루 반복되는 일상에서 다른 사람에게 자신의 바람과 주장여기서도 여전히 유혹, 위협은 제외된다을 받아들이도록 하려면, 좋은 말로 타이르거나 간구, 선전宣傳, 선동하는 것만큼 효과적인 방법이 없다는 것이다.

비트겐슈타인 역시 사람들이 권고할 때 이를 뒷받침하는 이유를 제공할 수 있다는 사실에 주목하면서 한 가지 물음을 던졌다. "이러한 이유가 과연 어디까지 이를 수 있을 것인가? 이유가 그 끝을 다하는 곳, 그곳에 바로 권유ueberreden가 존재한다전도사가 원주민을 개종시킬 때의 상황을 떠올려보라. 13" 당신이 집착에 가까운 뜨거운 집념을 지녔거나, 이를 구체적인 행동으로 승화시킬 수 있다면 사람들에게 감동을 선사할 수 있을 것이다. 당신의 주장과 사실, 논리가 서로 위배된다는 것이 훗날 알려진다고 하더라도 사람들은 크게 개의치 않을 것이다. 왜냐하면 당신의 진심이 그 누구보다도 진실하고 신실했음을 믿기 때문이다.

이와 대조적으로 과학적인 진리 추구는 사람들에게 그다지 큰 매력을 끌지 못한다. 사실과 논리 때문에 억지로 손실을 감수하거나 의지와 상관없이 무릎 꿇을 필요는 없다. 본래 인간이란 정해진 법칙대로 올바르게 살지 못하고, 한바탕 요란스럽다가도 알게 모르게 지나는 삶을 살아간다. 게다가 주의를 기울이지 않으면 놓칠 수 있는 삶의 디테일은 정확한 판단과 관련이 없다. 예를 들어 누군가가 개인적으로

---

13   비트겐슈타인, 《문화와 가치Culture and value》

수집한 다양한 경제 데이터를 바탕으로 경제 전망을 내놓았다고 가정해보자. 아무래도 전문가가 아닌 이상 자료나 분석력 등에서 부족한 부분이 많다 보니 그 결과가 현실과 다른 경우를 종종 볼 수 있다.

그렇다면 개인보다 10배나 많은 자료를 보유한 전문 경제학자의 예측 결과는 어떨까? 아이러니하게도 그 결과가 현실과 180도 다른 경우가 셀 수 없이 많다. 이처럼 우리의 삶은 불확실성으로 가득 차 있다. 분명한 사실과 명료한 논리가 반드시 우리에게 정답을 가져다주는 것은 아니라는 것이다. 진리를 구하는 태도와 이와 긴밀히 연계된 정확성이 일상생활에서 상당히 소외된 덕목이라는 사실만은 분명하다. 이들의 중요성은 철학−과학의 발전에서 집중적으로 구현된다.

윤리학이라는 체계적인 논리의 권유 작용은 더욱 의심스럽다. 삶에서 흔히 목격되는 다툼의 상당수는 이익과 관련되어 있다. 이익주체 간의 갈등을 원만히 조율하기 위해 우리는 협상이라는 방법을 동원한다. 협상을 벌일 때면 이치와 논리를 끌어들이지만 사실상 체계적인 논리관계와는 그다지 큰 연관이 없다. 이익과 관련 없는 덕목에서도 윤리학의 권유 작용을 높이 평가하지 않는다. 그래서 반성과 숙고할 필요 없이 소양에 따라 좀 더 직감적으로 행동해야 한다. 하물며 일을 행하는 사람은 강인하고 민첩하기 때문에 이러한 덕목은 체계적 논리로 인해 훼손된다.

포스너는 롤스John Bordley Rawls 등의 이론으로는 다른 생각을 가진 사람들을 설득하는 것이 거의 불가능하다며, 롤스를 '학구적 도덕주의자

Academic Moralist'로 분류했다. 어느 누구의 도덕적 직감도 변화시킬 수 없다는 것이 이유였다. 도덕적 판단을 위한 유용한 기반을 제공할 수 없을 뿐만 아니라 사적 혹은 공적으로도 우리가 수행하고 있는 역할을 도덕적으로 더욱 고상하게 만들 수 없다고 지적했다. 그래서 포스너는 도덕 이론은 아무 쓸모도 없다[14]고 단언했다.

솔직히 말해서 나 역시 진리를 밝히고 분석하는 철학적 논증이 현실에서 큰 역할을 담당한다고 생각하지 않는다. '학구적 도덕주의자'가 도덕관념을 만드는 과정에서 스스로 현실에 맞지 않는 임무를 제공한다고 본다. 그럼에도 체계적인 논리가 현실에서 '아무런 쓸모도 없다'고 단언할 수 없다고 믿는다. 간단한 예를 들어보자. 대부분의 경우 우리는 타고난 소양이나 직감에 따라 일을 처리하지만 복잡한 일을 처리할 때면 그것만으로는 부족하다. 진지한 자세로 심사숙고하는 자세가 반드시 필요하다.

그렇다고 처음부터 설득이나 공감대 형성과 같은 '효과'만으로, 혹은 효과에 입각해서 논리를 설명하려 해서는 안 된다. 윤리라는 영역에서 모든 사람이 납득하고, 나아가 공감대를 형성할 수 있는 이치가 존재한 적이 있었던가? 문제는 논리를 설명하는 방법이 공감대 형성

14　리처드 A. 포스너Richard Allen Posner, 《도덕과 법의 이론의 문제The Problematics of Moral and Legal Theory》. 포스너는 도덕철학을 학구적 도덕철학과 기업적 도덕철학Entrepreneurial Moralism으로 나눈 뒤, 후자야말로 진정한 의미를 지닌다고 주장했다.

에 지나치게 치우쳐 있다는 점이 아니라, 윤리 영역에서 공감대 형성이 목표가 아닐 수도 있다는 점이다. 윌리엄스가 말한 것처럼 견해와 이해 그리고 가치에서 존재하는 '이견_{동의하지 않음}을 반드시_{항상} 극복해야 하는 것은 아니다.¹⁵'

이 점과 관련이 있지만 동일하지 않은 또 다른 중요한 사실을 인지하는 사람은 많지 않다. 이치를 판단하는 행위를 다른 사람을 설득하기 위한 노력의 일환으로만 이해함으로써, 이치를 판단하고 말하는 행위를 일종의 오만과 함께 묶어놓는 것이다. 쉽게 말해서 '이치로 깨닫게 한다_{曉之以理}'는 뜻에는 '내가 너보다 낫다'는 뜻을 품고 있다. 내 주장에는 그럴듯한 이치가 존재하지만 네 주장에는 이치가 없다든지, 혹은 내가 너보다는 좀 더 이치에 맞는 주장을 내놨다는 우월감이 깔려 있는 것이다.

이러한 우월감, '적어도 일시적인 우월감_{윌리엄스의 말을 빌자면}'은 시대를 막론하고 이치를 판단하고 말하는 행위와 이성에 대한 모든 해석에서 발견할 수 있다. 물론 현대인은 자신을 공자와 같은 시대의 한계를 뛰어넘은 선사_{先師}로 보지 못하고, 플라톤의 펜 아래 탄생한 철인왕 _{Philosopher King, 플라톤의 《국가론(Republic)》에 나오는 개념으로 철학자인 최고 통치자 또는 최고 통치자인 철학자를 일컫는 말—역주}이 되리라는 꿈도 꾸지 못한다. 하지만 과학적인 논증을

15　버나드 윌리엄스_{Bernard Williams}, 《윤리학과 철학의 한계_{Ethics and the Limits of Philosophy}》, 라우틀리지

통해 문제를 이해하고 이치를 설명하는 데 크게 의지하기 때문에, 진취적이면서도 '높은 자리'에 앉아 이치를 말하는 행위가 줄어들기는커녕 오히려 늘어났다. 이처럼 무엇은 맞고, 무엇은 틀리다며 떠들어대는 태도는 반드시 경계해야 한다. 성공했다면 자신의 성취에 스스로 만족하면 그뿐이다. 괜한 사람들을 불러 앉혀놓고 감 놔라 배 놔라 하며 가르칠 필요가 뭐란 말인가!

현실적으로 생각해보자. 이치를 판단하는 것은 진취적인 것과는 거리가 멀어도 한참 멀다. 자기 자신을 변호해야 하는 상황을 떠올려본다면 좀 더 쉽게 이해할 수 있을 것이다. 자신을 변호하는 사람은 특정 논리나 이치를 다른 사람에게 알리기 위해서가 아니라, 자신의 주장이 말도 안 되는 소리가 아니라는 것을 입증하기 위해 변명한다. 요컨대 다른 사람이 자신을 이해해주기를 기대하는 것이다.

하이데거는 우리 시대의 기본 조성tonality이 자기억제verhaltenheit라고 인식했다. 분명히 우리는 논리를 말하는 행위에 대해 좀 더 자제하는 자세를 가져야 한다. 진취적인 설득이라는 점에 착안하기보다는 논리를 말하는 행위가 다양한 경험 사이에서 이해를 구하기 위한 노력의 일환이라는 점을 먼저 인식해야 한다는 것이다. 단 좋은 말로 타이르거나 간구, 선전하는 것은 이러한 노력에 속하지 않으며, 선동이나 기만, 유혹, 위협 같은 행동 역시 이러한 노력에 속하지 않는다.

내가 왜 당신을 이해해야 하는가? 당신이 날 이해하도록 해야 할 이유는 또 무엇인가? 이러한 광범위한 문제에 대해 다양한 관점에서 이야기할 수 있겠지만 무엇보다도 내가 당신을 사람으로 인식해야 한다. 이해라는 단어는 여러 가지 의미를 내포하고 있다. 누군가는 적혈구가 산소를 운반하는 메커니즘을 알려고 시도하는 것이 이해라고 이야기 할 수도 있지만, 이해의 가장 중요한 의미 혹은 적어도 여기서 우리가 토론하려는 함의는 사람과 사람 사이의 상호이해를 가리킨다. 사람과 사람 사이의 이해는 단순히 지적인 활동만을 의미하지 않으며, 먼저 상대방을 이성적인 존재로 인식하는 논리적 태도를 의미한다.

신대륙을 밟은 사람들은 그곳에 살던 원주민을 적으로 간주해 야 생동물을 다루는 것처럼 그들을 경계하고 공격했다. 그러다 더욱 효 과적으로 그들에게 맞서기 위해 그들이 사물을 어떻게 대하는지 이해 할 필요성을 깨닫게 되었다. 물론 이러한 이해가 그들의 영혼과 정신 에 대한 관심에서 비롯된 것은 아니다. 자연의 힘을 이해하고 야생동 물의 반응을 이해하려는 것처럼, 이러한 이해 역시 다양한 상황에 대 한 원주민의 반응을 이해하겠다는 단순한 의도에 지나지 않는다. 하 지만 우리가 원주민을 사람으로 인정해야 그들을 이해하기 위해 노력 할 수 있다. 즉 그들에게 맞서기 위해 그들을 이해하는 것이 아니라, 그들이 세상을 어떻게 생각하고 느끼는지 이해하는 동시에, 그들이 우리를 이해해주기 바라는 바람에서 그들을 이해하는 것이다.

소위 타인은 상호이해라는 측면에서 조우한 존재를 가리킨다. 길 가에 아무렇게나 굴러다니는 돌은 타인이 될 수 없다. 타인은 내가 이 해하기를 바라고, 상대의 이해를 바라는 피조물을 가리킨다. 나와 당신이 함께하는 동안 당신의 생각, 세상을 바라보는 당신의 안목, 나에 대한 당신의 견해를 가리켜 matters매터스, 물질라고 한다. 당신의 이해가 matters가 될 때, 나는 당신에게 이치를 판단할 수 있고 '이성을 동원'할 수 있다. 이성의 가장 중요한 의미는 태도로, 이는 상호이해를 위한 노력에서 비롯한다.[16]

권고의 효과라는 관점에서만 봤을 때 논리를 말하는 것은 그 자체만으로는 아무런 장점이 될 수 없다. 하지만 권고의 여러 방식 중에서 논리를 말하는 것만이 이성적 존재자의 본질을 가장 충실하게 드러낸 것이라고 하겠다.

태도라는 관점에서 봤을 때 이치를 말하는 행위는 상호이해에 대한 바람을 구체화한 것이며, 다루는 내용을 보더라도 논리를 말하는 행위는 다른 권고 방식과는 확연히 구분된다. 다른 권고 방식이 유효나 무효라는 결과로 끝나는 데 반해, 과학적으로 진리는 구하기 위해 논리를 말하는 행위는 점진적으로 체계적인 논리를 갖추게 된다. 이것저것 다양한 문제를 단순한 관점에서 바라보다 점차 심도 있게 다루는 것이다. 즉 논리를 말하는 행위는 일상적인 권고를 포함하는 동

---

16 이 점에 대해 이성과 사랑은 동일한 구조를 이룬다. '나는 사랑한다'라는 의미에는 사랑을 얻고 싶다는 바람이 포함된 것이다. '나는 당신을 사랑합니다, 당신과 관계없이dass ich dich liebe – was geht es dich an~괴테의 말.' 오만하게 들리지만 이 말은 여러 가지 의미로 이해할 수 있다. 이성은 감정의 노예가 아니며, 이성적 사랑이나 지혜로운 사랑처럼 사랑의 한 형태다. 필로소피아philosophia, 철학는 지혜를 사랑하는 데 그치지 않고, 지혜로운 사랑에 충실한다. 우리가 이성을 기술적技術的 이성으로만 간주할 때 이성은 비로소 노예가 된다. 물론 노예 역시 통치를 실행할 수 있다는 점은 또 다른 문제이다.

시에, 다른 한편으로 이치를 구함으로써 다양한 학문 시스템으로 발전했다. 논리를 설명하는 행위가 독특한 권고 방식이라고 말하는 이유가 바로 여기에 있다.

권고의 효과만 놓고 보자면 윤리학은 포스너가 단언한 것처럼 '아무 짝에도 쓸모가 없다.' 하지만 나는 다르게 생각한다. 일반적으로 논리를 설명하는 행위의 목적은 단순히 효율을 구하는 것만이 아니며, 체계적으로 논리를 설명하는 윤리학 역시 효율만을 강조하지 않는다. 논리를 설명하는 행위가 처음부터 권고를 목적으로 삼았다면 채원배가 말한 것처럼 '학문 연구'로 전향해야 옳다.

윤리학의 궁극적인 취지는 논리를 구함으로써 진리를 구하는 데 있다. 물리학에서 물리세계를 지각함으로써 인지하는 것처럼, 윤리학-정치학은 인류활동을 이해함으로써 인지해야 한다. 그래서 채원배는 윤리학이 기쁨, 분노, 이익, 손해에서 비롯되었다고 해도 "일시적인 이해_{제5} 때문에 누군가는 찬성할 수도 있고, 누군가는 반대할 수도 있다. 그러니 모두 살필 필요는 없다"고 말했다. 이 점을 깨달았다면 윤리학이 반드시 사람에게 선함을 가르치는 것은 아니라고 해서 윤리학이 존재하는 이유를 부인할 필요는 없을 것이다. 우리가 아리스토텔레스처럼 물리학과 같은 유형의 인지 그 자체를 더없이 높은 선함이라고 여긴다면, 마찬가지로 인류의 실천을 이해하기 위해 노력하는 인지 역시 더없이 위대한 선함으로 간주해야 할 것이다.

물론 이번 장의 전반부에서 다룬 이야기는 3장에서 보다 구체적으로 다룰 예정이다. 다른 분야에서 윤리학과 물리학은 여러 가지 차이를 보이는데, 윤리학은 충분히 객관화된 진리를 추구하지 않는다. 실연實然, 존재과 응연應然, 당위이 한데 섞인 근원을 탐구하는 것이야말로 윤리학이 추구하는 진리라고 하는 편이 옳다. 그러므로 실연에 대한 윤리학의 탐구는 교화敎化라는 요소를 은연중에 포함한다.

윤리학 토론에서 인용되는 이론적 근거는 물리학과 달리 기쁨, 분노, 이익, 손해 혹은 여러 사람 간의 반대와 지지 등 다양한 요소와 끊을 수 없는 관계를 형성할 수밖에 없다. 이런 점에서 윤리학의 체계적인 논리는 실제 윤리생활에 긴밀하게 작용한다. 하지만 이것이 입장을 정하는 데 아무런 도움이 되지 않을 뿐만 아니라, 심한 경우 부작용을 일으키기도 한다. 그럼에도 특정 입장의 합리성을 강화할 수 있다는 것이 무시할 수 없는 점이다. 확신, 민첩함만으로는 일을 해낼 수 없기 때문에 우리는 이성과 감성 양쪽에서 적절한 삶을 보내기를 희망한다. 이 점에 대해 윤리학이 많은 도움을 제공한다. 사람들은 일반적인 도덕적 감정에 따라 도덕적 판단을 내리지만, 자신이 어떤 이치를 근거로 판단하는지 반드시 이해하고 있다고 말할 수 없다.

"내가 그렇게 행동하고 내 마음을 돌이켜보아도 내 마음을 알 수 없다."《맹자孟子》의 〈양혜왕 상梁惠王上〉에 나오는 이 글귀로 좀 더 구체적으로 설명해보겠다. 누군가는 자신을 위해 변명하거나 혹은 다른 사람을 설득하기 위해 이치를 이해하고, 정확히 설명해야 하는 경우도 있다. 이러한 때 논리를 설명하지 않는다면 개괄적인 부분에서 오류를 범할 수 있다. 예를 들어 사람들이 일상적으로 인용하는 "인간은 모두 이기적이다"라는 표현은 실제 관찰을 통해 얻은 결론이 아니다. 이기적이라고 말하는 당사자가 어쩌면 이기심이라고는 전혀 없는 사람일지도 모르지 않은가!

윤리학 혹은 윤리학 영역에서 이치를 구하는 행위가 대체 무슨 쓸모가 있을까? "윤리학이 사람에게 선함을 가르친다"는 식의 대답으로 윤리학의 '쓸모'를 설명하기에는 부족함이 많다. 이치를 구하는 행위는 문자시대나 이성시대의 일반적인 요구라고 할 수 있다. 그렇기 때문에 "윤리학은 무슨 쓸모가 있느냐?"고 묻는 것보다 "이치를 구하는 행위는 어디서 비롯되는가?"라고 묻는 편이 좀 더 적절할 것이다. 이성시대를 살아가는 사람이라면 이치에 밝아야 하고 덕성을 강조해야 한다. 요컨대 덕성의 이치를 명명백백히 밝히는 것이다.

용기는 본디 타고난 미덕이다. 공자와 맹자에 이르러, 소크라테스와 플라톤, 아리스토텔레스에 이르러 용기를 앎과 하나로 엮는 행위는 자연스러운 일이었다. 용기는 거친 언행, 경솔함과는 전혀 다르다. 진정한 용기는 두려움을 이해하고, 공포를 아는 것이다. 기어코 '쓸모'라는 관점에서 윤리학을 정의한다면 내 대답은 이렇다.

"이성과 지혜는 문자시대의 인간이 세계를 이해하고 자신을 파악하기 위한 유기적 요소이다. 다양한 덕성은 반드시 이성과 지혜를 깊이 파고들어 '이성인'이라는 새로운 인격을 탄생시켰다."

2

행복이란

무엇인가

공효주의와 이기적 유전자

인간은 모두
행복을
추구한다

윤리적 삶을 되돌아봤을 때 그 출발점은 공효주의功效主義(공리주의)에서 비롯되었다고 해도 과언은 아니다. 공효주의에 대해 버나드 윌리엄스는 "기존 윤리이론 중에서 가장 원대하다[17]"고 표현했고, 롤스는 "현대 도덕철학의 수많은 이론 중에서 줄곧 우위를 점하고 있는 것은, 특정 형태의 공효주의다[18]"라고 했다.

---

[17] 버나드 윌리엄스Bernard Williams, 《윤리학과 철학의 한계Ethics and the Limits of Philosophy》

[18] 존 롤스John Bordley Rawls, 《정의론A Theory of Justice》. 롤스가 《정의론》을 쓰게 된 주요 목적은 칸트 등의 사회계약 이론으로 정의에 대한 개념 영역에서 '지배적인 지위'를 차지하고 있는 공효주의를 대체하는 데 있었다. 하지만 롤스가 제시한 이론 역시 공효주의를 답습하고 있다는 주장도 존재하는데, 대표적인 인물로 얀 나르베슨Jan Narveson이 있다.

윌 킴리카(Will Kymlicka)는 심지어 공효주의를 가리켜 '유일하게 스스로 체계를 갖춘 도덕철학[19]'이라고 표현했다. 개인적인 생각을 추가하자면, 윤리라는 관점에서 우리의 삶을 되돌아봤을 때 공효주의에 대한 견해가 대개 우위를 점해왔다고 평가할 수 있다. 영국에서 압도적인 지지를 받은 공효주의는 데이비드 흄(David Hume), 애덤 스미스(Adam Smith) 등 유명한 철학자로부터 강력한 지원을 받았다. 벤담(Jeremy Bentham)의 이론에서 탄생한 공효주의 이론은 그 후 존 밀(John Stuart Mill), 시드윅(Sidgwick) 등을 통해 크게 발전하더니 20세기에 이르러서는 헤겔(Georg Wilhelm Friedrich Hegel) 등을 통해 안정적으로 성숙하는 데 성공했다.

공효주의를 영어로 하면 Utilitarianism이고, 공리주의로 번역된다. utility(유틸리티)는 공효, 효과, 이익, 기능, 이용 등으로 표현할 수 있다. 그런데 '이로움(利)'은 상당히 폄하된 의미로 사용되었다. 공자는 "군자는 의리에 밝고 소인은 이해에 밝다"고 했고, 맹자 역시 양(梁) 혜왕(惠王)에게 "왕께서는 어찌하여 꼭 이로운 것만 말씀하십니까? 또한 인의가 있을 뿐입니다"라고 충고했다. 현대에도 공리주의는 여전히 부정적인 사용된다. 이를테면 이기심, 이기주의, 수단과 방법을 가리지 않고 이익을 추구하는 행동, 원칙은 무시한 채 오로지 효율만 앞세운다는 의미를 내포하고 있다. 하지만 이것이 Utilitarianism이 내세우는

19 윌 킴리카, 《현대 정치철학의 이해Contemporary Political Philosophy》

전부는 아니다. 영어 Utility는 중성적 단어로서 본래 폄하된 의미를 지니지 않는다. Utilitarianism 역시 이기주의를 부추기는 용도로 사용되지 않는다. 그래서 사람들이 Utilitarianism이라는 단어를 이기주의로 이해하지 않도록, 나는 '공리주의'가 아닌 '공효주의'라는 표현을 사용해서 본격적인 이야기를 시작해보려고 한다.

공효주의 이론은 결과주의Consequentialism로서, 행위의 윤리성은 그 결과에 따라 평가되어야 한다는 입장을 강조한다는 점에서 도의론道義論과 대조를 이룬다. 그렇다면 도의론에서 강조하는 행위의 원칙과 행위 주체의 동기는 무엇인가? 도의론의 설명에 따르면 선한 의도를 지녔거나, 도덕 규율에 따라 일을 처리했을 때 비로소 도덕적이라고 부를 수 있다. 그로 인해 어떤 결과가 생겨나는지는 그다지 중요하지 않다. 심지어 아무런 관심도 없다. 예를 들어 칸트는 상대의 의도가 뻔히 보이고, 그로 인해 내가 막대한 피해를 입더라도 거짓말을 하면 안된다고 말한다. 하지만 어디 그것이 말처럼 쉬운 일인가? 칸트조차 거짓말을 하지 않는 것은 지키기 어려운 도덕원칙이라고 인정하였다.

공효론와 도의론은 전혀 다른 이론으로서 저마다 장단점을 가지고 있지만, 현실생활에서는 공효와 도의 중 어느 것을 추구하느냐에 따라 전혀 다른 태도와 결과를 마주하게 된다. 공효주의 입장에서 문제를 바라보면 결과만 놓고 이야기하는 냉정함이 존재하지만, 자신이 피해보는 상황을 최소화할 수 있다. 이와 반대로 도의에서 출발할 경우 비분강개라는 말처럼 강렬한 감정을 경험하게 된다. 또한 도덕관, 정의, 양심 등을 중요하고 긍정적인 '도덕적 감정'이라고 이해할 수 있다. 하지만 불행히도 현실생활에서 대부분의 사람들은 스스로 도덕적·양심적으로 행동하지 못한다. 오히려 자신이 지목한 대상을 향해 도덕적 잣대를 들이대며 '광기'의 수준까지 몰고 간다. 십자군, 홍위병紅衛兵, 원리주의Fundamentalism 등이 대표적인 사례에 속한다. 그리고 포획보호, 환경보호처럼 정의감에서 비롯된 사업 모두 이러한 경향이 있다.

결과주의의 가장 두드러진 장점을 통해 동성애 문제를 어떻게 바라봐야 하는지를 예로 들어 살펴보자. 동성애는 누구에게 피해를 주는가? 타인과 사회에 피해를 주지 않는다면 동성애가 부도덕하다고 말할 수 있는 근거는 없다.[20] 그렇다고 단순히 결과론적 측면에서만 행위를 평가할 수 없다. 선한 의도로 착수한 일이 이러저러한 이유, 예를 들어 당사자의 능력 부족으로 실패했다면 도덕적 책임을 추궁당하지 않을 것이다. 하지만 철두철미함을 요구하는 이론의 특성상 결과론은 오로지 결과만 가지고 이야기해야 한다.

단순히 사용가치, 효용만으로는 하나의 '주의doctrine'가 될 수 없다. 일단 확실한 목표가 있어야 어떤 수단을 사용해야 효율적일지 혹은 비효율적인지를 결정할 수 있다. 당신은 위魏나라를 출발해 초楚나라

20　그럼에도 동성애가 나쁘다고 생각한다면 도덕적 판단이 아니라 심미적 판단에 의한 것일 확률이 더 크다.

로 가겠다며 북쪽 길을 선택했다. 타고 갈 말도 튼튼하고 여비도 충분하다. 여기에 길을 안내할 사람도 오랜 경력을 자랑한다. 객관적 조건만 놓고 봤을 때 누가 봐도 손쉽게 목적지에 도착할 수 있었지만, 결과적으로 목적지에서 한참 벗어나고 말았다. 왜냐하면 공효주의는 수단만 이야기할 뿐 목적에는 관심이 없기 때문이다. 그저 흔하디흔한 삶의 목적만 추구할 뿐이다. 이를테면 사람은 누구나 화를 멀리하고 복을 따른다거나, 모든 사람은 자신의 이익을 추구한다는 것이다.

여기서 말하는 '이익'은 다양한 대상으로 해석할 수 있는데 공효주의에서는 주로 'happiness'로 정의한다. 우리는 이를 쾌락 혹은 행복으로 번역한다. 결론적으로 말해서 쾌락과 행복은 동의어가 아니다. 뒤에서 다룰 '양질의 삶'에 관한 글에서 두 개념의 정의와 차이를 구체적으로 설명할 것이다. 지금은 별도의 구분 없이 한데 섞어서 사용하겠다.

사람은 모두 자신의 이익을 추구한다는 주장은 인간은 이기적이라는 말과 비슷하다. 이러한 인성론은 예로부터 지금까지 존재했다. 중국인 양주(楊朱, 전국시대 위(魏)나라 사람으로 초기 도가에 속한다. -역자)는 자신의 터럭 하나를 뽑아 천하가 이로워진다고 해도 하지 말라고 이야기했다. 순자 또한 이익을 좋아하고 얻음을 바라는 것은 사람의 천성이라고 말했다. 사마천(司馬遷) 역시 "천하 사람들이 즐겁게 오고 가는 것은 모두 이익 때문이며, 천하 사람들이 어지럽게 오고 가는 것도 모두 이익 때문이다"라고 말하지 않았던가!

근대 서양 철학자 중에서 이러한 인생관을 지닌 사람이 여럿 존재하는데, 대표적인 인물로는 유물론을 주장한 엘베시우스_{Claude Adrien} Helvétius, 정치철학을 강조한 토마스 홉스_{Thomas Hobbes}가 있다. 현대 과학은 인간은 모두 이기적이라는 주장을 적극적으로 뒷받침하고 있다. 실제로 경제학의 이성적 인간_{Rational Man} 가설은 인간은 모두 이기적이라는 주장에서 비롯되었으며, 생물학은 경제학보다 더 적극적으로 이기주의를 응원한다.

공효주의 이론의 중요성은 여러 가지 측면에서 분석할 수 있는데, 공효주의가 기반을 두고 있는 인성론이 당대 여러 이론의 핵심적 원리라는 점에 주목할 필요가 있다. 게다가 현대에 가장 광범위하게 보급된 자유주의 정치 이론 역시 공효주의에서 출발한다. 공효주의는 다양한 이론을 발전시키는 데에만 그치지 않았다. "신은 죽었다_{Gott ist tot}"는 니체의 발언 이후, 어떤 이론도 배운 적 없는 평범한 사람조차 윤리-사회 현상에 대한 이야기를 나눌 때 "인간은 모두 자신의 이익을 추구한다"는 말로 시작한다.

하지만 공효주의 이론은 여기에 만족하지 않는다. 공효주의 이론에 따르면 이 사람 혹은 저 사람의 행복이 가장 중요한 것이 아니라, 인류 전체의 행복을 추구하는 것이 무엇보다도 중요하고 절실하다. 그러나 '최대 다수의 최대 행복'에 따라 공효가 결정된다면, 누군가는 자신의 행복을 포기해야 한다는 뜻이다. 그런 점에서 공효주의 이론은 사람은 이기적이라고 주장하는 것이 아니라, 다른 사람을 이롭게 해야 한다고 주장하는 것이다. 이 이론을 창시한 벤담은 유명한 개혁자로서 다양한 사회개혁을 추진했는데, 그중에서도 가난한 사람의 생존환경을 개선 하는 데 주력했다. 호머 잭Homer A. Jack의 말처럼 공효주의자를 정의할 수 있는 특징을 꼽자면 '공정사회에 대한 진지한 관심[21]'이다.

21   호머 잭Homer A. Jack, 《사회적 개선을 위한 행동Action for Social Betterment》, 해리 B. 스코필드 편, 《공 효주의 포켓 가이드》, 비콘출판사, 1954, p21

행복을
측정하는
방법

공효주의는 가장 널리 알려진 도덕 이론이지만, 비판적인 고찰과 함께 다양한 의문을 동시에 불러일으켰다.[22] 그중에서도 공효주의를 향한 가장 거센 비판은 전체에 지나치게 집중하느라 개인의 권리를 등한시했다는 것이다. 최대 다수의 최대 행복 원

---

[22] 공효주의에 대한 상당히 자세한 비판적 고찰을 주변에서 쉽게 찾아볼 수 있다. 이와 함께 공효주의가 한층 정제된 다양한 형태로 발전함에 따라 관련 비평에 대해 전혀 다른 답변을 제시하고 있다. 좀 더 구체적인 내용을 알고 싶다면 J. J. C. 스마트, 버나드 윌리엄스의 《공리주의: 찬성과 반대Utilitarianism: For and Against》, 킴리카의 《당대정치철학Contemporary Political Philosophy: An Introduction》에서 한결 간결한 비판적인 고찰을 제시하고 있다. 보다 통속적인 형태로 비평을 풀이한 자료는 마이클 샌델Michael J. Sandel의 《정의란 무엇인가》에서 확인할 수 있다. 이 책에서는 이를 정리해 공효주의에 대한 일반적인 비평을 주로 언급했다. 예를 들어 공효주의와 사회생물학의 연계 및 그 배후에 자리 잡고 있는 윤리학과 과학의 목적에 대한 차이 등과 같은 또 다른 문제로 발전시켰다.

칙에 따르면 누가 행복을 얻는지는 중요하지 않다. 인류 전체의 행복이 늘어날 수 있다면 소수의 행복을 기꺼이 희생시킬 수 있다고 주장하기 때문이다. 즉 감소량이 증가량보다 적으면 문제될 것이 없다는 입장이다. 벤담도 역시 이러한 태도를 취했다. 하지만 이는 매우 위험한 발상이다. 한계효용체감 법칙에 따라 몇몇 부자의 재산을 강제로 몰수해서 가난한 사람에게 나눠주면 그 행복의 크기는 부자가 받은 고통의 크기보다 클 것이다.

그렇다고 해서 부자의 재산을 강제로 취해도 된다는 정당성이 확보될 수 있을까? 인류 전체가 최대의 행복을 얻을 수 있다는 말은 무척 그럴듯하게 들린다. 하지만 개인의 합법적 권익을 무시하고 개인이 느끼는 행복을 단순한 숫자로만 여긴다면 상당히 끔찍한 결과를 목격하게 될 것이다. 우리는 사회 전체의 이익에 관심을 갖는 동시에 어떤 사람이 혜택을 누리는지, 또 그들이 어떻게 혜택을 누리게 됐는지에 관심을 가져야 한다. 요컨대 최대 행복 외에도 권리, 합리성, 합법성 등을 검토해야 한다.

우리는 쾌락, 행복, 고통이라는 존재가 정량화 작업을 통해 구체적인 수치로 측정될 수 있는지 진지하게 고민해볼 필요가 있다. 벤담이 살던 시대에 이르러 자연과학이 눈부신 속도로 발전함에 따라 많은 사람이 윤리학을 포함한 모든 학문을 과학화하려고 노력했다. 과학의 특성상 객관성을 확보하기 위해 무엇보다도 정량화된 결과가 절실했다. 하지만 중국인이 미국인보다 행복하거나, 중국인이 세상에서 가장 행복하다는 등의 말을 정확히 측량하는 일은 결코 쉽지 않다.

또한 쾌락의 종류도 다양하기 때문에 이를 객관적으로 정량화할 수 없다. 일 년 내내 책상에 앉아 페르마의 마지막 정리Fermat's last theorem 을 푸는 것이 당신에게 최고의 기쁨이라면, 현장을 누비며 위대한 공적을 세우는 것은 나의 즐거움이다. 벤담은 쾌락을 계산할 수 있다고 주장하였지만, 존 밀John Stuart Mill은 쾌락도 질적으로 구분해야 한다는 점을 인정했다.

그렇다면 질적으로 다른 존재를 어떻게 계산해야 하는 것일까?

쾌락도 수준에 따라 다양하게 나눌 수 있지만, 한 가지 공통점을 지니고 있다. 당사자의 감정을 완전히 배제한 채 쾌락이나 즐거움을 이야기할 수 없다는 것이다.

행복이 단순한 '주관적 감상'이라는 주장에는 결코 동의할 수 없지만, 모든 '행복지표'에는 '행복감'이라는 평가항목이 포함되어 있다고 생각한다. 행복감은 개성적 차이를 완전히 무시할 수도 없고, 문화적 차이도 완전히 배제할 수 없다. 즉 누군가에게는 평안함이 최고의 행복이겠지만, 누군가에게는 모험과 자극이 최고의 행복이 될 수 있다. 누군가는 높은 자리에 올라 날마다 산해진미를 맛보고, 많은 사람을 거느리고 다니는 화려한 삶을 부러워하겠지만 나는 그렇지 않다. 나는 아침 일찍 일어나서 시장을 한 바퀴 돌며 사가지고 온 찬거리로 맛있는 점심을 먹는다. 부른 배를 두드리며 짧지만 달콤한 낮잠을 즐기는 삶이 내게는 최고의 행복이다.

그밖에도 다양한 이유 때문에 행복을 계산하기란 어렵다. 예를 들어 개인의 행복이 다른 사람의 고통을 전제로 해야 한다면, 행복을 계산할 때 이를 어떻게 처리할 것인가? 학살자와 강간범처럼 악행을 통해 얻는 쾌락도 전체 쾌락에 포함시켜야 하는 것일까?

이익을
추구하는 것은
이기적인가

　　　　　정량화는 과학의 요건이다. 그렇기 때문에 경
제학이 과학적이라는 인정을 받기 위해서는 정량화에 많은 노력을 기
울여야 한다. 정량화를 위한 노력은 이익을 정의하고, 모든 이익을 경
제적 이익으로 정의하거나 계산하는 데서부터 출발한다.

　경제학을 경제적 이익으로 계산하는 것은 흔들의자에 앉아 상상하
는 것이 아니라 기성화한 존재, 즉 시장을 통해 이루어져야 한다. 왜
냐하면 물건의 가치는 경제학자가 아니라 시장에 의해 정해지기 때문
이다. 의료사고로 환자가 사망했다면 보험사는 얼마를 배상해야 할
지, 심지어 '목숨 값'을 계산할 수도 있다. 물론 사람의 목숨은 보험사
의 회계장부에 오르는 단순한 숫자에 그치는 것이 아니다. 숫자 외의

요소, 사랑하는 가족을 잃은 정신적 고통과 슬픔 등도 경제학적 연구 범위에 포함시켜야 한다. 애덤 스미스 Adam Smith의 책을 중국에 처음 번역하여 소개한 엄복嚴復은 경제를 이렇게 풀이했다. "그애덤 스미스가 말하는 '셈경제'은 오로지 셈이라는 의미만 담고 있는 것이 아니다. 또한 사람의 도가 셈에만 그치지 않는다고 말하니, 그것으로 족하다.²³"

경제학이 경제만 다룬다고 해서 잘못된 것은 없지만, 경제학적 제국주의는 반드시 경계해야 한다. 사회생활을 경제적 이익의 거래로 치부하는 것은 경제학의 결론이 아니라, 작동 가설 때문이다. 우리는 거래라는 관점에서 결혼이나 우정에 대해 이야기할 수 있고, 다양한 의미 있는 결론도 얻을 수 있다. 거래라는 관점에서 다양한 사회적 관계를 어떻게 바라봐야 하는지 모르는 사람이라면 구제할 길이 없다. 이러한 천진난만한 관점에서 삶을 바라보면 살아가는 데 가장 중요한 것, 가장 중요한 의미를 지니는 것, 반짝반짝 빛나는 것을 모두 놓칠 수 있다. 친구 사이의 관계에서는 이익을 그럴듯하게 포장지로 포장하는 것은 아니다. 또한 포장지를 걷어내어 안에 있는 것을 드러내고 이익을 추구하는 것도 아니다. 이익은 항상 거기에 있다.

노골적으로 이익을 추구하는 행위를 다른 행동으로 변화시키면,

---

23 지셴린季羨林 엮음, 《전세장서傳世藏書 · 별집別集 15 · 엄복 문집文集》, 하이난국제신문출판센터, 1996년, p46, Economics이코노믹스를 경제학으로 번역한 것과 달리, 엄복은 경제의 의미가 광범위하다고 판단해 당시 '계학計學'으로 번역했다.

이익이나 행위는 추상적으로 변한다. 경제적 이익은 경제학만 지탱할 뿐, 윤리학을 뒷받침하지 못한다. 왜냐하면 이익이 생존을 정의하는 것이 아니라 생존이 이익을 정의하기 때문이다.

경제학에서 이 점을 깨닫지 못하고, 결혼과 우정의 본질을 거래라고 단언하거나 사람의 목숨을 보험사의 회계장부에 기록된 숫자로만 인식하는 것이 바로 경제학적 제국주의다. 단순하게 경제적 현상만 연구한다면 경제학적 제국주의로 피해를 유발할 수 있다. 그중에서도 사회생활 전체를 경제적 이익이 오가는 거래로 치부함으로써 권력의 작용을 무시하는 심각한 상황을 유발할 수도 있다.

이익이란
무엇인가

경제학이 현대사회에 널리 유행하는 관념으로 자리 잡을 수 있었던 가장 중요한 비결을 꼽자면 '이성적 인간'이라는 가설이 널리 전파됐기 때문이다. 이는 사람이 이익의 최대화를 추구하는 '이성적 인간'이라는 가설로 널리 보급되었다.

이익이라는 개념을 우리는 어떻게 정의할 것인가? 쾌락과 행복을 정의하는 것만큼 이익을 정의하는 것 역시 쉽지 않다. 가장 협의적인 의미의 이익은 직접적인 경제적 이익을 말한다. 이러한 정의에 따르면 명예는 이익에 포함되지 않는다. 하지만 누군가는 이익보다 명예를 더 중요하게 여긴다. 명리名체라는 단어에서 보듯 '이름'이 이익보다 앞선다. 유명한 사람은 이익을 탐한다고 해도 그 때문에 자신의 이름을 버리지 않는다. 제아무리 엄청난 이익이 보장되어도 자신의 이름을 더럽히는 행위를 결코 받아들이지 못하는 사람도 있다.

이익의 정의를 좀 더 확대해보면 명성 역시 개인의 이익이 된다. 여기서 한 발 더 나아가 보면 관심 역시 일종의 이익이 된다. 내 작품에 가격을 얼마나 매기든지 내 취미와 취향대로 그림을 그린다면 관심과 이익은 철저히 구분된다. 혹 당신이 내가 그림을 그리지 못하도록 방해한다면 이것은 내 이익에 손해를 가져다주는 것이다. 딸과 아버지는 이익과 상관없는 관계지만, 만약 누군가 딸을 다치게 했다면 아버지의 이익에 피해를 준 것이다.

우리의 삶에서 이익은 무척 중요하다. 이익을 무시한 채 인의만을 부르짖거나 감정에 호소해봤자 겉만 번드르르한 낭만주의에 빠질 뿐이다. 하지만 또 다른 한편에서 인간은 순수하게 고상한 이성적 동물도 아니고, '이성적 인간' 유형에 속하는 이성적 동물도 아니다. 측면에서 골대를 향해 찬 골이 골네트에 들어간 순간, 스코어보드에 1점이 추가되고 모든 선수와 축구팬이 미친 듯이 환호하며 기쁨의 포효를 지른다. 이때의 골은 1점 이상의 가치를 지닌다. 이처럼 우리의 행동은 이익을 가져오는 동시에 기쁨, 만족감, 초조함 등 다양한 감정을 유발한다.

현대화가 본격화되기 전에 인류는 원래 살던 곳에서 떠나려고 하지 않았다. 다른 지역에 가서 새로운 삶에 도전하면 더 큰 경제적 이익을 손에 넣을 확률이 높았지만, 어느 누구도 원래 살던 고향을 떠나려 하지 않았다. 즉 모든 사람이 반드시 이익의 최대화를 추구하는 것은 아니다.

휴대전화 가게를 열면 더 많은 돈을 벌 수 있다는 걸 알지만, 나는 자그마한 서점을 하나 차리고 싶다. 경제적 이익 외에도 고민해야 할 문제가 태산이다. 내 취미나 관심, 인생 계획, 주변 사람들 그리고 다른 요소들도…. 이론의 일관성을 유지하기 위해 뭐 좋다. 일단은 이 모든 것을 이익이라고 부르자. 그렇게 되면 고향을 떠나지 않는 것도 이익이고, 서점을 열겠다는 꿈 역시 이익이 된다. 골을 넣었을 때의 환희 역시 이익에 속한다.

이익, 관심, 도의 모두 우리가 삶을 대하는 데 서로 다른 시각을 제시한다. 이익의 경우 비교, 고민, 계산이라는 관점에서 사물을 바라볼 수 있도록 유도한다. 논리를 다룰 때면 모든 대상을 아우를 수 있을 만큼 다양한 의미로 해석될 수 있는 용어가 필요하기 때문에 관심과 도의 역시 이익에 속하게 된다. 일부 이론 애호가들이 이 점에 입각해 이론을 구축한다면 신이 나서 콧노래를 흥얼거리는 것도, 부모와 자식 간의 돈독한 애정도 모두 이익에 속한다는 결론에 도달하게 될 것이다. 하지만 삶의 본질이 오로지 이익의 최대화라는 결론에 도달한다면 뻔하디뻔한 이론으로 전락할 수밖에 없다.

공효주의가 중국에 도입된 초기에 도덕주의자들은 공리를 외치는 공효주의 때문에 인성이 파괴되지 않을까 전전긍긍했다. 사람들이 결과를 쟁취하기 위해 수단과 방법을 가리지 않는 상황이 초래될 수 있다고 예상한 것이다. 관념이 행위에 영향을 준다는 사실은 누구도 부정할 수 없다. 공효주의를 이기적인 대상으로 여기고 이익을 일방적으로 좇다 보면 사람들은 더욱 노골적으로 이익을 좇게 될 것이다. 하지만 이익 최대화라는 이론이 실제로 이러한 효과를 낼 것인지는, 폭력영화가 더 많은 폭력범죄를 일으킨다는 주장처럼, 실제로 입증되어야 성립될 수 있다. 하지만 나는 적어도 이익 최대화라는 이 관념이 현실에 대한 사람들의 이해력을 떨어뜨릴 수 있다고 생각한다. 사람들이 이러한 이론을 사실로 믿어버리기 시작하면 현실은 추상적·단편적으로 변하게 되기 때문이다.

나를 이롭게 하는 것이
남을 이롭게 하는 것인가

공효주의의 인성론은 모든 사람은 자신의 이익을 추구한다는 전제하에서 최대 다수의 최대 행복을 가져다주는 행위를 최상의 행위, 최고의 선이라고 말한다. 하지만 이러한 전제와 결론은 논리적으로 맞지 않아 보인다. "나를 이롭게 하는 것이 곧 남을 이롭게 하는가?" 이러한 물음에 대해 벤담은 두 가지 근거를 제시한다.

첫째, 개인이 타인을 배려하고 사회에 복종하는 것은 그렇게 행동하지 않을 경우 여론의 질타나 법률의 처벌에 따른 고통을 받기 때문이다. 이러한 고통과 획득한 이익을 저울질해보면 정당한 수단으로 이익을 취하는 쪽이 수지타산에 맞는다는 결론에 도달할 수 있다.

둘째, 자신을 이롭게 하는 행위는 인류를 이롭게 하는 행위와 현실적으로 일치한다.

먼저 첫째 근거에 대해 곰곰이 생각해보자. 벤담의 주장처럼 사람들은 법을 어긴 대가가 크기 때문에 법을 지키려 노력한다. 하지만 법을 지키는 것보다 법을 어겼을 때에 더 큰 이익을 취할 수 있는 경우도 적지 않다. 특히 법을 위반하고도 고통을 피할 수 있는 방법이 공공연히 퍼져 있는 현대에서는 이런 경우가 더욱 설득력을 얻는다. 부패한 정치인이나 공무원, 양심을 저버린 기업과 기업인을 상대로 법률을 동원해 처벌하지만, 아이러니하게도 거짓과 부패는 더욱 기승을 부리고 있다. 온갖 부조리와 부패를 부채질하는 수단 역시 계속해서 '업그레이드'되고 있다. 이것만 봐도 법과 양심을 지키면 오히려 손해라는 주장이 전혀 근거 없는 이야기는 아닌 듯 보인다.

입법자들이 '위법의 대가'를 좀 더 무겁게 하려고 온갖 노력을 기울이고 있지만, 이것만으로는 위법 행위를 근절하기 어렵다. 게다가 대가의 수위만 높여봤자 엄격한 법률만 양산될 뿐이다. 이는 우리가 원하는 상황이 아니다. 그래서일까? 법률을 제정하거나 집행하는 사람이 가장 먼저 제 밥그릇부터 챙긴다는 이야기가 괜한 말은 아닌 것 같다.

둘째 근거에 대해 저우쭤런周作人, 루쉰의 동생은 현대 중국문학사를 다룬 〈인간의 문학〉이라는 글에서 '개인주의적 인간본위주의'를 주장했다. 쉽게 말해 '자신을 이롭게 하는 것은 타인도 이롭게 하는 것이니, 타인을 이롭게 하는 삶이란 곧 자신을 이롭게 하는 삶'이라고 설명했다. 그 이유에 대해 저우쭤런은 이렇게 말했다.

"첫째, 인류라는 무리에 속한 인간은 거대한 숲을 이루는 한 그루 나무와 같다. 숲이 번창하면 그 안에서 자라는 나무 역시 더 크고 곧 게 자라는 법이다. 하지만 숲은 나무 한 그루 한 그루가 잘 자란다고 해서 반드시 울창해지지는 않는다. 둘째, 개인이 인류라는 집단을 사 랑하는 것은 그 '안'에 내가 포함되었기 때문이다. 요컨대 나와 관련되 었기 때문에 사랑하는 것이다. 일찍이 묵자墨子는 '사람을 사랑한다는 것은 다른 사람은 물론 자기 자신도 사랑하는 것이다. 자신 역시 그 사랑 안에 두어야 한다'고 하셨다."

이러한 추론에 따르면 우리는 궁극적으로 '한 가족家人類人'이라는 이 상적인 생활을 영위하게 될 것이다. 무슨 일을 하든 궁극적으로 세상 의 모든 사람을 이롭게 한다는 이야기는 매우 아름답게 들리지만, 결 론적으로 말해서 현실에서는 불가능하다. 그 이유는 분명하다. 나무 한 그루로는 숲을 이룰 수 없으며, 한 그루의 나무가 거대하게 자라면 서 주변의 다른 나무가 자라지 못하게 영향을 주기 때문이다. 인류라 는 집단 안에 내가 존재할 때는 자신을 사랑하듯 똑같이 타인을 사랑 할 수 없다. 왜냐하면 인간은 개인의 이익을 우선시하기 때문이다. 그 래서 인류에 대한 사랑 대신 나 자신을 사랑하는 것이다.

천두슈陳獨秀, 중국공산당 초대 중앙위원회 의장 역시 유아론Solipsism은 개인에 한정 되어서는 안 되며, 응당 확대되어야 한다고 주장했다. 즉 개인이라는 테두리에서 벗어나 국가, 사회, 나아가 전 인류를 아울러야 한다는 것이다.[24] 장둥쑨張東蓀, 중국의 저명한 철학자 역시 동일한 입장을 취했다.

"개개인은 자신의 이상을 목표로 할 뿐이지만, 각자의 이상은 전체의 목적에 응답할 수 있어야 한다."

개인의 이상이 어떻게 전체의 목적에 응답할 수 있을까? 장둥쑨은 헤겔의 '이성적 간지List der Vernunft, 헤겔은 역사를 현실세계에서 인간의 행위들이 축적되는 것이라고 생각하지 않고 오히려 이성이라는 보편적 이념이 자기의 목적을 실현하는 과정이라고 생각했다'가 아니라, 동정심으로 자신의 주장을 설명했다.

"동정이라는 감정은 자신의 감정을 확대하는 것과 같다. 자신의 의지와 사회적 의지를 서로 부합시킬 방법을 스스로 깨달을 때 비로소 행복하다고 느낄 수 있다. 그래서 이러한 의미의 행복감이 전체의 행복과 일치할 때, 즉 자신을 이롭게 하는 것과 타인을 이롭게 하는 것이 같은 뿌리에서 비롯된다고 느끼는 순간, 전체의 이로움이 곧 자신을 이롭게 하는 것임을 점진적으로 깨닫게 된다.[25]"

하지만 이러한 '확장적 사고'는 지나치게 단순한 접근이다. 왜냐하면 자신의 의지가 '사회적 의지'와 맞지 않을 경우, 전체에 유리한 일이 나 자신에게는 전혀 이롭지 않은 경우가 있기 때문이다. 다소 '딱

---

24   천두슈, 《도덕의 관념 및 학파》: 선산홍沈善洪, 왕평센王鳳賢의 《중국 윤리사상사》, 인민출판사, 2005년, p535~536 인용

25   두 인용문 모두 장둥쑨의 《도덕철학道德哲學》 인용, 상하이 중화수쥐中華書局, 1930년, p550, p552

딱'하게 느껴지는 이야기지만, 부정할 수 없는 사실인 것은 분명하다. 개인의 이익과 공통의 이익이 서로 충돌할 경우, 전체의 이익을 버리고 자신의 이익을 선택한다면 환경보호에는 보탬이 될지도 모른다. 왜냐하면 속 좁은 사람은 자신의 것을 쓸 때면 아깝다고 부들부들 떨다가도, 공유물을 사용할 때는 아까운 줄 모르고 마구잡이로 쓰기 때문이다. 하지만 이런 방식으로 개인의 이익과 공동 사이의 이해관계를 해석해서는 안 된다. 요컨대 개인의 이기심으로는 전 인류가 행복하게 살기를 원하는 바람을 이룰 수 없다. 그래서 다윈_{Charles Robert Darwin}은 일찌감치 이러한 논리적 오류를 지적했다.

"개인의 이기심은 행위의 동기이며, 최대 행복의 원칙은 '행위의 동기보다는 행위의 기준'이 되어야 옳을 것이다.[26]" 공효주의는 자신을 이롭게 만들겠다는 동기가 곧 타인을 이롭게 만드는 동기라고 주장해서는 안 된다. 타인을 이롭게 만드는 '객관적 효과'를 발생시켜야 한다고 주장해야 옳다. 공효주의는 타인을 이롭게 하는 효과이자 결과론으로서, 다윈이 말한 도덕적 기준을 행위에 적용했다. 그렇다면 자신을 이롭게 하는 동기가 어떻게 해서 타인도 이롭게 만드는 효과로 이어질 수 있을까? 이에 대한 해답으로, '보이지 않는 손'이 있다.

---

26   다윈, 《인간의 유래The Descent of Man》, 결과론과 동기를 하나로 묶어 '동기 공리주의Motive Utilitarianism'를 제시했다. 애덤스Robert Merrihew Adams의 《동기 공리주의》 참고

이기적인
'보이지 않는 손'이 가져온
이타적 효과

애덤 스미스의 '보이지 않는 손'에 대해서는 잘 알고 있을 것이다. 빵집 주인이 이른 새벽에 일어나 따끈따끈한 빵을 굽는 것은 이른 아침을 준비하는 손님을 위해서가 아니라, 순전히 자신의 이익 때문이다. 물론 빵집 주인의 의도와 관계없이 손님은 아침부터 갓 구운 빵을 먹는 혜택을 누리게 된다. 이 예시를 통해 이기적인 동기를 지닌 '보이지 않는 손'이 이타적인 효과를 가져오는 과정을 애덤 스미스는 간단명료하게 설명했다.

간단한 이야기지만, 애덤 스미스는 짧은 내용 안에 근본적인 논리를 모두 이야기하고 있다. 그렇다고 해서 애덤 스미스가 이야기한 논리에 더해, 보이지 않는 손에 다른 것이 포함되어 있다고 생각하는 오류를 범하지 않도록 각별히 주의해야 한다. 애덤 스미스의 이야기에서 빵집 주인은 성실하고 모범적인 노동자의 모습으로 등장한다. 새벽 일찍 일어나 빵을 굽는 의도가 타인에 대한 배려에서 비롯된 것은 아니지만, 결과적으로 그는 타인에게 도움을 주는 일을 했다. 그리고 그 사실에 대해서도 알고 있다. 이는 반드시 짚고 넘어가 가야 할 중요한 사실이다. 이러한 인지가 없다면 빵집 주인의 삶은 180도 달라졌을 것이고, 그의 행동 역시 전혀 다른 의미를 지니게 될 것이다.

빵집 주인이 오로지 돈에만 눈이 먼 사람이라면, 자신의 이익을 위해 몸에 유해한 첨가물을 사용해 손님을 더 끌어 모으려 할 것이다. 단순히 '보이지 않는 손'만 이야기하자면 지나치게 '단편화'된 경향이 있다. 공업용 염색에 사용되는 유기화합물의 일종인 수단홍부터 멜라민Melamine, 불법으로 친인척을 발탁하는 일부터 수백억 원대의 뇌물수수에 이르기까지 이런 일련의 사태를 보면서 우리는 한 가지 의구심을 갖게 된다.

"자신의 이익을 위하는 이기적인 동기를 지닌 '보이지 않는 손'을 통해 타인, 나아가 사회에 과연 긍정적인 결과를 가져다줄 수 있는가?" 실제로 '보이지 않는 손'은 《국부론An Inquiry into the Nature and Causes of the Wealth of Nations》에 단 한 번만 언급될 뿐이다. 심지어 일부 권위 있는 연구가는 애덤 스미스가 반어법으로 현실을 풍자하기 위해 '보이지 않는 손'을 언급한 것뿐이라고 주장하였다. 애덤 스미스가 《국부론》 외에도 《도덕감정론The Theory of Moral Sentiments》을 썼다는 것을 알고 있는가?

《도덕감정론》의 머리말에서 애덤 스미스는 전혀 다른 주장을 내놨다.

"인간이 제아무리 이기적이라고 해도 인간의 본성에는 타인의 운에 관심을 갖고, 타인의 즐거움을 자신의 것처럼 여기는 원칙들이 분명 존재한다. 타인이 기뻐하는 모습을 지켜보며 자신의 일처럼 기뻐해도 아무것도 손에 쥐어지지 않지만 말이다.[27]"

보이지 않는 손만으로는 부족했는지 애덤 스미스는 인간의 본성에 또 다른 원칙이 존재한다고 주장했다. 하지만 타인의 행복에 철저히 무관심한 사람을 우리 주변에서 적지 않게 볼 수 있다. 어쩌면 스미스의 발언은 군자의 마음으로 소인의 마음을 헤아리려 한 것일지도 모른다. 이론적으로 인간의 본성에 잠들어 있는 선의의 원칙을 이끌어낸다면, 더 이상 이기적인 동기가 사회에 선한 결과를 가져다줄 것이라며 버틸 필요는 없을 것이다.

27   애덤 스미스, 《도덕감정론》

인간의 행동을
이기심으로 설명할 수
있는가

　　　　　　　인간은 누구나 자신의 이익을 추구한다는 공
효주의의 원리는 경제학, 사회생물학 등 과학적인 기본 예설像說에 해
당한다. 경제학에서 이성적 인간은 '이익의 최대화'를 추구한다. 이와
비슷하게, 신다윈주의Neo-Darwinism 는 생물이 추구하는 것은 자신의 유
전자를 최대한 복제하는 데 있다고 주장한다.

　생물학자 리처드 도킨스Clinton Richard Dawkins 가 쓴《이기적 유전자The Selfish
Gene》에서 자연이 선택하는 단위는 인간 개체나 종種이 아니라 유전자
이며, 인간은 유전자 보존을 위해 맹목적으로 프로그래밍된 '생존기
계'에 지나지 않는다고 말한다. 요컨대 유전자는 기계를 돌리는 '엔진'
에 해당하는 것이다. 장기간에 걸친 자연선택이라는 관점에서 봤을

때, 자신의 유전자를 보호하거나 복제하는 데 뛰어난 대상, 다시 말해서 '이기적 유전자'만 생존한다. "성공한 유전자가 지닌 가장 두드러진 특징은 무정한 이기심이다.[28]" 생물학적 개체는 유전자를 실어 나르는 매개물로서, 유전자의 특징만 드러낸다. "무릇 자연선택을 거쳐 진화하고 생산된 모든 존재는 이기적이다." 인류는 오랜 시간을 거치며 자연의 선택을 받은 결과물이기 때문에 당연히 "우리의 본성은 타고날 때부터 이기적이다.이상 《이기적 유전자》에서 인용."

정치학, 윤리학, 경제학, 생물학 등 각 영역의 지원사격을 등에 업고 인간의 본성은 이기적이라는 이론은 현대사회에 큰 반향을 불러일으켰다. 이와 대조적으로 현대 중국에서 이기주의가 범람하게 된 원인 중 하나로 사회적 요소가 지목된다. 이기주의自私自利를 의미하는 글자 사사로움私과 이로움利은 중국의 전통사상에서는 부정적인 의미로 사용된다. 군자의 나라인 중국에서 군자는 의義를 취하고 이利를 버려야 했다. 공산당이 이끄는 신중국新中國에 이르러서는 이기주의를 향한 비난과 손가락질은 더욱 거세졌다. 이기주의를 죄악시하고 계급에 대한 평가도 세분화되었다. 자본가 계급을 가장 이기적인 존재로, 소小 자본가 계급을 비교적 이기적인 존재라고 정의했다. 이에 반해 의식주 모두를 공공단체나 국가로부터 제공받는 공산주의가 가장 공정하

28   리처드 도킨스, 《이기적 유전자》. 본서에서 인용한 도킨스의 주장은 이 책에서 인용한 것이다.

다고 했다.

신중국에 이르러 중국인은 더욱 '진화'했다. 이기적인 행위를 용납할 수 없다는 분위기가 확산되었을 뿐만 아니라, 이기적인 사고 역시 설 곳을 잃었다. 세상에서 가장 공정한 공산주의 세계를 최대한 빠른 시일 안에 구현하기 위해 전 국민이 '사私'라는 글자와의 전쟁을 선포했다. 하지만 60년이 지난 이후 현대 중국에 이르러서는 가치관이 드라마틱하게 변하기 시작했다. 주홍글씨가 새겨졌던 이기주의는 그동안의 불명예를 모두 벗어던졌다. 신문이나 잡지마저 '인간은 모두 이기적인 존재'라는 기사를 헤드라인에 올릴 만큼 이기주의는 모두가 인정하는 공리公理로 떠올랐다. 평범한 사람들마저도 인간은 이익의 최대화를 추구한다는 말을 거리낌 없이 털어놓았다. 마치 사사로움, 이로움에 대해 이야기하고 싶다는 욕망이 2000~3000년 동안 억압되어 있다가 순식간에 폭발한 것 같다.

그렇다고 해서 길을 가던 사람이 "사람은 모두 이기적이죠!"라고 말한다고 해서 인간은 태어날 때부터 이기적이라는 뜻은 아니다. 그것은 일종의 감탄인 것이다. 이기심이 인간의 천성 중 일부라는 것에 대한 감탄이자, 어떻게든 극복하고 억압하고 숨기더라도 떼어낼 수 없다는 사실에 대한 감탄이다. "쩝, 세상에 제 몸 챙기지 않는 사람이 어디 있어?"라는 말은 물론, "사람은 감정의 동물이다"라는 말도 마찬가지다.

자신의 이익을 최우선시하는 사례가 셀 수 없이 많지만, 여전히 착한 사람은 많다. 자신의 이익보다는 남을 우선시할뿐더러, 자신의 목숨까지 바치는 사람이 있다. 이러한 현상을 이기주의 이론으로 설명할 수 있을까? 실제로 이기주의 이론가들은 남을 위하는 이타적 행위가 발생하게 되는 원인을 규명하는 데 상당한 노력을 기울이고 있다. 도킨스는 《이기적 유전자》를 쓰게 된 이유에 대해 '이기주의와 이타주의의 생물학적 본질'을 탐구하기 위해서라고 밝혔다. 그리고 성공한 유전자가 모두 이기적이라는 사실을 분석했다. 하지만 "일부 유전자가 보다 효과적으로 이기적인 목적을 달성하기 위해 특수한 상황에서 제한적인 이타주의를 야기한다"는 상황을 목격할 수 있다.

이타는 표면적인 현상일 뿐, 그 표면 아래에 숨겨져 있는 심오한 동기는 사실상 이기심에서 출발한다. 태양이 지구 주변을 도는 것처럼 보이지만 실제로는 지구가 태양 주변을 도는 것과 같은 이치다. 앞에서 말한 '보이지 않는 손'은 이기적인 동기가 타인을 이롭게 만드는 표면적 현상을 설명하고 있다. 이를 좀 더 확대해보자면 이는 호혜적인 이기주의라 할 수 있다. 다른 사람이 좋으면, 나도 좋다는 것이다.

진화론의 창시자인 다윈은 단순히 생물학적 진화론을 구상하는 데서 그치지 않고 진화론과 관련된 모든 문제에 대해 치열하게 고민했다. 진화론으로 이타적인 인간의 행위를 어떻게 해석할 것인지 고민했을 뿐만 아니라, '100퍼센트 자연사적인 관점'에서 문제를 해결하려고 시도했다.

"비록 인간은 다른 생물 개체처럼 이기주의에서 출발했지만, 추리 능력과 예측 능력이 점점 발전하는 과정에서 한 가지 사실을 깨달았다. 내가 다른 사람을 도우면, 나 역시 타인에게서 도움을 받을 수 있다는 것이다. 고상하지 않은 동기에서 출발했다고 해도, 결과적으로 다른 사람을 돕는 습관이 자리 잡게 되는 것이다.[29]"

이러한 사고방식에 입각해 이론을 발전시켰지만 다윈은 자신의 대답에 그다지 만족하지 못했다. 후세의 생물학자들도 다윈을 뛰어넘는 논리를 보여주지 못했다. 조지 윌리엄스George Williams의 주장을 살펴보자.

"친구를 최대한 늘리고 적을 최소화하는 데 능한 개체는 진화적인 측면에서 우위를 점하고 있다. 이러한 진화적 요소는 인류의 이타주의와 동정심을 강화시킨 동시에, 윤리학적으로는 성과 침략이라는 본능을 받아들이는 현상을 약화시켰다고 생각한다.[30]"

유사한 논리에 속하는 게임 이론Game theory은 죄수의 딜레마가 여러 번 반복해서 발생하는 상황에서 게임에 참가한 양측이 모종의 협력 전략을 구사한다는 것을 증명한다. 즉 내가 도움을 받았다면 나도 상대를 도와주겠지만, 나를 배신했다면 나 역시도 배신한다. 이렇게 하

29　다윈, 《인간의 유래와 성 선택The Descent of Man and Selection in Relation to Sex》, 1871년

30　조지 윌리엄스, 《적응과 자연선택Adaptation and Natural Selection》, 1966년

는 편이 일방적으로 배신당하지 않고, 자기기만에 빠지지 않으면서 자신에게 유리하기 때문이다. 한동안 사람들로부터 손가락질 당했던 '편승 이론' 역시 여기에 속한다.

혈연간의 이타적 행위는 이기적인 유전자 학설이 적용되지 않는다. 부모 늑대가 제 한몸만 지킬 줄 알았지 자식을 보호할 줄 몰랐다면, 후대의 생존확률은 다른 개체에 미치지 못했을 것이다. 결과적으로 해당 개체의 유전자가 유전될 확률도 줄어들 것이다. 늑대 젖을 먹고 자란 남매가 자신만 지킬 줄 알고 후손을 외면하는 유전자를 물려받았다면, 그들의 혈통은 자연선택에 의해 점차 도태될 것이다. 그래서 우리가 지금 볼 수 있는 동물들은 자신을 지키는 본능은 물론, 자신의 후손을 지키려는 본능도 지녔다고 할 수 있다.

실제로 유전자 복제라는 관점에서 볼 때 생존력이 떨어진 상태에서 자신을 지키는 것보다 후손을 안전하게 보호하는 것이 더욱 중요하다. 그래서 '신성한 모성애'는 과학적인 해석을 확보할 수 있었다. 똑같은 방식으로, 사회생물학은 우리가 같은 핏줄을 나눠 가진 대상을 발 벗고 도와주는 이유를 설명한다. 심지어 혈연관계도에 따라 상대를 도우려는 의지를 구체적인 수치로 도출할 수도 있다. 인구 유전학의 대가인 홀데인John Burdon Sanderson Haldane은 친형제와 사촌, 육촌 형제를 구하기 위해 죽음의 위험을 무릅쓰기도 했다.[31]

호혜적인 이기주의는 서로를 돕는 다양한 활동을 설명할 수 있을 뿐만 아니라 '눈에는 눈, 이에는 이'라는 관점에서 복수를 설명할 수도 있다. 심오한 이론을 이해하지 못한다고 해도 사람은 자신의 이익을 위해 혹은 이익을 얻기 위해 다른 사람을 도와준다는 사실을 누구나 알고 있다. 명예를 얻기 위해 이익을 버리는 행위가 때로 '간접적인 호혜정신'에서 비롯된 것임도 모두 알고 있다. 피가 물보다 진하는 말처럼 자신의 '새끼'를 지키려는 부모의 행동 역시 자신의 이로움을 감안하는 범위에서 이뤄지는 것임을 잘 알고 있다.

결론적으로 말해서 호혜적 이기주의에 따르면 우리가 평소 이야기하는 도덕과 평소에 보이는 도덕적 자세 모두 우리의 이기심에서 비롯된 것이다. 이러한 주장은 맹자의 측은지심惻隱之心이나 애덤 스미스의 동정심에는 미치지 못하지만, 이론을 구축하는 데는 유리하다. 이기심은 그 자체만으로 타인에게 유리한 결과를 만들어내기 때문에 또다른 평행원칙을 구축할 필요가 없다. 서로 대칭되는 평행원칙 이론을 구축해봤자 진정한 의미에서 문제를 설명해낼 수 없기 때문이다.

하지만 인의는 호혜적 이기주의와 다를 뿐만 아니라 '순수한 이타행위'에 속한다. 보이지 않는 곳에서 남을 위한 봉사, 선박이 침몰했을 때 다른 사람을 구명정에 태우고 자신은 가라앉는 배에 남을 수 있

---

31 도움을 받은 혈연관계 간에 경쟁 등의 원인이 발생할 수 있기 때문에 내포된 적응성혈연선택을 실질적으로 계산할 수 없다. 게다가 곤충조차도 혈연관계를 식별할 수 없기 때문에 혈연선택이라는 메커니즘이 보여주는 작용이 그다지 크지 않다고 볼 수 있다. 마틴 노왁Martin Nowak, 로저 하이필드Roger Highfield의 《초협력자Super Cooperators》, 2012년 참고

는 용기 모두 자신이나 후손에게 도움이 되는 이타적 행동은 아니다. 모성애가 제아무리 신성하다고 해서 모든 어머니가 자신의 아이를 지키기 위해 갖은 애를 쓰거나, 생명을 희생하는 것도 아니다.

논쟁이 되는 몇 가지 사례를 들어 살펴보자. 몸에 폭탄을 두르고 자살테러를 저지른 팔레스타인 청년의 소식에 당신은 어떤 반응을 보일 것인가? 이러한 행위는 옳지 않으며 어리석다고 비난할 것이다. 심지어 범죄행위라며 분노를 드러낼 것이다. 그렇다면 이기주의 이론은 청년의 행동을 어떻게 해석할 것인가? 결론적으로 말해서 유전자 이론은 아무런 대답도 해줄 수 없다. 청년의 몸이 온전할 리 없으니 그 유전자가 남을 가능성은 전혀 없기 때문이다.

게임 이론도 소용없다. 청년에게는 또 다른 참가자와 게임을 벌일 기회조차 주어지지 않았기 때문이다. "타인을 돕는 습관이 자리 잡았다"는 설명 역시 이 문제에서는 설득력을 잃는다. 다윈이 자신의 주장에 결코 만족하지 못했던 것에는 확실한 이유가 있다. 다른 사람을 도와주면 자신도 다른 사람에게 도움을 받을 것이라고 확신할 수 있었던 근거는 무엇인가? 과거의 경험일까? 하지만 이것을 경험하기 전, 최초의 이타적 행위는 어떻게 해서 발생한 것일까? 모든 사람이 이타적인 집단이 이기적인 집단보다 잘산다고 해도, 남을 배려해야겠다는 인식을 처음부터 지녔다고 보기는 어렵다.[32]

최초의 이타적 행위가 없었다면 윌리엄스가 말한 대로, "이타주의를 강화시켰다"는 주장은 공허한 메아리가 될 뿐이다. 무언가가 강화되었다고 말하려면 그 전에 강화시킬 수 있었던 무언가가 있어야 하지 않은가! 사소한 일이 끊임없이 일어나는 일상 속에서 대자연이 우리에게 이기적인 원칙에 따라 일을 처리하라고 가르쳤다고 상상하기 어렵다. 별 것 아닌 일에는 까다롭게 굴다가, 생존과 같은 중요한 문제에서 대자연은 갑자기 애매한 태도를 취한다. 측은지심과 같은 '나쁜 습관'에 따라 다른 사람을 위해 자신을 희생하도록 내버려두는 것이다. 종교적 신앙을 도입해도 여전히 똑같은 문제에 직면하게 된다. 왜냐하면 인간의 본성이 하느님을 높이기 위함이 아니라 자신의 이익을 구하는 것이라면, 하느님을 위한 희생의 종교적 감정은 어떻게 생겨나는 것인가에 대한 질문에 직면하기 때문이다.

측은지심, 인애지심仁愛之心, 종교적 신앙 등은 어떤 의미에서 원시적 현상에서 파생된 개념으로 간주해도 무방하지 않을까?

자, 그러면 사회생물학이 발견한 메커니즘을 통해 이기주의가 측은지심, 인애, 우정 등을 만들어낸 상황을 설명했다고 가정해보자. 쉽게 말해서 상술한 존재가 우리 자신에게 매우 유리하게 작용했다고 입증되었다면, 반대로 온갖 악의와 '과도한 이기심'이 어떻게 존재할 수 있었는지 설명해야 한다. 앞에서 호혜적 이기주의가 복수를 설명할 수 있다고 말했다. 그렇다면 너 죽고 나 죽자는 식의 과도한 복수를 실천하는 행동을 어떻게 이해해야 할까? 자신의 목숨을 희생해야 한다는 점에서 어떠한 혜택도 받을 수 없다. 유전자에 의해 훈련된 사람이라면 혜택을 누릴 수 있을 정도로 적당히 이기적이어야 한다.

그럼에도 왜 과도하게 이기적으로 행동하는가? 프로이트와 일부 공효주의자들은 장기적인 이익을 위해 눈앞의 이익을 포기할 수 없다고 주장했다. 그런데도 인간은 어떻게 해서 장기적으로 자신에게 도움이 될 것임을 알고도 포기하겠다는 동기, 생각 등을 발전시키는가? 게다가 케인즈를 흉내 내서 "장기적이라고 하는 기간은 대체 구체적으로 어느 정도를 가리키는가?"라는 질문을 던질 수 있다.

유전자의 이기심, 인류 개체의 이기심에서 출발한 도킨스와 다른 사회생물학자들은 인류의 이타적 행위를 설명하는 데 필연적으로 많은 노력을 쏟아부을 수밖에 없다. 사실 남을 위한 배려, 우정, 자비심 외에 '이기적인 유전자'를 해석하는 데도 많은 노력이 필요하다. 잊지 마라. 인류는 불필요한 탐욕, 악의, 폭력을 잔뜩 지니고 있다. 아프리카 수사자가 얼룩말을 갈가리 찢어 죽이는 장면을 보고 있노라면 끔찍하게 느껴진다. 참혹한 사냥 장면과는 대조적으로, 주변의 다른 얼룩말들은 적당히 떨어진 채 한가로이 풀을 뜯어먹고 있기 때문이다. 눈앞에서 동료가 죽는 것을 보면서도 얼룩말들은 왜 달아나지 않는 것일까? 왜냐하면 수사자는 그저 주린 배를 채우기 위해 사냥을 하는 것일 뿐, 아무 이유 없이 동물을 죽이는 본능이 없다는 것을 알고 있기 때문이다.

하지만 인간은 다르다. 붉은 완장을 찬 청년들이 역 광장에서 '불순한 무리'를 위협하며 그들을 사지로 몰아넣고 있다. 주변을 오가는 사람들은 그 모습에 가슴을 졸인다. 청년들의 이기심을 만족시키는 데 자신이 아무런 상관이 없음에도 말이다. 검은과부거미는 교묘한 방식으로 사냥감을 포획하는 것으로 악명이 자자하지만, 세상에 거미줄을 치지 않는 거미가 어디 있으랴! 그러나 권력자가 이러한 방식으로 용기 있게 진실한 말을 전하는 지식인을 권력의 틀 안에 가두고 억압한다면, 그가 속한 민족에게서 더 이상 독립적 사고와 진솔함을 기대할 수 없다. 생물학은 개인이 타인에게 가하는 치욕을 어떻게 설명할 것인가? 동종의 대상을 모욕할 수 있는 다른 동물이 또 있는가? 이기심으로 인간의 인자함을 설명하기 어려운데, 인간의 탐욕, 폭력, 음험한 악의를 어떻게 이기심으로 설명할 수 있겠는가?

사회생물학은 게임 이론과 연계해 사회적 관심을 이기주의와 협력, 혹은 이타주의에 집중시켰다는 데 나름의 의미가 있지만, 동시에 그 한계를 드러냈다. 우리가 윤리적 삶에서 관심을 갖는 대상은 이기주의와 협력뿐만이 아니다. 인성 중에는 이기주의보다 한결 심각한 결함이 존재한다. 이를테면 인간의 탐욕, 악의, 전제주의자의 폭력성이 바로 여기에 속한다. 다양한 악의적 의도는 자신을 이롭게 하겠다는 동기에서 비롯된 것이 아니며, 실제로도 자신에게 아무런 혜택도 가져다주지 못한다. 레닌과 히틀러가 이기적이었다는 이야기를 한 번도 들어보지 못했다. 폭력, 잔혹성 등에 비해 이기심은 끊임없이 귀찮게는 해도 심각한 수준의 악의적 행동이라고 볼 수 없다. 반대로 협력역시 유일한 선함은 아니다. 때로 협력은 그 자체로 선함이 되지 않기도 한다. 사실상 인간 사이에서 이뤄지는 가장 잔인하고, 가장 비인도적인 대립 행동은 모두 고차원적으로 '협력'을 표방하는 사람들을 통해 이뤄진다.[33]

33 요차이 벤클러Yochai Benkler, 《펭귄과 리바이어던The Penguin and the Leviathan: How Cooperation Triumphs over Self-Interest》

이로움과
이기심은 무엇인가

이러한 문제에 대한 궁금증을 해소하려면 먼저 '이로움'과 '이기심'이라는 용어부터 명확하게 규명해야 한다. 이론적인 측면에 접근하지 않는 상태에서 누가, 또 언제 이기적이라고 표현하는지 곰곰이 생각해보자. 다른 사람의 이익을 희생해서라도 자신의 이익을 구할 때 우리는 이기적이라고 말한다. 전설적인 무용수 이사도라 던컨Isadora Duncan은 '이기적인 사람은 자신의 이익을 좇는 사람이 아니라, 타인의 이익을 습관적으로 돌보지 않는 사람'이라고 말했다. 중국의 철학자 하린의 말을 빌자면 자신의 이익을 추구하되 다른 사람의 이익을 훼손하지 않는 사람이야말로 이기주의자라고 부를 수 있다. "타인의 이익을 희생시켜 자신의 이익을 챙긴다면 윤리적인 주장이 될 수 없다."

그렇다면 사회생물학에서 말하는 '이로움'이란 무엇인가? 절벽의 끝을 걷던 사람이 위험을 감지하고 뒤로 물러서는 행동, 물에 빠진 사람이 악착같이 물 밖으로 기어오르려는 행동을 어떻게 이해해야 할까? 사회관계에 적용해보자면, 물건을 파는 사람은 한 푼이라도 더 비싸게 팔려고 할 것이고, 물건을 사는 사람은 한 푼이라도 싸게 사려고 할 것이다. 이 역시 주관적 이기심에 속하는 것일까? 결론적으로 말해서 이러한 동기와 행위는 이기적 속성과 아무런 관련도 없다.

생물학, 경제학, 게임 이론은 모두 과학 혹은 준 과학에 속한다. 우리 모두 이미 알고 있듯 과학은 가치중립적이다. 생물학자인 도킨스가 세상에 선보인 글과 주장은 최고의 수준을 자랑하지만, 《이기적 유전자》라는 책 제목을 어떻게 생각해야 할까? 대중의 눈길을 사로잡기 위한 마케팅의 일환이라고는 하지만, 적어도 과학의 엄격성을 제대로 지키지 않은 것은 누구도 부정할 수 없다. 이기적이라는 단어는 유전자와 따로 떼어놓고 보더라도 농후한 도덕적 함의가 담겨 있다. 과학 인문서로서 대중적인 독자의 입맛을 사로잡으려 했다면 책 제목을 '이로운 유전자'라고 지어도 충분하다. 하지만 '이기적 유전자'라는 관념은 독자를 엉뚱한 방향으로 이끌고 있다. 나 역시 잘못된 방향을 제시한 것이 아닌지 겁이 나곤 한다.

보다 쉽게 설명하기 위해 일단 위에서 말한 모든 것을 '이로움'이라고 부르겠다. 이로움이 이기심보다 도덕적 평가를 덜 받는 듯한 느낌이 들기 때문이다. 우리는 평소 '이로움'만 따로 떼어놓고 이야기하지 않기 때문에 이 단어가 논리적인 뉘앙스를 품고 있다고 생각한다. 그렇지만 여기서 말하는 이기심과 이로움의 의미는 명확히 구분해야 한다. 배가 고프면 밥을 먹고, 추우면 옷을 입는다. 자동차가 앞으로 쏜살같이 달려온다면 재빨리 몸을 피한다. 사람이 물에 빠지면 죽기 살기로 물 밖으로 기어 나온다. 이런 행동을 가리켜 이로움이라고 이야기하지 않는다. 삶을 훼손하는 것은 이로움이 아니라 반대로 이로움을 제대로 알지 못하는 것이다. 가족의 반대를 무릅쓰고 나쁜 남자를 사랑하는 여인이나, 복수를 위해 자신의 모든 것을 내던지는 남자에게 우리가 충고를 건네는 까닭은 그들이 좀 더 자신의 이익을 돌보기를 진심으로 바라기 때문이다.

이러한 이로움을 이기적이라고 이야기할 수도 없다. 이는 또한 다른 모든 행위그 행위가 이기적이든 혹은 아니든 관계없이를 이해할 수 있는 기초가 된다. 하린의 말을 빌자면 "솔직히 이야기해서 공리는 이상과 도덕을 실현하는 데 없어서는 안 될 필수조건이다.[34]" 벼랑 끝까지 걸어가고도 발길을 돌리지 못하거나, 물에 빠졌을 때 우리는 삶이 어떤 모습일지 상상하지 못한다. 군자가 산다는 나라에서는 평범한 장사치도 손님에게 돈을 한 푼이라도 더 내주고 싶다는 생각에 저렴한 가격으로

---

34   하린, 《공리주의에 대한 새로운 평가功利主義的新評價》, 《하린의 신유교론 저서 요점賀麟新儒學論著輯要》에 실린 내용

물건을 판매한다. 하지만 그런 곳은 실제로 존재하지 않는다. 이는 그곳에 사는 주민들이 지나치게 고상하기 때문이 아니다. 모두 그러한 현실을 기대하지만 실제로 이뤄지는 것은 불가능하다. 왜냐하면 군자의 나라에서 물건을 파는 사람이 무엇을 하는지 우리는 알지 못하기 때문이다. 배를 곯아봐야 누군가가 '옜다' 하고 던져준 음식을 받아먹는 사람의 심정을 알 수 있고, 추워서 옷을 껴입어 봐야 추운 겨울날 자신이 두르고 있던 목도리를 풀어 딸에게 둘러주는 어머니의 사랑을 이해할 수 있다. 비싸게 파는 물건을 살 때 한 푼이라도 깎아 봤어야 빌 게이츠와 같은 자선행위가 얼마나 위대한지 이해할 수 있다. 배고파서 먹고 춥다고 해서 옷을 껴입는 등의 행위를 '이기적'이라고 말할 수는 없다. 또한 이를 이로움이라고 불러서도 안 된다. 이런 상황을 설명하는 데 엄복은 '스스로 이룸自營'이라고 달리 표현했다.

유전자를 연구할 때, 과학은 도덕을 신경 쓰지 않는다. 인간을 연구할 때도 그가 도덕적인지, 혹은 그렇지 않은지 관여하지 않는다. 경제학, 게임 이론 등은 오로지 전략만 강조할 뿐이다. 어여쁜 농촌처녀가 600g에 500원인 나물을 팔기 위해 도시로 올라왔다. 하루 종일 장사를 하고도 그녀의 손에 들어온 돈은 2만 원에 불과했다. 하지만 그 옆 미용실에서 일하는 여성은 1시간에 2만 원을 번다. 경제학의 관점에서 두 아가씨의 차이는 생존 전략에서 비롯된다.

도덕, 인품에 점수를 매기는 '도덕적 편견'에 빠져 세상을 대하지 말라는 유명인들의 글을 여러 번 읽었다. 이런 관점에서 봤을 때 이와 같은 상황에 대해서 토론의 여지는 있다고 생각한다. 나치가 유대인을 아우슈비츠로 강제 이송하거나 일본 제국주의자가 난징南京에서 수만 명의 사람을 잔인하게 학살한 명백한 사건이 간디, 테레사 수녀와는 다른 생존 전략을 선택했기 때문이라고 이야기할 수 있을까?

이러한 상황은 게임 이론을 통해 연구할 수도 있다. 생물학, 경제학, 게임 이론 모두 자신의 학문적 틀 안에서 인류행위의 일부 혹은 하나의 영역을 연구했다. 저마다의 업적과 효용을 자랑하겠지만 이들은 인성에 대한 전반적인 연구를 시도한 적도, '인간의 본질'을 발견한 적도 없다. 과학은 그저 메커니즘적 의미가 지니는 원인만 드러낼 뿐이다. 즉 도덕적 행위와 부도덕한 행위는 모두 특정 메커니즘에서 비롯된 것이며, 부도덕한 행위는 메커니즘이 만들어낸 산물로서 도덕적 행위에 비해 뒤지지 않는다고 주장한다. 즉 메커니즘을 밝혀내려면 과학자는 반드시 도덕─부도덕의 구분을 배제해야 한다. 그렇기 때문에 도덕을 연구할 때 중립적 용어를 사용하면 메커니즘 연구의 성격을 드러내는 데 도움이 된다.

배가 고파서 밥을 먹고 추워서 옷을 껴입는 행동, 물에 빠진 사람이 지푸라기라도 잡는 심정으로 필사적으로 손발을 내젓는 행동을 모두 이기적이라고 한다면, 이때의 이기심은 특별하게 정의된 개념에 의한 것이라고 할 수 있다. 즉 일부 대상을 기본이라고 정의한다면 또 다른 대상은 그 기본에 해설을 추가한 것이다. 혼자 있을 때 춥다며 옷을 껴입거나, 찬바람이 불면 옆에 있는 딸에게 어머니는 자신이 두르고 있던 목도리를 냉큼 풀어서 둘러주는 이런 행동들은 자연이해自然理解, 생물과 무생물에게 인간적 특성을 부여한다.-역자라는 측면에서 똑같이 자연스러운 행동이다. 하지만 메커니즘 연구라는 측면에서 보자면 후자의 경우 별도의 설명이 필요하다.

메커니즘 연구에서 사용하는 개념을 분별없이 자연이해로 해석해서는 안 된다. 이러한 관점에 따르면 비싼 이자를 받고 다른 사람에게 돈을 빌려준 행위와 수재민을 위해 거액의 돈을 기부한 행위 모두 이기적인 행동에 속하기 때문이다. 다른 사람을 위해 자신의 목숨을 던지는 고귀한 행동마저 이기심에서 비롯된 것이라고 치부할 수 있는 것이다. 그 결과 이기심이라는 단어는 아무런 의미도 없는 개념으로 변질될 수 있다.

'유전자는 모두 이기적이다', '사람은 모두 이기적이다'라는 명제는 엄연히 다르다. 유전자와 인류가 생물학적으로 구분되는 존재이기 때문이 아니라, 전혀 다른 측면의 문제이기 때문이다. 온몸에 폭탄을 두른 채 수많은 시민 사이로 걸어 들어가는 팔레스타인 청년의 행동은 이타적인가, 이기적인가? 용감한 행동인가, 아니면 무고한 시민을 학살하는 범죄인가? 당신이 무엇이라고 대답하든 분명한 것은 이 문제는 결코 과학적 문제가 아니라는 것이다. 이러한 문제를 고민하기 위해 우리는 유전자를 연구해야 하는 것이 아니라 우리의 문화와 전통, 정의에 대한 관념, 팔레스타인과 이스라엘의 역사, 그 역사를 바라보는 사람들의 경험과 정서 등을 살펴야 한다. 요컨대 과학과는 구별되는 또 다른 측면에서 문제를 고민해야 한다. 생물학–심리학은 체액의 변화가 정서적으로 어떠한 변화를 가져오는지 연구할 수 있다. 다만 이러한 연구는 나의 분노가 상대의 비양심적 태도에서 비롯되었다는 사실을 부정하지 못한다.

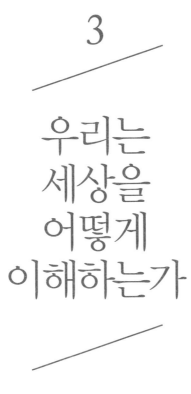

3

우리는
세상을
어떻게
이해하는가

사실과 가치의 문제

함부로
단정 짓지 마라

　　　　　　윤리학은 기본적으로 두 가지 구분을 통해 세상을 이해한다. 수많은 이론 혹은 사고방식에서 이러한 구분은 다양한 이름으로 정의되는데, 대표적인 것으로는 묘사성과 규범성, 사실의 묘사와 가치의 당위성, 사실과 가치 등이다. "유전자는 어떻게 작용하는가?", "사람은 모두 이기적인가?" 우리는 이 두 가지가 차원이 다른 문제라고 말한다. 그래서 이를 종종 사실과 가치가 나뉘어져 있으며 '사실의 묘사'가 '가치의 당위성'으로 발전할 수 없다는 주장_{이를테면 생물학은 사실을 연구하는 학문이지, 가치의 결정이라는 문제가 될 수 없다는 것}으로 이해하기도 한다. 하지만 나는 이런 주장을 100퍼센트 지지하지 않는다.

　사물과 상황을 있는 그대로 묘사한 데서 당위성을 끄집어내는 것을 어떻게 이해해야 하는 것일까? 그리고 과연 이것이 이해해야 하는 대상일까? '사실의 묘사'와 '가치의 당위' 문제는 윤리학에서 '흄David Hume의 문제'라고 부른다.[35] 사실의 묘사와 가치의 당위라는 용어는 '실연'과 '응연'이라는 단어로 표현할 수 있다. 실연과 응연의 논제는 일반적으로 윤리학에서 널리 토론되고 있지만 상당히 포괄적인 문제이다. 자신에게 유리하게 판을 짜려면 바둑돌을 어디에 둬야 할까? 침몰하는 배에서 빠져나오기 위해 응당 뛰어내릴 수 있는 용기는 어디서 비롯되는가?

이런 문제는 현실적으로 존재하는 사실인 동시에, 특정 상황에 처한 인간의 욕망과 바람을 그대로 보여준다. 즉 침몰하는 배에서 차디찬 바다로 망설임 없이 뛰어드는 사람이나 자신에게 유리한 규정에 따라 판을 짜서 이기겠다는 바둑기사…. 적절한 주변 환경을 바탕으로 특정한 욕구나 바람을 품고 있는 생물로서 이들의 실연은 응연으로 바뀌게 된다. 좀 더 쉽게 설명하자면 치명적인 독이 들어 있는 음료수를 마시겠다는 사람은 단 한 명도 없을 것이다. 하지만 내가 음독

---

35 기존의 법칙 혹은 정의에 근거한 논리적 추리나 수치 연산을 통해 새로운 결론을 이끌어내고, 다시 여기서 가치의 당위를 찾아낼 수 있을지 인간은 의심하게 된다. 이러한 의심의 뿌리는 흄으로부터 비롯된다고 해서 윤리학에서는 이를 흄의 문제라고 부른다. 하지만 흄 스스로 이러한 예예를 받아들인 것은 아니다. 이 문제에 대해 《인성론A Treatise of Human Nature》에서 '부론附論'이라는 형태로 '도덕은 이성의 또 다른 대상'이 아니라고 설명했다. 상당히 절제하는 태도로 흄은 사실의 묘사에서 가치의 당위를 도출해낼 수 없다고 단언하며, 양자는 동일한 관계가 아니라고 지적했다. 이러한 결론을 도출하는 과정에서 흄은 이 점을 반드시 주의하고 설명해야 한다며, 불가사의한 것처럼 보이는 일완전히 다른 또 다른 사물에서 이러한 새로운 관계를 대체 어떻게 풀어낼 수 있는가?에 대해 마땅히 이유를 제공해야 한다고 주장했다. 흄의 《인성론》 참고

자살할 생각이었다면 나는 반드시 이 음료수를 마셔야 한다.

실연이 응연_{마땅히 어떻게 해야 하는가, 역자}으로 변할 때 곤혹함을 느끼게 되는 주된 이유 중 하나는 사실에 대한 인지를 다른 인지를 위한 전제조건으로 생각하기 때문이다. 하지만 우리가 직면하는 현실은 이와 다르다. 우리는 처음부터 우리가 하려는 일과 연계함으로써 사실을 인지한다. 쉽게 말해서 무언가를 하기 위해 사실을 인지한다는 뜻이다. 예를 들어 강물의 깊이를 알아내려는 까닭은 무엇인가? 왜냐하면 그 강을 건너려고 하기 때문이다. 열쇠를 몸에 지니고 있는지 확인하는 이유는 또 무엇인가? 집으로 들어가려면 문을 열 수 있는 열쇠가 필요하기 때문이다.

사실을 확인하는 것 자체는 이미 독립된 인지 임무라 하겠다. 임무를 완성해야 또 다른 인지가 가능하다. 우리는 일이 완전히 확실해지기 전까지 함부로 결론 내지 말라고 이야기한다. 강물의 깊이를 서둘러 단정 짓지 말고 일단 물이 얼마나 깊은지 확인해봐야 한다. 혐의자의 유죄 유무를 무턱대고 판단하기 전에 일단 DNA 검사부터 해야 한다. 사실 확인은 강을 건널 것인지, 혹은 혐의자에게 유죄를 언도할 것인지를 결정하는 전제조건이다. 강을 건너는 방법이나 범인을 색출하는 계획을 세우려면 사실을 수집하고 확인하는 작업이 선행되어야 한다. 그래야 어떠한 사실을 수집할 것인지, 어떻게 사실을 확인할 것인지 방향을 잡을 수 있다.

돈을 빌렸다면
반드시
돈을 갚아야 하는가

내가 당신에게서 돈을 빌렸다는 사실 하나만으로 나는 반드시 당신에게 돈을 갚아야 하는 것일까? 사실을 적나라하고 고립된 '원자적 사실_{atomic fact}'로 이해한다면 이것만으로는 내가 반드시 당신에게 돈을 갚아야 한다는 결론은커녕, 아무런 주장도 이끌어내지 못한다. 특정한 사회적 환경에 처했을 때만 내가 당신에게 돈을 빌린 사실에서 반드시 돈을 갚아야 한다는 결론을 도출할 수 있다.

사실 사회라는 환경에서 일단 벗어나면 내가 당신에게서 돈을 빌렸다는 사실만으로 반드시 돈을 갚아야 한다는 결론을 이끌어낼 수 없다. 왜냐하면 돈을 빌리는 행위를 그 무엇으로도 명확히 정의할 수 없기 때문이다. 내가 당신에게서 돈을 빌린 것은 고립된 사실이 아니며, 분석을 통해서 고립된 '원자적 사실'로 바꿀 수도 없다. 1만 원을 쥐고 있는 당신의 오른손이 내 오른손에 돈을 건네주고, 내가 당신의 손에 종이를 쥐어준다. 그 종이에서는 우리가 '서명'이라고 부르는 어떤 흔적을 찾을 수 있지만, 이러한 사실만으로는 돈을 빌렸다는 근거가 되지 못한다. 사유재산이 100퍼센트 존재하지 않는 사회에서 어떤 환경이 주어지지 않는다면 당신과 내가 무슨 짓을 하든지, 혹은 어떠한 사실이 존재하든지 관계없이 내가 당신에게서 돈을 빌렸다는 사실 자체가 존재하지 않는다. 쉽게 말해서 우리는 특정한 환경에서 어떤 조건을 통해 돈을 빌리는 행위를 약속한 것이다.

인간의 언어는 여러 분야에서 다양한 관점에 따라 표현방식을 설정하고, 다양한 표현방식을 통해 상호관계를 맺는다. 그 전에 일어났던 일을 '돈을 빌리는 행위'로 약속할 수 있었던 것은 약속된 내용에 반드시 돈을 갚아야 한다는 요구조건이 포함되었기 때문이다. 빌렸으면 반드시 돌려줘야 한다는 약속은 위험하면 반드시 위험을 피해야 한다는 개념과 같다. 종이에 어떤 내용에 적혀 있는가? 또 어떤 내용에 동의하고 서명했는가? 종이에 쓴 서명이 당신의 것인지 어떻게 확인할 것인가? 이러한 문제를 우리는 일일이 확인해야 한다. 왜냐하면 계약서에 있는 나의 서명이 내가 당신에게 돈을 빌렸으며, 반드시 돈을 갚겠다는 약속을 한 것이기 때문이다.

도덕적 삶을
살기 위한
노력

응연應然은 도덕적 당위성은 물론, 우리가 당연히 해야 하는 범위에만 머물지 않는다. 일 자체에도 응연이 존재한다. 이를테면 열쇠는 당연히 주머니 안에 들어 있어야 하고, 강물은 사람이 빠져나오지 못할 만큼 깊어서도 안 된다. 즉 상식 수준을 넘어서면 안 되는 것이다. 이치가 현실이 될 때 '당위성'을 띠게 되고, 상식적인 수준에서 자연스럽게 일이 일어난다. 객관적인 사정의 존재 자체가 자연스러운 것으로 취급되고, 주관적 가치 역시 지극히 상식적인 수준을 따른다. 물이 높은 곳에서 낮은 곳으로 흐르는 것은 사실인 동시에 지극히 당연한 상식에 속한다. 실연과 응연이 한데 뒤섞인 자연상태에는 자연스러운 존재와 당연한 존재가 동시에 존재한다는 점에서,

실연과 응연이 구분되기 전의 상태라 하겠다.

하지만 모든 일이 항상 상식에 따라 일어나는 것은 아니다. 상식적으로 물은 높은 곳에서 낮은 곳으로 흘러야 하지만 사이펀Siphon, 액체를 용기 속의 액면보다 낮은 위치로 옮기기 위해 액체를 한 단 높여서 밖으로 유도되게 구부린 관—역주에서는 물이 낮은 곳에서 높은 곳으로 흐른다. 어린아이는 한두 살이 되면 말하기 시작한다고 알고 있지만, 아인슈타인은 세 살이 되도록 말을 하지 못했다. 바로 이 순간 사실과 이치가 분리된다. "물이 낮은 곳에서 높은 곳으로 흐르는 것은 당연히 있을 수 없는 일이다!" 이러한 반응을 통해 우리는 사실과 이치가 분리되는 것을 목격할 수 있을 뿐만 아니라, 자연스럽게 사물은 당연히 이러해야 한다고 인식하는 순간을 똑똑히 경험할 수 있다.

사실과 이치가 때로 분리된다고 해서 세상이 처음부터 전혀 말도 안 되는 순수한 사실과 순수한 이치로 양분되었다고 결론내릴 수 없다. 객관적 사실과 주관적 이치를 구분 짓는 차이를 건너뛸 수 없고, 순수한 실연에서 순수한 응연으로 성급히 비약할 수 없다. 자연성에 숨겨진 심오한 이치에 대한 탐구를 통해 비합리적으로 보이는 실연을 자연으로 바꿔놓고, 실연을 다시 응연과 통일시켜야 한다. 심오한 이치에서 제공하는 해석에 따라, 즉 사실과 이치를 구분하는 잣대를 제거함으로써 적절한 이치를 찾아내야 한다. 사이펀에서 물이 높은 곳을 향해 흐르는 순간, 물은 항상 낮은 곳으로 흐른다는 현상에서 벗어난 예외적 상황이 된다. 또한 그 합리성 역시 비합리적인 판단에서 벗어난 예외적 상황이 된다. 이를 통해 우리는 물이 당연히 낮은 곳에서 높은 곳으로 흘러야 한다고 생각하게 된다. 그것은 지극히 상식적이고 합리적인 상황이다.

그런데 물이 낮은 곳에서 높은 곳으로 흐른다는 것은 지극히 비상식적이고 비합리적이다. 하지만 사이펀을 이용하는 순간, 우리가 비상식적·비합리적인 것이라고 생각했던 생각이 상식적·합리적으로 변하게 된다. 심지어 물은 반드시 아래로 흘러야만 한다는 상식에 견주어도 보아도 전혀 뒤지지 않는 논리를 지닐 수 있다. 물론 사이펀 현상을 설명하는 데 사용된 이치가 반드시 다른 이치와 모순될 필요는 없다. 체계적인 논리는 이러한 요구에서 발전한다.

현실에서 이치를 이끌어내는 상황은 실연에서 응연으로 발전하는 상황에 해당한다. '상식적인 수준'에서 상황이 왜 그렇게 되었는지를 이끌어내는 것이다. 수리적 추론에서 이러한 과정은 실연과 응연을 모두 아우른다. 예를 들어 7을 나누는 최대수는 얼마일까? 혹은 얼마나 되어야 할까? 당신은 6이 확실하다고 이야기하거나 6일 수밖에 없다고 대답할 수도 있다. 이처럼 일의 성격을 추론하는 과정에서 실연과 응연이 완전히 어울리게 되는 것은 아니다. '상식적인 수준'에서는 필연적으로 다음과 같은 함의가 포함된다. 즉 상식적으로 이러해야 하며, 그렇지 않은 경우 구체적인 상황을 고려하여 다른 이치로 꼼꼼히 따져야 한다는 것이다.

스티븐슨은 《논리학과 언어》에서 도덕적 의견차moral disagreement의 원인을 확신의 불일치disagreement in belief와 태도의 불일치disagreement in attitude로 구분했다. 이를테면 영화관에서 상영 중인 영화가 장이모우張藝謀의 작품인지를 두고 당신과 나는 논쟁을 벌일 수 있다. 이때의 논쟁은 사실에 기인하는 것이다. 이와 달리 태도의 차이에서 비롯되는 논쟁도 존재한다. 극장에서 상영 중인 영화가 장이모우의 작품이라고 인정한 뒤 당신은 유명감독의 작품이니 영화를 봐야 한다고 주장하지만, 나는 관심 없다는 태도를 보일 수 있다. 이러한 사실에서 확신과 태도의 불일치가 또 다른 관점에서 실연과 응연으로 구분된다는 점을 발견할 수 있다.

스티븐슨은 '윤리학이 분석하는 핵심 문제심지어 '진정한' 문제는 확신과 태도가 어떻게 상호관계를 일으키는지 꼼꼼히 밝혀내는 것'이라고 말했다. 개인적으로 그의 발언은 문제의 핵심을 찌르는 깊이 있는 지적이라고 생각한다. 실연에 관한 문제만 연구하고 나 혹은 우리가 반드시 어떻게 행동해야 하는지에 대해 무관심하다면 이는 과학연구에 불과하다. 반대로 현실적 요소를 외면한 채 응연만 강조한다면 도덕적 설교에 그칠 뿐이다.

다만 확신과 태도가 어떻게 연계되는지 설명하려면, 확신과 태도의 자연스러운 결합에 보다 의존해야 한다. 예를 들어 침몰하는 배에서 당신은 자연스럽게 구명정으로 몸을 던진다. 시커먼 바닷물 속으로 가라앉는 배에서 구명정으로 과감히 몸을 던진 당신의 선택은 지극히 합리적이고 상식적이다. 하지만 배가 가라앉는 것을 알면서도 배에서 탈출하지 않을 수도 있다. 침몰하는 배에서 탈출하는 행동이 이치에 맞는 것인지 따지기 전에 구체적인 상황, 즉 다른 이치를 반드시 고민해야 한다. 예를 들어 당신이 선장이라면 승객이 모두 빠져나갈 때까지 배를 지켜야 하고, 혹은 남성이라면 노약자나 여성들부터 구명정에 태우는 것이 옳다.

칸트는 위험한 상황 속에서 목숨을 구하는 행동은 욕망에서 비롯되는 것이며, 욕망은 인과_{因果} 세계에 속하기 때문에 응연은 없고 오로지 실연만 존재한다고 주장했다. 즉 응연은 이성적 도덕명령에서 비롯된다는 것이다. 그의 설명에 따르면 응연은 실연에서 비롯되는 것이 아니기 때문에 응연과 실연은 아무런 관련도 없는 두 개의 다른 세계이다. 또한 하나의 세계가 다른 세계를 압도한다고 설명했지만, 내 생각은 다르다. 실연과 응연 사이의 불일치성이 아닌 서로 다른 이치 간의 불일치, 혹은 전혀 다른 필연적 불일치성에서 비롯된다고 생각한다. 우리가 '도덕적 삶'을 살기 위해 노력하는 것은 응연적 세계가 실연적 세계를 압도하기 때문이 아니다. '도덕적 당위성'은 삶의 심오한 이치로서 도덕성이 생존에 깊이를 더하기 때문이다.

선장이 침몰하는 배에 남아 승객을 구조하는 행동은 심오한 의미로서 실연과 응연을 모두 겸비한 결과로 볼 수 있다. 그렇다고 해서 모든 선장이 그렇게 행동하는 것은 아니다. 위기가 닥쳤을 때 자신 먼저 도망치는 부도덕한 선장도 있다. 물리적 세계에서 실연과 응연의 불협화음은 항상 표면에 나타난다. 물리학의 기본 신념은 보다 심도 있는 연구를 통해 그리고 이론의 변형을 통해 모든 비합리적인 예외 현상이 궁극적으로 이론과 맞아떨어질 때 적절한 해석을 할 수 있다. 하지만 윤리적 삶에서 실연과 응연의 조화는 또 다른 의미를 지닌다. 실연과 응연은 '귀감'이라는 대상을 통해 하나로 융합되면서 갑작스레 '응연'으로 나타난다. 이처럼 보다 고차원적인 의미의 통합은 노력을 통해 이루어지는 것이지, 노력 없이는 실연과 응연은 분리된다. 그렇게 되면 실연은 응연과 어우러지지 못한다. 이러한 분리는 해석이 아니라, 실천 속의 노력을 통해서만 비로소 제거될 수 있다.

당신이
이렇게 행동한
이유는 무엇인가

"유전자는 어떻게 작용하는가?" "사람은 모두
이기적인가?" 이 두 문제를 전혀 다른 차원의 문제라고 말할 수 있는
이유는 사실을 연구하는 학문에 속하는 생물학이 가치에 관한 문제를
해결할 수 없기 때문만은 아니다. 생물학이든 윤리학이든 모든 형태
의 탐구는 사실에 의존해야 하지만, 단순히 사실을 진술하는 데 그치
지 않고 사실에서 사실의 진리를 탐구해야 옳다. 그렇다면 생물학과
윤리학을 구분하는 기준은 무엇인가? 이 문제는 철학−과학의 전반
적인 관계와 맞물려 있는 것으로, 이 책에서는 편의상 그중 핵심이 될
만 한 점을 몇 가지 간추려 설명해보려고 한다.

19세기 서양 사상계는 인문 · 사회과학과 자연과학의 차이에 크게

주목했다. 당시 자주 쓰던 표현을 빌자면 인문·사회과학과 가치·의의는 관련성을 지니고 있다는 것이다. 인문·사회과학은 사람과 인위적 사물을 연구 대상으로 삼는다. 사람은 가치 지향적이며, 그의 활동은 의지를 통해 이뤄진다. 인위적 사물 정신-문화 대상 또한, 죽음으로의 여행에 이르기까지 모두 가치와 의의를 구현하고 있다. 하지만 물리학의 연구 대상은 물리학적 사물이지, 인간과 인위적 사물이 아니다. 이러한 구분에 의거해 빌헬름 딜타이 Wilhelm Dilthey 는 정신과학과 자연과학의 방법을 구분했는데 전자는 '이해 verstehen', 후자는 '설명 또는 해석 erklaerung'이라고 지칭했다.

이처럼 단순명료한 사상을 통해 우리는 사회과학의 특징을 토론할 수 있는데, 사회학자 스티브 브루스 Steve Bruce 의 주장을 예로 들어 좀 더 자세히 풀어보겠다. 사회학자가 사회생활에 대한 실험을 구축할 수 없다고 주장한 이유에 대해 브루스는 이렇게 설명했다. "사회생활은 무척 복잡한 것처럼 보이지만 단편적인 구성 요소로 분할한 뒤 독립적으로 연구할 수 없는 대상이다.[36]" 이어서 사회학에서는 '법칙'을 제공하지 않으며,[37] 기껏해야 모종의 우연성에 도달할 뿐이라고 주장했

---

36 스티브 브루스, 《사회학적 의식 Sociology: A Very Short Introduction》에서 인용

37 매킨타이어 역시 사회과학의 가장 두드러지는 특징으로 "규칙과 같은 어떠한 보편성도 발견할 수 없다"고 강조했다. 알레스데어 매킨타이어 Alasdair MacIntyre, 《덕의 상실 After Virtue》 참고

다. 이는 사회학이 미성숙하기 때문이 아니라 사회학은 '영원히 인류 행동의 법칙'을 발견할 수 없기 때문이라고 분석했다. 요컨대 인간은 물처럼 단순한 물질이 아니기 때문에 법칙을 발견할 수 없다는 것이 브루스의 주장이다. 그의 주장에 따르면 사회학의 연구 대상인 인간은 자신만의 생각과 감정을 지니고 있어 이를 근거로 행동을 선택한다. 심지어 목숨이 오락가락하는 생사의 고비에서도 폭력에 굴복하지 않고 의로운 죽음을 선택하기도 한다.

화학자라면 브롬화물bromide. 브롬과 브롬보다도 양성인 원소와의 화합물의 총칭—역주이 반응을 일으키는 법칙을 찾아내면 끝이겠지만, 사회학자는 특정한 반응이 발생하는 상황을 발견하는 순간부터 본격적인 작업에 착수한다. 왜냐하면 사회학자는 그들이 이러한 반응을 일으키게 된 이유를 파악하기 위해 존재하기 때문이다. 그들은 가치, 도리, 의도를 분석하며 '이유'를 찾으려 한다. 이를 위해 사회학자는 자신의 행동에 대한 인간 스스로의 생각과 진술을 이해하려고 한다.

정류장에 선 누군가가 왼손을 들고 이리저리 흔들고 있다. 그는 대체 무엇을 하는 것일까? 그곳에서 만나기로 한 누군가에게 자신이 있다고 손짓하는 것일 수도 있고, 혹은 뻐근한 근육의 긴장을 풀려고 스트레칭을 하는 것일 수도 있다. 정확한 원인을 찾으려면 관찰만으로는 부족하다. 사회학자는 궁극적으로 특정한 방법을 동원해 "당신이 이렇게 행동한 이유는 대체 무엇인가?"에 대한 답을 찾아야 한다. 하지만 질의응답이 상호작용을 통해 이뤄지는 만큼, 당사자가 고의로 혹은 무의식적으로 진실을 숨기거나 거짓말을 할 수도 있다. 그래서 연구학자는 어쩔 수 없이 '부호$_{符號}$'를 도입하게 된다.

브루스의 주장에 허점이 있는 부분을 보완하여 이를 토대로 사회과학[38]의 특징을 좀 더 명확하게 살펴보자.

첫째, 모든 사회과학이 실험을 구축하지 못하는 것은 아니다. 심리학이 가장 전형적인 사례에 속한다. 실험심리학experimental psychology은 심리학에서 큰 비중을 차지하고 있는 학문 영역에 속한다. 실제로 사회학에서는 실험이나 가설을 자주 활용하는 편은 아니지만, 사회학은 심리학과 긴밀한 관련을 맺고 있다. 그밖에도 사회학은 브루스가 말한 '준실험quast-experimental'을 구축할 수 있는데, 로사베스 모스 캔터Rosabeth Moss Kanter의 유토피아 커뮤니티 연구가 대표적인 사례이다.

또 다른 한편으로 자연과학 중에서도 일부 학문은 실험을 통해 진행할 수 없는데, 지질학과 천문학이 여기에 속한다. 이처럼 사회과학에서 실험이 차지하는 지위와 작용은 자연과학 분야처럼 제대로 된 '존재감'을 드러내지 못한다. 그럼에도 불구하고 다양한 관점의 설명

---

38   여기서 말하는 사회과학에는 사람을 대상으로 하는 모든 학과가 포함된다. 브루스는 주로 사회학을 언급했지만 이는 크게 문제되지 않는다. 그의 주장 역시 "사회학 연구의 대상은 인간이다"라는 개념에 충실하기 때문이다. 게다가 여기서는 상당히 모호한 함의에서 자연과학과 사회과학을 언급하고 있기 때문이다. 자연과학과 사회과학 모두 다양한 영역으로 구성되어 있으며, 이 책은 체계적인 토론 수준에는 미치지 못한다.

을 잔뜩 달고 있다. 사회생활이 매우 복잡하기 때문이 아니다. 사회
생활과 물질 활동 중 어느 쪽이 더 복잡한지 우리가 어떻게 비교할 수
있겠는가?

실험방법을 사용하기 위해 자연과학자는 복잡한 사건을 단순한 구
성 요소로 분해한다. 지질학자는 지질의 대규모 운동을 직접 만들 수
없지만 연구 대상을 '간단한 구성 요소로 쪼개서' 연구할 수도 있다.
그렇기 때문에 연구실에서 많은 시간을 보내는 것이다. 이와 비슷한
사례로 사회생활을 연구하기 위해 사회학자 역시 사회생활을 단편화
한 구성 요소 간의 상호작용으로 간주해 연구에 나선다. 사회과학이
이러한 구성 요소를 '독립적'으로 연구하지 않는다고 말한다면, 화학
자도 화학반응을 연구할 때 각종 원소를 독립적으로 간주해 연구하지
않는다는 의미가 될 것이다.

이러한 상황에서 사회과학과 자연과학 사이의 차이는 이들이 분리
되어 나온 '객관성의 정도' 차이라고 하는 편이 옳겠다. 화학자가 소금
을 정염normal salt, 초산염acetate, 염기성염basic salt, 복염double salt, 착염complex salt
으로 구분하는 방식은 실재론Realism에 속한다. 즉 "자연의 구성 요소로
자연을 가른다Carving the nature at the joints." 이에 대조적으로 사회학자는 인간
을 기업가, 공무원, 교사 등 8개 군으로 나누고 있는데, 이는 유명론
Nominalism에 따른 분류법이다. 이러한 차이는 소금을 분류하는 과정에
서 우리와의 관계가 아닌 사물과 사물 사이의 상호작용을 통해 드러
나는 성질, 예를 들어 짠맛의 정도에 따라 분류한 것이다. 이와는 대

조적으로 인간을 기업가 등으로 분류하는 작업은 단 한순간도 놓치지 않고 우리와의 관계를 고민한다. 화학자가 이렇게 작업할 수 있었던 가장 결정적인 이유는 인간의 감정을 배제한 객관화된 자연을 처리하고 있기 때문이다. 브루스의 주장 때문이 아니라, 바로 이러한 이유 때문에 사회과학을 연구하는 학자는 부호가 배제된 영역을 결코 떠날 수 없다.

둘째, 사회과학이 단 한 번도 법칙을 제공하지 않은 것은 아니다. 우리가 일반적으로 사회과학의 학과라고 부르는 심리학, 사회학, 인종학, 언어학, 경제학을 장 피아제Jean Piage 는 '보편법칙 과학Sciences nomothetique'이라고 불렀다. 또한 이들이 "한 치의 의심도 없이, 위에서 상술한 광범위한 의미의 법칙을 구하는 데 필요한 학과의 모델을 구성한다[39]"고 여겼다. 물론 사회과학은 법칙에만 머물지 않고, 법칙이 생겨나게 된 이유를 추가적으로 확인해야 한다. 자연과학 역시 법칙을 발견하는 데만 머물지 않는다. 모든 학문은 어떤 일이 지금까지 이러한 상황까지 발전하게 된 경위를 탐구한다. 브롬화물이 반응하는 법칙을 발견했다면 과학자는 분자가 어떻게 해서 원자로 구성되었는지 탐색함으로써 이러한 법칙이 존재하게 된 이유를 밝혀내야 한다.

---

39   장 피아제Jean Piaget, 《인문과학 인식》. 이 책의 번역서에서는 sciences nomothetiques를 '正題法則科學정제법칙과학'으로 번역했다.

위의 두 가지 문제와 다른 분야의 문제에 대해 사회과학은 자연과학과는 확실히 구분된다. 여기서 이러한 차이를 본격적으로 다루기에는 한계가 있어 간략하게 소개하려고 한다. 결론적으로 말해서 사회과학과 자연과학의 차이는 앞에서 언급한 내용, 즉 인간과 인위적 사물의 존재와 활동은 의지에 따른다는 점에서 비롯된다. 혹은 브루스가 지적한 것처럼 사람은 자신만의 생각과 의지, 감정을 지니고 있기 때문에 선택에 따라 행동할 수 있다. 그에 대한 설명은 다음과 같다.

첫째, 사회생활과 물질운동 모두 고도의 복잡성을 지녔다. 하지만 사회생활, 특히 삶에 대한 행위자 자신의 생각과 기억, 기대 등으로 인해 더욱 복잡한 모습을 띠게 된다. 당사자의 생각이 곧 행위의 원인을 구성하는 요소가 되는 것이다. 다시 말해서 의의와 가치는 연구 대상에 대해 '구성적 성향'을 보인다. 인문 현상을 연구하는 학자는 '연구 대상'이 뭘 하는지 알아야 할 뿐만 아니라, 그들이 어떻게 생각하는지 그리고 상황을 파악하고 있는지도 알아내야 한다. 세상을 인식하는 연구 대상의 생각을 꿰뚫어보지 못하면 상대의 행동을 이해할수 없다. 그러면 상대가 이러한 의식을 펼치게 된 이유, 저 방법이 아니라 이 방법을 선택하게 된 이유도 알아낼 수 없다.

둘째, 사회를 살아가는 인간과 물질세계 속의 불특정 단위 모두 다른 존재자와 관계를 맺고 있다. 하지만 인간은 일반적인 사회관계는 물론 타인과의 이해, 사랑, 의심 등 다양한 관계를 맺고 있다. 이는 우리가 사회적 사건을 어떤 대상의 상호작용으로 간주하든 마찬가지다. 예를 들어 개인이나 가정인 경우 이들 사이의 상호작용은 인력引力이나 기타 '기본력', 또는 기본력이 아닌 힘, 예를 들어 마찰력 등 그 이상에 해당한다. 즉 개인 혹은 가정의 상호작용은 자아이해자신의 행동에 대한 스스로의 견해와 설명와 상호이해를 모두 아우른다.

사회학은 사실상 성별, 소득, 교육 수준, 종교, 인종, 직업 등의 속성으로 개인을 판단한다. 이러한 속성으로 무리를 구분하고 다양한 인간군상과 특정 사건 혹은 특정 인물에 대한 개인적 반응, 예를 들어 선거 때 어떤 후보자나 정당에 투표할 것인지를 연구한다. 하지만 이들 속성은 원자와 달리 상호이해와 자아이해를 모두 담고 있다. 예를 들어 브루스가 지적한 대로 노동당의 주장과 정책에서 노동자 계급의 이익 추구와 관련된 내용이 가장 중요하다. 하지만 이러한 관계는 고정되지 않은 탓에 간단한 방법으로 표시된다. 이는 노동당 자체와 노동자 계급의 이해에도 똑같이 작용한다.

셋째, 수동적으로 관찰의 대상에만 머무는 것은 아니다. 실험 대상자는 실험 도중에 그 실험 내용을 파악하는데, 여기에는 불이해와 잘못된 이해마저 포함된다.

넷째, 자연과학이 습관적으로 입에 달고 다니는 '왜?'라는 물음이 사물에 변화가 나타나는 메커니즘에 대한 질문이라면, 사회과학자가 던지는 '왜?'는 행위자의 동기, 의도, 가치관을 모두 아우른다. 인문ㆍ사회과학에서 우리가 메커니즘을 설명할 수 있는 이해를 제공한다고 해도 그것만으로는 부족하다. 유성이 스스로 빛을 내는 이유를 자세히 알려주는 해설가도 있고, 사람들이 자살하는 상황을 분석하는 사람도 있다. 전자는 유성이 빛을 내는 시스템을 설명하는 것만으로 충분하지만, 후자는 우리에게 아드레날린 등 내분비선의 작동원리만 설명해서는 자살에 대한 정확한 정보를 제공하지 못한다. 시각이 빛과 시신경의 어떤 원리를 통해 작동하든, 사람은 이러한 원리에만 의존해 반응하지 않는다. 자신이 볼 수 있는 사물에 따라 반응하고, 이러한 사물에 대한 이해를 바탕으로 반응한다. 피아제의 말을 빌자면, 인문과학 인식론의 핵심 의제가 '이렇게 어려운 난제로 발전했다는 것은 해당 객체 스스로 언어와 각종 상징적 수단을 지닌 의식을 갖춘 주체[40]'라는 의미로 이해할 수 있다.

다섯째, 분명 인문 · 사회연구자는 어쩔 수 없이 부호의 힘을 빌려야 하지만, 이들이 반드시 연구 대상에 대해 질문을 통해서만 '이렇게 행동한 이유'를 파악하는 것은 아니다. 사실상 사회과학은 질문을 줄이기 위해 끊임없이 노력하고, 관찰을 통해서 행위자의 동기 등을 이해한다. 사회 · 인문 연구 역시 어쩔 수 없이 부호를 사용하고 있지만, 크게 두 가지 수준에서 학문의 성향을 풀어낸다. 하나는 연구에 포함되는 연구 대상의 상호이해와 자아이해가 부호를 벗어날 수 없다

---

40   장 피아제Jean Piaget, 《인문과학 인식론》

는 점이다. 그리고 나머지 하나는 앞선 사물의 분류에 대한 이야기에서 나온 것처럼 자연과학은 객체에 대한 새로운 지식을 바탕으로 연구 대상을 재정의할 수 있다는 것이다. 하지만 사회·인문 연구는 자신이 사용한 언어를 마음대로 정의할 수 없다. 왜냐하면 사회·인문 연구 영역에서 용어는 단어의 자연스러운 용법에 따른다는 제한을 받기 때문이다. 그래서 한스 게오르그 가다머Hans-Georg Gadamer는 '이해과학 verstehende wissenschaft의 임무는 전문적인 용어의 구축을 제한하는 것'이라고 정의하며, 특수 언어를 구축하는 것이 아니라 '공통 언어'로 말하는 방식을 기르는 것[41]이라고 말했다.

41 한스 게오르그 가다머, 《진리와 방법Truth and Method》

'진짜 생각'은
무엇인가

앞장에서 사회과학과 자연과학의 차이에 대해 간단하게 설명했지만, 사실 우리는 인문과학과 사회과학을 따로 구분하지 않는다. 19세기 서양 사상가 역시 인문·사회과학을 하나로 뭉뚱그려 취급하곤 했다. "사회과학의 연구 대상에는 자아이해와 상호이해가 모두 포함되며, 그 행위는 가치와 동기, 의도와 관련되어 있다." 이러한 관점에서 바라본 사회과학은 인문과학과 분명 하나의 개념으로 이어져 있다. 윌리엄 애덤스William Y. Adams는 "사회과학의 모든 위대한 이론은 기존 철학을 새로 이름 지은 것에 불과하다[42]"고 지적하기도 했다. 하지만 19세기에 이르러 사회과학은 점진적으로 독립하기 시작했다. 오늘날 우리가 흔히 이야기하는 사회과학, 언어학, 사회학, 인

류학, 정치학, 심리학은 거의 사실상 19세기 말엽에 형성되었다. [43]

사회과학은 독립적인 학과로서, 자연과학처럼 자신만의 개념 시스템(개념의 인공화)을 구축했다. 또한 관찰 대신 자아성찰과 질문을 통해 실험과 준실험, 통계와 정량화 등을 도입했다. 그밖에도 사람들은 부정론과 사회과학이라는 측면에서 자연과학을 모방했다. 이러한 평가 의의는 다음과 같다. 즉 사회과학이 어느 정도 수준의 과학성을 지녔는지 확신할 수 없다. 하지만 과학성을 획득하려는 노력은 자연과학을 굳이 모방하지 않아도 자연스럽게 각 분야에서 자연과학에 의존하게 된다는 것이다.

앞에서 이야기한 것처럼 사회과학이 자연과학과 근본적으로 다른 점은 연구 대상의 범위에 자아이해와 상호이해가 모두 포함되어 있으며, 그 행위가 가치, 동기, 의도와 관련되어 있다는 것이다. 그로 말미암아 사회과학의 과학화가 강조하는 핵심은 이해와 가치를 객관화시키는 데 있다는 결론에 도달할 수 있다. 사회과학의 연구 대상에 대한 의의와 가치는 구성적 특성을 띠고 있지만, 연구자의 가치 취향은 연구에 어떠한 구성적 특성도 제공하지 못한다. 연구자가 타고날 때부터 특정한 가치를 지향한다고 해도 연구의 과학성을 위해 자신의

---

[42]   윌리엄 애덤스, 《인류학의 철학적 뿌리The Philosophical Roots of Anthropology》

[43]   언어학과 심리학의 상당 부분은 오늘날 이미 자연과학으로 취급받고 있지만, 이들 중에는 여전히 사회과학의 영역에 속한 학과가 존재한다.

가치 취향을 내려놓아야 한다.

"사회학자가 사물을 연구할 때는 반드시 개인의 편견과 선입견을 버리고 사물 자체를 온전히 인식함으로써 완전히 객관화된 분석을 실시해야 한다.[44]"

서로 다른 정보와 인식을 지닌 주식투자자들은 증시의 변화를 제각각 읽어내며 서로 다르게 반응한다. 경제학자는 이러한 이해방식과 반응방식을 증시 변화에 영향을 주는 객관적 요소로 정리해 증시에 대한 연구에 적용한다. 인류학자는 다양한 집단의 윤리규범을 객관화하여 자신의 연구에 대입한다. 이를 통해 특정 집단이 어떠한 윤리적 규범을 지니고 있으며, 어떤 방식으로 이를 준수하는지 연구한다. 여기서 한 발 더 나아가 이러한 규범이 생겨나게 된 조건과 시스템을 연구하기도 한다.

평소 우리는 주변 사람에게 특정 사건에 대한 의견이나 견해를 묻곤 한다. 이를테면 집권당에 대한 평가는 자신의 생각에 힘을 실어주거나 뒷받침하기 위한 참고자료로 활용할 수 있다. 하지만 사회학자는 이러한 자료를 얻기 위해 설문 조사를 실시하는 것이 아니다. 그보다는 설문에 응하는 대상의 평소 생각이 사회학자가 추구하는 연구 대상이다. 그래서 사회학자는 특정한 분석 프로그램을 활용해 조사를

44 에밀 뒤르켐Émile Durkheim, 《사회적 방법의 규칙들Les Règles De La Méthde Sociologique》

실시하고, 그를 통해 확보한 결과를 분석함으로써 피대상자의 '진짜 생각'을 발견한다. 어쩌면 사회과학이라는 테두리 안에 들어 있는 위대한 이론은 기존 철학의 이름만 새롭게 바꾼 것에 불과하다는 윌리엄 애덤스의 주장이 옳을지도 모른다. 이러한 성향의 연구가 과학이 되려면 반드시 연구 대상이 품고 있는 의의와 가치 그 자체를 객관화하도록 노력해야 한다.

오늘날 사회과학에서 과학화를 추구하는 경향은 19세기 때보다 크게 강화되었지만, 사회과학이 대체 어느 수준까지 과학화를 추구할 것인지는 여전히 알 수 없다. 앞장에서 브루스는 사회과학과 자연과학 사이에서 많은 공통점을 찾아냈다. 하지만 동시에 다양한 차이점이 존재하고 있다는 사실도 확인했다. "우리는 문화적 인류로서, 세상에 대해 의식적으로 특정한 태도를 취하고 의의를 부여할 수 있는 능력과 의지를 지녔다." 이러한 의의는 연구자가 인류 집단의 특정한 현상을 "의의를 지닌 자세긍정 혹은 부정적이든로 인식하도록 이끈다. 이들에 대한 과학적 흥미는 이러한 의의에만 의존한다.[45]"

대부분의 경우 똑같은 사회과학 안에서도 객관화 수준에 대한 서로 다른 인식을 발견할 수 있다. 쉽게 말해서 자연과학에 치우치기도

45   막스 베버Max Weber, 《사회과학 방법론》

하고, 또 다른 쪽에서 인문학에 접근하는 모습을 보이기도 한다. 경제학이라면 전자는 계량경제학, 후자는 빈곤 연구의 형태로 나타날 수 있다. 심리학에서는 전자가 대뇌 중 특정 부위에 대한 연구로 구체화되고, 프로이트의 자아 id, 본능 ego, 초자아 superego 이론과 에이브러험 매슬로 Abraham H. Maslow의 자아실현 이론은 후자에 속한다. 언어학의 경우 전자는 음위 音位 연구, 후자는 어의 語義 연구의 형태로 나타난다.

윤리학은
내가 포함된
앎이다

　　이론 작업에 착수하기 전부터 우리는 세계를 이미 알고 있다. 이러한 인지는 특정 시대, 특정 영역 그리고 특정 계층에 따라 다양한 형태로 나타나는데, 이를테면 사랑과 종교적 믿음에 대한 인식이 여기에 속한다. 그렇다고 해서 모든 인식이 반드시 그런 것만도 아니다. 예를 들어 물체의 크기나 무게를 구분하는 데는 특정 계층에 대한 특별한 경험이 필요하지 않다. 그런 점에서 인문·사회과학의 인식은 이러한 사례 중 전자에 속한다. 이들의 연구 대상인 인간과 인공물에 있어서 의의와 가치는 '구성적 성향'을 의미한다. 쉽게 말해서 우리가 자신만의 특정한 경험을 보유해야만 진정한 앎을 얻을 수 있다는 뜻이다.

사회과학과 인문과학 모두 가치와 의의를 다루고 있지만, 여기에는 한 가지 중요한 차이가 존재한다. 사회과학이 연구 대상이 지닌 가치와 의의 자체를 객관화하려고 노력하는 데 반해, 인문과학에서는 가치와 의의가 객체로서 연구되어야 할 대상이 아니다. 나 그리고 우리와 관련된 가치와 의의가 하나로 이어져 있을 때 비로소 문제를 이해할 수 있고, 평가할 수 있으며 나아가 판단할 수 있다. 앞에서 이미 밝힌 것처럼 '철학 문제'는 일반적으로 우리 자신과 관련된 것이다. 우리는 한 사람 한 사람 저마다의 문제를 지니고 있으며, 자신의 방식으로 사고해야 한다. 그래야 특정 기준에 입각해 무엇이 효과적인 전도체인지, 또 무엇이 성능 좋은 절연체인지 판단할 수 있다. 이러한 기준은 "나는 어떻게 살아야 할 것인가?"와는 아무런 관련도 없다. 하지만 윤리학에서는 "어떤 것이 좋은 삶인가?"라는 문제로 비중 있게 다룬다.

이러한 문제는 우리 스스로의 삶에 입각해 생겨났을 뿐만 아니라, 시종일관 우리 스스로의 삶과 연결되어 있다. "나는 양질의 삶을 살고 있는가, 주변 사람들은 양질의 삶을 살고 있는가, 양질이 아닌 삶이란 대체 어떤 삶인가, 그래서 나 그리고 우리는 어떻게 살아야 하는가?" 자신에게 이러한 문제를 질문할 수 있는 사람만이 "무엇이 양질의 삶인가?"라는 문제를 진정성 있게 받아들일 수 있다. 좀 더 광범위하게 말하자면 철학은 실재實在, 지식, 역사가 무엇인지 탐구한다. 순수한 객체의 속성과 구조를 연구하는 것이 아니라 우리 자신과 관련된 이치와 도리를 탐구한다. 그래서 윤리학의 앎에는 나 자신의 앎이 포함되어 있다.

시대, 지역의 격차를 막론하고 내가 포함된 앎에 관한 다양한 논의가 존재해왔지만 정답을 찾기란 결코 쉽지 않다. 내가 생각하는 이유는 다음 두 가지다.

첫째, 물리학과 같은 지식은 외부세계에 관한 지식으로서, 누구도 이를 부정하지는 못한다. 하지만 여기서 우리가 한 가지 주의해야 할 점이 있다. 내부와 외부로 양분하는 방식을 무턱대고 사용해서는 안 된다는 것이다. 물리학적 지식을 내적 지식으로 간주하지 말아야 한다. 또한 물리학이 아닌 지식에 상대되는 것은 내부와 외부가 서로 연결된 지식이다. 내재적 지식이 없다면 당연히 내재적 앎에서 비롯된 외부적 지식도 존재할 수 없다. 외부적 지식이란 내부적·외부적으로 서로 연결된 앎에서 감성적 요소를 제거한 것을 말한다.

둘째, 내부적·외부적으로 연결된 앎에서 외부적 지식으로 전향하는 과정은 직선형 발전추이를 보인다. 중국의 국학 대가 웅십력熊十力은 극치極致의 수준까지 이치를 알고, 그 이치를 구해야 한다고 강조했다. "자기반성, 자기자제 없이 증명이나 이해의 경지에 오를 수 있다는 주장은 장님이 코끼리를 만지는 것과 다를 것 없다.[46]"

---

46   웅십력, 《십력어요十力語要》, 《웅십력전집熊十力全集》 4권, 후베이교육출판사, 2010년, p574

사실 웅십력의 이러한 주장은 서양인의 관점을 비평하는 데 사용됐다. "서학의 정신은 오로지 외부적인 것만 추구하니, 삶에 대한 그들의 태도 역시 이러하다."

일방적인 데다가 상투적인 주장이라고 생각되어 더 이상 언급하지 않겠다. 다만 여기서 우리가 한 가지 주목할 점이 있다. 웅십력의 지적처럼 과학은 '외부적인 것만 추구'하기 때문에 결과적으로는 자기반성이나 자기절제를 통해 문제나 현상을 증명하거나 이해하는 경지에 도달하기 원치 않을뿐더러, 도달할 수도 없다. 또 한편으로 철학에서 말하는 이치를 구하는 것은 극치의 경지에 오르지 않고도 스스로 반성하고 절제를 통해 가능할 수 있다. 이치를 구한다고 해서 처음부터 끝까지 무조건 수직상승하는 것이 아니다. 철학적 탐구는 둥그런 호弧를 따라 진행된다. 이치를 구하는 단계마다 우리는 철학 스스로 절제하고 자신을 반성하는 경향을 지켜볼 수 있다.[47]

윤리학, 정치학 및 철학일반 모두 인문학에 속하는 영역으로,[48] 윤리학과 정치학은 인류의 실천운동을 주로 연구한다. 실천운동은 사랑부터 정치활동에 이르는 인간의 모든 활동, 사람과 사회가 서로 교류하는 활동을 가리킨다. 하지만 이러한 활동은 충분한 수준까지 객관화할 수 없다. 심지어 이러한 활동을 충분히 객관화한다면 오히려 연구의 의의를 잃을 수 있다고 생각한다. 비트겐슈타인은 가능한 모든 과학 문제가 이미 해답을 확보한 상태라고 해도, 삶에 대한 문제는 완전히 해결될 수 없다고 지적했다. 장군려張君勵는 비트겐슈타인의 주장을 그대로 이어받아 과학으로 인생관이라는 문제를 해결하기에는 역부족[49]이라고 단언하기도 했다. 윤리학과 정치학에서 의의와 가치가 연구 대상에 대해 구성적 성향을 띠고 있을 뿐만 아니라, 동시에 윤리학 탐구 그 자체에 대해서도 구성적 성향을 띠고 있기 때문이다.

　하지만 의의와 가치의 탐구는 결코 일방적으로 이루어지지 않는다. 가장 광범위한 의미의 이야기交談 혹은 대화를 통해 이뤄지는데, 안타깝게도 이 사실을 알고 있는 사람은 그리 많지 않다. 앞에서 이미 언급한 것처럼 우리가 타인에 대비하거나, 타인을 공격하려면 그들이 어떻게 사물을 대하는지부터 이해해야 한다. 기업이라면 '소비자의 심리'를 파악해야 상품을 하나라도 더 팔 수 있다. 이러한 논리대로라

47　웅십력의 주장을 좀 더 심도 있게 들여다본다면 그가 말하는 소위 자기반성과 자기절제가 내부에서 외부적 극치까지 이른 뒤에 되돌아보는 것이 아니다. 또한 그가 이치를 구하는 것 역시 직선 형태로 밖으로 뻗어나가지도 않고, 그렇다고 해서 둥그런 호를 따라 밖으로 향하는 것도 아니다. 소위 '밖'이라는 것은 망상이기 때문이다. "세상에서 객관적으로 홀로 존재하는 우주물질을 계산할 때는 망령된 지식으로 인해 밖에서 답을 찾는 습관이 길러졌다. 그로 인해 끝내 마음을 잃고 진정한 취지가 마구 뒤엉키면서 외부세계에서 답을 찾아야 한다는 헛된 생각을 지니게 된다." 참고: 웅십력의 《신유식론新唯識論》, 상하이서점출판사, 2008년, p139. 다음의 인용문 역시 위의 책 중 일부 구절을 인용한 것으로 본문에 따른 페이지 번호만 표시했다. 책에서 웅십력은 '물物을 떠나서는 이치를 말할 수 없다p146'고 주장했으나 이는 그럴듯한 주장일 뿐이다. "무릇 근원이 내 마음을 떠나 밖에 있지 않다면 굳이 힘들게 밖에서 마음을 찾는 이유는 무엇인가p124?" 이른바 이치를 구하는 것에 대해 웅십력은 다음과 같이 이해했다. "이치를 구하는 것은 결국 자신에게서 원인을 찾는 것일 뿐이다. 자신에게서 원인을 찾는다는 것은 곧 마음을 돌이켜보는 것이니 어찌 멀리 떨어질 수 있겠는가p132?"

48　원문에서는 상당히 명확하게 밝히고 있지만 버나드 윌리엄스는 위의 논제에 대한 논증에 상당히 많은 통찰력을 남겼다. 버나드 윌리엄스, 《인본주의적 학문으로서의 철학》, 프린스턴대학출판사, 2006

49　비트겐슈타인, 《논리철학논고Tractatus Logico-Philosophicus》, 6-52

면 '마음'의 객관화에 대한 연구, 즉 사회과학의 노선을 따른 연구가 전개되어야 한다. 타인을 연구하는 철학에서 일방적으로 연구가 진행되지 않고, 현실적 · 잠재적으로 연구자에 의해 연구결과가 이해되는 방식으로 진행되어야 한다. 이러한 태도는 프로이트가 연구 초 · 중반기에 보였던 태도로 설명해볼 수 있다. 즉 심리분석가는 모종의 과학적 결론을 달성하여 획득할 뿐만 아니라, 과학을 모르는 '환자'도 경험적으로 결론을 이해하고 수용할 수 있다. 이때 심리분석가는 실질적 의미에 대해 '환자'와 서로 마주 보며 대화하게 된다. 이러한 특징 때문에 '철학 연구'라는 용어가 철학이 연구는 물론, 구현까지 가능하다는 오해를 불러일으킬 소지가 농후하다.

실제로 철학에 관한 역대 논술에서는 사고思考 당사자가 이해를 획득한다는 입장이 우세했다. 이에 반해, 상대적으로 사고 당사자가 타인의 이해를 구해야 한다는 입장은 무시됐다. "내가 청산을 보니 아주 곱고 사랑스럽구나. 짐작컨대 청산이 나를 봐도 또한 같으리라." 사상사 해석과 일반 역사 해석 모두 '서로 마주 보아도 싫지 않다'는 입장을 취하고 있다.[50] 단순하게 생각해보면 우리만 옛사람을 이해할 수 있을 뿐, 옛사람에게는 우리를 이해할 수 있는 기회가 주어지지 않는다. 하지만 우리가 반드시 주의해야 할 사실이 하나 있다. "공감하는 자세

---

[50]   하이데거Martin Heidegger는 철학을 해석학으로 정의했다. 그의 주장은 상술한 입장을 충분히 뒷받침할 수 있으나 하이데거는 본격적으로 나서지 않았다.

로 옛사람을 이해한다"는 말은 우리가 관대하다는 뜻이 아니라, 옛사람의 행위와 사상에 대한 우리의 이해와 해석을 그들이 들었다면, 정도의 차이는 있겠지만 그들 역시 결론적으로 동의했으리라는 의미이다. 그 심정을 남송의 문인 신기질辛棄疾의 사詞 〈하신랑賀新郞〉의 일부 구절을 빌어 이야기해보겠다. "옛사람을 내가 보지 못한 것은 한이 되지 않지만, 옛사람이 내 방종함을 보지 못한 것만은 한이 되네."

어디까지가
사실이고,
어디까지가
평가인가

　　사회과학이 윤리적 삶을 연구하는 데 한 가지 주의해야 할 점이 있다. 객관적인 태도로 윤리적 삶을 연구할 때 선악과 옳고 그름은 그 자체만으로 연구의 객체가 되며, 연구자는 자신에게 선악과 옳고 그름에 대한 평가를 내리지 않도록 주문해야 한다. 선악을 순수한 객체로 볼 수 있다면 어떠한 의미도 지닐 수 없기 때문에 과학은 선악을 따지지 않는다고 말한다. 이와는 대조적으로 윤리학은 탐구자와 관련된 문제를 시종일관 탐구한다. 탐구자 본인의 옳고 그름, 선악과 관련해 문제를 탐구하는 한편으로 선악에 대한 평가를 내린다. 각종 윤리학은 정도의 차이는 있지만 특정한 윤리적 평가와 윤리적 사상을 모두 포함하고 있다.

윤리적 사고는 단순히 선악에 관한 평가로서, 주관主觀에 속한다고 생각하는 사람이 많은 까닭이 바로 여기에 있다. 양수명은 성선性善과 성악性惡에 대해 이렇게 이야기했다. "예를 들어 내가 객관적인 태도로 다른 사람의 삶을 옆에서 가만히 들여다보고 있노라면, 사람의 심리에는 선악이라고 부를 만한 것이 없다. 왜냐하면 마음이라는 것은 변화에 따라 시시때때로 그 모습을 달리하기 때문이다. 그래서 우리는 객관적 사실이 이러저러하다는 사실을 알고 싶다면 결코 조용히 관망하는 태도를 취해서는 안 된다. 선악은 주관적 평가일 수 있으며, 그것은 온전히 나에 의해 결정된다. 이렇게 정하지 않고 객관적으로 이야기하려 한다면 혼란은 피할 수 없다.[51]" 양수명의 이러한 주장을 바탕으로 평가와 주관성을 좀 더 자세히 다뤄보도록 하겠다.

첫째, 양수명이 말하는 평가는 아무래도 도덕적 평가만을 의미하는 것 같다. 도덕적 평가는 윤리적인 삶 곳곳에 파고든 상태로, 우리가 일상적으로 나누는 대화나 일에서도 나타난다. 개인적인 생각으로는 이러한 사례가 우리가 의식한 것보다 훨씬 많다. 그 사람의 성격이 좋은지, 나쁜지부터 시작해서 일을 처리하는 방법을 놓고도 적절성과 공정성, 열악함과 부도덕 그리고 수치심 등을 따진다. 심지어 특정 제

---

51   양수명, 《양수명이 말하는 공자와 맹자》, 광시사 범대학교 출판사, 2003년, p123

도에 대한 호불호가 갈리기도 한다. 이처럼 우리는 특정 사건에 대해 누가 반드시 책임져야 한다고 자유롭게 판단할 수 있다. 하지만 평가 는 윤리나 도덕 영역에서만 나타나는 것이 아니라, 심미審美 활동과 같 은 다른 영역에서도 나타난다.

좀 더 광범위한 의미에서 보면 과학 활동에서도 찾아볼 수 있다. 노베르트 위너Norbert Wiener는 "인류가 세계를 해석하는 중요한 기준은 바로 평가이다. 타인을 인식할 때 이러한 사실은 특히 현실적으로 나 타난다[52]"고 지적했다. 다양한 평가 중에서도 '도덕적 평가'가 가장 강 렬하겠지만, 그렇다고 해서 유일한 평가는 아니다. 게다가 때로는 도 덕적 평가에 대한 구분이 명확하지 않다. 타인의 성격이나 특정 행동 에 따른 정서적 영향, 성분이나 성질을 측정할 때 도덕적 평가를 실시 해야 하는지도 명확하지 않다. 심지어 '존경할 만하다可敬'라는 표현 역 시 도덕적 평가에만 입각한 것이 아니다.

둘째, 주관은 한눈에 척하고 알아보는 것과 조용히 관망하는 태도 로 구분되지 않는다. 사람들은 심미 활동을 두고 '옆에서 바라보는 활 동'이라며 객관적이라고 말하지만, 그럼에도 아름다운 것과 그렇지 못한 것을 구분해낼 수 있다.

셋째, 평가와 묘사가 항상 통용되는 것은 아니다. 평가는 묘사에

52   노베르트 위너, 《인류동기: 비유, 이론과 연구Human Motivation: Metaphor, Theory and Research》

포함될 수 있는데, '춘추필법春秋筆法, 공자가 저술한 역사서 《춘추》의 기술방법처럼 역사적 사실의 옳고 그름을 분명히 따져 기술하는 것'이라는 묘사에도 평가가 포함되어 있다. 심지어 리처드 헤어는 "거의 모든 단어는 우연하게도 가치어價値語로 사용되고 있다[53]"고 지적했다. 물론 일부 단어, 예를 들어 의자, 탁자, 중성자, 양성자, 다양한 연주법켜기, 치기, 불기, 두드리기 등은 '감정적 색채'를 띠지 않은 '묘사'에 불과하다. 여기에는 대상에 대한 평가가 포함되지 않는다. 이와는 대조적으로 선악이나 호불호 같은 평가어評價語는 평가만 할 뿐 묘사하지 않는다. 그 외에 수많은 단어에는 평가와 묘사가 두루 담겨 있다. 흉포한, 용감한, 한탄스러운 등의 단어는 평가에 치우쳐 있지만 동시에 상황이나 대상을 묘사하고 있기도 하다. 또 다른 한편으로 기만, 비방, 절도, 강간 등의 단어는 상황을 묘사하는 동시에 평가의 의미도 포함되어 있다. 심지어 멂과 가까움遠近, 높음과 낮음高低, 깊음과 얕음深淺 등 중성적인 단어에서도 어렵지 않게 평가적 의미를 잡아낼 수 있다. 이전 시대의 여러 철학가는 이러한 현상을 다양한 관점에서 탐색했는데, 윌리엄스는 약속, 배신, 폭력, 용기 등으로 대표되는 '두꺼운thick 윤리언어'와 선, 옳고 그름과 같은 '얇은thin 윤리언어'로 구분하기도 했다.

그 외에도 본래 중성적인 묘사로 사용된 농민, 공산당, 보수파, 혁

53　리처드 헤어, 《도덕 언어》. 헤어는 이 책의 7장에서 묘사와 평가의 독창성을 연구했다.

명당, 파시즘 등의 단어는 특정한 사회적 환경에서 누구도 부인할 수 없는 강한 평가의 '향'을 풍긴다. 이처럼 특정 단어에 대한 사람들의 인지는 사회 환경의 변화에 발맞춰 다양한 모습으로 발전한다. 평가어에 대한 선호도나 인지 역시 사회와 사회구성원의 인식에 따라 변하고 있다. 오늘날 '섹시하다'는 표현은 성별을 떠나 무척 매력적인 의미로 사용되지만, 40년 전에 지나가는 여성에게 이 말을 했다면 그 자리에서 뺨을 맞고도 남았을 것이다. 누군가에게 '순진하다'는 말은 칭찬이 아닌 것처럼 들릴 수 있으며, '진취적'이라는 의미 역시 다양한 의미로 받아들여질 수 있다.

하지만 일부 평가어의 경우 제아무리 그 가치를 재평가한다고 해도 흔들리지 않고 본래의 의미를 간직하고 있다. 예를 들어 '마음 씀씀이가 깊다'는 의미는 누구에게나 칭찬이 되지만, '어리석다, 옹졸하다'는 표현은 칭찬이 될 수 없다. 진보적인 커뮤니티에서 보수적이거나 옹졸한 속내를 드러내려고 하는 사람은 없을 것이다. 너나 할 것 없이 시대의 변화에 적극적으로 대처하여 진취성을 자랑하려 든다. 특히 재미있는 사실은 '즐거움樂'이라는 단어에 긍정적인 칭찬의 의미가 포함되어 있다는 것이다. 이러한 인식은 누구도 함부로 건드릴 수 없을 만큼 확고하다. 기독교는 쾌락을 반대하고 니체는 쾌락을 경멸했지만, 그들은 자신들이 찬양해 마지않는 최고의 수준을 '지락至樂, beatific vision'이라고 했다.

때로는 묘사할 수도 있고, 때로는 평가를 내놓을 수 있는 단어를 연구하며 우리는 묘사적 경향과 평가적 경향이 이들 단어에서 하나로 통합되었다는 결론에 도달할 수 있다. 아마도 이렇게 말해도 의미를 크게 훼손하지 않을 것이라 생각한다. 다만 순수하게 묘사적인 성분만 지닌 단어로 사실을 묘사한 후에 특정한 주관적 평가와 결합한다는 식으로만 이해하지 않으면 될 것이다. 절도라는 행위에서 어디까지가 사실이고, 또 어디까지가 평가에 해당하는가?

세상은 적나라한 사실로 구성되지 않았다. 평가를 사실에 투영해야 한다. 옆집 남자가 물건을 훔쳤다는 것은 독립된 사실이 아니며, 분석을 통해서 독립된 원자적 사실로도 전환될 수 없다. 옆집 남자가 물건을 훔친 사건 자체를 분석할 바에야 특정한 관계, 이를테면 옆집 남자가 물건을 훔치게 된 동기나 절도에 대한 옆집 남자의 생각,[54] 나아가 사회 전체적인 상황과 영향을 연구하는 편이 올바른 연구가 될 수 있다. 사유재산이 존재하지 않는 사회가 정말 있다면 옆집 남자가 무엇을 하든지, 혹은 어떤 사실이 명명백백히 존재하든지 우리는 이러한 사실을 '절도'라고 평가할 수 없을 것이다.

54　본서 5장에서 좀 더 구체적으로 다룰 예정이다.

우리의 평가는
합리적인가,
이치에 맞는가

　　'주관적인 평가'라는 상황을 피하려면 가장 쉬운 방법은 중성적·묘사적 의미를 지닌, 평가적 성분을 띤 단어를 사용하면 된다. 이를테면 verfallen베르팔렌은 타락, 쇠퇴 등의 부정적 의미를 지닌 단어에 해당하지만 하이데거는 "이 단어는 어떠한 부정적인 평가도 담고 있지 않다[55]"고 주장했다. 하지만 이러한 상황에서 화자는 자신의 말에 책임을 지지 않는다는 사실에 주목해야 한다. 어휘의

55　　마틴 하이데거Martin Heidegger, 《존재와 시간Sein und Zeit》 이전에 앞서 Gerede빈 말에 대해 하이데거는 비하적인 의미에서 해당 표현방식을 사용하지 않았다고 특별히 설명했다. 굳이 시력이 좋지 않아도 누구든지 책 전체에서 Gerede라는 단어가 부정적인 의미로 사용되었음을 알아챌 수 있다.

함의는 통상적 용법을 우선 사용하지, 하나의 단어에 부여된 함의만으로 설명할 수 없다. "넌 이기적이고 속도 좁지만, 난 이기적이고 옹졸한 게 나쁜 의미라고 생각하지 않아." 보통 사람이 이런 말도 안 되는 말을 했더라도 대수롭지 않게 넘어갈 수 있을 것이다. 하지만 논리가가 이렇게 말한다면 큰 비난을 받게 된다. 논리적인 어려움과 힘을 겨루기보다는 구렁이 담 넘듯 얼렁뚱땅 넘어가려 했기 때문이다. 심오한 사상을 소개한 하이데거가 이처럼 얄팍한 전략을 사용하는 것은 실제로 있어서는 안 되는 일이다.

논리적 작업은 중성적인 묘사와 표현을 최대한 사용하되 평가적인 색채를 띤 표현을 가능한 피해야 한다. 실제로 사회과학은 이러한 성향을 보이는데, 그중에서도 법학 용어가 가장 대표적이다. 하지만 중성적인 묘사를 사용한다고 해서 과학의 중립성에 도달할 수는 있다는 뜻은 아니다. 과학의 객관화 과정을 통해서만 중성적 표현으로 사용할 수 있기 때문이다.

이는 윤리학의 방법이 아니다. 위에서 설명한 것처럼 윤리학은 평가를 내팽개치지 않는다. 그렇다면 평가는 모두 주관적인가? 분명 주관적 평가라는 단어는 객관적 묘사와는 대조적인 표현으로 우리에게도 익숙하다. 하지만 평가와 묘사가 전혀 다른 것이 아니라는 사실을 우리는 이미 확인했다. 일부 단어에서는 평가가 묘사보다 더 많이 사용되고, 또 다른 단어에서는 평가보다 묘사를 강조한다. 하지만 문제의 핵심은 "우리가 평가를 내릴 수 있는가?"에 있는 것이 아니라 무언가에 대한 평가가 합리적인지, 이치에 맞는지에 달려 있다. 척 봐도 중요한 문제지만 정작 토론의 당사자들은 이 점을 지나치기 일쑤다.

1920년대에 중국에서 과현논쟁科玄論爭, 1923년 중국에서 벌어진 과학과 현학 사이의 논쟁—역주이 벌어지자, 장군려는 과학과 인생관을 구분하면서 '과학은 객관적이지만 인생관은 주관적'이라는 주장을 첫 번째 근거로 제시했다. 객관적인 과학은 논리적인 존재로서, 논리적 방법에 지배된다. 논리적이기 때문에 보편적으로 사용될 수 있다. 이에 반해 인생관은 주관적이므로 저마다의 생각이 다르다. 예를 들어 공자는 유의有爲를 창시했지만, 노자는 무위無爲를 강조했다. 누가 옳고 누가 그른지 논증할 수 없다. "과학은 분석법으로 설명할 수 있지만 인생관은 통합법으로 생각할 수 있다. 모든 것을 포함하기 때문이다. 분석을 강조하다 보면 반드시 원래의 의미를 잃게 된다.[56]" 장군려의 이분법적 사고는 거친 면이 없지 않다.

과학이야 당연히 이치를 다뤄야 하지만 언제부터 윤리 영역에서 논리를 다뤘단 말인가? 윤리 영역은 논쟁, 토론이 활발한 영역으로 저마다 다양한 생각을 지녔다. 예를 들어 학생에 대한 교사의 처벌 수위는 어느 정도까지가 정당하다고 인정받을 수 있는가? 스스로 낙태를 선택할 수 있는 권리가 과연 여성에게 있는가? 논리 도덕과 같은

56　장군려 외, 《과학과 인생관》, 황산서사黃山書社, 2008년, pp33~34

중요한 문제에 논쟁이 없다는 것이 오히려 더 이상할 것이다. 윤리 영역에는 일상적인 토론과 논쟁, 편애에서 비롯된 문제도 있고 의견이 맞지 않아 생기는 문제도 있다. 하지만 하나같이 이치를 이야기하고 있다. 일부 평가는 "전부 주관적이다"라고 말할 정도로 100퍼센트 평가에서 비롯되기도 한다. 상당히 설득력 있는 이치에서 비롯된 평가라면 그다지 주관적이지 않을 뿐만 아니라, 때로 '객관적'이라는 평가를 받기도 한다.

무작위의 주관에서 벗어나려면 더 이상 뜬구름 잡는 소리로 평가하지 않도록 해야 한다. 또한 이러한 평가를 중성적인 설명으로 위장해서도 안 된다. 자신의 태도를 반성하는 자세에서 자신의 평가를 위해 이론과 증거를 제시해야 한다. 평가가 '완전히 주관적'이라는 인식에서 벗어나려면 그 평가가 이치에 맞아야 한다. "객관적으로 평가했다"는 이야기는 뻔한 표현이지만, 누가 봐도 부정할 수 없는 확고한 이치를 지녔다면 '완전히 주관적'일 수는 없다.

하이데거 등의 사상가는 세계에 대한 우리의 인지에 본래 감정적인 인식이 담겨 있으며, 그 감각$_{sense}$에 의해 인지가 풍부해지고 의의를 지닐 수 있다고 주장했다. 또한 감각을 제거하고 오로지 이론을 추구하는 것이 특수한 인지방식이라고 설명했다. 사람이나 특정 사건을 평가할 때 잘못된 것이 전혀 없다고 하거나, 항상 억제력을 동원해 감정을 죽인 채 대상을 평가할 수는 없다. 우리는 단순히 이치에 맞는 평가와 순전히 편견에 기댄 평가, 감정에 호소하는 평가, 의지를 돋우기 위해 사용하는 평가를 구분하면 된다. 뒤에서 나올 거짓을 위장한 혹은 합리화라는 허울을 뒤집어쓴 그럴듯한 평가에 호도되어서는 안 된다.

다양한 활동에서 자신의 입장을 밝히는 것은 중요한, 그것도 가장 중요한 일이다. 하지만 학문적 이치를 토론할 때는 이러한 자세를 피해야 한다. 토론자는 저마다의 생각이 있겠지만 자신의 입장을 위해 논증을 제공하기 위해서이지, 일방적으로 입장을 밝히는 데만 머물러서는 안 된다. 논리학 이론은 정도의 차이는 있지만 특정한 도덕적 이상을 담고 있기 때문에 논하되 평가하지 않는다는 주장을 실천할 수 없다. 역대 윤리학자들은 학술가가 되기 전에 저마다 다양한 의견을 품고 있었다. 입장이 없던 사람이 갑자기 특정한 의미를 지닌 결론을 내놓는 상황을 단 한 번도 볼 수 없었다. 하지만 이미 앞에서 이야기했지만 윤리학은 일상적으로 토론과 논쟁을 통해 이치를 이야기하고, 이를 발전시킬 때 설득력 있는 근거와 이유를 제시해야 한다. 윤리학은 선악에 대한 평가를 피할 수 없지만, 그렇다고 해도 모든 것이 주관적인 것만은 아니다. 게다가 이치를 구하는 행위를 강조하는 만큼, 이치를 논의할 때는 자연스럽게 중성적이면서도, 묘사를 강조한 어휘를 취할 수밖에 없다.

내가
살아가는 목적은
무엇인가

윤리학은 법학, 사회학, 인류학, 심리학, 동물학 등 다양한 분야의 내용을 두루 섭렵하고 있다. 사람으로 치자면 상대의 성격, 신체적 건강이나 심리적 건강, 체중이나 체격에 관심을 둔다는 것에 비유할 수 있다. 하지만 이는 그다지 주목할 만한 내용이 아니다. 여기서는 에드워드 O. 윌슨Edward O. Wilson의 주장을 소개하려 한다. "과학자와 인문학자는 오늘날의 윤리학이 철학자의 책상에서 벗어나 생물학의 영역에 들어간 것은 아닌지 반드시 진지하게 고민해야 할 것이다.[57]"

57　데이비드 O. 윌슨Edward O. Wilson, 《사회생물학: 새로운 종합Sociobiology: The New Synthesis》

자연과학이 빠르게 발전함에 따라, 특히 인류의 삶에서 차지하는 비중이 높아짐에 따라 이러한 논점을 지닌 사람들이 점점 늘어나고 있다.

윌슨은 사회생물학을 개척한 학자로 평가받는다. 사회생물학은 독특한 관점에서 다양한 인간행위를 체계적으로 해석한다는 점에서 뛰어난 해석력을 자랑한다. 일반적으로 이로운 행위는 물론, 특히 성애에 관련된 다양한 습성을 설명한다. 예를 들어 좋은 배우자를 선택하기 위한 다양한 조건으로 상대방의 나이, 신체적 조건, 재력 등을 제시했다. 뿐만 아니라 모성애의 위대함은 물론, 동안童顔을 선호하는 사회적 분위기를 분석하기도 했다. 그밖에도 펭귄을 좋아하는 이유를 분석하기도 했다.

앞에서 경제학적인 윤리 연구에 대해 이야기한 것처럼 경제학은 거래를 통해 인류의 행위를 분석하지만, 이러한 분석은 특유의 시련에 부딪히게 된다. 즉 상하 간의 관계가 일반적인平等한 거래관계가 아니라 전달에 의한 관계라는 것이다. 하지만 사회생물학에서 세대 간에 전달되는 일반적인 관념은 반포경제학反哺經濟學을 통해 부족한 점을 채울 수 있다. 반포경제학은 단순히 부모-자식 간의 문제뿐만 아니라 일반적인 사회관계에도 통용된다. 청년 세대의 노인 부양 부담이 점차 확대되고 있다는 사회적 문제나 전망이 대표적인 사례에 속한다. 이러한 연구는 무척 흥미롭지만 윤리학이 관심을 갖는 문제와는 그 성격이 다르다. 윤리학에서는 인간의 삶의 목적에 관심을 기울

이거나 혹은 광범위한 선good, 목적을 포함한 관련 규범과 실현 경로에 관심을 갖는다.[58]

사회생물학의 관심사는 투쟁의 방식, 즉 '수단'이다. 생물인 인간이 진화하는 과정에서 어떠한 경향을 보이는지, 이러한 경향은 어떻게 그리고 얼마만큼의 유전자 번식과 성장을 촉진하는지 혹은 할 수 있는지에 관심을 보인다. 인구 연구에 따르면 특정 유형의 남성에게 강간은 행위자의 적응도를 높일 수 있다고 한다. 즉 유전자의 활성화를 촉진한다는 것이다. 비록 해당 평가는 이미 증명된 것처럼 그것만으로 강간이 선하다는 결론을 도출할 수는 없다. 사회생물학자 역시 아마도 유전자를 최대한 복제하는 것은 모든 생물의 목적이며, 생물인 인간이 살아가는 목적이라고 주장할 것이다. 여기서 목적에 주의해야 한다. 왜냐하면 여기서 말하는 목적은 생물 메커니즘에서 생겨난 필연적 결과를 가리키기 때문이다. 메커니즘이 결론을 토대로 거꾸로 이야기를 거슬러 올라간다면, 목적은 특정 명제에 의거해 앞에서부터 이야기를 이끌어간다. 인류 활동에 포함된 목적은 항상 이러한 의미에서 다뤄져야 한다. 즉 사회생물학 연구에서 목적이라는 개념은 존재하지 않는다.

사회생물학자는 여기서 말하는 의미대로라면 우리는 수단만 연구

58　1장에서 프락시스praxis와 프로네시스phronesis에 대해 이야기할 때 이 점을 설명한 바 있다. 다음 장에서 좀 더 자세히 다루도록 하겠다.

할 수 있을 뿐, 목적을 연구할 수 없다고 반박할 것이다. 즉 목적에 관해 이러저러한 주장만 내놓을 수 있을 뿐 논증을 펼칠 수 없다는 것이다. 하지만 이는 잘못된 생각이다. 한 가지 예를 들어보자. 마이클 샌델Michael J. Sandel은 《정의란 무엇인가?JUSTICE: What's the right thing to do?》에서 '동성 결혼을 법적으로 보호해야 하는가?'에 관한 미국 내 논쟁을 소개하며, 이 논쟁의 핵심은 결혼의 목적이라고 지적했다. 미국 매사추세츠 최고법원의 판사 마가렛 미첼Margaret Mitchell은 판결문에서 강력한 이유와 증거를 인용하여 결혼의 주요 목적이 생육生育이라는 주장에 이의를 제기했다. 그러면서 결혼의 목적이 '결혼 당사자 간의 배타적이며 영구적인 약속'에 있음에 더 많은 힘을 실어줘야 한다고 강조했다.

결혼의 주요 목적이 무엇이냐는 문제를 우리는 대체 어떻게 논증해야 하는 것일까? 이에 대해 샌델은 이렇게 결론 내렸다. "한편으로는 전체적으로 현존하는 혼인법을 좀 더 잘 이해할 수 있는 방법을 묻고, 또 한편으로는 긍정적 반응을 이끌어낼 수 있는 결혼에 대한 올바른 해석이 대체 무엇인지 물어봐야 할 것이다.[59]" 목적에 관해 우리는 이러저러한 주장을 무턱대고 제기하기보다는 상식과 이치에 호소해야 한다. 만일 목적을 배제한다면 윤리학은 누군가의 손으로 이전되는 것이 아니라, 소멸되고 말 것이다.

<hr>

[59]   마이클 샌델, 《정의란 무엇인가?》

목적은 인류의 활동을 규범한다. 그러나 과학, 예를 들어 윌슨이 같은 영역이라고 생각했던 인류학은 자연조건을 토대로 규범의 형성을 설명한다. "인류사회학자는 자연 사실과 규범성 간의 완전한 연계 고리를 만들어낼 수 있을까?" 이 문제는 모든 규범은 각종 자연조건에 의해 결정된다는 것을 보여준다. 이러한 자연조건을 갖추기만 하면 당사자의 인식과 무관하게 과연 그렇게 행동할 것인가? 사실상 인류 사회학자 중에서 이러한 견해를 지닌 사람은 그리 많지 않다. 윌리엄 애덤스는 인류학은 타인의 도덕적 의의를 제거할 수 없다고 말하며, 사실상 우리가 인간인 이상 누구도 이를 실천할 수 없다고 설명했다.[60]

윤리학은 자연과학이 아니며, 자연과학이 될 수도 없다. 그렇다고 해서 윤리학에 대한 과학 연구의 영향을 부인하는 것이 아니다. 고대 그리스에서 모든 학과는 철학에 속했다. 그래서 그들의 윤리적 사고는 천체의 원운동circular motion과 서로 연결되어 있었다. 하지만 근대 이후 실증과학이 점진적으로 독립함에 따라 독립된 학과로서 윤리적 사고에 영향을 미치기 시작했다. 천동설이 바로 그러하다. 천동설은 서양의 윤리 관념에 커다란 충격을 가져다주었으며 생물진화론, 동물 행위 연구 역시 근세 이론 관념에 영향을 주었다. 심리학 연구, 예를 들어 프로이트의 잠재의식 동기나 스탠리 밀그램Stanley Milgram이 1963년

60 윌리엄 애덤스, 《인류학의 철학적 뿌리》

에 실시한 복종실험[61] 역시 윤리학적 의미를 상당 부분 내포하고 있다.

이러한 실례를 별도로 분석해볼 필요가 있다. 천동설이 서양의 윤리 관념에 엄청난 충격을 가져다주었으며, 진화론이 근세의 윤리 관념에 지대한 영향을 미쳤다는 것에서 우리는 한 가지 사실을 발견할 수 있다. 즉 이러한 충격은 윤리적인 논리가 아닌 사회 관념에서 비롯되었다는 것이다. 천동설이 동양인의 윤리 관념에 준 영향은 그리 크지 않다. 과학적으로는 세계지도에 변화를 가져왔지만, 새로운 세계지도는 역사적으로 특정 윤리 관념과 궤를 함께한 적이 없다. 좀 더 쉽게 이야기하자면 천동설은 복음서의 가르침과 관련되어 있지만, 동양의 윤리 관념과는 무관하다.

동물학 연구에 따르면 영장류는 정도의 차이는 있지만 인류의 도덕과 매우 비슷한 행위를 발전시켜왔다. 앞에서 이미 이야기한 바 있지만, 심리적 상태는 언어 없이는 존재할 수 없다. 예를 들어 양심의 가책이나 자기만족을 귀감으로 삼는다면 윤리학은 인륜관계에 입각해 심리상태에 초점을 맞출 것이다. 하지만 이러한 심리에 동물학적 내력은 존재하지 않는다. 따라서 특정한 동물의 행위 연구는 윤리학에 참고자료를 제공할 뿐이라고 할 수 있다.

61 로렌 슬레이터, 《스키너의 심리상자 열기: 세상을 뒤바꾼 위대한 심리실험 10장면Great Psychological Experiments of the Twentieth Century》

심리학과 윤리학의 관계는 무척 복잡하다. 많은 윤리학자가 심리학 연구에 크게 관심을 보이는데, 특히 틸리는 윤리학은 반드시 심리학에 상당 부분 의존해야 한다고 주장했다. "윤리학이 도덕의식 상태를 연구한다는 주장에 대해 우리는 윤리학이 심리학의 한 계파라고 말할 수 있을 것이다.[62]" 아마도 틸리의 이러한 주장을 받아들여 양수명 역시 "무릇 윤리학파나 윤리 사상가는 모두 저마다의 심리학을 보유하고 이를 기반으로 삼아야 한다[63]"는 입장을 밝혔을 것이다. 이러한 주장은 그다지 타당하지 않는 것 같다.[64] 그들이 말하는 '심리학'이 무엇을 가리키는지에 따라 다른 결론에 도달할 수 있기 때문이다.

심리학은 생물학부터 우리의 일상적 사고와 철학적 분석에 이르는 상당히 광범위한 내용을 다루고 있는 학문이다. 프로이트의《문명 속의 불만Civilization and Its Discontents》등 중요 작품과 매슬로의 여러 저작물이 심리학에 관한 것인지, 아니면 문화나 도덕에 관한 연구인지 단정 지을 수 없다.[65]

사실상 모든 사회과학 학과는 한쪽으로는 실증론, 또 다른 한쪽으

---

62 프랭크 틸리Frank Thilly, 《윤리학 개론Introduction to Ethics》

63 양수명, 《인심과 인생》, 상하이 인민출판사, 2005년, 여는 말 1

64 양수명은 훗날 이 글에 대해 틀렸다며 바로 잡아야 한다고 밝힌 바 있다. 《인심과 인생》, 상하이 인민출판사, 2005년, 여는 말 2

65 "내가 쓴 작품은 그저 상식에 불과하다는 사실을 지금처럼 이렇게 강렬하게 느낀 적은 없었다." 프로이트, 《문명 속의 불만》

로는 인문학과 연결되어 있는데 심리학에 이르러 이러한 경향이 좀 더 두드러지게 나타난다. 심지어 '도덕 연구학'이라는 이름이 가리키는 것 역시 전혀 다른 두 가지 흥미_{관심사}를 의미한다.

니체의 '도덕심리학'은 한결같이 냉정한 눈빛으로 사람들이 일상적으로 사용하는 도덕 어휘가 어떠한 행위와 태도를 설명하는지에 대해 살펴본다. 이는 실증과학이 되기 위해 노력 중인 심리학과는 특별한 관계가 없다.[66]

하지만 오늘날 사람들이 말하는 도덕심리학은 심리과학의 특별한 지파에 속한다. 해당 학과의 연구자들은 데이터에 대한 연구 조사를 통해 전통적인 윤리 문제에 대한 해답을 찾는다. 이를테면 래리 누치 Larry P. Nucci 등은 네 살배기 어린 소녀가 말싸움과 폭행을 구분할 수 있다는 사실을 발견했다. 말싸움을 하면 안 된다는 규정이 없다면 마음껏 말로 싸워도 되지만, 사람을 때리면 안 된다는 규정이 없다고 해서 마음대로 다른 사람을 때리는 일은 허용되지 않는다. 왜냐하면 다른 사람을 때릴 경우 상대에게 피해를 줄 수 있기 때문이다.

전 세계 아이들이 대부분 같은 방식으로 이러한 상황을 구분하고 판단한다는 사실은 수많은 실증 연구를 통해 이미 증명된 바 있다. 이러한 연구에 따르면 연구가들은 다음과 같은 결론을 얻을 수 있다.

---

66   버나드 윌리엄스, 《니체의 최소한의 도덕심리학Nietzsche's minimalist moral psychology》, 《인류의 감각 만들기in Making Sense of Humanity》, 캠브리지대학 출판사, 1995, pp67~68

"도덕과 관습을 구분할 수 있는 개념의 틀은 인간이 어릴 때부터 나타난다.[67]" 해당 학과는 아동심리 연구를 특히 강조했는데, 부분적이지만 아동심리는 상대적으로 일관성을 잘 유지하고 있는 편이다. 오늘날 아동을 대상으로 하는 도덕교육 연구는 사실상 거의 심리학자에 바통을 넘겼다고 해도 과언이 아니다.

우리는 여기서 한 가지 문제를 생각해볼 수 있다. 심리학은 하나의 과학으로 확정된 사실에 의거해 결론을 도출한다. 하지만 사실을 바탕으로 했느냐에 따라 철학과 실증과학을 쉽게 구분 지을 수 있다는 의미는 아니다. 윤리학은 논리적 활동으로서 이치를 증명하기 위한 사실에 의존할 수밖에 없다. 다만 논리적인 수준에 따라 의존하고 있는 사실 역시 다양한 수준의 편차를 보인다는 점에 주의해야 한다.

우리는 윤리적 문제를 판단하는 과정에서 때로 특수한 사실을 이해해야 할 때도 있다. 예를 들어 현 시대에서 일반적으로 통용되는 도덕 문제를 판단할 때 우리는 범죄율이 상승하는지, 하락하는지를 파악해야 한다. 왜냐하면 이러한 문제는 일반적인 경험에 기댈 수도 없고, 기대더라도 만족스러운 답을 얻을 가능성이 작기 때문이다.

67　래리 누치, 《도덕영역에서의 교육Education in the Moral Domain》, 캠브리지대학출판부, 2001년

그래서 실증 조사나 연구를 통해서 확인해야 한다.[68] 하지만 상대적으로 고차원적인 논리에서 이름을 구분하고 이치를 분석할 때는 특수한 사실이 아니라 일반적인 사실에 의거해야 한다.[69]

또 다른 한편에서 우리는 사실을 단순히 확인하는 것만으로 확정된 결론에 도달할 수 없다. 실연에서 응연을 도출할 수 없다는 단순한 이유 때문이 아니라, 사실은 줄곧 특정한 이론의 틀이나 일반적인 의미 안에서 서로 연결된 채 결론으로 이어져야 하기 때문이다. 누치의 결론은 사실을 통해 직접적으로 결론 내릴 수 없으며, 사실부터 결론에 이르는 과정에서 자신들이 당연하다고 생각했던 가설을 모두 숨기고 있다. 도덕이 피해傷害와 관련되어 있다는 사실은 현대 '문명인'이 광범위하게 인정하고 있는 내용이지만, 아무리 광범하다고 해도 상당히 의문스러운 가설이라는 점은 변함없다.

조너선 하이트Jonathan Haidt는 이에 대한 많은 연구를 진행했는데, 그의 베스트셀러 《바른 마음The Righteous Mind》에서 다음과 같이 주장했다.

---

68   머우쭝산牟宗三은 과학은 우리에게 지식을 가져다줬지만 철학은 우리에게 지식이 아닌 지혜를 가져왔다고 이야기했다. 다소 뻔한 이야기지만 참으로 좋은 지적이라 하겠다. 하지만 이어 머우쭝산은 다음과 같이 주장했다. "그러므로 무취無取의 앎으로 돌아오려면 반드시 유취有取를 버려야 한다. 모든 것에서 벗어나 사방에 기댈 곳 하나 없이 원래의 독립적인 모습이 될 때 비로소 철학 지혜의 시작점이 될 수 있다." 머우쭝산, 《생활의 학문》 참고, 광시사범대학교출판사, 2005년, p7~8. 또한 '학문을 함은 나날이 보태는 것이고, 도를 행함은 나날이 덜어내는 것'이라는 노자의 말을 이해할 수는 있지만 이에 관한 학술체계를 세울 수는 없다. '양지의 오만'은 '지성의 오만'보다 위에 있다는 위잉스余英時의 말을 차분히 곱씹어볼 필요가 있다. 위잉스, 《첸무錢穆와 중국문화》, 상하이 위안동출판사, 1994년, p88

69   천자잉, 《설리說理》, 화사출판사, 2011년, 2장, 9장

"타인에게 피해를 입혔는지 그 사실 여부를 도덕의 유일한 잣대로 규정할 수 없다. 가장 두드러진 문제, 그러니까 신성함이나 혐오감도 도덕적 감성에 속하는 중요한 기준이 될 수 있기 때문이다. 설사 타인에게 피해를 입히지 않았거나 혹은 피해를 입혔더라도 그 영향력이 미미한 경우라면 말이다.[70]"

우리는 도덕과 풍습을 일반적으로 어떻게 구분하는지, 또 이 둘의 차이가 어디에서 비롯하는지 확인할 수 없다. 심리학자인 화이트가 실시한 심리학 실험은 당대 유행한 도덕 관점을 바로잡는 데 도움이 된다. 하지만 도덕적 감성은 심리학적 발견이 아니라 피해는 물론 혐오감 등과 관련된 것이라 할 수 있다.

[70] 조나선 하이트, 《바른 마음: 나의 옳음과 그들의 옳음은 왜 다른가?The Righteous Mind: Why Good People Are Divided by Politics and Religion?》. 이 책의 두 번째 부분에서 다루고 있는 주제로, 저자는 이 문제를 반복적으로 이야기했다. 말이 나온 김에 간단히 살펴보자면, 여기에서는 Righteous Mind를 '바른 마음'이라고 번역했는데 본서의 주제와 맞아떨어지는 표현은 아닌 것 같다. 오히려 부제인 '나의 옳음과 그들의 옳음은 왜 다른가?'라는 문제야말로 본서의 주제에 좀 더 가깝다 하겠다.

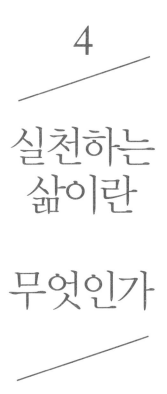

4

실천하는
삶이란

무엇인가

목적 없이
일어나는 일은
없다

인류의 행위와 행동에 대해 이야기하려면 목적이라는 개념부터 반드시 짚고 넘어가야 한다. 당신은 왜 복권을 사는가? 1등에 당첨되어 인생을 역전할 수 있다는 기대 때문이다. 막일을 하며 열심히 구덩이를 파는 것도 돈을 벌기 위해서다. 이처럼 행동할 때 가장 중요한 것이 목적이다. 그런 점에서 우리가 하는 모든 행위는 중요한 목적을 달성하기 위한 선택한 수단이라 할 수 있다. 이를테면 돈을 벌기 위해서 무거운 포대자루를 나르고, 뙤약볕 아래서 땀을 뻘뻘 흘리며 집을 짓는다. 때로는 봉제인형에 열심히 눈을 붙이기도 한다. 하지만 힘들게 일하는 걸 좋아하는 사람은 없다. 공사장 책임자가 아들의 결혼식이라며 기분이 좋아 유급 휴가를 준다면 일할 이유가 전혀 없다.

하지만 목적과 수단이라는 해석의 틀에서 봤을 때 아무런 목적 없이 일어나는 일도 있다. 왜 잠을 자는가? 자기 전에 왜 TV를 보는가? 이러한 물음에 대해 생리학자는 하루 동안 소진했던 체력을 회복하기 위한 행위라고 대답할 것이다. 하지만 여기서 말하는 '위하다'는 것은 목적이 아니라 기능을 가리킨다는 사실에 주목할 필요가 있다. 어쨌든 자야 하는 목적을 굳이 이야기하지 않는다. 그저 피곤하니까 자야겠다는 것이 이유의 전부다.

누군가는 이를 근거로 목적이 없는 활동은 행위, 목적을 지닌 활동은 행동이라고 구분했다. 하지만 이러한 구분법이 항상 정확한 것도 아니다. 인형에 눈을 붙이는 노동은 돈을 벌어야 한다는 확실한 목적 하에 이루어지는 것이지만, 우리는 이를 행동이라고 부르지 않는다. 행위와 행동 사이에 존재하는 차이를 꼼꼼하게 따져볼 만한 가치는 충분하지만 이 책에서 다룰 생각은 없다. 여기서는 윤리학이 관심을 갖는, 목적으로 엮어진 인류 활동이라는 문제만 다룰 것이다.

목적과 수단이라는 해석의 틀에서 사람들이 자주 언급하는 문제가 있다. "목적이 정당하다면 수단과 방법을 가리지 않아도 되는가?" 레온 트로츠키Leon Trotskij는 이렇게 말했다. "혁명의 단계에서는 목적을 달성하기 위해 모든 수단을 동원해도 된다. 혁명을 위해서라면 무장 쿠데타를 일으켜도 되고, 필요하다면 공포정치를 실시해도 된다."

특정 종교를 이끄는 일부 근본주의 지도자들은 지금도 트로츠키의 노선을 계승하고 있다. 군대의 사기를 유지하기 위해 지휘관은 병사들에게 지원군이 곧 도착할 것이라고 거짓말하기도 한다. 지원군이 오려면 아직 멀었다는 사실을 뻔히 알면서도 말이다. 이러한 행동이 과연 정당한 것인지에 대해 사람들은 토론을 벌이기 시작했다.

공산주의라는 아름다운 목적을 이루기 위해 사람들은 그렇게 아름답지는 않은 다양한 수단을 동원하기도 했다. 정당한 목적을 달성하기 위해 모든 수단을 동원한다는 중의적인 표현으로 바꿀 수도 있지만, 문제의 본질에는 별다른 영향을 주지 않는다. 게다가 "수단과 방법을 가리지 않는다"는 표현이 왜 상대를 폄하하고 비난하는 뉘앙스를 지녀야 한단 말인가?

마지막으로 삶의 궁극적인 목적에 대해 이야기해보자.

매주 복권을 사거나 건설현장에서 땀을 뻘뻘 흘려가며 일하는 것, 하청업자에게 밥을 사는 것 모두 구체적인 활동으로서 저마다 구체적인 목적을 지니고 있다. 하지만 윤리학은 이러한 구체적인 행동과 구체적인 목적만 다루지 않는다. 삶의 궁극적인 목적, 즉 우리의 모든 활동은 궁극적인 목적을 달성하기 위해 실행된다. 일반적으로 쾌락이나 행복을 삶의 궁극적인 목적이라고 말하는데, 앞에서 설명한 공효

---

71   잡지 〈연황춘치우炎黄春秋〉에 실린 원이圈一의 〈체카Cheka, 볼셰비키혁명 직후 결성된 소련의 비밀정보기관-역주와 레드 테러법契卡与红色恐怖法令〉, p96 인용, 2013년 6회 차

주의가 가장 대표적인 사례이다. 결론적으로 다양한 활동은 저마다의 구체적인 목적을 지닌 채 궁극적인 목적을 달성하기 위해 동원되는 수단이라 하겠다. 건설현장에서 일하는 막일꾼은 돈을 벌기 위해 열심히 일한다. 그래야 사랑하는 사람과 결혼도 하고 사랑의 결실인 아이도 얻을 수 있다. 즉 그에게 사랑하는 아내와 아이들은 삶의 가장 큰 행복이 된다.[72] 하지만 삶 전반에 관한 내용을 다룰 때 목적과 수단이라는 해석의 틀을 사용하는 것은 어리석다고밖에 볼 수 없다. 행동의 목적이 무엇인지 물을 수 있을지 몰라도, 행위의 목적이 무엇인지 물을 수 없기 때문이다.

행위라는 두 글자에 대해 오스틴은 '헛일'이 무엇인지 확인하려면 일반적으로 전후 문맥을 잘 살펴야 한다[73]고 주장했다. 행위가 무엇인지 혹은 행위에 어떤 특징이 있는지 묻기 어려운 것처럼, 행위의 목적

---

[72] 이번 장에서는 목적과 수단에 입각해 설명하고 있지만 사실상 다뤄지는 내용의 대부분은 매킨타이어의 실천 개념을 밑바탕으로 삼고 있다. 매킨타이어는 실천practice이라는 개념을 규정지었는데 이를 번역하면 다소 거칠지만 다음과 같은 뜻으로 풀이될 수 있다. "인간의 사회협력 활동을 모두 관통하는 복잡한 형식은 이러한 협력 활동, 해당 활동과 내재적으로 관련된 가치재善品, merit goods, 교육·주택·의료 등 소득수준과는 상관없이 모든 사람들이 필요로 하는 재화나 서비스가 우수한 수준에 도달하기 위한 노력을 통해서 구현된다. 여기서 말하는 우수한 기준은 이러한 활동 형식에 적합하며 부분적으로 해당 활동 형식을 통해 규정되며, 가치재의 구현으로 다음과 같은 결론에 도달한다. "우수함을 이루려는 사람들의 능력이 확장되었다. 이러한 활동의 목적과 가치재에 대한 이해 역시 체계적으로 확장되었다." 알래스데어 매킨타이어, 《덕의 상실After Virtue》, 노트르담대학 출판사, 1984, p187. 이 책에서 인용하고 있는 내용은 대중을 위해 쉽게 풀이된 내용으로, 그밖에도 다양한 문제에서 매킨타이어의 견해와 차이를 드러낸다. 여기서는 매킨타이어의 주장을 전문적으로 다루고 있지 않기 때문에 어떤 내용이 매킨타이어의 주장인지, 어떤 차이점이 있는지 일일이 설명하지 않았다.

[73] 오스틴J. L. Austin, 《실례를 위한 항변A Plea for Excuse》, 《철학적 논문에서In Philosophical Papers》, 옥스포드출판사, 1961, p126

이 무엇인지 묻기 어렵기 때문이다. 윤리학에서 자주 볼 수 있는 궁극적 목적, 쾌락, 행복, 자아실현은 뒤에서 자세히 다루고 여기서는 이렇게 결론 내리려고 한다. 즉 삶의 목적이나 삶의 의의에 대한 담론과 어떤 행위를 하는 목적이나 의의를 담론하는 일은 전혀 다른 함의를 지닌다. 목적이라는 관점에서 삶을 다루려 한다면 삶의 궁극적인 목적은 각종 행위가 지닌, 다양한 목적이 조화를 이루는 것으로 이해될 수 있다.

바둑은
즐기기 위한
수단이 아니다

　　잠깐 개인적인 이야기를 해보자면 나는 평소 바둑 두는 것을 무척 좋아한다. 누군가가 내게 왜 바둑을 두느냐고 물은 적이 있다. 예로부터 많은 사람이 즐기는 활동인 만큼 사람마다 바둑을 두는 이유도 가지가지다. 1등을 하여 거액의 보상금을 차지하겠다는 명확한 목표를 지니고 바둑에 평생을 바치는 사람도 있고, 단순히 이기는 게 좋아서 바둑을 두는 사람도 있다. 바둑을 잘 두면 명성을 얻을 수 있다고 생각해서 바둑을 두기도 한다. 그렇다면 길가에서 느긋한 표정으로 바둑을 두는 노인들은 왜 바둑을 두는가? 상금을 탈 가능성이 없으니 어찌 보면 귀중한 시간과 정력을 허비하는 것처럼 보인다. 교육가는 바둑을 두면 IQ 발달에 도움이 된다고 주장하지만 이는 효율이나 성과를 강조하는 것일 뿐 바둑을 두는 궁극적인 목적은 아니다. 바둑을 둬서 IQ 발달에 도움이 안 된다고 해도 노인은 아마도 계속해서 바둑을 둘 것이다. 왜냐하면 바둑 두는 일이 즐겁기 때문이다.

그렇다, '즐긴다'는 것이야말로 길가의 노인이 바둑을 두는 궁극적인 목적이다. 돈을 벌기 위해 건설현장에서 일하고, 즐거움과 재미를 위해 바둑을 둔다. 그때 바둑은 즐기기 위한 수단이 아니라 즐거움 그 자체다. 아이를 바둑 학원에 보내려고 줄을 서는 수고까지 마다하지 않는 학부모라면 아이에게 단순히 바둑을 배울 수 있는 기회를 제공하기 위해서가 아니라 다른 목적이 있을 것이다. 힘들게 일하는 것은 좋아하지 않지만, 돈을 벌려면 어쩔 수 없다. 하지만 바둑을 두는 것은 바둑을 두는 과정이 무척 재미있기 때문이다. 바둑을 즐기는 것과 바둑을 두는 활동은 긴밀하게 연계되어 있기 때문에 딱 잘라서 이야기하기 어렵다.

혹자는 바둑을 두는 이유로 승부욕을 들기도 했다. 상대와 마주한 채 서로 쫓고 쫓기면서 승부를 벌이다가 상대를 궁지에 몰아넣었을 때 느낄 수 있는 짜릿한 성취감이야말로 바둑을 두는 이유라는 것이다. 하지만 단순히 이기기 위해 바둑을 두는 것이라면, 돈을 벌기 위해 일하는 것과는 그 목적이 다르다. 바둑을 중간쯤 두다가 졸리다고 하며 나중에 다시 두자는 당신을 내가 그냥 보낼 리 없다. 바둑에서 지든 말든 별 관심이 없는 당신은 자신이 진 셈 치고 바둑을 두지 않겠다고 말한다. 결과적으로 내가 이긴 것으로 끝나지만, 내가 원하는 것은 단순한 승리가 아니다. 이러한 상황은 앞서 이야기한, 유급휴가를 받게 되면 일하지 않겠다는 태도와는 다른 결과에 속한다. 이처럼 참여자가 목적과 수단을 구분할 수 있는 활동이 있는가 하면, 목적과 내가 달성한 목적이 하나로 결합된 활동도 존재한다.

이기기 위해 바둑을 두기보다는 바둑을 두기 위해 바둑에서 이겨야 한다는 목적을 정했다고 하는 편이 옳을 것이다. 그래야 번번이 바둑에서 지고도 계속해서 바둑을 두고 싶다는 생각이 들지 않겠는가? 그렇기 때문에 바둑에서 이기기 위해서 바둑을 두는 것이 아니라 반대로, 바둑을 계속 두기 위해 이겨야 한다고 이야기할 수 있는 것이다. 딸아이가 달리기 시합을 하자면서 항상 하는 말이 있다. "아빠, 우리 결승점을 어디로 정할까요?"

건설현장에서 일하는 목적이 돈 때문이라는 이야기는 이기기 위해 바둑을 둔다는 것과는 목적이 다르다. 전자의 경우 외재적 목적이라고 할 수 있다. 구덩이를 파는 일과 돈을 버는 일은 서로 분리된 두 가지 사실이다. 구덩이를 파서 돈을 벌 수도 있고, 포대자루를 날라서 돈을 벌 수도 있다. 건설 현장소장이 기존처럼 똑같이 월급을 준다면 굳이 더 힘들게 일해야 할 하등의 이유도 없다.

하지만 바둑의 경우, 내가 직접 바둑을 두지 않고서는 아무런 즐거움도 얻을 수 없다. 반대로 바둑에서 이기겠다는 목적을 정하지 않는다면 게임은 진행될 수 없다. 이길 생각이 없다며 마구잡이로 바둑돌을 던지는 것을 보고 바둑을 둔다고 할 수도 없다. 사정이 이러하니 누구도 나와 바둑을 두지 않으려 한다. 이때 바둑에서 이기겠다는 목적을 내재적 목적이라고 할 수 있다.

일반적으로 즐거움과 쾌락은 근본적인 목적이 아니다. 이 문제는 '양질의 삶'을 다루는 장에서 좀 더 자세히 다뤄보겠다.

왜
구덩이를
파는가

"왜 구덩이를 파는가?"라는 질문에 돈을 벌기 위해서라고 대답했다면, 이는 구덩이를 팠을 때 내가 얻게 되는 결과에 관한 대답이다. 혹은 똑같은 물음에 광케이블이나 수도관을 매설하기 위해서라고 대답했다면, 구덩이를 파서 무슨 용도로 사용할 것인가에 대한 대답이 될 것이다.

돈을 버는 것이 나의 목적이라면, 광케이블을 매립하거나 나무를 심기 위해 구덩이를 파는 것은 용도라고 할 수 있다. 좀 더 쉽게 이해할 수 있도록 위의 두 가지 답변을 주관적 목적과 객관적 목적, 혹은 주관적 의의와 객관적 의의로 각각 부르겠다.

뜨거운 뙤약볕 아래서 땀을 뻘뻘 흘리며 구덩이를 판다. 그저 돈을 벌기 위한 목적만 존재할 뿐 무슨 용도로 사용하려는 것인지 내 알 바 아니다. 멀쩡한 땅을 갑자기 파라고 했으니 아마 목적이 있을 것이고, 대부분의 경우 나 역시 무슨 용도인지 알고 있다. 구체적인 용도는 몰라도 내가 하는 일이 무슨 쓸모가 있을 것이라고 어림짐작할 수 있다. 아무 이유 없이 누군가가 내게 돈을 주면서 구덩이를 파라고 하지는 않았을 테니까 말이다. 구덩이를 파는 용도가 무엇인지가 그저 내가 무관심할 뿐이다.

이러한 분석을 살펴볼 때 다음과 같은 결론에 도달할 수 있다. 구덩이를 파는 사람의 주관적인 목적은 돈을 버는 것이고, 이 목적과 땅을 파는 특수한 활동 사이에는 아무런 내재적 관계도 존재하지 않는다. 덜 힘들게 일해서 똑같은 금액의 돈을 벌 수 있다면 당연히 그 일을 할 것이다. 이러한 측면에서의 목적을 바둑 두는 사람에게서는 찾아볼 수 없다.

구덩이를 파는 행동의 객관적 목적이 광케이블을 매설하거나 혹은 다른 뭔가를 하기 위해서라면, 이 목적과 구덩이를 파는 행동 사이에는 내재적 관계가 성립된다. 또한 광케이블을 매설할 것인지, 아니면 배수관이나 관개수로를 설치하기 위해 구덩이를 팔 것인지에 따라 구체적인 목적이 결정된다. 이러한 상황을 바둑에 대입한다면, 바둑을 두는 객관적인 목적은 바둑에서 이기는 행위가 된다. 즉 바둑에서 이기겠다는 목적에 따라 바둑을 어떻게 둘 것인지 결정할 수 있다.

하지만 위에서 이야기한 것처럼 구덩이를 파는 행위에서는 먼저 그 목적을 정해야 크기나 깊이를 결정해서 구덩이를 팔 수 있지만, 바둑은 이와 다르다. 바둑에서 이기겠다는 목적을 정한 것은 바둑을 계속 두기 위함이다.

흰 고양이든,
검은 고양이든
쥐만 잘 잡으면 된다

인간의 활동은 단순하지 않다. 구덩이를 파는 일만 놓고 봐도 이 사실을 쉽게 이해할 수 있다. 인부는 구덩이를 파서 돈을 버는 데 관심이 있고, 인부에게 돈을 주고 구덩이를 파게 하는 누군가에게는 무언가를 매설하는 일_{광케이블 등}이 중요하다. 즉 일하는 사람이 어떤 생각을 갖고 있든지, 혹은 무슨 일을 하든지 우리가 원하는 것은 과정이 아니라 결과일 뿐이다. 어느 날 전자신호가 무선통신으로 바뀌게 되면 광케이블을 매설해야 한다며 돈을 주고 구덩이를 파달라는 사람은 사라지게 될 것이다. 구덩이를 파거나 무거운 짐을 등에 짊어지고 옮기는 일, 인형에 눈을 붙이는 일 모두 순수하게 실용적인 혹은 단순히 효용을 추구하는 일에 속한다. 그리고 그 목적은 분명하다. 문제는 목적을 달성하기 위한 방식, 즉 수단이다. 목적의 외재성은 목적 달성이라는 활동에 달려 있으므로, 어떤 방법을 사용하든 목적을 달성하면 된다. 다시 말해 흰 고양이든 검은 고양이든 쥐만 잘 잡으면 그만이다!

길거리에서 바둑을 두는 행동은 단순히 효용을 추구하는 활동과는 정반대에 속한다. 바둑을 두는 사람들은 별다른 목적이 없고, 바둑을 두는 활동 역시 그 자체만으로 효용을 추구하지 않는다. 그래도 우리는 바둑을 둔다. 왜냐하면 바둑을 두는 과정을 즐기기 때문이다. 대체 어떤 목적으로 바둑을 두느냐고 묻는다면 내재된 목적, 즉 활동하기 위해 목적을 만든 것이라고 할 수 있다.

구덩이를 파거나 바둑을 두는 일 모두 인간 활동의 극단적인 상황을 보여준다. 상황이 극단적이라면 비교하기 쉬우니 간단한 논리에 입각해 문제를 고민해볼 수도 있다. 하지만 좀 더 자세히 들여다보면 절대다수 인간의 활동은 단순히 효용만을 추구하거나 게임처럼 즐기기 위함이 전부가 아니다. 여기서 말하는 절대다수란, 맞다. 말 그대로 거의 모든 인간의 활동을 가리킨다. 그림을 그리거나 건물을 세우는 건설작업, 학술, 교육, 치료, 정치, 사업, 전쟁…. 인간이 이런 활동을 하는 것은 특정한 효과를 추구하려 함이지, 이러한 활동의 진행 과정 자체에는 아무런 목적도 없다.

그림을 그리는 일을 예로 들어보자. 그림을 그리는 것이 공사장에서 구덩이를 파는 것과는 다르다는 점을 누구도 부정하지 않을 것이다. 공사장에서 무거운 자재를 나르거나 구덩이를 파는 일 그리고 화가가 그림을 그리는 일 모두 먹고살려고 하는 일이지만 돈을 버는 방법이 전혀 다르다. 그렇다고 해서 화가가 공사장 인부보다 돈을 더 많이 번다고 할 수도 없다. 물론 몇몇 유명화가의 경우 그림을 그리는 족족 비싼 값을 받고 날개 돋친 듯 팔려나가지만, 대부분의 화가는 고달픈 삶을 이어가고 있다. 대표적인 사람이 바로 반 고흐다. 반 고흐를 모르는 사람은 없을 것이다. 지금이야 그의 작품은 고가로 거래되고 있지만 그 돈은 수집가와 경매사의 주머니로 고스란히 흘러들어갈 뿐, 고흐는 '명성'만 얻었다. 그것도 죽고 난 다음에….

그림을 그려서 생계를 유지하거나 공사장에서 땀 흘려 번 돈으로 먹고사는 데는 한 가지 큰 차이점이 있다. 무거운 자재를 나르고 구덩이를 파서 돈을 벌지만 인부는 그 일을 좋아하지는 않을 것이다. 하지만 화가의 경우 그림을 그려서 입에 겨우 풀칠하며 살아가지만, 그는 그 누구보다도 그림 그리기를 좋아한다. 돈 많은 거부가 고흐를 찾아가 노후를 보장해줄 만큼 돈을 줄 테니 그림을 그리지 말라고 했다면, 고흐는 분명 그의 제안을 거절했을 것이다. 고흐는 그림을 그려서 생계를 유지했지만, 돈을 번다는 결과 때문이 아니라 그림을 그리는 과정을 더 소중히 여겼기 때문이다.

바둑 기사가 바둑을 둘 때처럼 반 고흐 역시 좋은 그림을 그리기 위해 노력했다. 잘 그렸다고 생각한 그림도 그에게 어떠한 수익을 가져다주지 못했지만, 마음에 들지 않은 그림이 오히려 비싼 값에 팔릴 것이라고는 반 고흐 자신도 알지 못했을 것이다. 자신의 모든 것을 쏟아부어 그린 그림이 고가에 팔린다면 화가로서는 당연히 기쁠 것이다. 돈을 많이 받아서 기쁘다기보다는 사람들이 자신의 예술세계를 인정하고 그 예술성을 높이 평가해 비싼 값을 치렀다는 사실이 더 기쁜 것이다.

예술과 바둑은 비슷한 점이 많다. 그래서 예술을 탐구하는 사람들은 예술을 유희에 비유하기도 하는데, 비교는 비교일 뿐이다. 예술을 유희와 똑같은 대상으로 취급하는 것은 지나친 감이 없지 않다. 예술과 유희 사이에는 엄연한 차이가 존재한다. 정도의 차이는 있겠지만 예술은 효율을 따진다는 데 그 차이가 존재한다고 생각한다.

사람들은 예술이 대체 무슨 쓸모가 있느냐고 묻는다. 묻는 사람 역시 못된 마음, 일부러 예술가를 골탕 먹이려고 묻는 것은 아니다. 심지어 예술에 종사하는 사람들도 때로 스스로에게 이렇게 물어볼 때가 있으니 말이다. 그들이 이렇게 물어보는 데는 나름의 이유가 있다. 바둑을 두거나 공을 차는 것처럼 아무런 효용도 고민하지 않고 예술가가 그저 재미있어서 하는 경우도 있기 때문이다. 하지만 그저 먹고사는 데 도움이 되느냐는 문제를 제외하고 봐도 그림은 분명 쓸모 있다. 기독교에서는 그림을 통해 배우지 못한 신도들을 교화했다. 물론 이러한 전통이 '우상 숭배'라는 논쟁을 불러일으키기도 했지만…. 사진기가 없던 시절에는 초상화를 그려 개인이나 가족의 모습을 남겼다. 장식용으로 벽에 그림을 그려넣거나 마을 입구에 홍보용 그림을 그려두기도 했다. 광범위하게 말해서 대중이 그림을 즐길 때 그 그림은

'효용성'을 얻게 된다.

그림을 그리는 일이 쓸모 있다고 이야기하지만 좀 더 정확한 이해를 돕기 위해 다음 두 가지를 살펴보자.

첫째, 그림을 그리는 것이 구덩이를 파는 것보다 적용범위가 넓다고 해서 그림을 그리는 것이 훨씬 더 쓸모가 있다고 섣불리 결론 내릴 수 없다. 회의 시간에 보고 내용을 제대로 듣지도 않은 채 노트에 그린 낙서가 효용성이 있다고 이야기할 수 없다. 하지만 반대로 광고용 이미지나 선전용 이미지의 경우 확실한 목적이 있다.

둘째, 제아무리 쓸모가 있어야 한다고 해서 말 한 마디 한 마디에 쓸모가 있는지를 따질 필요는 없다. 환자를 치료하고 아이를 학교에 보내는 일, 집을 짓는 일 모두 유희가 아닌 효용을 추구하는 행동에 속한다. 그렇다면 대체 어떠한 효용을 추구하는가? 의학은 병을 치료하고, 환자의 생명을 구한다는 점에서 그 목적이 명확하다. 하지만 법의학 감정이나 시험관 시술 역시 의학적 기능의 대상에 속한다. 아이를 학교에 보내는 목적은 아이에게 산수나 글을 배우도록 하기 위함이다. 그리고 아이는 학교를 다니면서 그림, 춤, 체조와 같은 활동도 배우게 된다. 이러한 요소를 모두 합치면 아이는 자신도 모르는 능력을 알게 되고 개성을 키우게 된다. 어디 이뿐이랴. 아이는 학교를 다니면서 다양한 친구들을 사귀며 사교성, 사회성을 기를 수 있다. 인간관계에 대한 다양한 경험을 통해 가족은 물론, 나아가 사회구성원으로서 자신의 역할과 권리, 의무 등을 점진적으로 접하게 된다.

홈스쿨링을 하면 아이에게 더 많은 지식을 가르쳐주고 아이의 특성과 눈높이에 맞게 교육할 수 있지만, 나라면 아이를 학교에 보내는 쪽을 선택할 것이다. 집을 짓는 데도 분명한 목적과 용도가 존재한다. 집을 지어 살기 위해서다. 하지만 여기서 말하는 산다는 의미는 매우 광범위하다. 단순히 비바람과 추위를 피하고, 동물이나 외부인의 공격을 피할 수 있는 곳이면 그 역시 집이라고 할 수 있다. 하지만 사람마다 생각하는 거주의 의미는 다르다. 누군가에게는 집 안에 푹신한 침대와 몸을 따뜻하게 해주는 보일러가 있어야 한다. 좀 더 까다로운 사람이라면 채광이나 통풍, 일조량, 인테리어 등을 따져볼 것이다.

무턱대고 구덩이를 파는 것이 아니라 구덩이의 깊이, 높이, 크기 등이 대체적으로 명확해야 한다. 게다가 '집'의 종류도 다양하다. 신전, 기념관, 공연장 등 모두 저마다의 목적과 용도를 지니고 있다. 대부분의 인간 활동에서 추구하는 목적과 용도는 단순하지 않다. 철학의 용도는 무엇인가? 예술의 목적은 무엇인가? 우리는 이러한 문제에 관해 자유롭게 대답할 수 있지만, 그 대답이 무엇이든 한 가지 사실을 발견할 수 있다. 즉 이러한 활동은 결코 그 목적이 단순하지 않다는 것이다.[74]

목적이 제아무리 복잡하다고 한들 목적은 목적일 뿐이라고 생각할

---

74 알레스데어 매킨타이어, 《덕의 상실》, "실천은 하나 혹은 시종일관 변하지 않는 목표를 지니고 있지 않다. 각 목표는 그 자체만으로 실천 활동의 역사가 변하는 것이다."

수 있을 것이다. 복잡한 목적을 분해하면, 예를 들어 집을 짓는 목적을 비바람을 피하고 채광과 통풍을 강조하는 항목으로 분해하다 보면 각 항목이 구덩이를 파는 것처럼 명확해질 것이다. 하지만 현실은 결코 단순하지 않다. 비바람과 추위를 피하고 동물이나 외부인의 공격에서 자신의 생명을 보호하면서도 통풍, 채광, 일조량 등의 기능이 때로 연결되기도 하고, 때로 충돌하기도 하기 때문이다. 우리의 삶 역시 이와 크게 다를 바 없다. 비록 상황에 따라 이러저러한 모습을 보여주지만 큰 틀 안에서 서로 연결되기도 하고, 때로는 충돌하면서도 '전체'라는 하나의 틀로 연결되는 것이다.

왜
창조적 활동을
요구하는가

한 폭에 불과한 그림도 저만의 효용을 지니고 있지만, 구덩이를 파는 일과는 효용의 크기가 다르다. 광케이블을 매설하기 위해 구덩이를 파는 행위는 목적이 분명하기 때문에 파야 할 구덩이의 크기와 깊이를 명확하게 결정할 수 있다. 하지만 그림의 경우 어떤 용도를 지니게 될지 사전에 알지 못한다. 대략적인 구도나 주제 정도만 미리 생각해볼 수 있을 뿐이다. 누군가가 특정한 목적으로 그림을 의뢰한 경우에도 상황은 크게 달라지지 않는다. 예를 들어 생일 축하용, 전투를 기념하기 위한 그림, 특정한 개인이나 가족의 초상화, 새로운 스타일의 코트 홍보 등에 대해 화가나 의뢰 당사자 역시 사전에 완성될 그림이 어떤 모습일지 알지 못한다.

우리는 그림을 그리는 행위를 창조적 활동이라고 말한다. 그럼 창조적 활동이란 대체 무엇을 말하는가? 구덩이를 파는 행위에서 새로운 방법을 발견했다면 구덩이를 파는 노동의 효율을 끌어올리는 결과를 얻을 수 있다. 바둑을 둘 때도 새로운 묘수를 찾아냈다면 승리는 따놓은 당상일 터! 하지만 어찌된 영문인지 그림을 그리는 행동에 대해서만 왜 유독 창조성을 요구하는 것일까? 구덩이를 파거나 바둑을 두는 일에서의 혁신은 기술, 기법의 혁신일 뿐 활동의 목적이 변하지 않기 때문이다. 그 목적이 외재적이든 내재적 목적이든 크게 중요하지 않다. 예술 활동의 창조성은 단순히 기법에 그치지 않는다. 그림을 그리는 목적은 그림을 그리는 활동에 따라 쉬지 않고 변화한다. '아름다움'이라는 모호한 대상을 구현하는 것이 그림을 그리는 목적이라고 한다면 고대 이집트 화풍으로 그림을 그리든지, 혹은 라파엘로나 반고흐의 화풍이나 화법을 참고할 수 있을 것이다. 이렇게 해서 구현된 아름다움은 회화방식에 따라 다른 형태로 나타나거나, 다양한 종류의 '아름다움'으로 구현된다.

그렇다면 모네가 쿠르베보다 더 잘 그렸다고 할 수 있을까? 모네는 새로운 화풍을 탄생시켰을 뿐만 아니라 회화에 새로운 가능성을 부여하며 작품 활동을 더욱 다양화했다. 이러한 점을 감안할 때 뛰어난 회화 작품은 우리에게 새로운 대상을 선보일 뿐만 아니라, 새로운 대상을 통해 사물에 대한 우리의 시선과 안목을 바꾸어놓는다고 이야기할 수 있다. 새로운 화풍의 그림을 선보이는 창의력을 운운할 정도는 아니라고 이야기할 수도 있겠지만, 여기에서 말하는 창조성은 사물을 바라보는 우리의 시선이 바뀌었음을 의미한다.

아리스토텔레스의 삼분법이라는 틀에서 실천 활동은 제작 활동과 엄연히 구별된다. "제작은 자체적인 목적 외의 목표를 지니고 있다. 하지만 실천 활동에는 이러한 목표가 존재하지 않는다. 왜냐하면 실천 활동의 목표는 행동이라는 선 그 자체이기 때문이다(니코마코스 윤리학). 1140b7." 좀 더 쉽게 풀어보자면 실천 활동의 목적은 실천 활동 그 자체와 완전히 독립된 상태에서 정의할 수 없다. 극단적인 상황에서는 '선한 실천 그 자체'가 목적이 될 수도 있다.

그림을 그리는 목적이 무엇이든, 또는 무슨 쓸모가 있든 그림을 그리는 목적과 용도는 그림을 그리는 활동을 완전히 구속할 수 없다. 그림을 그리는 실천은 그림을 그리는 목적과 용도를 자체적으로 끊임없이 재정의한다. 이를 통해 회화라는 활동은 정도의 차이는 있지만 자주적·자치적 전통을 확보하게 된다. 앞뒤 흐름이 연결된 일련의 활동과 사건만으로는 전통을 이룩할 수 없다. '전통'은 특정한 자주적·자치적 발전을 의미하기 때문이다. 그래서 이러한 활동 외의 목적으로 규정된 활동은 당연히 자주적 활동이 될 수 없다.

예술과 학술은 자체적인 자주성을 견지하고 있어 정치와 상업적 침식의 덫에서 벗어나는 데 유리하다. 심지어 이를 위해 예술을 위한 예술, 학술을 위한 학술을 주장하는 사람도 있다. 예술가는 '예술을 위한 예술'이라는 구호 아래 정치적·상업적인 요구에 맞서고, 예술의 독립성을 지켜낸다. 하지만 구체적인 상황에서 벗어나 '예술을 위한 예술'이라는 주장을 예술 활동이라고 각인하게 되면 오해를 불러일으킬 수 있다. 예술을 바둑을 두거나 공을 차는 것처럼 완전히 자주적인, 순수한 유희로 간주하기 때문이다. 하지만 사실은 그렇지 않다. 예술은 일반적으로 예술 외의 용도를 지니고 있다. 물론 예술에도 다양한 '단계'가 존재한다.

'예술가의 예술가'는 수많은 예술가가 롤모델로 삼는 대상으로 '예술을 위한 예술'에 보다 접근한 상태라고 할 수 있다. 반대로 일부 작품의 경우 직접적으로 효용성을 좇기도 한다. 다만 예술 작품에 얼마만큼의 실질적인 용도가 있든지 그것이 명령으로 변하는 순간, 예술가의 창조성을 억압한다. 결과적으로 자유의지와 예술적 영감을 잃은 예술가는 예술가로서의 생을 마감하게 된다. 선전용 이미지, 홍보용 이미지라고 하더라도 뛰어난 용도, 효용성을 지녔다면 반드시 만든 이의 창조성을 존중해줘야 한다.

하나의 실천이 정도의 차이는 있지만 저마다 자주성·자치성을 지녔다는 사실을 부정할 수 없을 것이다. 그림의 예술성을 평가할 때는 단순히 대중의 선호도만 따질 수 없다. 그렇다고 해서 대중의 생각을 무시한다면 예술에 대한 품평은 업계 내 관계자들의 자화자찬으로 변질될 수 있다. 실천자의 입장에서 봤을 때, 어떤 행위를 실천하는 데 몰두하는 것은 쓸 데가 많아서가 아니라 그저 하고 싶어서 그런 것이다. 하지만 업계 이외의 사회를 몽땅 외면한다면 당신의 즐거움은 동네에서 즐기는 소소한 취미 활동 정도로 퇴화될 수 있다.

자기 폐쇄성은 더욱 심각한 사회적 사건을 일으킬 수 있다. 스승과 제자가 오랜 세월을 함께하며 손발을 맞추거나 비슷한 가치관을 갖게 된 것 역시 폄하된 관습으로 퇴화될 수도 있다. 호레이스 프리랜드 저드슨Horace Freeland Judson은 "자치, 자율이 거짓을 막는 데 도움이 된다고 지적했지만 자치, 자율적인 시스템 혹은 직업이라며 떠들어대는 곳일수록 거짓말이 유독 쉽게 생겨난다"는 사실을 발견했다.[75] 강력한 전통은 그나마 높은 문턱을 견고한 담벼락으로 바꿔놓는다. 미국의 학회는 의료 전통을 유지하는 데 특히 뛰어난 모습을 보여준다. 예를 들어 근무 중인 의사의 전문적·의학적 수준을 보장하는 동시에, 하나의 이익집단으로서 미국 의사의 높은 연봉 수준을 유지하기 위해 최선을 다한다.

앞에서 설명한 것처럼 각 영역에서 간직하고 있는 이치는 다른 영역의 이치와 일맥상통한다. 성인聖人이 병을 치료할 때는 "반드시 하늘과 음양의 기운을 알아야 하고 사계절의 경영, 오장육부, 성性의 유별, 안팎表裏의 작동원리를 이해해야 한다."《황제내경黃帝內經》은 의학 서적이지만 책 곳곳에 사시오행四時五行에 관한 내용이 등장한다. 오늘날 의학은 가깝게는 생리학, 멀게는 엑스레이 등 여러 영역을 적극적으로

75　호레이스 프리랜드 저드슨, 《위대한 배신: 과학의 사기The Great Betrayal: Fraud in Science》

190　사람은 왜 도덕적이어야 하는가

동원하고 있다. 뿐만 아니라 의료라는 큰 틀에서 환경보호, 개인위생처럼 디테일한 요소를 하나의 대상으로 간주해 환자의 병을 치료하는 데 참고한다.

실천 활동은 유희가 아니다. 당신이 실천을 통해 구현하는 대상을 업계 인사가 단독으로 평가하는 것이 아니라, 대중의 선호도와 수익성 등을 고려한다는 점에서 효율적이라 할 수 있다. 하나의 실천 활동은 자신만의 두드러진 덕성을 지녔지만, 어떤 덕성도 단독으로 하나의 영역에만 속하는 경우는 없다.

의사는
소통하는
사람이다

예술이라는 영역은 상당한 자치성·자주성을 지녔기 때문에 유희에 비교적 가까운 편이다. 하지만 전쟁이나 진료처럼 효율을 강조하는 활동에서도 정도의 차이는 있지만 자주성·자치성이 존재한다. 승자가 모든 것을 갖는 전쟁은 지극히 잔혹한 인류 활동이지만, 오로지 승자와 패자의 논리에 지배되는 것은 아니다. 소위 '무덕武德'이라 하여 전쟁 중에도 불필요한 폭력의 사용을 금지하거나, 무고한 사람들을 해치지 못하도록 하는 규정이 있다. 무덕과 관련된 이야기가 나올 때마다 중국 역사에서 반드시 소환되는 인물이 있으니 바로 송양공宋襄公이다. 그를 두고 후세에 그만큼 거짓에 능숙한 자가 없었다고 비난하는 사람이 있는가 하면, 인의도덕이나 체면에 목숨을 건 '어리석은 지도자'라고 비난하는 사람도 있다.

홍수洪水전투에서 적군이 진열을 갖출 때까지 기다리지만 않았어도 대패하지 않았을 것이라며 안타까워한다. 하지만 당시에는 상대가 전열을 갖추기 전까지 공격을 알리는 북을 울리지 않거나, 부상 입은 사람을 거듭 해치지 않고, 노인을 사로잡지 말아야 한다는 암묵적인 전투 규정이 있었다. 하지만 홍수전투 이후 이러한 '오랜 전통'이 서서히 와해되기 시작했다. 전쟁에서 패한 장수에 대해 용기를 운운할 수야 없겠지만 미국의 남북전쟁이나 일본해에서 일어난 대규모 해상전투에서 승자는 패자를 향해 예의와 존경을 갖췄다. 한물간 귀족의 유풍遺風이라고 비꼴 수도 있을 것이다. 하지만 지금처럼 사전예고도 없이 상대를 향해 미사일을 발사하거나 화학무기를 사용하는 것도 모자라 무고한 평민, 특히 여성과 아이의 목숨을 노리는 행동은 비난의 수위를 크게 높일 수 있다.

이러한 사실에서 승리와 목적을 위해서라면 수단과 방법을 가리지 않는 테러를 전쟁과 구분할 수 있다. 무덕을 지녔던 옛 사람들이라면 이겼어도 당당하지 못한 전투라며 깎아내렸을 것이다. 이러한 관념이 완전히 사라진 것은 아니지만 오늘날에는 명문을 사용해 조약을 체결하는 방식으로 기존의 관습을 대체하고 있다.

그림을 그리는 일에 비해 진료는 그 목적과 용도가 더욱 뚜렷한 활동이라는 점에서 유희와는 거리가 멀다. 진료는 내재적 목적만 지닌 유희가 아니며, 의사는 진료 과정뿐만 아니라 그 외의 대상에도 뜨거운 관심을 기울인다. 진료는 수단으로서 환자를 치료하거나, 광범위하지만 건강을 증진하는 데 그 목적이 있다.[76] '예술을 위한 예술'이라는 주장을 어떻게 생각하든 적어도 그 말의 의미를 이해했을 것이라고 생각한다. 하지만 '진료를 위한 진료'라는 말은 누구도 들어본 적이 없을 것이다.

건강이 무엇인지, 또 병을 앓는다는 것이 무슨 뜻인지 보통 사람도 쉽게 알 수 있다. 한마디로 말해 전문적인 의학지식을 통해서만 정의된다는 뜻은 아니다. 이 점에 대해서 의료는 의료 외의 목적을 위해 존재한다고 말할 수 있다. 하지만 의료의 목적이나 건강에 대한 정의는 다양한 사회적 관념에 따라 변화하며, 의료의 자체적인 발전에 따라 변한다. 영양부족 비타민의 발명, 성형수술, 장기이식, 성전환, 시험관 시술 등이 의료의 범위에 포함되었고, '심리건강' 역시 의료의 한 영역으로 자리 잡았다.

진료는 뚜렷한 목적과 효율성을 지닌 활동이다. 하지만 대다수의 인류 활동과 마찬가지로 진료의 효과는 단순하지 않으며, 정확한 치료라는 항목에 국한되지도 않는다. 병을 치료하기 위해 찾은 병원에서 의사의 진료 수준은 병을 얼마나 빨리 그리고 확실하게 치료할 수

76　내가 설명하려는 것을 설명하기 위해 다음에 등장하는 논의에서 한의학처럼 전통의학을 예시로 삼았다. 한의학이나 의학에 대해 아는 것이 많지 않아 전문적인 의학지식이 아닌 상식 수준의 내용을 주로 소재로 활용했다. 비록 관련 지식이 부족하지만 기본 내용에서 크게 벗어나는 것은 없을 것이라고 생각한다.

있느냐에 따라 결정된다. 게다가 이게 전부가 아니다. 모두 알다시피 오늘날 의료 부문에 대한 사람들의 원망이 가장 큰 대상은 치료 효과가 아니라 비싼 병원비다. 배탈이 나서 병원을 찾았더니 피 검사니 소변 검사니 하며 소란을 피우다가 CT 촬영까진 한다. 며칠 동안 고생한 것도 모자라 돈도 잔뜩 썼는데 증세가 나아지지 않았다면 세상에 이보다 억울한 일도 없을 것이다. 거의 일 년 내내 병원에서만 지내는 의사로서는 진료비를 전혀 고려하지 않은 채 환자의 증세를 치료하는 데 집중할 것이다. 하지만 내가 생각하는 의사는 병의 치료도 치료지만 환자의 경제적 부담도 고려할 줄 아는 사람이다.

《황제내경》에서는 빈부귀천에 따라 각기 다르게 대해야 한다고 주장한다. 기껏해야 무좀 하나 치료하겠다고 의사가 말도 안 되는 진료비를 청구하지는 않을 것이며, 무좀을 치료하는 데 확실한 약이 있다고 해도 비싸다면 사람들은 대부분 쓰지 않을 것이다. 좀 더 정확히 말해서 그 약을 쓸 수 있는 기회조차 거의 없을 것이다. 일단 시중 약국에서 그 약을 찾지도 못할뿐더러, 설사 찾아낸다고 해도 금세 사라질 것이 뻔하기 때문이다.

"얼마를 주고 무엇을 사야 적당한가?"라는 궁금증은 병을 진단하고 진료하는 행위에만 국한되지 않는다. 그럼에도 확실한 치료를 받으려면 얼마를 내야 하는가의 문제는 무척 애매하다. 병세가 심할 때는 가격이나 품질 등을 따지지 않고 무턱대고 병원비부터 낸다. 하지만 건강의 '가격'은 객관적 수치로 계산하기 쉽지 않다. 평소 물건을 사는 것처럼 이집 저집 다니며 가격을 비교할 수 없다. 게다가 치료 효과 역시 확실하지 않으니 귤을 살 때처럼 먼저 먹어보고 고를 수도 없는 노릇이다. 한마디로 말해서 병을 치료하려면 오로지 의사의 판단에 의존해야 하지만, 환자와 의사는 정보 비대칭이라는 구도를 형성하고 있다.

치료 효과만 놓고 볼 때 치료 효과가 곧 치료율을 의미하는 것은 아니다. 제아무리 뛰어난 명의라고 하더라도, 합병증이 심한 환자가 찾아와 치료를 요청했다면 훌륭한 의학적 지식과 노련한 경험을 지녔다 한들 감기나 배탈 난 환자를 치료하는 의사보다 치료율이 높을 수는 없다. 요컨대 치료 효과는 다른 상황과도 연결되어 있는 것이다. 유방암에 걸린 환자를 위해 유방을 기존과 최대한 비슷하게 보존하려 한다면 이 역시 치료 효과의 일부로 봐야 하는 것일까? 위험을 감수하더라도 환자를 치료할 것인가, 아니면 환자의 요청대로 '보존 요법' 을 실시할 것인가? 환자의 말대로 치료했다가 평생 불구의 몸이 된다면 누가 책임질 것인가? 게다가 치료할 때는 환자의 연령도 살펴야 한다. 병을 치료할 때는 병만 보고 환자를 살피지 않는 실수를 저질러서는 안 된다. 수많은 시간을 고통 속에서 허덕이다가 엉망이 된 몸에서 병을 제거한들 무슨 의미가 있겠는가?

치료 외에 환자와의 소통도 놓칠 수 없는 문제다. 진료는 단순히 병을 깨끗이 치료하는 것에만 그치지 않는다. 환자들은 자신의 증세를 알고 싶어 한다. 증세가 얼마나 심각한지, 치료할 방법은 있는지,

또 건강을 해치게 된 다른 이유는 없는지 등등. 온몸에 아프지 않은 곳이 없다며 하소연하는 환자를 진단해보면 의외로 아무 병에도 걸리지 않았음을 확인하는 경우도 있다. 이때 환자가 원한 것은 치료가 아니라 자신의 생활습관을 바꿀 수 있는 의사의 조언일지도 모른다. 대수롭지 않은 병에 걸렸다면 무시해도 되지만 큰 병에 걸렸다면 완치 여부, 치료비용, 치료기간 등이 궁금할 것이다.

그렇다면 목숨을 위협하는 심각한 병에 걸렸다면 어떨까? 완치를 100퍼센트 보장할 수 없는 상태에서는 병을 치료할 수 있는 방법이 아니라, 죽기까지 남은 시간이 얼마인지 궁금할 수도 있다. 실제로 많은 경우에서 이와 같은 사례를 찾아볼 수 있다. 이러한 경향은 최근에 더욱 두드러지게 나타나고 있다. 병의 심각성에 상관없이 죽기 살기로 병을 치료하려고 애쓰는 모습도 최근에 생겨난 현상이다. 환자, 의사, 의료제도가 하나로 힘을 합쳐 현대적인 병원시설 안에서 의학이 할 수 있는 일을 의사가 그대로 하기만 하면 된다. 그런 점에서 이것이야말로 '진료를 위한 진료'가 아닐까? 실제로 한 의사는 이렇게 자문한 적도 있었다고 고백하기도 했다. "생명이 꺼지지 않을 때까지 치료를 멈추면 안 된다고 하지만, 사람의 마음에 상처를 주면서까지 하는 치료가 과연 의미가 있을까?"

진료는 사람들과 소통하는 작업이다. 의학사 전문가인 장다친張大慶은 'Medicine is an art의학은 예술이다'라는 말을 인용하며 이렇게 말했다. "여기서 말하는 art가 skill스킬, 기술이나 craft크래프트, 기술라는 의미로 사용된 것이 아니라는 데 주의해야 합니다. 진료는 사람의 마음과 정을 필요로 하는 것이지, 단순한 기교를 필요로 하는 것이 아닙니다.[77]" 그림을 그리는 것에 비해 진료가 또렷한 목적성을 띠고 있는 것은 사실이지만, 큰 틀에서 볼 때 여전히 예술에 속한다고 할 수 있다. 환자가 자신의 신체와 질병 상태를 이해하고, 의사가 전문적인 지식과 진료 경험을 통해 환자에게 보다 합리적인 방식으로 치료하는 것이야말로 진료이다. 트뤼도Trudeau라고 하는 미국 의사의 묘비에는 다음과 같은 글귀가 새겨져 있다. "To cure sometimes, to relieve often, to comfort always때때로 치료하기 위해, 종종 제거하기 위해, 언제나 편안하기 위해." 반대로 말해서 의사는 때로는 냉정하고, 때로는 성가시기도 하고, 때로는 알아볼 수도 없는 진단서를 마구 써내려가지만 환자의 불만을 최대한 없애줄 수 있도록 노력해야 한다.

여기까지 글을 썼을 무렵, 신문에서 중국의 한 유명의사가 중국전국인민대회에서 꺼낸 이야기를 우연히 접하게 됐다. "전체 의료분쟁의 80퍼센트는 의료적 착오가 아닌 소통의 문제에서 비롯됩니다. 제 경험으로는 의사가 되려면 IQ보다 EQ가 더 중요한 것 같습니다. 좁은 의미의 치료 효과라는 측면에서 봤을 때 현대 의학은 눈부신 발전을 이룩했습니다. 하지만 환자와의 소통 등에 있어서는 진보는커녕 오히려 예전만 못하다는 생각입니다."

77   장다친 《의학사 15강醫學史十五講》, 베이징대학교 출판사, 2007년, p4

덕성의 앎에서
견문의 앎으로

병을 치료하는 것은 당연히 기술에 관한 일이 지만 진료는 의술 외에도 의덕이 있어야 한다. 빈부귀천에 관계없이 환자를 똑같이 대하고, 환자의 고통을 가볍게 생각해서도 안 된다. 환자의 생존과 품위를 최대한 보장하고, 개인의 사생활을 보호해야 한다. 이는 의사로서 반드시 갖춰야 할 소양이다. 한 푼이라도 더 벌겠다며 가짜 약을 내주거나, 불필요한 약을 처방하지 않는 것은 굳이 설명하지 않아도 의사라면 반드시 지켜야 할 의무사항이다. 또한 환자의 기본적인 요구를 함부로 무시하거나 외면해서는 더더욱 안 된다. 수천 년의 세월에 걸쳐 이어져 내려온 히포크라테스 선서는 전반적으로 의덕에 관한 내용을 담고 있다.

여기에는 의덕에 대해 두루뭉술하게 이야기하는 것이 아니라 의사로서 마땅히 갖춰야 할 덕성을 자세히 소개되어 있다. 우리가 모두 알고 있듯, 각 영역마다 특별히 필요로 하는 재능이 있기 마련이지만 덕성의 경우 보편주의의 영향으로 모든 사람이 덕성을 반드시 갖춰야 하는 것처럼 생각되기도 한다. 하지만 이는 우리의 현실과는 맞지 않는 주장이다. 대략적으로 설명해보자면, 각 영역마다 두드러진 자질을 요구하고 있기 때문이다.

중국 속담에 "한 나라의 재상이 되려면 제 뱃속에 커다란 배 한 척을 넣어야 한다"는 말이 있다. 말 그대로 정치가라면 누구보다도 속이 깊고 넓어야 한다는 뜻이다. 학자라면 홀로 학문의 고독을 기꺼이 즐길 줄 알아야 한다. 조금 엉뚱하기는 하지만 도둑도 나름의 '덕'이 있다. 화약이 발명되기 전, 인류 역사에서 전쟁이 일어날 때마다 전쟁을 이끄는 세력에게는 용기라는 덕목이 그 무엇보다도 중요했다. 이에 반해 의사는 환자에 대한 동정심과 냉정함, 신중함이라는 덕목을 반드시 갖춰야 했다. 게다가 이들 덕목은 독립적으로 작동하는 것이 아니라, 환자를 최우선시한다는 전제하에서 적절한 균형을 이뤄야 했다.

그렇다고 해서 영역마다 각자의 틀 안에 갇힌 채 서로를 외면해서는 안 될 것이다. 오히려 이와 반대로 세상 그 어떤 덕성도 개별 영역에만 속하지 않는다. 일부 영역에서 필요로 하는 덕성은 비교적 유사한 편이다. 이를테면 우수한 장군, 정치가, 기업가에게서 우리는 상당히 비슷한 소양을 발견할 수 있다. 우수한 학자 역시 수행자와 같은 면모를 지녔다. 피에르 하도Pierre Hadot는 고대 철학자에 대해 설명하며 속세의 철학적 삶과 신앙적 삶 중간 어디쯤에 있을 것이라고 말했다. "고대 철학자들은 철학적 삶을 선택한 이상 반드시 세속에서 자신의 행동을 바꿔야 한다. 게다가 상당한 의미에서 자신을 속세와 분리시켰다.[78]" 하도가 말한 고대 철학자의 모습은, 오늘날에도 그들이 존재한다면 여전히 비슷한 모습일 것이다.

거의 모든 영역에 퍼진 덕성도 있는데, 가장 대표적인 것이 바로 용기다. 예로부터 사람들은 용기를 '보편적으로 통용되는 미덕'이라고 여겼다. 불법행위를 저지른 사람을 신고하려면 용기가 필요하다. 정치적인 결단을 내릴 때에도 마찬가지다. 학술계에 몸담고 있다면 '진리를 추구하는 용기'를 지녀야 한다. 비트겐슈타인은 심지어 천재가 지녀야 할 재능 중에 용기가 포함[79]된다고 주장했다. 그렇다고 해서 모든 영역에서 필요로 하는 용기의 크기가 동일한 것은 아니다. 어떤 의미에서 의사도 용기를 지녀야 하지만 의료라는 영역에 한해 그 중요성이 동정심, 냉정함, 신중함보다 못한 것이 사실이다.

이와 대조적으로 모든 영역에서 탐욕은 버려야 할 '악덕惡德'으로 취급받는다. '탐욕' 하면 의례적으로 장사치를 떠올리지만 탐욕으로 인한 부작용을 고려할 때 탐욕스러운 의사가 더 위험할 수도 있다. 날씨

---

78   피에르 하도, 《고대 철학적 지혜Etudes de philosophie ancienne》

79   비트겐슈타인, 《잡서Vermischte Bemerkungen, Suhrkamp》, 1994, p82

가 갑자기 추워져 연탄 값이 고공 행진하는 상황에서 의사가 치료비를 천정부지로 인상한다면 가뜩이나 살기 팍팍한 서민들은 병원은커녕 약도 사먹지 못할 수 있다. 그런 일이 생긴다면 이것은 의사로서의 소명은 물론, 인간으로서 살기를 포기한 것이나 진배없다.

하나의 목표, 단일한 활동에서 기술력의 차이에 따라 실력이 정해지지만 여러 사람이 참여하는 인류 활동에서 우월한 성취는 특별한 재능은 물론, 특별한 덕성을 통해 획득할 수 있다. A와 B가 싸울 경우 기술이 더 뛰어난 쪽이 이길 가능성이 높다는 데 모두 동의할 것이다. 하지만 그보다는 용기야말로 승부를 가르는 결정적 요소라 할 수 있다.

재능才과 덕성德은 좀 더 심오한 차원에서는 더더욱 구분하기 어렵다. 위력적인 싸움의 기술에는 애초에 용기가 내재되어 있기 때문이다. 성미 급한 사람이 차분히 앉아 배움에 매진할 수 없듯, 나약한 학자가 순식간에 상대를 제압할 수 있는 싸움의 기술을 배울 수 없다. 좀 더 광범위하게 말해서 하나의 영역에서 높은 경지에 오르려면 반드시 그 영역을 아끼고 애정을 지녀야 한다. 그런 영역이어야 열정을 끌어내고 지혜를 동원할 수 있도록 유도할 수 있기 때문이다.

재능과 덕성을 한데 엮어 이야기하지 않으려 해도 뛰어난 실력을 가진 사람에게서 우리는 하나의 사실을 발견할 수 있다. 그의 뛰어난 기술력과 성품, 성격이 한데 적절히 어울려 비로소 온전한 존재로 연결된다는 것이다. 그림을 잘 그리려면 기교가 뛰어나야 하는 것만으로는 부족하다. 화가의 스타일, 생각, 감수성 등이 반드시 수반되어야 한다. 그래서 남송의 시인 육유陸游는 "시를 배우고 싶다 하나, 재주는 시 밖에 있는 것이다"고 하지 않았던가!

원시적인 기술은 당사자의 품성과 연결된 고리를 보다 또렷이 보여준다. 고대 그리스어인 arete아레테는 무리와 구분되는 탁월한 재능[80]이라는 뜻으로 재주와 덕성이라는 의미를 모두 아우르고 있다. 그리스 고전시대에 이르러 철학자들은 덕성과 재능을 구분하는 데 매달리기 시작했다. 중국에서 이러한 구분은 특히 덕성의 앎과 견문의 앎으로 나뉘어져 구현되었다. 이러한 구분법은 도덕 영역을 여타의 인류 활동에서 격리시킴으로써 덕성의 앎이 견문의 앎보다도 고귀한 것임을 분명히 밝혔다. 이러한 경향에 대해 쉬줘윈許倬雲, 1930~, 대만계 재미 역사학자, 역사를 통해 현대 경영학을 재해석하는 응용 역사학자로 불린다.-역주은 이렇게 비난했다. "중국의 전통에서 말하는 지식체계는 덕성의 지식으로 인간과 인간 사이의 관계에 관한 지식을 토론하는 것이지, 자연현상이나 인간현상에 관한 지식을 해결하지 못한다." 자연현상과 인간현상에 관한 지식을 가볍게 여긴 것이 중국 문명이 쇠락하게 된 원인[81]이라고 주장한 것이다. 개인적으로는 상당히 공감할 만한 지적이라고 생각한다.

재능은 덕성에 못지않게 중요하다. 제아무리 고매한 덕성의 앎을

---

80 최근 들어 중국 지식인 사이에서 아레테에 대한 많은 연구가 진행되었다. 그 결과 이를 미덕, 덕성, 도덕으로 번역하기도 하지만 대부분 탁월함, 우수함 등으로 번역되고 있다.

81 쉬줘윈, 《중국 문화 및 세계 문화》, 구이저우貴州 인민출판사, 1991년, p184

갖췄다고 한들 의사인 이상 뛰어난 의술이 뒷받침되지 않는다면 의사라 할 수 없다. 만약 당신이 여행 중에 뜻밖의 사고를 당했다고 가정해보자. 그때 아무것도 모른 채 무턱대고 허둥거리는 인자한 노인과 버릇없지만 능숙하게 사람을 치료하고 돌볼 줄 아는 사람 중에서 누가 당신을 돌봐줬으면 좋겠는가?

송명이학에서는 내성內聖의 길보다는 예의를 드높이는 외부적 왕도의 실천, 즉 외왕外王이 더 중요하다고 주장했다. 이의 설명에 따르면 우리는 덕성의 앎에서 견문의 앎을 이끌어낼 수 있다고 하는데 구체적인 방법은 소개되지 않았다. 그리고 1천 년이라는 시간이 흐르는 동안, '외왕'의 존재를 누구도 밝혀내지 못했다.

서구에서는 재능과 덕성을 구분하는 경향이 발전하더니 칸트에 이르러 완전히 분리된 영역으로 이해되기 시작했다. 흄은 모든 윤리학 체계 중에서 자연 능력과 도덕적 미의 구분이 어떠한 구분보다도 더 쉬워질 것이라고 단언했다. 흄 본인은 재능이 덕성만 못하다는 주장을 무척이나 받아들이기 어려웠던 듯하다. "원인과 효과 면에서 재능과 덕성은 모두 똑같은 지위를 지니고 있다." 실제로 흄은 재능과 덕성을 명명백백히 구분하는 데 동의하지 않고 효과적인 관찰법을 제시했다. 예를 들어 재능이 우리가 덕성이라고 부르는 대상에 새로운 영광을 부여한다는 것이다. "자발적인 행동을 어떻게 조절할 것인가?"라는 문제에 많은 관심을 보이는 입법주의자와 도덕주의자는 재능과 도덕을 구분하는 경향이 있다. 하지만 이들의 입법론으로는 "우리는

일상생활에서 덕성과 재능을 어떻게 대해야 하는가?"라는 물음에 대한 적절한 답을 들을 수 없다.[82]

재능과 덕성의 구분은 사상가의 공상에서 비롯된 것이 아니라, 개인이 고정된 프로그램으로 기술을 가르치거나 기술을 시전하는, 이러저러한 상황을 최대한 피하기 위해 사회가 전체 활동에서 기술을 독립시키는 경향으로부터 비롯됐다. 의료가 여러 분야로 쪼개진 상태에서 전문성이 향상됨에 따라, 기술의 학습과 실천이 그 사람의 성격과 품덕에서 최대한 격리된 것이다. 화약을 사용하는 무기가 발명되면서 전투는 기계화된 단체훈련을 받은 용병에 의해 치러지기 시작했다. 그 결과 용기, 인품, 전투 기술을 고루 갖춘 기사는 점점 설 곳을 잃게 되었다. 오늘날 전쟁의 승패는 원거리에서 제어 가능한 무기를 통해 결정된다. 그러다 보니 조금이라도 월등한 기술력을 먼저 손에 넣은 쪽이 승리하게 된다. 극소수 사건이나 확대된 전투의 의미에서만 용기를 필요할 뿐, 다른 인류 활동에서 용기는 더 이상 무의미한 존재가 되었다. 용기라는 미덕은 이미 과거의 영광을 잃어버렸다. 도를 닦듯 실력을 연마하는 행위는 어느새 무협소설에서만 등장하는, 시대에 맞지 않는 허무맹랑한 이야기로 치부되고 있다.

그런데 한 가지 이상한 점이 있다. 덕성과 재능이 분리된 오랜 시

82   흄, 《인생론》

간 동안 기술이 실제 생활에서 점점 더 중요한 영향력을 발휘하고 있지만, 의식 형태에서 도덕의 입지가 오히려 더 강조되고 있는 것이다. 지난 2천여 년 동안, 조조를 제외하고 중국의 거의 모든 통치자는 덕치를 강조했다는 사실에서 중국 사회의 주류의식이 얼마나 허망하고 위선적이었는지 짐작할 수 있다. 통치계급의 허구적인 도덕주의 역시 민중의 머릿속으로 파고들어 현실에 맞지 않는 도덕 이념을 탄생시키고 말았다. 이러한 현상을 분석하는 작업이 무척 흥미로울 것 같지만, 그것이 얼마나 고되고 벅찬 임무인지 알기에 이 책에서는 차마 시도할 엄두도 내지 못하겠다.

지식의
크기를 늘리는
새로운 앎

인간의 실제 활동과 관련된 복잡한 상황을 보다 현실적으로 파악하기 위해 유희와 단순한 효율 추구라는 두 가지 극단적인 상황을 '좌표'로 설정했다. 대부분의 인간 활동은 이것 아니면 저것이라는 식으로 단순화될 수 없다. 작게는 빵을 굽는 일부터 크게는 전쟁을 치르거나 정치를 운용하는 일에 이르기까지, 오로지 외재적 목적만을 달성하려는 활동은 사실상 존재하지 않는다. 실천방식의 조정이 바로 실천 활동의 목적 그 자체가 된다. 그래서 "목적을 위해서라면 수단과 방법을 가리지 않아도 된다"는 말은 있을 수 없다. 정치적 활동에서 정치적인 전통이 생겨난다. 처음에 세워진 정치적 목표가 무엇이든 관계없이, 궁극적으로는 실천방식이나 전통을 통해 정의된다.

인간 활동 중에는 순수하게 효율만을 따지는 경우도 있고, 오로지 유희에 가까운 경우도 있다. 다양한 그림 작품은 저마다 다른 용도나 효율을 지녔지만, 뭉뚱그려서 봤을 때 회화를 비롯해 기타 예술은 유희에 가깝다. 실제로 우리는 예술을 유희로 간주해 이야기하지만 앞에서 이미 분석했던 것처럼 예술에도 효율, 용도, 가치, 쓸모 등이 엄연히 존재한다. 진료와 같은 또 다른 행동은 유희보다는 구체적인 공효, 용도를 추구한다.

하지만 물론 오로지 효율만은 추구하는 것은 아니다. 여기서 말하는 공효는 해당 활동 외의 특정한 목적을 위해 실행되는 활동의 효율, 쓸모를 이야기한다. 이를테면 그림을 통해 신도를 교화하거나 정치적 선전, 혹은 새로 나온 신상품을 소비자에게 광고하는 것을 말한다. 하지만 이러한 쓸모 외에도 또 다른 작용, 예를 들어 그림을 그리는 활동의 자체적인 발전을 위해 공헌하는 효과도 기대할 수 있다. 독자가 좀 더 쉽게 그리고 한눈에 이해할 수 있도록 '외재적·내재적 효과'라는 다소 거친 표현으로 이러한 상황을 구분해보겠다.

선전이나 광고용으로 사용된 한 폭의 그림을 대중이 마음에 들어한다면 이는 그림의 외재적 효과에 속한다. 지나가던 사람은 물론 업계 전문가까지도 인정하는 그림이 있는가 하면, 우리 같은 문외한은 당최 이해할 수 없지만 내부 관계자들이 감탄하는 그림도 있다. 대중적으로 큰 인기를 끌지 못했지만 평론가들을 열광시키는 음악도 있다. 이러한 상황이 나타나는 것은 이들 작품이 해당 영역의 발전에 공헌했기 때문이다. 그림을 그리는 사람이 일반인보다 작품의 예술적 가치를 더 잘 이해할 것이다. 그러다 보니 미술계에 큰 충격과 신선함을 불러올 수 있는 작품을 만날 때면 내심 그 재능을 질투하면서도 크게 기뻐한다. 우리처럼 평범한 이유에서 좋은 작품에 열광하는 것은 물론, 우수한 작품에서 새로운 스타일과 영감을 얻을 수 있다는 생각에 더 크게 기뻐하는 것이다. 이처럼 좋은 작품이 많아질수록 미술계의 전반적인 수준이 올라갈 테니 미술계가 눈부시게 성장할 가능성도 점점 커진다. 미술계에 대한 대중의 관심이 높아지면 몇몇 인기 화가 외에도 다양한 장르에서 활동하고 있는 화가가 사회로부터 인정받고 존경받게 된다. 그런 점에서 이 모든 것은 그림을 그리는 행위의 내재적 효과라고 할 수 있다.

시가詩歌가 크게 유행한 당나라, 빈의 3대 음악가가 이끌던 유럽의 고전음악, 박학朴學, 실증적 고전 연구의 학풍 또는 방법으로서 고기학考據學이라고 불린다. —역주이 크게 흥한 청나라 건가乾嘉 연간年間에 실제로 이러한 상황이 펼쳐졌다. 사람들은 시인들의 유려한 문체를 칭찬하고, 우리의 귀를 즐겁게 만들어주는 음악의 탄생에 열광했다. 당시 형식주의로 치달았던 사회에 대한 반발로, 역사 연구를 통한 실증적인 학문에 많은 사람이 매료됐다. 이러한 사회적 분위기를 틈타 사방에서 엉터리 작품을 연거푸 발표하면서 예술가를 자처했다면, 해당 업계의 발전을 저해하는 것은 물론 결과적으로 사회적으로 손가락질을 받았을 것이다.

그림을 그리는 행위에 비해 의료의 외향적 효과는 한결 두드러지게 나타나지만, 의료 역시 내향적 효과를 지닌다. 의료행위는 단순히 프로그램에 의해서만 이루어지는 것이 아니며, 의료 과정 중에 새로운 판단을 내려야 할 때가 있다. 그래서 좋은 의사는 뛰어난 실력 외에도 의사로서의 의무와 소양을 갖춰야 하는 것이다. 참된 의사에게 의료행위는 생계수단 그 이상이다. 요컨대 환자를 치료하고 돌보는 활동 그 자체에서 생명의 위대함과 소중함을 느낄 수 있다는 사실이 그들에게는 무엇보다도 중요하다.

훌륭한 인품, 해박한 전문지식, 논리적 사고 등 뛰어난 장점이 실제 의료행위에 고스란히 반영되는 것은 아니지만 이러한 소양을 지닌 의사가 많아질수록 의료라는 업종의 발전에는 분명 큰 도움이 될 것이다. 해당 의사에 대한 개인적인 평가 외에도 의료업에 대한 사회적 인식이 긍정적인 쪽으로 기울어질 것이 분명하기 때문이다.

앞에서 무거운 짐을 나르거나 아침 일찍 일어나 빵을 굽는 일 그리고 복권을 사는 행위 모두 오로지 이익만을 추구하는 활동이라고 이야기했다. 그렇다고 해도 이러한 활동이 오로지 그리고 반드시 외향적 효과만을 노린 것은 아니다. 왜냐하면 참여자 역시 해당 활동의 과정 자체에 전혀 무관심한 것은 아니기 때문이다. 그 중에는 무거운 자재를 나르고, 새벽부터 일어나 빵을 굽는 데서 재미를 느끼는 사람도 있을 것이다. 복권의 경우, 거액의 상금을 노린다는 점에서 겉으로 드러나는 외재적 목표가 무엇보다도 명확하다. 상금에 맞먹는 거액의 돈을 지불할 테니 복권을 사지 말라고 제안한다면 아마도 대부분의 사람이 쉽게 거절하지 못할 것이다. 그럼에도 복권을 사서 당첨 일을 기다리는 동안의 설렘과 기대감은 취미로 복권을 사는 사람에게는 결코 놓칠 수 없는 큰 즐거움이다.

빵을 만드는 사람은 개인의 이익을 위해 아침 일찍부터 빵을 굽는다고 이야기했지만, 이것은 상당히 단순화된 결론이다. 고된 몸을 이끌고 겨우 자리에서 일어나 불을 피우고 빵 반죽을 하기 시작한다. 정신없이 빵을 구울 준비를 하는 동안, 아내는 아이들을 깨워 아침밥을 먹이고 학교로 보낸다. 아이들이 문 밖으로 나가는 순간, 마치 기다렸다는 듯 손님들이 들이닥친다. 그중에는 처음 온 손님도 있고, 눈에 익은 단골도 보인다. 아내는 열심히 빵을 포장하며 손님들에게 돈을 받고 재빨리 거스름돈을 건넨다. 매일 빵을 사러 오는 단골손님이 오늘 간만에 시간이 났는지 갓 구운 따끈따끈한 빵과 향긋한 커피를 들고 작은 테이블에 앉았다. 신문을 뒤적거리는가 싶더니 어느새 아내와 날씨에 대해 이야기하고, 옆에 있는 손님들과도 사는 이야기를 나눈다. 이처럼 빵을 구워서 파는 일은 빵을 만드는 사람에게는 돈을 버는 수단이자, 동시에 삶 그 자체다. 이러한 생활에서 돈을 버는 일을 제외하고도 수많은 크고 작은 일이 끊임없이 일어난다.

일상적으로 겪는 일이지만 여기서 한 가지 중요한 사실이 존재한다. 아침 일찍 일어나서 빵을 굽는 사람은 한 푼이라도 더 벌려고 값싸고, 품질이 나쁜 재료로 빵을 만드는 것이 아니라, 좋은 재료로 빵을 만들어 제공하며 타인에게 도움이 되는 일을 하고 있다는 것이다. 저마다 자신의 이익만을 추구한다면 행복한 사회를 만들 수도 없을뿐더러, 오히려 그 사회 안에서 살아가는 우리 자신에게 행복을 가져다주지도 못한다.

이보다 더 중요한 사실은 이러한 활동이 그저 효과를 노리고 이뤄진 것이 아니라는 점이다. 구덩이를 파는 인부는 자신이 파고 있는 구덩이가 대체 무슨 용도로 사용될 것인지 대개의 경우 무관심하다. 그렇다고 해서 자신이 하는 일이 무의미한 일이라고는 생각하지 않는다. 도스토옙스키는 제정 러시아 시절, 강제수용소에 끌려가서 겪었던 일을 들려줬다. "감독관이 죄수들에게 구덩이를 깊게 파라고 한 뒤 그들을 구덩이 안으로 밀어 넣고 파묻기 시작했다. 죄수들에게 이보다 더 고통스러운 일은 없었다. 의지가 쇠약해질 대로 쇠약해진 죄수들은 말 그대로 무너져내렸다."

평소 인형에 눈을 붙이며 밥을 벌어먹고 사는 내게 '오늘 저녁밥을 먹으려면 대체 인형 눈을 몇 개나 붙여야 하는가?'라는 현실은 거의 유일한 관심사이다. 그런 나를 세워놓고 일한 만큼의 보수를 지불한 뒤 내가 힘들게 눈을 붙인 인형을 짓밟는다면 나는 그 자리에서 미쳐버릴 것이다. 이처럼 우리 모두는 정도의 차이는 있지만 자신이 지금 하고 있는 일이 잘되기를 바란다.

프리모 레비Primo Levi는 파시즘 정권에서 운영하는 강제수용소에서 힘든 시절을 보냈노라 고백했다. "'일을 잘하자'라는 자긍심이 우리의 마음 한가운데 깊이 자리잡혔다. 그러다 보니 적군의 일이라고 해도 '잘해내기 위해' 최선을 다했다.[83]" 블랙유머겠지만 이 이야기 뒤에는 고민해야 할 복잡한 요소가 숨겨져 있다. 어떠한 상황에서라도 자신에게 주어진 일, 자신이 앉은 자리에서 최선을 다하는 행동은 충분히 존경받을 만하다.

도스토옙스키가 들려준 경험은 우리에게 한 가지 사실을 알려준다. 애덤 스미스의 빵 굽는 사람은 다른 사람의 이익을 위하는 마음에서 새벽같이 일어난 것이 아니라, 그렇게 하지 않으면 자신의 삶을 정상적으로 영위할 수 없기 때문이다. 하지만 결과적으로 다른 사람에게 도움이 되는 일을 했으니 이 점은 높이 평가할 만하다. 표면적으로 봤을 때 우리는 그저 자신에게 돌아올 몫에만 관심 있는 것 같지만, 자신이 한 일이 누군가에게 어떤 도움이 됐는지 알게 되면 상당한 의미를 부여한다. 남다른 재능이 있어야만 자신이 한 일이 누군가에게 도움이 됐을지 전혀 신경 쓰지 않은 채, 이익을 얼마나 챙길 수 있는지에만 몰두할 수 있게 된다. 하지만 그런 문제에 지나치게 관심을 보일 필요가 없다. 고객이 내게 기꺼이 돈을 내겠다는 것은 내가 하는 일이 자연적으로 매우 쓸모가 있다는 뜻이기 때문이다.

과거 노동자들은 자신이 한 일이 어떤 용도로 사용될 것인지 대부

---

83   프리모 레비, 《가라앉은 자와 구조된 자》

분의 경우 알 수 있었다. 논밭에 씨를 뿌리고 땅을 고르는 일, 물길을 내고 이랑을 세우며 농부는 자신이 어떤 일을 했을 때 어떤 목적을 달성할 수 있는지 잘 알고 있다. 즉 전 과정이 여러 단계로 쪼개져 있어도 궁극적으로 자신이 지금 일하는 용도와 목적을 알 수 있었다. 그리고 최종 결과를 통해 자신이 제대로 일했는지 파악할 수도 있었다. 하지만 지금은 더 이상 그럴 수 없게 됐다. 현대사회에서의 노동은 각종 임무를 최대한 독립적인 단위로 분해함으로써 노동생산율을 높여야 한다고 강조하기 때문이다. 분업화가 세분화될수록 각 단위에 투입된 노동자는 지금 자신이 하는 일의 목적을 알지 못한다. 컨베이어 벨트 앞에서 일하는 노동자는 현재 하는 작업의 '객관적 목적'이 무엇인지 한눈에 파악할 수 없다.

육체 노동자뿐만 아니라 정신 노동자 역시 마찬가지다. 실험실에서 일하는 연구원은 지금 진행하는 실험만 진행할 줄 알지 실험의 궁극적인 결과가 어떤 모습일지 짐작하지 못한다. 철학 영역에 종사하는 사람은 자신이 공부한 영역에서 결함이 있는 부분을 찾아내는 데만 골몰할 뿐, 해당 논리와 자신이 하는 일 사이의 관련성과 사상성에 아무런 관심도 보이지 않는다. 다행히도 자신이 한 일이 도움이 될 것이라며 막연하게 믿으며, 은근슬쩍 자신의 노동을 정당화한다. 하지만 구체적인 이해가 막연한 신념으로 변하면, 이 신념은 사회의 긍정적인 신념과 서로 짝을 이뤄야 할 필요성이 더욱 두드러진다.

독자의 이해를 돕기 위해 좀 더 쉽게 풀어보겠다. 현 사회가 합리적인 사회라면 나의 노동이 어떤 유익한 결과를 가져왔는지 직접 볼 수 없다고 해도 사회에 내 일자리가 있는 이상 사회에 대한 내 노동의 의미와 가치를 파악할 수 있다. 노동의 결과를 직접 목격하고 두 손으로 만져볼 수 있었던 과거와 달리, 직접적으로 느낄 수 있다는 의미는 오늘날 모호한 믿음으로 변질되었다. 이러한 믿음은 사회의 합리성에 대한 믿음에 크게 의존하는데, 현대인이 말하는 의미를 잃었다는 감각은 이러한 변화와 관련 있다. 전 · 근대의 사람들은 입을 것, 먹을 것이 부족했을지 몰라도 자신이 한 일이 지닌 가치가 사라졌다는 감각을 거의 느끼지 못했다. 오히려 현대에 들어서면서 우리는 전과는 비교할 수 없을 정도로 물질적으로 풍요하지만 의미 없는 일상을 보내고 있다.

　매킨타이어는 업무 종사자의 수익을 '외재적 수익'과 '내재적 수익'으로 구분했다.[84] 외향적 · 내향적 효용이라는 개념과 연계해 그의 주장을 이해해도 무방하다. 화가는 자신의 작품으로 재화, 사회적 지위, 권력 등을 얻는데 이를 외재적 수익이라고 한다. 그밖에 화가는 또 다른 형태의 수익, 즉 동종업계에서 일하는 종사자의 찬사, 새로운 경향의 작품 창작, 회화의 전통 유지 및 발전 등에 따른 만족감을 느낄 수 있다. 이보다 심오한 의미의 '내재적 수익'은 화가의 창작성으로 자신

84　매킨타이어, 《덕의 상실》. 이 책에서 매킨타이어는 '내재적으로 유익한 것益品'에 대해 집중적으로 토론했다.

의 노동에서 커다란 즐거움을 느끼게 된다. 회화라는 영역에서 그가 거둔 업적은 화가에게 살아가야 할 의미를 불어넣는다. 환자를 치료하고 돌보는 의사 역시 자신이 정성껏 치료한 환자가 건강을 되찾는 것을 보며 의사로서 자긍심과 보람을 느끼고, 나아가 생의 가치를 한껏 끌어올린다. 그래서 옛 사람들은 "밖으로는 남에게 베풀어야 하고, 안으로는 자신에게 베풀어야 한다"고 말씀하셨다. 이러한 의미의 즐거움 그리고 의미와 가치는 우리 같은 문외한은 기껏해야 어렴풋이 이해할 뿐이다. 당사자를 제외하고, 동종업계에 종사하는 지인이나 후학만이 좀 더 실질적이고 직접적으로 그 위대함을 느낄 수 있을 것이다.[85]

특정 업계에 종사하는 업무 종사자의 외재적 수익은 당사자의 노동에서 비롯되는 외향적 효용과 보다 밀접한 관계를 맺고 있다. 노동의 내재적 효용 역시 복잡다단한 관계를 통해 그의 외재적 수익을 높여준다. 더 좋은 그림을 그린 화가가 실력이 형편없는 화가보다 더 많은 돈을 벌고, 더 큰 사회적 명성을 누리게 된다. 우리는 본디 특정한 영역에서 자신의 잠재력을 단련하고 계발하며, 특정한 업종에서 사회적 보답을 받는다. 또한 업무 종사자의 외재적 수익은 특정 업종의 발전과 맥을 함께한다. 빼어난 인재가 즐비한 분야에서 주목받으려면 자신의 재능과 인품, 덕성 등을 최대한 단련하고 발전시켜야 한다. 이

---

85 공효주의의 관점에서는 내재적 효용이란 존재하지 않는다. 각종 업종에서 벗어나 공효를 이야기하기 때문에 외재적 공효와 외재적 수익만을 강조한다.

때 업계 발전은 노동자에게 더 큰 보상을 가져다줄 수 있다. 자신이 몸담고 있는 업종의 창조, 유지, 발전을 의식적 혹은 무의식적으로 의식하면 업계 종사자나 외부인에게 책임을 추궁받을 수 있다. 또한 내재적 효용을 만들어내지 못하고 오로지 외재적 수익만을 좇는 사람이라고 경멸당할 수도 있다.

하지만 덕성이 곧 '장점'이 아닌 것처럼, 내재적 효용이 항상 외재적 수익과 정비례하는 것은 아니다. 건전하지 못한 사회적 환경 속에서 내향적 효용으로 외재적 수익을 전혀 얻지 못할 수도 있다. 이러한 상황이 오랜 시간에 걸쳐 반복되면 절대다수의 노동자가 자신이 몸담고 있는 업계의 발전을 위한 노력을 포기한 채 오로지 외재적 효용만을 추구할 것이다.

외재적 효용과 내재적 효용이라는 관점을 통해 전문성과 보편성에 대한 문제를 고민해볼 수도 있다. 예술, 학술 등의 활동에서 비롯되는 성과는 보편성과 전문성으로 구분된다. 보편성이 해당 업계에 속하지 않은 일반 대중이 쉽게 수용할 수 있는 것이라면, 전문성은 해당 활동의 자체적 발전을 촉진한다. 역사에 대해 공부한 내가 장거리 여행 중에 우연히 옆에 앉은 소년에게 중국이나 유럽 통사에 대한 이야기를 들려줄 수 있다. 그렇다고 해서 나는 그 이야기를 정리해 역사학 관련 간행물로 투고할 수는 없다. 동행했던 소년은 내 이야기를 통해 지식을 얻었을 테지만 역사 간행물을 정기적으로 읽는 독자에게는 전혀 새로운 것이 아니라는 것을 잘 알고 있기 때문이다. 일반인 입장에서는 풍부한 이야기를 쉬운 말로, 흥미롭게 고루 풀어내고 있는 책이 접근하기 더 쉽다. 역사학이나 고고학 잡지에 소개된 내용은 읽고 싶지도 않을뿐더러, 아니 좀 더 정확하게 말해서 무슨 내용인지 파악조차 되지 않을 것이다.

역사적으로 어떤 유래나 사실이 숨겨져 있는지 많은 시간과 노력을 들여 확인하려 하지 않는다. 왜냐하면 일반인에게는 별 의미 없는 '잡스런 지식'이기 때문이다. 하지만 이러한 정보는 전문적인 입장에서 보면 '지식의 크기를 늘리는 역할'을 담당한다. 때로는 관련 분야의 연구에 획기적인 영감이나 방향을 제시하기도 한다. 사실 '지식의 크기를 늘리는 역할'이라는 표현은 그 의미가 다소 제한적이다. 새로운 관점, 새로운 시각이 반드시 새로운 지식은 아니기 때문이다. 오히려 '새로운 앎'이야말로 전문적인 발전을 이끌고 더 큰 공헌을 할 수도 있다. '예술가의 예술가', '철학자의 철학자'가 우리 같은 문외한에게 반드시 환영받거나 인정받는 존재가 아니듯 말이다.

이러한 관점에서 봤을 때 우리는 외재적 효용만으로 특정 작업이나 노동자를 평가할 수 없다. 우수한 재능과 훌륭한 덕성은 특정 분야를 통해 비롯되며, 노동자의 능력은 동종 업계 종사자에 의해 주로 평가된다. 또한 업무적 특성에 따라 평가기준이 달라지기도 한다. 이를테면 기존의 회화는 대부분 건물과 결합되어 취급되거나 혹은 분명한 교육적 목적 등을 지니고 있었다. 그림의 수준에 대한 일반 대중의 발언권 역시 상당히 큰 편이었다. 하지만 근세에 들어선 이래 화가는 더 이상 대중을 의식하지 않고 '미술사 발전'을 염두에 둔 작품 활동에 매달렸다. 일반 대중을 의식하지 않음으로써 작품에 대한 평가는 점차 미술계 관계자, 미술사 연구가, 경매사 등 내부 업계 전문가만의 전유물로 자리 잡았다. 앞에서 이야기했듯 예술과 학술은 상당 수준의 자주성을 지녀야 하지만 분야를 막론하고 하나의 틀에 갇히는 자기 폐쇄적 경향을 긍정적이라고 평가하기는 어렵다.

미래를 위해
무엇을
할 것인가

밀란 쿤데라Milan Kundera의 소설《정체성L'identité》에 등장하는 주인공 장 마르크는 이상주의자다. 중학교를 졸업하면서 세상에 있는 모든 직업을 경험해보고 싶었던 그는 의사가 되면 가장 유리할 것이라는 생각에 의과대학에 입학을 신청한다. 질병의 고통에 시달리는 환자를 치료하고 돌보는 일은 누가 봐도 고상하기에 우리는 대개 의사를 가리켜 '숭고한 직업'이라 한다. 20세기 원대한 뜻을 품은 지식인들은 미래를 위해 자신의 직업을 선택했다. 그중에는 의학을 배우거나 농업을 배우는 사람도 있었고, 문학에 자신을 던진 사람도 있었다.

의학을 공부하던 노신은 환자의 육체적 고통을 치료하는 것보다 영혼을 치료하는 것이 더 중요하다는 생각에 문학으로 전향했다. 어쩌면 순전히 개인적인 흥미로 문학을 선택했을 수도 있겠지만, 돈을 더 많이 벌 생각에 의술을 선택했다가 부끄러움을 느끼고 자신의 결정을 바꿨을 수도 있다.

의술을 행하는 목적은 무엇인가? 환자를 치료해 고통에서 벗어나게 하려 함이다. 오로지 돈 때문에 의사가 된 사람이 있다면 어떻게 평가하겠는가? 비겁하다고 혹은 악랄하다고 말할 것인가? 공사장에서 열심히 구덩이를 파는 인부도 돈을 벌기 위해 일한다. 그렇다면 그 역시 비열하다고 말할 수 있을까? 의사라는 직업적 특성, 즉 숭고함으로 대변되는 직업이 단순히 돈을 벌기 위한 수단으로 비춰질 때, 이를 두고 비겁하다거나 심지어 악랄하다고 말할 수 있을까?

의사라는 직업을 사람들이 높이 평가하고 숭고하게 여기는 까닭은 무엇인가? 병을 치료하고 아픈 이를 돌보는 것은 중요하다. 그렇다고 해서 농사를 짓거나 옷을 만드는 일, 집을 짓는 일이 중요하지 않다는 말은 아니다. 모든 직업은 특별한 재능과 품성을 필요로 한다. 농사를 짓는 농부라면 때맞춰 씨를 뿌리거나 땅을 고르는 기술 외에도 비가 오나 눈이 오나 열심히 일하는 성실함을 갖춰야 한다. 하지만 의사라면 그것만으로는 부족하다. 의술을 행하는 데 한계란 존재하지 않는다. 의사의 손길 하나에 사람의 목숨이 왔다 갔다 한다는 점에서 의술은 생명을 다시 창조한다고 할 수 있다. 게다가 의사는 의사만의 특별한 품성, 덕성을 갖춰야 한다.

의사가 숭고한 직업인 것은 분명하지만 순전히 그 이유 하나만으로 의사라는 직업에 자신의 모든 것을 바칠 수는 없다. 장 마르크라는 청년은 원대한 이상을 꿈꾸며 의사의 길을 선택했지만 대부분의 사람은 그렇지 못하다. 사실 쿤데라의 소설에서 장 마르크는 다른 직업에 도전해보지도 않고 의사라는 하나의 길만 선택했다.[86]

　　지금 당신의 주변에 있는 사람을 살펴보라. 그들은 어떻게 해서 농부, 건설 노동자, 의사, 화가, 공무원이 되었을까? 만약 의사라는 직업을 선택했다면 어린 시절 원인도 모르는 난치병에 걸렸는데 신의神醫의 도움을 받고 병이 씻은 듯 나았다든지, 혹은 돌팔이 의사 때문에 억울하게 아버지를 잃었을지도 모른다. 이를테면 노신처럼…. 그 외에도 여러 가지 가능성이 있겠지만 의사가 되려는 가장 큰 이유는 역시나 돈 때문이 아닌가 싶다.

　　의술을 행하는 일이 제아무리 고상하다고 한들, 혹은 숭고한 이상 때문에 의사라는 직업을 선택했다고 해도 의술로 입에 풀칠한다는 사실만은 분명하다. 물론 척박한 네이멍구內蒙古 초원에서 묵묵히 나무를 심거나 사랑의 선교회에서 반년 이상 자원봉사자로 일할 수도 있다. 자신의 의지에 따라 무엇을 선택하든지 우리는 누구나 먹고살아야 한다. 그런 점에서 무언가를 한다는 것은 입에 풀칠할 정도의 전문성을

86　　사람들이 말하는 '이상'에 대해 니체가 의심과 악의를 드러낸 이유는 아마도 여기서 비롯된 듯싶다. 니체, 《1887~1889년 유고》 참고

지녔다는 뜻으로 이해할 수 있다. 내가 어떤 직업을 선택할지는 다양한 인연에 의해 결정된다. 의사, 종군기자, 혹은 지질학자나 문학가, 사업가 등 특정한 직업을 선택할 때 주변의 충고나 호소에 좌우될 수도 있다. 하지만 주변의 말에 무조건 따르는 것이 아니라, 충분한 생각을 거쳐 나온 선택이어야 한다.

현대에 접어들면서 선택은 우리의 삶에서 중요한 키워드로 자리 잡았다. 이는 현대사회의 전반적인 개념과 동일한 맥을 따르는 용어로서, 현대인의 삶 깊숙이 그리고 넓게 영향을 주고 있다. 현대인이 직업을 선택한 것은 충분한 고민을 거쳐 나온 결정이다. 하지만 그 고민과 선택도 출신, 빈부, 감정적 호소 등에 의해 결정될 수도 있다. 개인에게 선택 항목은 시공간적으로 무작위로 널려 있는 것이 아니다. 나는 부동산 개발을 통해 이익의 최대화를 추구하거나, 비행사의 연봉이 많다는 이야기에 마음이 흔들리지만 내 이익을 최대화하기 위해 어떤 방향으로 나아가야 할지 단 한 번도 생각해본 적이 없다. 왜냐하면 현실 속의 나와 아무런 접점이 없기 때문이다.

우리의 삶은 주식시장이 아니다. 겉에서 보이는 것만으로는 득실을 따질 수 없다. 일반적으로 우리는 어떤 직업이 자신에게 이익을 최대화시켜줄 수 있는지 생각해본 뒤에 직업을 선택하지 않는다. 마찬가지로 어떤 직업이 최고의 이상을 구현할 수 있는지 고민해본 뒤에 직업을 선택하지도 않는다. 그러다 보니 이상이나 이익을 막론하고 구체적 환경, 즉 자신이 추구하는 삶의 귀감이나 재능이라는 테두리 안에서 벗어나지 못한다. 어렸을 때 달리기에서 항상 꼴찌를 하던 사람이 육상 영웅을 목표로 삼아 자신의 모든 것을 달리기에만 쏟아부을 수 없다. 혹은 노신처럼 나라를 사랑하고 걱정하는 마음에 문학 창작에 내 인생을 모두 걸 수도 없다. 하지만 내가 문학을 좋아하지 않거나 문학적 재능이 없다면, 나라를 구하기 위해 펜을 들어 소설이나 시를 쓰지는 못할 것이다.

이처럼 이상과 현실에 대해 이야기할 때 우리는 이상이라는 틀에서 문제를 바라봐서는 안 된다. 이상을 행동으로 바꾸기 위해서 노력해야 한다는 것이 틀린 말은 아니지만, 그래도 조금 더 보충하자면 자신이 속한 현실과 무관한 이상을 먼저 품어서는 안 된다. 그런 후에는 이상과 무관한 현실을 직시해야 한다. 왜냐하면 우리는 구체적인 현실 속에서 살아가고, 이상은 이러한 현실 속에서 구체화되기 때문이다.

헤겔은 당시 나이 드신 어르신들이 요즘 젊은이는 추상적이라고 호되게 훈계하는 모습을 여러 번 목격한 적이 있다고 밝혔다. '추상'이라는 개념을 단점으로 이해한 헤겔의 생각에 나 역시 동의한다. 확실히 젊은 사람들은 제자리에 앉은 채 미래에 대한 원대한 포부를 꿈꾼다. 현실을 등한시하다 보니 현실에 대한 진지한 반성과 치열한 고민이 느껴지지 않는다. 하지만 이는 지극히 정상일 뿐만 아니라, 오히려 기뻐해야 할 일이라고 생각한다. 한 자리에 모인 젊은이들이 천하가 마치 제 것인 양 침을 튀겨가며 이야기하는 열정적인 모습은 우리의 이상을 '추상'이라는 틀에서 벗어나게 해주기 때문이다.

대학교를 졸업한 지 10년이 지난 후 만난 동기들 중에서 사업에 성공하지 못했거나 결혼을 하지 못한 채 목소리를 높여가며 국가의 미래와 인류의 발전을 이야기하는 사람은 주변 사람들의 비웃음을 살 뿐이다. 그보다는 자신이 뜻한 바를 차근차근 이뤄내도록 이끌어주는 이상에 대해 이야기하는 편이 현명할 것이다. 물론 사람은 나이를 먹은 후에도 젊은 시절의 이상을 꿈꾸며 점점 추상적으로 변하게 된다. 하지만 은퇴한 노인이 날마다 정치에 대해 열변을 쏟아내거나 지도층의 개혁을 외치는 것은 길가에서 바둑을 두며 별 생각 없이 쏟아내는 넋두리 아니던가!

　우리는 끊임없이 성장하고, 그 속에서 자신에게 주어진 일을 처리하는 과정을 통해 구체적으로 변한다. 좋은 의사가 되는 데는 생계를 목적으로 아버지와 똑같은 직업을 선택했다든지 혹은 세상을 구하겠다는 숭고한 이상을 품고 있는 것과는 아무런 관계도 없다. 중요한 것은 '내가 선택한 길을 꾸준히 걸어갈 수 있는가?' 하는 것뿐이다. 그리고 실천을 통해 의술을 수행하는 직업적 특성과 품덕을 조금씩 깨달아야 한다.

　의사라는 직업은 사실 우리의 동기보다도 더 많은 이상을 포함하고 있다. 의술을 실천하는 긴 세월 동안, 그중 절반은 세상을 구하는 일에 대해 생각하기보다는 딱딱한 내용의 생화학을 공부하는 데 매달려야 한다. 아니면 수천 가지의 약물과 성분을 외우기 위해 책에 머리를 박은 채 공부만 해야 한다. 어느 정도의 지식이 갖춰졌으면 이러저러한 수술 동작을 머릿속으로 끊임없이 상상한다. 하지만 이러한 현실은 의술로 세상을 구하겠다는 나의 이상과는 거리가 멀다. 게다가 전문지식, 기술, 규정 중에서 나의 이상과 긴밀히 연결되어 있거나, 관계 없는 대상을 함부로 구분할 수도 없다.

내가 공무원이라면 날마다 이상을 실천할 방법을 고민할 것이 아니라, 날마다 반복되는 정무를 신속 정확하게 처리해야 한다. 혹은 지금 당장 발등에 떨어진 불같은 뜻밖의 사건을 해결해야 한다. 최초에 어떤 이상을 품었든지 간에 기존의 틀에서 벗어나지 못한다면 결과 자체를 얻을 수 없다. 이상은 구체적으로 구현될 뿐만 아니라, 다양한 형태로 변화한다. 실천의 목적은 수단 밖에 있는 것은 아니다. 쉽게 말해서 어떠한 형태의 의정 활동이든지 궁극적으로는 각자가 추구하는 정치적 목적이 존재한다.

이상에 대한 실천의 구속력은 동시에 실천을 위협하는 요소가 되기도 한다. 몇몇 동기가 학창 시절에 품었던 남다른 포부로 정치 활동에 뛰어들었다. 그 시절, 세상을 구하겠다는 이상을 품지 않았던 젊은이는 많지 않을 것이다. 하지만 지금은 어떤가? 중국의 근대 철학자 펑유란馮友蘭은 수단과 목적이라는 관점에서 발생할 수 있는 상황에 대해 이야기했는데, 그의 주장에 따르면 목적은 또 다른 목적을 위한 수단이 될 수 있다는 것이다. 이를테면 정치를 보다 긍정적인 방향으로 이끌기 위해 정치인이라는 직업을 선택했지만, '인사人事는 때로는 무척 위험한 문제'라고 생각하거나, '열심히 노력해서 정치인이 됐지만 오랜 시간이 흐르다 보니 정치인이 되려 했던 당초의 목표나 초심을 잃어버리기 십상'이다.[87] 여기에는 우리가 모두 알고 있는 위험도 포함되어 있지만, 이러한 위험을 설명하기란 그리 간단하지 않기 때문에 여전히 목적의 수단을 상호 외재적 대상으로 간주한다.

그랑데발자크(Honore de Balzac)의 소설 《외제니 그랑데(Eugénie Grander)》에 등장하는 여주인공의 아버지로 수전노의 전형이다. ―역주 영감은 관리가 되겠다는 일념하에 악착같이 돈을 모은다. 처음부터 민중의 고혈을 빨아먹는 부패한 관리가 되겠다고 대놓고 말하는 사람이 없듯이, 그랑데 영감도 새 정치를 위해 관리가 되겠다고 이야기한다. 하지만 진짜 골치 아픈 문제는 대부분 처음 품고 있던 이상이 그저 추상적인 이상이었다는 데서 비롯된다. 구체적인 행동을 보여주려면 추상적인 단계에 머물러서는 안 된다. 혹은 반대로 처음에 구상했던 현실이 알고 보니 상당히 추상적일 수 있다. 목적이나 이상이 뻔한 현실이 아니라 구체적인 제도, 인간관계, 규칙, 관습에 직면할 수도 있다. 또한 좋든 나쁘든지 간에 최후의 상황이 처음 의도와 다른 모습으로 나타날 수 있다. 그러다 보면 자신도 어린 시절의 모습을 그대로 유지할 수 없다.

일을 해낼 수 있는 지식을 배운 후에 이상은 물론, 자신 스스로도 어쩔 수 없이 변할 수 있다. 하지만 이러한 변화 없이는 아무것도 이

87　　펑유란, 《도를 논하다[論道]》, 상우인서관, 1987년, p189

루지 못한다. 최종적으로 당신은 어떤 모습으로 변할 것인가? 궁극적으로 무엇을 해낼 수 있을 것인가? 이러한 문제는 온전한 사과와 한입 베어 문 사과를 비교하는 것처럼 한눈에 알아볼 수 있는 것이 아니다. 자신의 이상을 끝까지 지킬 것인지, 아니면 이상을 포기할 것인지 드라마틱한 갈림길에 처하게 되는 기회가 없다면 변화는 쉽게 알아차릴 수 없는 수준에 그치고 말 것이다.

여기서 한마디 덧붙인다면 정치가가 되고픈 사람도 다른 직업을 가진 사람들처럼 생계를 위한 것이다. 그에게 의정 활동 역시 외재적 이익을 취할 수 있는 수단일 뿐이다. 이상이 바뀌면서 외재적 이익을 얻는 경로도 변했다. 더 많은 경제적 보수와 권력, 명성을 얻게 된 것은 나의 이상이 실현됐기 때문인가, 아니면 나의 이상이 흔적도 없이 사라졌기 때문인가? 이 문제에 관해 예술가와 학자가 좋은 연구 사례가 될 수 있다. 예술 · 학술계에서 성공을 거둔 사람은 항상 이러한 의문에 휩싸이기 때문이다.

이러한 의문을 대략적으로 표현해보자면, '나는 어떻게 살아가야 하는가?'라는 질문으로 정리해볼 수 있다. '나는 어떻게 살아가야 하는가?' 이 문제는 인생이라는 길에 처음 발을 들여놓을 때 직면하게 되는 문제이자, 살아가는 내내 상대해야 하는 문제이다. 하지만 이 문제는 어떤 인생길을 선택하거나, 인생길을 제대로 선택했는가에 관한 문제가 아니다. 즉 인생이라는 길을 걸으며 생기는 문제, 예를 들어 자신이 어떤 길을 가고 있는지, 또 그 길을 어떻게 가야 하는지 자신 스스로 잘 알고 있는가에 관한 문제이다.

처음 '인생길을 선택'할 때에는 자신의 본성을 알지 못한다. 또한 주변의 환경 변화를 파악하고 그에 맞게 변화할 줄도 모른다. 처음부터 자신의 본성을 깨닫지 못하는 까닭은 어리석기 때문이 아니라, 본성이 처음부터 구체화되지 않았기 때문이다. 본성 역시 복잡다단한 실천을 통해 점점 그 모습을 드러낸다. 이러한 의미에서 파우스트는 점점 순수해지거나 순결해지는 노력이라는 괴테의 말을 어렴풋이 이해할 수 있다. 나는 순수나 순결이라는 표현을 자신에 대한 통찰로 이해하고 있다. 내가 생각하는 자아통찰은 이러하다. 프로네시스에서 가장 강조하는 함의, 즉 자신이 어디에 있는지 파악하고 자신이 걷고 있는 길을 마음과 행동이 혼연일체해서 파악함으로써 자신의 실제 본성에 따라 길을 가는 것, 타고난 천성을 유지한 채 자신의 길을 가는 것이라고 생각한다.

의술 실천을 통해 자신의 이상을 '실현'하기보다는 길고 긴 세월 동안 의술을 행하며 자신만의 이상을 찾는 것이다. 처음에는 먹고살려고 의사라는 길을 선택했을지도 모르지만, 오랜 세월 환자를 돌보고 병마와 싸우며 '이상주의자'가 된 것이다.

여기 젊은 여성이 한 명 있다. 평소 글 쓰는 것을 무척 좋아하던 그녀는 유명작가가 되는 날을 꿈꾼다. 그러던 중 우연한 기회에 남경대학살이라는 사건을 알게 되면서 강한 호기심을 느끼고 도서관으로 달려간다. 자료를 수집하고 사건을 겪은 사람들을 인터뷰하며 글을 쓰기 시작한다. 그리고 이 과정에서 그녀는 역사의 잔혹함, 민족의 비극을 직·간접적으로 느끼며 세상에 큰 반향을 불러일으키는 책을 발표한다. 당초 원하는 대로 유명작가가 되었지만 이 사건을 계기로 이 여성은 개인적으로 큰 변화를 경험하게 된다. 그녀에게 명성이나 돈은 더 이상 아무런 의미도 지니지 못했다. 있는 그대로의 세상을 마주하고 자신의 펜으로 진실을 알리는 일이야말로 자신이 살아가야 하는 이유라고 깨달았던 것이다.

재능, 감수성, 기회…. 동일한 소재를 가지고도 전혀 다른 결과를 얻을 수 있다. 당신은 처음부터 명예를 얻기 위해 펜을 들었을 수도 있다. 그리고 그 후로도 명예를 얻기 위해 계속해서 글을 쓸 수도 있다. 하지만 생각과 달리 작품에 대한 대중의 반응은 싸늘하고 명예를 얻을 수 있는 기회는 점점 줄어들 뿐이다.

주변에서 모두 칭찬할 만한 일을 해냈지만, 지극히 '개인적인 동기'에서 한 일이라면 이는 또 어떻게 이해할 수 있을까? 주루이펑朱瑞峰은 오랫동안 인터넷을 통해 고위 공직자, 유명인의 부패를 고발한 시민 기자로 수많은 위협과 협박에 시달렸다. 우리 같은 방관자가 보더라도 신변의 위협을 느낄 정도였지만, 주루이펑의 행보는 거침없었다. 덕분에 부패 관료들의 온갖 추태와 진상이 외부에 공개되었다. 인터뷰에서 주루이펑은 자신이 지금 하는 일 때문에 아내가 이혼을 요구한다고 해도 절대로 포기하지 않을 것이며, 지금 하고 있는 일이 무척 보람차고 즐겁다고 말했다.

우리가 지금의 직업을 선택한 이유를 이것 아니면 저것이라는 단순한 동기로 설명할 수 없다. 왜냐하면 동기는 일반적으로 자신의 여러 상황과 분리될 수 없기 때문이다. 자신이 처한 현실과도 격리될 수 없다. 사실상 주루이펑의 '개인적인 흥미'는 국가의 발전을 염려하는 그의 애국심과 깊은 관련이 있다. 개인적인 흥미에서 비롯해서 무슨 일인가를 할 때에도 그 일이 지닌 '이상성'은 전혀 약화되지 않는다. 공자의 말을 빌자면 노력하는 사람은 즐기는 사람을 이길 수 없다!

가는 사람을
잡지 않고,
오는 사람을
막지 않는다

길이란 다니면서 생긴 것이라고 말한 장자의 주장을 노신은 이렇게 설명했다. "사실 땅 위에는 본디 길이라는 것이 없었다. 다만 걸어 다니는 사람들이 많아지다 보니 길이 생긴 것이다." 비슷한 방식으로 한 가지 일에 종사하다 보니, 어느덧 주변에 함께하는 사람들이 하나둘씩 늘어나면서 실천 전통을 이루게 된다. 예술, 문학, 학술, 의술, 교육, 과학 활동 모두 이러한 방식으로 발전한 전통에 속한다.

자신이 관심 있는 분야에 발을 디딜 때에도 옛사람들이 만들어놓은 전통에 입각해 결정을 내린다. 이전의 실천자들에게서 자신이 어떻게 행동해야 하는지 배우는 것이다. 이러한 전통을 통해 일을 제대로 해내는 법을 이해하게 된다. 인류가 기술시대로 진입하기 전에는 제아무리 원대한 포부를 품었다고 해도 자신이 몸담고 있는 영역의 전통을 인지하지 못해 아무것도 이루지 못했다. 이는 실연과 응연의 교차지점에서 전통이 비롯되었기 때문이다.

물론 전통은 단순히 성장만 하는 것이 아니다. 다양한 전통은 저마다의 전설과 허구성을 지니고 있는데, 이러한 허구성은 전승될 뿐만 아니라 권력계층에 의해 수정되고 재생된다. 2천여 년 전에 '삼대지치 三代之治, 고대 중국의 요임금, 순임금, 우임금 3대가 재위하던 시절로 흔히 태평성대라고 부른다. -역주'는 왕도정치의 기준으로 불렸다. 하지만 왕도는 삼대지치의 역사적 결론이 아니라 옛 성현들께서 자신의 정치적 이념을 삼대에 투영한 것이다. 이를테면 공자, 묵자는 요순처럼 도를 지니라고 강조하며 이와 다른 것은 알아서 선택하라고 하였다. 그 후 오랜 시간을 거치면서 삼대지치는 끊임없이 수정되고 제왕 국가, 사대부의 입장 등 다양한 역사적 상황에 따라 복잡하게 변해왔다.

우리가 알고 있는 다양한 실천 전통은 춘추시대에 걸쳐 형성된 것이다. 이러한 전통은 고정불변한 것이 아니며, 전통이라는 테두리 안에서 끊임없이 전통을 비판하고 전통에 저항함으로써 전통에 대한 '구조조정'을 실시했다. 하지만 현재 우리가 살고 있는 시대는 그때와 다르다. 매킨타이어에 따르면 현대에 이르러 모든 실천 전통은 쇠락하거나 몰락 중이다. 어떤 의미에서 그의 주장은 옳다. 쓴소리를 즐겨 했던 하이데거는 모든 실천 전통이 이미 와해됐다고 주장하며 교육을 예로 들어 설명했다. "교육은 이미 과거의 것으로 전락하고 말았다. 더 이상 교육은 존재하지 않는다." 다소 자극적인 표현이지만 다양한 실천 전통을 되돌아보는 계기가 될 수 있다고 생각한다. 예술, 문학, 학술, 심지어 의학, 상업, 정치에 이르기까지…. 언어의 발전과 전환에서 "전통은 가장 위력적인 구속력을 지닌다. 개인의 창작을 위해서만 무척 비좁은 여지만을 내어주는 것 같다.[88]" 하지만 문자시대의 종식과 이미지 시대의 도래에 따라 언어 전통에도 퇴락의 그림자가 드리워지고 있다.

근대사회의 여러 요소, 이를테면 보편적인 상업화, 과학적인 관료 시스템으로 구성된 행정통치, 과학기술의 발전, 권위에 대한 저항 및 급진적인 개혁이 전통의 와해를 촉발했다. 사상 관념 영역에서도 계몽운동이 전개되었다. 전통에 대한 계몽운동의 비판은 전통 내부에서 끊임없이 이뤄지던 전통에 대한 비판과는 그 성격이 다르다. 계몽운동은 전통과 분리되는 이성적 관념을 제시한다. 그로 인해 전통에 대한 계몽운동의 의문과 비판은 전통 전반에 관한 것으로서, '전통은 당연하다'는 개념을 근본적으로 뒤흔들었다.

전통의 와해는 현대사회에 다양한 시련을 가져다주었는데, 그중에서도 사람들이 흔히 말하는 의미의 상실이 가장 두드러진 문제이다.

---

[88] 에른스트 카시러Ernst Cassirer, 《인문과학의 논리The Logic of Humanities》

수많은 논객이 의미의 상실과 실천 전통의 쇠락 사이에 밀접한 관계가 있다고 지적했다. 쿤데라의 소설 《정체성》에서는 과거를 이렇게 설명하고 있다. "당시 생명의 의미는 문제로 인식되지 못했다. 왜냐하면 이러한 의미는 자연스럽게 사람들과 함께 있었기 때문이다. 그들이 일하는 공장 안에, 혹은 논밭에…. 모든 직업은 저만의 사유방식, 존재방식을 만들어냈다. 의사와 농민의 생각이 달랐고, 군인과 교사의 말과 행동이 달랐다."

실천 전통에서 '생명의 의미는 문제가 되지 않았다'는 말을 어떻게 이해해야 할까? 의미는 의도적으로 생각해서 형성되거나 논증을 거쳐 나오는 것이 아니다. 생존과 노동을 통해 있는 그대로의 의미가 직접적으로 받아들여지는 것이다. 실천 활동에서 덕성을 포함한 사람의 생존 과정에서 노동은 결코 빠지지 않는다. 또한 노동과 흥미를 통해 노동 공동체가 하나로 결합했다. 하지만 전통의 와해, 업종이 직업으로 세분화되면서 직업은 더 이상 노동자의 정체성을 필요로 하지 않게 되었다. 쉽게 말해서 노동자의 성품이나 품성에 관계없이 오로지 노동의 효용만을 따지게 된 것이다. 개인이 하나의 온전한 대상 그 자체로 받아들여지지 않게 된 것은 그가 속한 실천 전통이 사회를 따르고 있기 때문이다. 노동자의 성품, 덕성이 그가 지닌 '효용'과 분리되면서, '삶의 의미'는 점점 주관적인 문제로 변질되었다. 의미가 주관적인 문제로 취급받으면 이는 곧 의미가 사라졌다는 것을 뜻한다.

전통이 와해되는 것을 보면서 안타까운 마음을 금할 수 없다. 하지만 근대사의 발전 과정을 되돌아보면 과학기술의 발전, 상업화의 발전, 농민의 봉기 등 전통의 쇠퇴를 유발한 요소에 저마다의 사정이 있다는 것을 발견할 수 있다. 또한 전통의 와해 및 그에 따라 생겨난 개인주의는 테리 이글턴Terry Eagleton의 주장처럼 "이러한 모든 것은 그 자체만으로 동시에 거대한 해방이기도 했다.[89]" 리처드 포스너와 같은 일부 논객은 직업화특히 사법 영역의 직업화가 업종의 영역을 대신했다는 사실에 고무적인 반응을 보였다.[90]

해방은 의미의 불확실성과 함께 비롯되고, 직업화는 세속화에 이어져 있다. 좋든 싫든 간에 가는 사람 잡지 않고, 오는 사람 막지 않는 것이 우리가 취할 수 있는 태도의 전부다. 제아무리 전통을 사랑한다고 한들 노력만으로 과거로 회귀할 수 없다. 좀 더 정확히 말하자면 우리는 과거로 돌아갈 수 없다. 여러 가지 이유를 차치하더라도 적어도 현대화로 전환되기까지 걸어온 인류의 성장사에는 저만의 논리와 이치가 담겨져 있다는 점을 잊지 말아야 한다. 전통을 아낀다고 해서 전통의 장점을 찾아 헤매거나 전통에 관한 아름다운 이야기를 만드는 것이 전부는 아니다.

사람들이 전통의 미덕을 반성하는 기회로 삼아 한 차원 높은 단계

89   테리 이글턴, 《삶의 의미The Meaning of Life》

90   리처드 A. 포스너, 《도덕과 법 이론의 문제》

로 도약할 때, 이미 죽어버린 전통과 비슷한 존재가 나타난다. 즉 엄청난 에너지를 지닌 전통은 단순히 장점을 찾는 데 집착하지 않고, 계승자에게 커다란 힘을 부여함으로써 특정 방식으로 현실적인 문제를 해결할 수 있도록 해야 한다. 시가詩歌의 나라로 불리는 중국이지만 시경, 초사, 당시, 송사를 줄줄 꿰면서도 빼어난 현대 시가를 쓰지 못하는 시인이 많다. 그로 말미암아 중국의 시가 전통은 박물관의 전통으로 쇠락하였다. 문화가 진짜 생명력을 지녔다면 전통의 테두리 안에서 우수한 현대예술, 철학적 사유를 끊임없이 선보여야 옳다. 또한 각 영역에서 '공동의 문제'에 대해 독창적인 방안을 제시해야 한다. 다른 것을 압도하는 가장 뛰어난 방안이 아니어도 되지만, 지구에서 살아가는 인류가 건강하게 함께 살아가는 데 반드시 필요하다는 점은 누구도 부정할 수 없다.

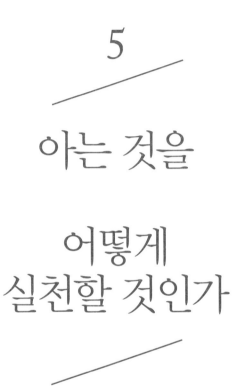

5

아는 것을

어떻게
실천할 것인가

앎은
실천의 시작이요,
실천은
앎의 완성이다

       지행관계는 윤리학의 핵심 의제 중 하나로, 특히 유교가 전통적으로 강조하였다.[91] 앎과 실천 중에서 줄곧 '실천行'을 강조한 유교는 많은 명언을 남겼다. 실제로 공자는 실천하고도 남는 힘이 있으면 그 힘으로 글을 배우라고 말했다. 어디 그뿐이랴? "내가 추상적인 말로 기록하는 것보다 실제로 행해졌던 일로서 보여주는 편이 훨씬 절실하고 선명해진다"고도 했다 출처: 《사기(史記)》·〈태사공자서(太史公自序)〉. 아는 것보다는 실행하는 것이 더욱 낫다고 주장한 순자荀子를 비롯해

---

91   "중국의 전통 철학 중에서 유가는 지행에 관한 변론을 유교에서 가장 중요한 철학논제로 취급했다." 양귀룽楊國榮, 《논리와 존재: 도덕철학연구》, 상하이 인민출판사, 2002년, pp157~158

서 중국 상고사 上古史 전문가인 대만 역사학자 쉬줘윈에 의하면 공자 이후 지식을 다룬 모든 학자가 하나같이 실천에 힘쓸 것, 즉 직접 몸으로 부딪히는 실천을 강조했다.[92] 위잉스는 송나라의 유교 중에서도 주자학에서는 "책을 읽고 이치를 깨달아야 한다"는 점을 평소 강조했다고 소개하였다. 그러면서 '그것을 알고도 지키지 못했으니, 이치를 얻었다 한들 반드시 잃어버렸을 것'이라는 따끔한 질책도 잊지 않았다.[93] 행동을 강조하는 주장은 "아는 것은 어렵지 않으나 행동하는 것은 어렵다"는 옛날 교훈과도 하나로 이어져 있다. 실천이 지식보다 어려운 이상, 실천을 강조하는 것은 지극히 당연한 결과이다.

근세에 들어서 수많은 이론가가 실천을 강조하는 정신을 계승했는데, 양수명, 도행지 陶行知 등이 대표적이다. 이들 학자는 이론적으로 실천을 강조하는 전통을 계승했을 뿐만 아니라, 적극적으로 현실에 뛰어들어 민중을 교화하고 사회를 개조하는 데도 앞장섰다. 중국의 학자들은 실천의 지위를 한껏 치켜세우는 한편, 지식만 강조하고 실천을 외면한 서양 철학을 비판했다. 이러한 주장에 대한 이야기를 다루려면 이야기가 또 한참 길어질 것 같아 결론적으로 말하자면 서양 철학계에서도 자신들의 문제를 파악하고 비판하는 세력이 적지 않다. "철학자는 그저 다른 방식으로 세상을 해석할 수 있을 뿐이다. 문제의 핵심은

92   쉬줘윈, 《중국 문화와 세계 문화》, 구이저우 인민출판사, 1991년, p184

93   위잉스, 《중국 전통 사상의 현대적 해석》, 강쑤江蘇 인민출판사, 1995년, p36

여전히 세상을 바꾸는 데 있다"는 마르크스의 명언을 떠올려보라.

지행의 관계에 대해 사람들은 하나같이 먼저 지식을 쌓은 뒤에 실천하라고 강조한다. 누가 봐도 지극히 상식적인 견해다. 실제로 우리는 무언가를 먼저 이해한 뒤에 그것을 실천하기 위해 노력한다. 쿠데타를 일으키려면 마르크스의 주장부터 제대로 이해해야 한다는 것과 같은 이치다. 송나라 유학자 주희는 배웠으면 반드시 실천해야 한다고 강조했다. "학문과 식견을 넓혀 심성을 닦고, 이를 착실히 궁리하고 실천하는 것 중에서 어느 것 하나 버릴 것이 없다. 이는 마치 새가 두 날개로 날고, 수레가 두 바퀴에 의지해 달리는 것과 같다.[94]"

그럼에도 굳이 나눠보자면 상식적인 관점에서 봤을 때 먼저 이치를 이해한 후에 실천해야 할 것이다.

"무릇 모든 일은 그 이치를 따져야 한다. 그릇된 것을 바로잡고 어두운 이치를 밝히지 못한 채 어찌 실천을 논할 수 있단 말인가? 실로 그렇게 할 수 있다면 그것은 그저 헛된 말일 뿐이로다! 이치도 제대로 알지 못하면서 어찌 실천한단 말인가? 그것은 마치 사람이 길을 걸을 때 앞을 보지 않고 나아가려는 것과 같다. 반드시 먼저 이치를 이해한 뒤에 행동으로 옮겨야 한다. 눈이 없으면 발로 걷지 못하고, 발이 없으면 눈으로 보아도 나아갈 수 없는 것과 같다. 이치와 실천 중에서

---

94 《주자어류朱子語類》, 제9권. 이하 주희의 인용문은 모두 이 책에서 인용했다.

무엇을 우선해야 한다고 묻는다면 이치가 실천보다 앞선다 하겠다. 허나 그 가치를 따진다면 가치보다 실천이 더 귀하다."

이 글에서 주희는 지행합일을 강조했지만 '이치를 이해하는 것이 먼저'라는 입장만은 고수했다. 이치를 먼저 이해한 뒤에 실천해야 하느냐고 묻는 왕덕보汪德輔에게 주희는 이치를 밝히지 못했으면서 어찌 그것을 지켜나갈 수 있겠느냐고 했다. 하지만 주희는 때로 실천이 이치보다 중요하다는 입장을 보이기도 했다.

우리는 무엇이 선한 것인지 잘 알고 있으면서도 종종 제대로 실천하지 못한다. 불우한 이웃을 위해 기부하는 행동이 올바른 것임을 잘 알고 있지만 막상 기부함 앞에 서면 멈칫거린다. 뇌물을 받으면 안 된다는 것을 알고 알지만 누군가가 건네주는 봉투를 선뜻 거절하지 못한다. 담배가 몸에 얼마나 안 좋은지 알면서도 담배를 끊지 못하는 것도 마찬가지다. 선함을 알고도 이를 행동으로 실천하지 못하는 것은 도덕적으로 커다란 약점이다. 그래서 도덕을 연구하는 사람들은 머리로 알기는 쉬워도 몸으로 실천하는 일이 얼마나 어려운지 설명하면서 적극적인 지행합일을 요구한다.

하지만 일부 철학에서 지행합일은 도덕적 요구일 뿐만 아니라 '본체론에 대한 설명'으로 사용되기도 하다. 소크라테스는 '덕성은 곧 선'이라는 유명한 주장을 내놓았는데, 그의 주장에 따르면 악한 것임을 알고도 그것을 행하는 사람이 없다고 한다. 또한 북송시대의 유학자 이천伊川은 "알고도 행할 수 없으면 그 앎은 깊지 않은 것이다. 사람이 선하지 않으면 알지 못하는 것이며, 선함을 알면 지극히 이르렀다 하겠다"라고 지적했다《이정유서(二程遺書)》제5권. 이러한 의미의 지행합일은 왕양명 학설의 핵심 사상 중 하나로, 왕양명은 "알지 못하면 행할 수 없으니, 알고도 행하지 못하는 것은 알지 못하는 것이다[95]"라고 지적했다.

한마디로 말해서 이치를 깨우친 이상 반드시 행동으로 실천해야 한다는 뜻이다. 그 외에도 왕양명은 "아는 것은 곧 실천의 시작이고, 행하는 것은 곧 배움의 결실이다. 그러므로 지행을 함부로 쪼갤 수 없다"며 언행일치 혹은 배움의 실천을 권고하고 주장했다. 지행합일설에서는 앎과 실천이 본디 하나라고 말한다. 왕양명의 말을 빌자면 지행합일설은 본체 혹은 '체단(體段)'에서 비롯되는 것으로, "오늘날 학설에서 말하는 지행합일은 억지로 꾸며대는 것이 아니니 앎과 실천은 본디 이러하다"고 강조한다.

"명확히 깨닫고 정확히 파악한 것을 행하는 것이 곧 앎이요, 실재하는 것을 제대로 아는 것이 곧 행이다. 실천해도 정확히 알지 못하면 제대로 행하는 것이 아니니 반드시 알아야 한다. 알고도 제대로 실천하지 못하면 헛된 망상에 불과하기에 행해야 한다. 이처럼 앎과 실천은 본디 하나다. 무릇 옛 사람은 지행을 이야기함에 있어서 오늘날처럼 앎과 실천을 쪼개지 않고 부족한 점을 서로 보완해 하나로 이야기

95　《진습록(傳習錄)》상권. 이하 왕양명의 인용문은 별도의 각주를 제외하고는 모두 여기서 인용했다.

했다. 오늘날 말하는 지행합일은 물론 부족한 부분을 메우고 잘못을 바로잡은 것이나, 앎과 실천의 체단은 원래 이러하다《전습록》중권".

지행이라는 체단에서 앎과 실천이 본디 하나라는 주장에 대해 왕양명은 중요한 증거를 제시했다.

"오늘날 사람들은 부모를 마땅히 공경하고 형제를 사랑해야 한다는 것을 알고 있으나 정작 그러하지 못합니다. 이는 곧 앎과 실천은 원래 분리된 것이 아닙니까?"

제자인 서애(徐愛)의 이러한 질문에 왕양명은 다음과 같이 대답했다.

"이것은 사욕에 의해 분리된 것이지 앎과 실천의 본체는 아니다. 알지 못해서 행하지 못할 수는 있으나, 알고도 행하지 않는다면 그것은 알지 못하는 것일 뿐이다. 그래서 성현들께서는 지행을 말씀하실 때 본체를 여러 번 강조했던 것이다.《대학大學》에서는 참된 앎과 실천에 대해 고약한 냄새를 싫어하고 아름다운 여인을 좋아하는 마음을 들어 설명하였다. 여인을 보는 것이 앎이라면, 그 여인을 보고 좋아하는 마음이 드는 것은 곧 행이다. 또한 냄새를 맡는 것이 앎이라면, 그 냄새를 고약하다며 싫어하는 것은 행이다. 고약한 냄새를 맡은 것만으로 스스로 싫어하는 것일 뿐, 냄새를 맡지 않고서 그것을 싫어하는 마음이 생길 수 없다《전습록》상권."

이 이야기에서 왕양명은 우리가 쉽게 알 수 있는 효도, 우애, 악취

등을 예로 들어 지행합일을 설명했다. 여기에 설명을 추가해 지행합일설이 억지로 꾸며낸 것이 아니라고 주장했다. 지행이라는 두 글자에 담겨진 일반적인 의미와 용법에는 이미 지행합일이라는 함의가 내포되어 있다. 즉 앎은 실천의 시작이요, 실천이 곧 앎의 완성이다.

"이것을 이해했을 때는 앎만 말해도 이미 실천이 저절로 그곳에 있으며, 실천만 이야기해도 이미 앎이 저절로 그곳에 있다."

앎과 실천 중
무엇이
먼저인가

근세 중국학을 주창한 인물 중에서 하린은《지행합일신론知行合一新論》을 통해 지행합일을 전문적으로 다룬 학자로 평가된다. 하린은 자신이 말하는 지행합일은 도덕적 설교가 아니라 학술적 연구에 속한다는 생각을 처음부터 분명히 밝혔다. "지행 문제 연구를 비평하지 않고 도덕을 직접적으로 이야기하면 독단적인 윤리학을 얻을 뿐이다. 겉으로만 다른 사람의 행위를 판단한다면 그가 내린 도덕적 판단 역시 독단적인 도덕적 판단일 뿐이다.[96]" 책의 서문에

---

96   하린, 《중국철학 50년사》, 상우인서관, 2002년, pp130~131, 이번 장에서 인용한 하린의 주장은 모두 이 책을 참고로 했다.

서 하린은 도덕적 문제를 '행위와 관련된 지식, 선함과 관련된 진리'와 함께 묶어 언급했다.

하린은 자신의 생각을 분명히 밝힌 후, 지행이라는 두 글자가 가리키는 범위에 대해 본격적으로 이야기를 꺼내놓았다. 이어서 하린은 지행합일의 다양한 함의를 분류하는 작업에 착수했는데, 특히 스피노자Baruch de Spinoza와 그린T. H. Green을 예로 들어 지행평행론을 설명했다. 지행평행론에 따르면 지행합일은 자연스러운 사실로서, "앎과 실천은 영원히 하나로서 영원히 평행하게 발전한다." 그래서 하린은 이를 '보편적인 지행합일론' 혹은 '자연스러운 지행합일론'이라고 불렀다.

스피노자와 그린은 사실상 조연이었을 뿐, 왕양명의 주장을 다루는 데 하린은 더 많은 지면을 할애했다. 특히 하린은 왕양명이 말하는 지행합일의 체단이 자연스러운 지행합일론과 서로 증명·발전할 수 있는 여지가 많다고 주장하면서도 왕양명의 자연스러운 지행합일론과 동등한 것으로 취급하지 않았다. "마음을 닦지 않아도 지극히 자연스러운 지행합일에 도달할 수 있다는 것은, 왕양명의 생각이 아닌 것 같다." 그래서 하린은 왕양명의 학설을 '솔직하거나 혹은 자발적인 지행합일관'이라고 불렀다. 이러한 관점에서 볼 때 "목적은 수단, 이상은 곧 행위다. 원대한 이상을 세우거나 포부를 내세우지 않아도 오랜 시간에 걸쳐 열심히 노력하면 이룰 수 있다."

히린에 따르면 자연스러운 지행합일론은 지급한 지식과 지급한 실천을 한데 묶고, 고차원의 지식과 실천을 하나로 묶을 수 있는 장점을 지녔다. 또한 무지와 망령된 행동을 하나로, 맹목성과 반쪽짜리 실천을 한데 엮을 수 있다. 이와는 반대로 실재하고 성실한 행동을 명확한 지식과 한데 합칠 수도 있다. 하지만 이러한 주장에는 한 가지 문제가 존재한다. 앎과 실천이 하나라면 속 다르고 겉 다른 사람 역시 지행합일을 실천했다는 결론을 얻게 된다. 이 점을 감안해 자연스러운 지행합일론과 반대되는 입장에서 하린은 '가치를 지닌 이상적인 지행합일론'을 제시했다. 그의 학설에 따르면 지행합일은 '반드시 이러해야 한다'는 가치나 이상이므로, 인위적인 노력을 통해서만 과제나 임무를 달성하고 구현할 수 있다. 또한 이는 일부의 사람만 지닐 수 있는 공적이라고 설명했다.

앎과 실천이 영원히 또는 필연적으로 하나라면 알고도 행하지 않는 상황, 맹목적인 행동 등 앎과 실천이 분리된 상황을 설명해야 한다. 여기서 한 발 더 나아가 우리의 언어로 앎과 실천을 각각의 글자로 어떻게 구분할 것인지도 설명할 수 있어야 한다. 이러한 문제에 직면했을 때 철학자는 대개 표면적으로 앎과 실천을 구분할 수 있지만, 원래는 하나라는 해답을 제시한다.

윤리적 사고 영역에서 앎과 실천이 필연적으로 하나라는 주장은 좀 더 까다로운 문제와 마주해야 한다. 앎과 실천이 필연적으로 하나라면 지행합일설은 모든 도덕적 함의를 잃기 때문이다. 앞에서 다룬 사실의 묘사와 가치의 당위성에서 이와 관련된 윤리학적 난제를 설명한 바 있다. '가치 혹은 이상'이라는 점에서 출발하는 행위는 독단적인 도덕 설교에 쉽게 빠질 수 있다. 그렇다고 해서 현실만 고집해서는 도덕적 함의를 전혀 지니지 못한 결론을 도출하게 된다. 이 문제를 해결하기 위해 하린은 "일단 상식이나 편의를 고려해 앎과 실천을 분리한 뒤 다양한 노력을 통해 앎과 실천을 모두 겸비할 수 있도록 해야 한다"고 주장했다. 이러한 노력은 실천을 통한 앎으로의 승화, 앎을 통한 실천으로의 구체화라는 두 가지 방향으로 구체화된다. "위로 승화하려면 아무것도 알지 못하는 반쪽자리 실천에서 벗어나 지식과 학문을 기반으로 삼아야 앎을 구하는 방법이 될 수 있다. 반대로 아래로 구체화되려면 헛된 앎에서 벗어나 학술과 지식의 응용에 힘써야 한다. 사회, 국가, 나아가 인류의 발전에 실질적으로 영향과 혜택을 줄 수 있도록 노력해야 한다. 그래야 사회화, 효용화를 구하는 방법이 될 수 있다"고 주장했다.

상식과 편의를 고려해 앎과 실천을 구분한 뒤, 하린은 둘 중 어느 것이 먼저인지 고찰하기 시작했다. 호랑이를 보고_앎 도망치는_{실천} 어린아이가 우물에 뛰어드는 것_앎을 보고 도와주러 달려갔다_{실천}면 먼저 깨달은 후에 실천한 것이다. 이와 정반대되는 경우도 있다. 전투를 치르던 병사가 부상을 당하고도_{실천} 깨닫지 못하다가 나중에 긴장이 풀리자 비로소 자신이 다쳤다는 사실_앎을 깨닫는다. 이는 먼저 실천한 후에 깨달은 상황에 해당한다. 지행의 순서에 관한 예시를 제시하면서 하린은 후자의 사례는 지행합일과 무관하며, 전자의 경우만 지행합일에 속한다고 주장했다. "호랑이를 보고 도망치는 것, 위험에 처한 사람을 보고 도우러 뛰어가는 것, 앎과 실천 사이의 시간 간격이 무척 짧지만 상당한 노력을 필요로 한다." 위의 사례에서 보듯 상황을 깨닫고 실제 행동으로 실천하기까지 지극히 짧은 시간이 존재하지만 상당한 노력을 필요로 한다는 사실은 '자연스러운 지행합일론'을 설명할 수 없다. 오히려 '가치 있는 혹은 이상적인 지행합일설' 또는 '진실한 지행합일설'을 증명한다고 보는 편이 낫겠다.

이러한 관점에서 바라본 지행합일은 시간 간격이 짧고 노력을 통해 '진실'을 얻을 수 있다는 것만 강조할 뿐, 여전히 먼저 깨달은 후에 실천하는 사례에 속한다. 하린은 왕양명이 평소 자주 이야기하던 고약한 냄새를 싫어하고 아름다운 여인을 좋아하는 마음 역시 여기에 속한다고 주장했다.

이런 논리대로라면 하린은 앎과 실천의 주종관계를 파악하는 데 상당한 지면을 할애했다고 볼 수 있다. 결론적으로 하린은 앎과 실천 중에서 앎이 중심이 되고 실천이 그 후에 실현된다고 이해했다. 이 책에서 하린의 여러 주장을 자세히 다룰 생각은 없다. 왜냐하면 하린의 주장은 지행관계에 관한 일반적인 견해에서 완전히 벗어났기 때문이다. 부상을 입고도 알지 못한 것은 지행관계를 설명할 만한 좋은 사례가 아닐뿐더러 호랑이를 보고 도망친 것과 위기에 처한 사람을 보고 도와주러 뛰어갔다는 것 역시 마찬가지다.

지행관계에서 앎은 이치를 밝히는 것을 말한다. 세상을 살아가는 이치를 이해하는 것이지만 여기서 하린이 말하는 것은 특정한 상황에 대한 단편적인 이해에 불과하다. 위기에 처한 사람을 보고 도와주러 달려가는 의인이 보여주는 앎은 다른 사람이 불의를 목격했을 때 어떻게 해야 하는가는 보여주는 것일 뿐, 어린아이가 호랑이를 피해 우물 속으로 뛰어든 사실은 보지 못한 것이다. 위기에 처한 사람을 보고도 도와주지 않는 사람은 위기가 발생했다는 사실은 알았지만 불의 앞에서 용감해야 한다는 이치를 알지 못하는 것이다.

이치와 행동의 관계라는 점에서 먼저 깨달은 후에 행동해야 한다는 일반적인 이치는 대체로 통용되는 듯 보인다. "이치, 도리에 밝지 않은 상태에서 어찌 행동으로 옮길 수 있으랴?" 하지만 수많은 논객은 때로 몸으로 먼저 부딪친 다음에 천천히 심오한 이치를 깨닫기도 한다는 또 다른 사실에 주목했다. 실제로 체조 코치는 선수들에게 다양한 포즈나 동작을 가르치지만 선수들은 처음에는 무슨 뜻인지 제대로 파악하지 못한다. 잘 모르지만 일단 자세를 몇 번씩 잡거나 동작을 시도해보면서 코치의 말을 비로소 이해하게 된다. 그 후로는 코치가 무슨 이야기를 하면 예전에 비해 상대적으로 쉽게 원리를 파악할 수 있게 된다.

하린은 도덕 문제를 '행위와 관련된 지식, 선과 관련된 진심'이라는 문제와 함께 묶어 지행관계를 연구했다. 값진 노력, 과감한 시도인 것은 틀림없지만 그가 뒤에서 보여준 분석은 지행관계에 관한 일반적인 주장에서 완전히 벗어났다. 상식이나 편의를 감안해 앎과 실천을 분리시키기는 했지만 그의 주장을 자세히 들여다보면 앎과 실천을 각각 다른 대상으로 이해하고, 둘 중에서 '앎'은 영원한 목적이라고 강조하고 있음을 알 수 있다.

하린은 인과를 통해 지행이라는 문제를 이해하려 했지만, 인과는 필연적인 인과가 아니다. 필연적인 인과라면 필연적인 행동으로 이어질 것이기 때문에 지행합일 혹은 앎과 실천을 두루 갖추려는 별도의 노력을 기울일 필요도 없다. 또한 그는 실천을 통해 앎으로 승화하는 노력과 앎에서 행동으로 구체화되는 노력을 설명했는데, 어떤 노력이든 앎과 지혜를 양분해야 한다는 전제조건을 달고 있다. 게다가 앎에서 실천으로 구체화되는 두 번째 방법에 대해 "사회, 국가, 나아가 인류의 발전에 실질적으로 영향과 혜택을 줄 수 있도록 노력해야 한다"고 설명했지만, 이는 '앎'은 곧 영원한 목적이라는 주장과는 그다지 어울리지 않는다.

지행합일의
어려움

        윤리 연구는 설교와 다르기 때문에 하린이 단언한 대로 도덕 문제는 반드시 '행위와 관련된 지식, 선과 관련된 진실'과 함께 묶어 토론해야 한다. 본체론에 입각해서 지행합일을 논증하는 작업은 지행합일을 도덕적 요구로 이해하는 것보다 현실적이다. 하지만 동시에 더 많은 어려움을 상대해야 한다. 그리고 그 어려움은 다음과 같이 나눠볼 수 있다.

    첫째, 앎과 실천은 명백히 독립된 두 가지 사안이다. 우리는 평소 알면서도 행하지 않고, 반대로 행하면서도 알지 못한다.

    둘째, 우리는 언어를 사용해 앎과 실천을 나누었다. 게다가 두 단어는 동의어가 아니다. 이는 곧 앎과 실천이 두 가지 사안이라는 것을 나타낸다.

셋째, 아리스토텔레스는 덕성이 곧 앎이라고 주장한 소크라테스를 비난하며, 덕성을 지식과 같이 취급하는 것은 틀렸다고 말했다. 하지만 덕성은 앎은 물론, 인간의 감정과도 맞닿아 있다. 게다가 지식은 오용될 수 있다. 제아무리 선한 마음으로 열심히 실천한다고 해도, 지식을 오용한다면 도움이 아니라 오히려 민폐를 끼칠 수 있다. 이를 가리켜 '도덕적 서툶moral clumsiness'이라고 말한다. 여기에 한마디 보태자면, 나쁜 사람이 많은 지식을 보유하고 있으면 더 쉽게 그리고 더 끔찍하게 악행을 저지를 수 있다!

넷째, 많은 지식은 그 자체만으로 실천이나 실행된다고 볼 수는 없다. 천문학자가 뼈를 깎는 노력을 통해 게자리 성운 중심의 항성이 초당 30주 동안 회전한다는 사실을 밝혀냈다. 과학적으로 괄목할 만한 사실일지는 몰라도, 이 사실을 안다고 해서 우리의 현실이나 행동에 변화가 생기는 것은 아니다.

다섯째, 아크라시아akrasia, 자제력 없음, 즉 의지박약이다. 불의를 목격했을 때 정의롭게 행동해야 한다는 것을 잘 알고 있지만 무서워서 감히 나서지 못한다. 담배가 몸에 좋지 않다는 것을 알면서도 매번 금연에 실패한다.

'자연스러운 지행합일론'의 입장을 취하면 도덕이나 기타 영역에 노력하지 않고도 지행합일의 경지에 이를 수 있다. 또한 이러한 경지를 달성하는 것은 '몇몇 소수의 사람만이 지닌 특수한 공적'이라고 취급받지 않는다. 하린의 '가치 있는 지행합일론'을 취하면 앎과 실천이 서로 독립된 사안이라는 것을 인정하는 듯하다. 하지만 본체적으로 앎과 실천은 본디 하나라는 점을 논증할 수 없다면, 지행합일이라는 가치나 이상은 하린이 비평한 근본 없는 도덕 설교에 그칠 뿐이다.

앎의 깊이가 얕으면
알고도 행하지 못한다

앞에서 열거한 어려움의 종류에 따라 우리는 다양한 관점에서 지행합일을 이야기한 학설을 볼 수 있다. 그렇다면 이제 앎에 대해 살펴보자. 여기서 앎의 다양한 상호관계에 관한 함의를 자세히 다룰 수는 없지만 지행관계에 관해 이야기하려면 대략적으로 이론지와 실천지를 구분해야 한다. 앞에서 다룬 것처럼 이론지와 실천지의 구분은 아리스토텔레스의 기본적인 구상이다. 그는 "대상을 바꿀 수 있는가?"라는 관점에서 이론지와 실천지를 구분했는데, 이러한 관점은 그리스 철학에서 광범위하게 사용됐다. 하지만 이론지와 실천지의 목표와 귀착점은 서로 다르다. 공통의 지식 시스템을 설명하는 것을 귀착점으로 여기는 이론지는 다양한 이치가 서로 끌어주고 밀어주는 관계를 통해 조직된다. 이런 점에서 근대 과학은 공통의 지식 시스템을 보여주는 사례이다.

이론지와 달리, 실천지는 지식 시스템을 추구하지 않고 행동할 것을 주문한다. 실천지 역시 시스템을 구축했다고 하더라도, 수많은 단편적인 요소가 끌어주고 밀어주는 관계를 통해 이루어진 것이 아니라 각각의 단편적인 요소가 특정한 행동 주체를 통해 연계되었다는 특징이 있다. 즉 실천지는 행동 주체에 의해 조직된 것으로, 각 행동 주체는 실천지의 시스템에 해당한다.

지식이라는 단어는 주로 설명 위주의, 공통의 지식을 의미한다. 이에 맞춰 지식은 존재 유무, 옳고 그름이라는 문제에 가장 먼저 직면하게 된다. 즉 똑같은 하나의 지식에 대해서 내가 해당 지식을 지니고 있을 수도 있고, 그렇지 않을 수도 있다. 또한 내가 알고 있는 지식이 맞을 수도 있고, 그렇지 않을 수도 있다. 그래서 실천지를 설명할 때 지식의 크기와 깊이가 중요하다. "대상을 정확히 파악할 수 있을 정도로 제대로 알고 있는가?" 즉 지식의 깊이는 특정한 행동 주체에 깊이 파고들 수 있는가를 의미한다. 내가 하나의 이치를 알고 있다고 해도 내 마음 깊숙이 파고들지 않는다면 그것은 그저 공통된 지식 시스템의 일부에 불과할 뿐이다. 나 역시 그것을 지식으로 여기고 여기에 내 이해를 덧붙여야 한다. 즉 '이치를 안다'는 뜻이다.

이치를 알지 못하면 알고 있어도 제대로 알지 못하는 것이다. 왕양명은 이를 두고 '이치를 안다_{知理}'고 표현했는데, 여기서 말하는 이치란 원자가 결합해서 분자가 되는 이치, 전자가 서로 교감하는 이치와는 차원이 다르다. 물리학에서 밝히려는 규칙이나 원리는 실천을 필요로 하지 않거나 실천할 수 없는 것이다. 여기에서 말하는 이치란 실천과 관련된 것으로서 대상과 내가 공유하는 이치라 하겠다. "대상과 내가 하나가 되어야만 비로소 상대를 알 수 있고 나를 이해할 수 있으니, 안팎의 이치를 모두 아우른 것이라 하겠다〈이정교서〉 18권." 즉 이치의 앎이란 특정 명제를 안다는 것이 아니라 마음으로 깨닫게 되는 앎을 의미한다.

여기서의 구분은 대체적으로 송명이학에서 덕성의 앎과 견문의 앎을 구분하는 것과 비슷하다. 송명이학에서는 "덕성의 앎은 견문에서 비롯되지 않는다"고 말하며, 인간은 본래부터 덕성의 앎을 지니고 있다고 주장한다. 하지만 개인적으로는 '안팎의 이치를 모두 아우르다'라는 표현이 '본래부터 스스로 지녔다'는 표현보다 좀 더 적합한 것 같다. 배우지 않아도 본래 알고 있는 앎은 덕성이라는 영역에만 국한되지 않기 때문이다. 예를 들어 우리 같은 정상인은 소리가 어디서 나는지 구분할 수 있다. 이러한 종류의 앎은 배우지 않고도 알 수 있다. 하지만 이보다 더 중요한 사실은 덕성의 앎은 견문이 동반되지 않은 채 '본래부터 스스로 지녔다'고 단정 지을 수는 없다는 것이다.

이학가 중에서 주희는 비교적 균형 잡힌 주장을 제시했다는 평을 받는다. 그러나 "덕성의 앎이 견문에서 비롯되지 않았다"는 주희의 설명이 때로 왜곡되는 경우가 있는데, "일단 견문을 얻고 이를 부지

런히 닦으면 모든 것에 통달한다"고 설명해야 옳다. 한마디로 말해서 주희의 설명이야말로 지행합일의 정론이라 할 수 있다.

인생을 살아가는 도리를 우리는 오랫동안 들어왔고, 알고 있다. 하지만 사람들이 종종 이야기하는 것처럼 제대로 경험해본 적은 없다. 생사이별이라는 단어는 어렸을 때부터 많이 들어왔지만, 정작 그 뜻을 제대로 이해하지는 못한다. 그러다가 나이를 먹으면서 사랑하는 연인과 이별하고 부모님을 떠나보낸 후에야 비로소 그 뜻을 알게 된다. 이처럼 앞선 앎과 후천적인 앎은 무엇이 옳고 그르다의 문제가 아니라 그저 앎의 깊이가 다르다는 관점에서 이해해야 한다. 교통 규정을 줄줄 외우고 음주운전이 얼마나 잘못된 일인지 잘 알고 있지만, 술을 마신 후에도 여전히 운전대를 잡는다. 음주운전을 하다가 단속에 걸려 벌금을 내면 음주운전으로 인한 폐해를 조금 직접적으로 느낄 수 있다. 그러다가 음주운전으로 지나가던 행인을 들이받거나 음주운전으로 인해 친한 친구나 가족을 잃게 되면 음주운전을 절대로 하면 안 된다는 사실을 뼈에 사무치도록 깨닫게 된다. 그러면 그 후로는 절대로 술을 마시고 운전대를 잡지 않을 것이다. 나쁜 줄 알면서도 계속 그렇게 행동하는 것은 우리의 앎이 '견문'에만 그칠 뿐 진정으로 깨달았다고 볼 수 없다는 뜻이다.

당사자가 직접 체득할 수 있는 앎은 흔한 말로 인식과 신체의 형질적 연계나 은유적 연계라고 말할 수 있다. 근래 들어서 체득지식 Embodied knowledge에 대한 연구에서 이러한 관계를 집중적으로 연구하고 있는데, 서방의 지식론에서는 전통적으로 앎을 영혼이라는 테두리에 가두려는 경향을 보여왔다. 그래서 앎을 인체의 대뇌라는 틀에서 파악하려 노력했지만 하이데거, 라일Lyle 등의 사상가들은 헤엄치는 법, 자전거를 타거나 못을 박는 일 등도 모두 앎이라고 강조했다. 즉 몸으로 움직이는 모든 것은 저마다의 앎을 지니고 있다는 것이다. 일반적으로 실천 활동에서의 앎은 적어도 체조, 수영과 같은 신체 활동의 앎과 이어져 있다. 또한 신체와 연결되어 있기 때문에 깊이 있는 앎과 진정한 앎은 우리의 피 속에서 한데 섞일 수 있었다. 상대가 건네는 돈 봉투를 받으면 안 되는 걸 알면서도 끝내 주머니에 넣게 되는 것은 앎의 깊이가 영혼을 울릴 정도로 깊지 못하기 때문이다.

그렇다면 인간은 실제로 해보지도 않고 어떻게 알 수 있을까? 알고도 행할 수 없으면 그 앎은 깊지 않다고 주장한 이천의 말을 떠올려보자. 그의 말대로 제대로 깨달았다면 반드시 부모를 공경하고 형제와 우애 있게 지내며 친구를 믿어야 할 것이다. 주희는 먼저 깨달은 후에 행동한다는 상식적인 견해를 고수했지만 때로는 지행합일, 심지어 먼저 행동한 후에 깨달을 수 있다는 입장을 드러내기도 했다. 이는 서로 모순되지만 앎과 깊은 앎이 구분된다는 생각만은 흔들림이 없다.

"실천하지 않는 것은 알지 못하거나 혹은 제대로 알지 못하는 것과 같다. 무엇을 알고 알지 못하는지 다투는 것은 그것을 제대로 아는지,

그렇지 않은지를 놓고 다투는 것이다. 사람이 무언가를 잘하려고 할 때 어려운 것을 보고도 해낼 수 있다. 반대로 잘하지 못할 것 같은 마음이 들어 뒤로 질질 끌며 나서지 않으면 이는 제대로 알지 못하는 것이다."

사람으로서의 도리를 제대로 이해했다면 마땅히 부모에게 효도하고 친구와 신뢰를 유지해야 한다. 공통의 지식 시스템에서 앎이란, 다양한 존재가 서로 밀고 당기는 관계를 통해 시스템을 경영할 때 비로소 진정한 앎으로 승화할 수 있다. 실천지에서는 하나의 이치나 도리가 행위 주체의 심신에 깊이 와 닿을 때 비로소 진정한 앎이 될 수 있다. 음주운전이나 효도, 우애처럼 반드시 직접 겪어봐야 알 수 있고, 진정한 깨달음도 얻을 수 있다.

"그가 반드시 부모에게 효도하고 형제에게 우애를 지닐 때에만 비로소 '효도를 안다知孝', '우애를 안다知弟'라고 이야기할 수 있다. 실제 겪지 않고서 입으로만 떠드는 효도, 우애를 어찌 진정한 효심, 우애라 하겠는가《전습록》 상권?"

소위 지행합일은 앎과 실천이 항상 하나라고 주장하는 것이 아니라, 영혼까지 깊이 깨우쳤을 때를 가리켜 앎과 실천이 비로소 하나가 되었다고 말하는 것이다.

앎과 실천은 본디 독립된 두 개의 단어로, 이것만으로도 앎과 실천이 서로 다른 것임을 어림짐작할 수 있다. 알고도 행하지 않거나 행하고도 알지 못한다는 말은 납득할 수 있지만, 지행합일이라는 말을 처음 들었을 때는 상식에 어긋난 것 같다는 느낌을 받을 수 있다. 하지만 앎의 깊이에 따른 차이, 깊은 앎과 얕은 앎이 지니는 내재적 의미를 파악하고 설명하는 과정에서 지행합일 역시 이치에 맞다는 것을 깨닫게 된다. 앎과 실천을 따로 구분하거나, 하나로 인식하는 사유의 차이는 표면적인 것이 아니라 실재적이다. 또한 어떤 의미에서 지행합일은 앎과 실천에 대한 심오한 이해를 드러내는 것이기도 하다.

깨닫는 즉시 행동하거나, 선을 알지 못하면 악하게 행동한다는 주장은 앎과 실천의 관계에 대한 일반적인 견해와 다르다. 하지만 이러한 결론은 앎과 실천이라는 말에 관한 우리의 이해에 뿌리를 두고 있다. 즉 앎과 실천이라는 단어의 용법은 저마다의 유래를 지니고 있다. 한 논객이 앎과 실천에 일상적인 것과는 거리가 먼 의미를 부여한다면, 우리는 앎과 실천에 관해 논객이 새로운 사유를 제시한 것인지 명확히 판단할 수 없다. 왕양명이 앎과 실천이라는 일반적인 용법에서 근거를 끌어낼 수 있었던 것은 막강한 논증력을 보유한 본체론으로 진의를 다루려 했기 때문이다. 그렇지 않았다면 뜬 구름 잡는 소리에 그쳤을 것이다. 그저 알지 못하면 실천할 수 없고, 알면서도 행하지 않는 것은 알지 못하는 것뿐이라고 말하는 것이다.

알면 즉시 실천하라는 말은 앎과 실천의 실제 용법이 저마다 다르며, 앎과 실천의 실제 용법이 일반적으로 서로 다른 대상을 지목하고 있음을 의미한다. 지행합일이 언제 어디서나 통용되는 것은 아니지만 통속적인 이해에 의해 가려져 있던 앎과 실천의 의미를 대대적으로 밝혔다는 데 중요한 의의를 지닌다. 일상적인 실천에서 비롯되는 윤리적 논리는 실험을 통해 증명되는 것이 아니라 인간을 대상으로 실천경험을 증명해야 한다. 인간을 대상으로 진행되는 실천경험은 윤리적 논리가 이것 아니면 저것이라는 식으로 실천자의 표결에 의해 결정되는 것이 아니다. 일반적인 이치라고 해도 상호모순적일 수 있다. 논리의 역할은 심오한 도리를 발굴하여, 심층적인 이치를 설명함으로써 일반적인 이치에 존재하는 갈등을 제거한다. 윤리적 논리는 일반적인 이치와 반드시 통해야 한다. 다시 말해서 심오한 이치는 반드시 일반적인 이치 속에서 비롯되어야 한다.

지행합일론이 주장하는 것은 하린이 말하는 '자연스러운 지행합일'이 아니다. 앎과 실천이 영원히 하나라는 주장은 결코 윤리학_{혹은 철학입}의 과제가 될 수 없다. 앞에서 이야기한 것처럼 이러한 주장은 자신의 윤리적 도덕 함의를 제거할 뿐이다. 또 한편으로 지행합일 역시 실제 이해라는 도덕적 권유에서 벗어날 수 없다. 1장에서 설명한 규범윤리학과 기술윤리학을 통해 여기에서 둘 사이의 연계를 좀 더 명확히 이해할 수 있을 것이다. 윤리학은 수신서도, '규정된 어리석은 입법'도 아니다. 스스로 정확하다고 생각하는 규범을 열거한 채 사람들에게 준수하도록 할 뿐이다. 실연과 응연을 모두 아우를 수 있도록 끊임없이 노력하는 한편, 기존의 이해를 바탕으로 그 안에서 한 차원 높은 이해를 끄집어내려는 노력의 일환이다. 앎과 실천은 마땅히 하나여야 한다. 이치에 따라 앎과 실천을 하나로 합쳐야 한다는 이치는 현실과 격리된 구름 위의 존재가 아니라, 우리가 이미 알고 있는 이치와 연결되어 있다.

하린의 말처럼 지행합일을 주장하고 연구하는 행위는 철학적 사고의 일반적인 경향을 보여주는 것이다. 마땅히 이렇게 해야 한다, 혹은 저렇게 해야 한다는 식의 협의적이면서도 독단적인 도덕적 법령이 아니다. 행위학의 특정 규율이나 메커니즘을 정립하려는 의도도 아니다. 그저 우리의 통속적인 사고를 막고 보다 심오한 의미에서 앎과 실천의 관계를 깨달을 수 있도록 이끄는 데 그 목적이 있을 뿐이다.

심리와 심성을
대체 어떻게
구분해야 하는가

우리는 지금 알고도 행하지 않는 이유는 앎의 깊이가 얕기 때문이라고 이야기했다. 하지만 이것만으로 문제가 해결되는 것은 아니다. 좀 더 고민해야 할 문제가 남아 있다. 약물을 복용하는 것이 잘못된 일이라는 것을 잘 알지만, 한 번 중독되면 계속해서 약물에 의존하게 된다. 이는 내가 깊이 알지 못하기 때문인가? 약물을 복용하는 일이 얼마나 나쁜 것인지 잘 알고 있을 뿐만 아니라, 약물 중독의 폐해를 더 경계하는 데도 약물을 끊지 못한다면? 깊이 알고 있는데도 실천하지 못하는 까닭은 나의 앎이 다른 힘을 이기지 못하기 때문이다. 약물 중독의 위험성을 제대로 알지 못하기 때문이라고 억지 부린다 해도 소용없다. 이러한 상황은 알고 있으면서도 행할 수 없는 것으로, 알면서도 행하지 않는 것과는 그 성격이 다르다. 이는 덕성은 선하다는 소크라테스에 대한 아리스토텔레스의 비평 중 하나, 즉 서구윤리학에서 말하는 아크라시아_{절제력 부족}의 문제이다.

어떻게 행동하는 게 옳다는 걸 뻔히 알면서도 의지력 부족으로 끝까지 자신의 생각을 지키지 못하는 경우를 우리는 흔히 의지와 욕망의 싸움이라고 말한다. 이렇게 하면 안 된다는 것을 잘 알지만 의지력 부족과 욕망의 유혹에 넘어가 결국 나쁜 짓을 하게 될 때 이성과 감정의 대결이라고도 한다. 말 그대로 이성으로 자신의 감정을 다스리지 못한다는 뜻이다.

사람 안에는 본능과 자아라는 두 가지 자아가 존재한다. 마치 두 명의 사람, 두 개의 국가처럼 때로는 치열하게 싸우기도 하고 때로는 힘을 합쳐 평화롭게 공존하기도 한다. 두 개의 자아가 존재한다는 주장은 어떤 상황에 대한 설명을 제공하기보다는 이미지화된 방식으로 문제를 쉽게 표상화_{表象化}한다는 편이 옳겠다. 두 개의 자아를 분리하는 것은 상대적으로 쉽지만, 이들 자아가 어떤 의미로 하나의 자아에 속하는지 판단하기는 어렵다. 즉 자아라는 단어는 본래 하나의 성_性을 의미하는 것이다. 그렇다면 제3의 자아, 즉 초자아_{superego}를 동원해 하나로 묶어야 하는 것일까? 초자아가 통합을 시도하다가 실패하면 어떻게 해야 한단 말인가? 또다시 제4의 자아를 동원해 통합해야 하는 것일까?

이 문제에 관해 오늘날 사람들은 자신이 이미 정답을 알고 있다고 생각할지도 모른다. 결론적으로 우리는 욕망과 의지 같은 모호한 철학적 개념에 얽매일 필요가 없다. 또한 두 개 혹은 세 개의 자아로 분리할 필요도 없다. 약물을 끊고 싶어도 끊지 못하고 중독되는 것은 생리적인 의미에서 강제적으로 중독된 것이지, 내 정신이 중독된 것은 아니다. 높은 건물에서 뛰어내렸을 때 제아무리 노력해도 자유낙하 속도를 바꿀 수 없듯이 말이다. 생리적 측면에서 이러한 상황에 직면하게 되면 의지가 아닌 약물에 의존하게 된다. 심리·생리적 메커니즘에 대한 연구 덕분에 시야가 넓어진 오늘날 절도행위가 심리적 질환에서 비롯되고, 동성애가 생리적 메커니즘에서 비롯된 것임을 알고 있다. 이는 도덕이나 심성과 무관하다. 일부 절도행위뿐만 아니라 사람을 죽이는 살인 역시 심리적 질환에 의해 일어날 수 있다.

하지만 심리와 심성을 대체 어떻게 구분해야 하는 것일까? 물건을 훔치는 행동에 대해 어느 것이 심리건강의 문제나 심리적 문제이고, 또 어느 것이 품덕의 문제인지 어떻게 구분할 수 있단 말인가? 심리적 요인에 의한 절도행위는 다양한 심리적 활동에 의한 것이라고 단정 지어서는 안 된다. 심리적 요인이 아닌 이유로 절도행위를 하는 배후에도 심리적 활동이 작용하기 때문이다.

서랍에 넣어둔 동료의 돈을 훔쳐 흥청망청 썼다면 이것은 품덕의 문제라 하겠다. 하지만 부잣집 사모님이 슈퍼마켓을 돌아다니며 라이터를 훔친다면 어떻게 될까? 담배도 피우지 않는데 서랍 두 칸을 가득 채우고 남을 정도로 닥치는 대로 라이터를 훔친다. 그렇다고 훔친 라이터를 모두 모아두는 것도 아니다. 훔치고 난 뒤 귀찮으면 길에 그냥 버리기도 한다. 이러한 행동의 원인으로 아마 심리적 문제를 지목할 것이다. 절도는 일반적으로 명백한 동기를 가지고 일어난다. 다른 조건이 동일할 때 도둑은 가장 값어치 있는 물건을 훔칠 것이고, 간첩이라면 가장 중요한 정보를 빼돌릴 것이다.

하지만 심리적 요인에 의한 절도행위에는 뚜렷한 동기가 존재하지 않는다. 이러한 형태의 절도에서 물건의 값어치는 아무런 의미가 없다. 그러다 보니 물건을 훔쳤다고 해도 본인에게 도움이 되기는커녕 오히려 피해를 가져다줄 수 있다. 예를 들어 결벽증 환자라면 끊임없이 손과 얼굴을 닦아댈 것이다. 이는 귀중한 시간을 낭비하는 것은 물론, 본인의 피부를 망가뜨릴 수도 있다. 이처럼 심리적 요인에 의한 절도에는 목적도, 동기도 없다.[97]

중국 하이난海南 성에 사는 왕 씨는 2013년 10월 28일, 사람을 죽인 죄로 경찰에 체포됐다. 그러나 광저우 시 뇌신경 전문병원에서 심각한 정신장애가 있다는 진단을 받은 왕 씨는 결국 기소가 면제됐다. 무고한 사람을 살해한 왕 씨에게는 우리가 평소 말하는 동기가 없었다. 그의 행동은 생리·심리적 원인으로 해석되었다. 하지만 심리적 질환

---

97   여기에서 프로이트의 무의식적 동기는 고려하지 않는다. 동기라는 단어의 일반적인 의미에 따르면, 무의식적 동기는 모순된 단어에 속한다.

을 전혀 앓고 있지 않는 사람이 지나가던 사람을 해친다면, 이것도 생리·심리적 요인에 의한 결과라고 해야 하는 것일까?

2007년 S. 해리스와 J. 코미샤예프는 코네티컷 주에서 끔찍한 범죄를 저질렀다. 그들은 어느 날 새벽, 한 의사의 집에 들어가 곤히 자고 있던 남편을 때려 기절시키고 아내와 두 딸을 단단한 끈으로 포박했다. 출근 시간이 되자 이들은 아내를 위협해 은행에서 1만 5,000달러를 인출한 뒤 그녀를 강간한 후 목 졸라 죽였다. 도망치기 전에 흔적을 감추기 위해 이들은 집에 불을 질렀는데, 묶여 있던 피해자의 두 딸이 연기에 질식해 사망했다. 이들의 범행 동기는 누가 봐도 분명했기에 중형이 내려질 것이 확실했다.

하지만 철학자 샘 해리스_{Sam Harris}는 뜻밖의 의견을 내놓았다. 코미샤예프는 어린 시절 수차례 성폭행을 당해 심리적으로 피폐했기 때문에 냉혹하게 변했다고 설명했다. 결정론자였던 해리스는 대뇌신경의 모든 생리적 활동이 그들의 범죄를 변호하는 데 사용될 수 있다고 지적했다. 이들과 동일한 유전자, 동일한 성장 환경, 동일한 상태의 대뇌를 지녔다면 그 사람 역시 이들과 똑같은 범죄를 저지를 것이라고 해리스는 주장했다.[98]

---

98   샘 해리스, 《자유 의지는 없다: 인간의 사고와 행동을 지배하는 자유 의지의 허구성》

해리스는 환원론적 사유에 입각해 이와 같은 주장을 제시했다. 환원론은 흔히 볼 수 있는 사유방식으로, 나선상 단백질 분자구조를 발견한 프란시스 크릭Francis Crick은 이렇게 단언하였다. "우리의 정신은 신경세포와 관련 분자의 행위를 통해 해석될 수 있다.[99]" 자유의지, 결정론, 환원론에 대한 이야기는 접어두고 여기에서는 간단하게 설명하도록 하겠다.

인류의 행위는 크게 두 가지로 설명할 수 있다. 하나는 일반적인 심리, 나머지 하나는 '대뇌신경의 생리 활동'과 같은 형태의 생리·심리적 요인에 의한 해석이다. 독자의 이해를 돕기 위해 심성적 해석과 심리적 해석으로 정의해 설명해보겠다.[100]

심상적 해석과 심리적 해석 중에서 무엇을 통해 상황을 이해할 수 있을까? 일단 일반적인 정리에 의한 해석과 생리·심리적 요인에 의한 해석은 독립되고 병렬된 형태의 해석이 아니라, 두 가지 차원의 해석으로 이해해야 한다. 생리·심리적 요인이 하위 차원, 일반적인 심리에 의한 해석이 고위 차원의 활동에 속한다. 전혀 다른 측면의 해석답게 저마다 다른 입장을 취하고 있다. 일반적으로 절도는 이익을 취

---

99 프란시스 크릭, 《놀라운 가설: 영혼에 관한 과학적 탐구》

100 알다시피 psychology심리학라는 단어는 psyche정신에서 비롯된다. 중국어에서 심리라는 단어는 협의적·광의적으로 해석될 수 있는데, 여기에서는 말하는 심리적 해석은 심리학적 의미의 해석을 가리킨다. 심리적 측면과 생리적 측면의 복잡한 관계는 여기서 다루지 않겠다. 사실상 과학심리학은 심리적 활동을 줄곧 생리적 활동으로 환원시키려는 시도를 멈추지 않았다. 소위 심리적 메커니즘은 '대뇌신경의 생리 활동'으로 해석될 수 있다.

272 사람은 왜 도덕적이어야 하는가

하기 위한 행동이라는 일반적인 정리로 해석할 수 있다. 물론 행위자 자신에게도 심리적 법칙, 심리적 활동이 존재할 것이다. 해리스가 말한 것처럼, '대뇌신경의 생리 활동'이라는 관점에서 해석을 제시할 수도 있을 것이다.

심리적 해석은 과학적 해석으로서 보편성을 지닌다. 서석린徐錫麟이 안휘순무安徽巡撫 은명恩銘을 죽인 사건에 대해 보통 반청反淸 혁명의 일환으로 의거義擧라는 관점으로 이해한다. 하지만 생리심리학자는 그의 심리상태로 사건을 파악한다.

일반적인 심리에 의한 해석은 때로 무능력하게 보이기도 한다. 예를 들어 위의 사건에서 왕 씨가 사람을 죽인 이유를 설명하지 못하지만 과학자는 심리적 측면에서 문제를 해석할 수 있다. 어떤 행위는 일반적인 정리로 해석되기도 하고, 해석할 수 없을 때도 있지만 생리·심리적 해석은 크게 문제되지 않는다.[101] 심리 해석이라는 보편성이 과학적 해석으로서의 우월성을 드러내는 듯하지만, 이러한 보편적인 유효성의 또 다른 측면에 주목해볼 필요가 있다. 해당 측면의 해석은 무엇이 일반적인 절도인지, 무엇이 비정상적인 심리 요인에 의한 절도인지 구분하지 않고, 구분할 능력도 없다는 것이다.

'대뇌신경의 생리 활동'이 기본적인 측면이라면 상위 개념의 해석

---

[101] 여기에서는 당연히 원칙적인 측면에 입각한 설명일 뿐이다. 심리학적 목표에 입각했을 때 심리학은 사실상 물리학처럼 발전하지도 않았고 준準 일상적인 차원에서 일어나는 수많은 상황을 설명할 수 없다.

은 기본적 측면 위에 존재해야 할 것이다. 하지만 현실은 이와 정반대다. 행위에 대한 우리의 해석은 하위 개념에서 출발하는 것이 아니라, 상위 개념에서 비롯된다.[102] 일반적인 정리에 입각해 A 씨가 물건을 훔친 이유를 설명할 수 있다면 그의 행위를 더 이상 심리적 요인에 의한 도벽으로 이해할 수 없을 것이다. 사실상 절도라는 개념은 본래 일반적인 심리에 의해 정의된 것이다. 행위 당사자가 물건을 훔치거나 사람을 죽일 만한 이해가능한 동기가 전혀 없을 때, 즉 일반적인 정리를 통해 문제를 해석할 수 없을 때 우리는 비로소 하위 개념인 생리 · 심리적 측면에서 이반 뇌제가 진짜 친아들을 죽였는지, 중국의 유명 시인 구청顧城이 아내를 죽였는지에 대해 파악할 수 있다. 그리고 역사학자, 시인, 철학자, 우리 같은 평범한 사람들은 일반적인 정리에서 다양한 해석을 제시하고 보다 자세한 자료를 수집한다. 무시된 의견에 주목하고 사방에 흩어져 있던 다양한 단서를 한데 엮어 이치에 맞지 않은 사건을 일반적인 정리와 연계해 문제를 해석한다.

절도라는 행위를 찬성하지는 않지만 도둑이 물건을 훔친 이유를 모르는 것은 아니다. 일하기 싫어서 남의 재물을 노린 것이라고 생각할 수도 있을 것이다. 그런 점에서 절도는 '이성행위'라고 부를 수 있다. 우리는 절도행위에 대해 부도덕하다며 질책하고 그에 상응하는

---

102   바로 이러한 이유 때문에 사람들은 심리 문제를 품덕 문제로 오인하곤 한다. 이와 정반대의 상황은 확실히 덜 발생한다.

벌을 내려야 한다고 생각한다. 왜냐하면 절도행위는 이성에 입각해 행동으로 실천된 것이라고 생각하기 때문이다. 이와 반대로 라이터를 훔친 부잣집 사모님 이야기는 일반적인 정리로 해석될 수 없다. 예를 들어 이러한 행위에는 명확한 동기가 존재하지 않는다. 아무 이유도 없이 우울해서 어떤 동기도 없이 남의 물건을 훔치는 일, 심지어 사람을 죽이는 행위의 심리는 일반적인 정리로 해석될 수 없다. 다시 말해서 사건의 당사자는 이성적인 수준에서 행동하지 않고, 이성에 입각해 상황을 인식하고 반응하지 않는다.

여기서 말하는 아무 이유도 없다는 것은 일반적으로 이야기하는 우연이 아니다. 사전에 아무 약속도 없이 친구를 우연히 공항에서 마주쳤다. 서로의 여행계획을 알고 나서야 우연한 만남이었다는 것을 알게 된다. 부잣집 사모님은 이런 의미에서 우연히 라이터를 훔친 것이 아니다. 그녀의 행동에는 패턴이 존재한다. 이러한 패턴은 원인을 보여주지만, 이것만으로는 일반적인 정의에 입각해 문제를 설명할 수 없다. 그래서 우리는 어쩔 수 없이 심리적 메커니즘을 동원해 문제 해석에 나선다. 하지만 심리학자는 우리의 일반적인 심리가 아닌 심리학적 메커니즘에 의한 원인이나 동기를 문제의 원인으로 지목한다.

먼저 심성적 측면으로 사람의 행위를 해석하는 과정에서 각종 시도가 무위로 그쳤을 때 우리는 비로소 이를 심리질환에 의한 범죄라는 결론에 도달하게 된다. 이들의 행위가 심리질환에서 비롯됐다고 판단하면, 이들 사건에 대해 의미를 지닌 해석을 제공할 수 없다고 이미 선포한 것이나 다름없다. 설사 과학자가 구청이 범죄를 저지르기 전에 체액 변화를 감지할 수 있는 측정기를 발명했다고 해도, 우리는 그가 아내를 죽인 이유를 도저히 이해하지 못할 것이다.

일반적으로 우리는 심리적 메커니즘에 의거해 개인의 행위를 이해하지 않는다. 그의 특정한 행위를 일반적인 품행에 연계해 해석하는 것이다. A 씨가 평소 거짓말을 밥 먹듯 하고 무책임하며 다른 사람의 이익이나 감정을 배려하지 않는데, 지각도 자주 한다면 우리는 A 씨를 어떻게 생각했을까? 그의 온갖 단점을 심성과 연계시켜 지각한 사실을 다른 행위와 한데 뭉뚱그려 그를 이해하려 할 것이다. 하는 일마다 칼같이 끝내는 B 씨, 다른 사람의 이익을 감안하고 기분을 배려하지만 한 가지 단점이 있으니 지각을 밥 먹듯 한다. 오늘도 지각하는 B 씨를 바라보며 우리는 그가 지각하는 데는 심리적 요인이 있을 것이라고 생각한다. 요컨대 그가 지각한 사실을 그의 일반적인 품격이나 행위와 연결시켜 생각하지 않는 것이다.

비슷한 개념에 의거해 우리는 일반적인 절도행위와 심리적 요인에 의한 절도행위를 구분한다. 절도는 모든 사람의 동의나 승인 없이 그의 재물을 가져가는 행위를 포함할 뿐만 아니라, 그러한 행위를 저지르게 된 주변적 요소를 포함한다. 이를테면 동기나 취득한 재물에 대한 사용 등 심리적 요인에 의한 절도행위에는 절도라는 일반적인 행위가 존재하지만 주변적 요인은 결핍되어 있다. 그래서 우리는 반드시 일반적인 의미의 절도행위, 즉 심리적 혼란이 아닌 상태에서의 절도행위가 먼저 존재해야만 부정적인 의미의 심리적 요인에 의한 절도행위를 구분할 수 있다.

대략적으로 이야기해서 심성에 대한 탐구는 동기, 행위, 심리 활동과 다른 동기, 행위, 심리 활동 등을 하나로 묶어 연구하는 것이다. 그리고 심리학에 대한 탐구는 동기, 행위, 심리 활동 및 다른 동기, 행위, 심리 활동을 개별적으로 독립시켜 동기 뒤에 숨겨져 있는 메커니즘을 위에서 아래로 연구하는 것이다. A 씨의 문제가 일반적인 의미의 품행 문제라면, B 씨는 심리적 문제로 인식한다. B 씨가 자주 지각하는 것은 그의 일반적인 품격, 행위와 아무런 관련이 없기 때문에 그의 일반적인 품격, 행위와는 분리시켜 문제를 파악하는 것이다.

여기에 한 가지 설명을 추가하자면, 우리가 심성과 심리를 구분하지만 그렇다고 해서 심리 문제와 심성 문제를 단칼에 구분할 수 있다는 의미는 아니다. 단편적인 측면으로 파악할 수 없을 정도로 복잡한 문제들이 우리 주변에는 산재해 있다. 예를 들어 동성애의 원인을 생리적인 측면에서 찾는 사람도 있고, 사회풍습에서 찾는 사람도 있다. 어떤 사람은 위의 두 가지에서 원인을 찾기도 한다. 우울증을 앓고 있는 사람에게서 생리적인 원인과 심성, 환경적인 원인을 모두 발견할 수 있다.

또한 앞에서 이미 언급한 것처럼 일반적으로 심리라는 용어는 다양한 차원에서 두루 사용될 수 있다. '심리적 만족'이라는 용어 역시 마찬가지다. 일부 심리학자의 주장에 따르면 심리적인 요인에 의한 절도행위는 잘못된 심리적 에너지에서 비롯되는 것으로, 절도라는 행위를 통해 에너지가 표출된다는 것이다. 그래서 절도라는 행위는 행위 당사자에게 심리적 만족감을 선사한다고 말한다. 하지만 우리가 좀 더 흔히 말하는 심리적 만족감은 아Q루쉰의 소설 《아Q정전》에서 최하층 날품팔이와 같은 성격의 만족감, 정신 승리를 가리킨다. 이러한 형태의 만족감은 마음의 만족감과는 성격이 다르다.

고대 그리스에서 건장한 사내들은 올림피아드에서 출전해 1등 자리를 놓고 치열하게 싸웠다. 승자만이 모든 영광과 부를 거머쥘 수 있는 시대에서 패배는 곧 살 집은 물론, 땅도 얻지 못한다는 의미로 통했다. 그런 시대에 "심리적 만족감을 얻은 것만으로도 충분하다"는 말은 용납될 수 없다. 고대 그리스의 사내와 아Q의 차이는 무엇일까? 고대 그리스의 사내는 경기에서 최대한 노력을 기울이며 자신이 지닌 재능과 덕성을 보여줌으로써 대중과 경쟁 상대로부터 존경을 받았다. 이는 단순히 심리적인 만족감으로 그치지 않고, 또한 한 번의 영광으로만 끝나지 않는다. 그의 노력과 재능, 덕성은 그가 종사하는 다양한 일에서도 똑같이 재현될 것이고, 그 결과 영광을 누릴 수 있을 것이다.

똑같은 논리지만 전혀 다른 입장에서 봤을 때 이익을 얻기 위해 잔인하게 동물을 학대하거나 사람을 괴롭혀서는 안 된다. 이는 흥청망청 먹고 마시는 '물질적 욕망'도 아니고, '심리적 만족감'을 얻기 위한 것도 아니다. 학대 당사자의 모든 행동은 그 자체로 악행일 뿐만 아니라, 주변에 상처를 주는 행위에 불과하다. 그의 모든 행동은 그의 또 다른 행위의 전반적인 모습과 하나로 이어진다. 다른 사람을 학대하는 행위를 우리는 변태, 병태_{병든 댓닝이라는 뜻} 라고 부르지만 일반적으로 이야기하는 심리적 질환과 동일한 성격은 아니다.

굴원,
마음의 병을
앓다

나라를 사랑하는 우국지사, 시대를 초월한 위대한 문학가였던 굴원屈原은 소인배의 모함, 초왕楚王의 냉대에 시달리며 원대한 포부를 끝내 펼치지 못하고 〈이소離騷〉에서 울분을 토해냈다. "탁하고 어려운 일을 당하여 나홀로 가슴에 답답함이 맺혀 있으니 어느 누구에게 털어놓으리오? 한밤을 뜬 눈으로 잠을 못 이루어 넋이 시달려 지친 채로 새벽의 날이 밝는구나출처:《초사(楚辭)》·〈원유(遠遊)〉-역주." 그런 뒤에 굴원은 멱라강에 스스로 몸을 던졌다.

그가 남긴 시, 사료에 드문드문 기재된 내용으로 분석했을 때 그리고 자살했다는 사실에서 판단하건대 굴원이 심각한 우울증을 앓았을 가능성은 무척 크다. 당시 심리의학이 발전했다면 굴원은 병원을 찾아가 의사에게 진찰을 받아야 했을까? 아니면 병을 치료하기 위해 별도의 노력을 기울여야 했을까? 병이 과연 나을 수 있을까? 알고 보니 굴원에게 원래부터 문제가 있었던 것은 아닐까?

굴원은 확실히 우울한 나날을 보냈다. 하지만 그가 힘든 시간을 보낸 것은 그의 개인적인 심성과 인생 그리고 조국￼의 멸망과 궤를 함께한다. 굴원의 우울함과 절망은 노르에피네프린norepinephrine, 교감신경계의 신경전달물질 및 호르몬으로 작용할 수 있는 물질-역주의 수치에 상관없이 삶 전반에서 합리적인 지위를 얻지 못했던 그의 상황에 대한 심리적 문제로 이해할 수 있다. 그가 쓴 시가만으로도 굴원은 우리 같은 범인과 비교도 안 될 정도로 똑똑하고 현명한 인재라는 것을 알 수 있다. 즉 굴원은 심리치료는 물론, SSRIs공황장애 치료제를 복용할 필요도 없이, 지극히 정상이었다.

'대뇌신경의 모든 생리적 활동'이라는 한 가지 관점에서 사람의 행위를 해석했던 해리스처럼 과학주의는 모호한 견해를 제시했다. 이러한 사례는 과거 과현논쟁에서 '과학파'를 이끌며 신경구조 등이 인생관을 결정하는 요소라고 주장한 탕위에￼에게서도 쉽게 찾아볼 수 있다. 동정, 사랑, 비관, 절망, 질투심은 일반적으로 심리적 메커니즘에서 발생하는 심리적 현상이 아니라 심상心象 현상, 즉 전체적인 윤리 생활과 연계된 현상이라 할 수 있다. 심리학자는 심리학적 입장에서 이러한 현상을 열심히 연구하지만, 건강한 사랑인지 건전한 정신을 갖췄는지 등의 문제는 우리와 같은 평범한 사람이 결정한다. 윤리적 생활과 격리된 채 심리건강을 측정하는 기준이 존재하지 않는데다, 심리를 파악하는 것은 보조적인 역할을 하는 데 그치기 때문이다. 캐롤 돌Caroll Doll의 우울증 측정, 노르에피네프린 수치는 굴원이 중증 우울증을 앓고 있다고 말하지만 심리학적 판단과 굴원이 우울증을 앓고 있는가에 대한 담론은 우리가 일반적인 심리에 따라 굴원을 이해하는 데 여전히 아무런 영향도 주지 않는다.

굴원이 멀쩡하다고 말한다고 해도, 한 가지 사실은 누구도 부정할 수 없다. 고독, 우울함, 비관, 절망 등은 모두 '부정적인 심리상태'에 해당한다는 것이다. 우리는 항상 기쁘고 행복하기를 바라며, 나와 친한 친구, 가족, 동료가 오랫동안 건강하게 그리고 즐겁게 살아가기를 바란다. 누군가가 자살하려는 생각을 품는다면 수단과 방법을 가리지 않고 막으려 할 것이다. 하지만 우울해도 즐거울 수 있다. 우울함 역시 삶과 따로 떼어놓고 생각해볼 수 없다.

굴원의 우울함은 〈이소〉라는 위대한 문학작품을 창작한 데 따른 대가라고 주장할 수도 있다. 우리는 자신의 건강을 지키는데 많은 관심이 있지만, 때로는 건강에 해롭다는 것을 알고도 어쩔 수 없이 결단을 내리는 경우도 종종 있다. 예를 들어 프로리그에서 뛰는 운동선수는 물론, 작품을 창작하는 작가나 예술가 역시 건강을 제대로 챙기지 못한다. 통계에 따르면 역대 미국 대통령들은 또래에 비해 짧은 생애를 보냈다. 하지만 이는 질병에 의해 몸이 좋지 않은 것이 아니라, 일종의 대가에 해당한다. 우리 같은 일반인도 이 문제를 알고 있는 마당에 당사자들은 말할 것도 없이 문제의 심각성을 정확히 이해하고 있을 것이다. 그럼에도 야오밍(姚明)은 프로 농구선수라는 길을 선택할 것이고, 발자크 역시 작품을 쓰는 데 자신의 모든 것을 바칠 것이다. 오바마 역시 미국 대통령이라는 자리에 도전할 것이다. 왜냐하면 그들은 하고자 하는 일에 자신의 모든 것을 대가로 치를 모든 준비를 끝냈기 때문이다.

하지만 굴원의 사례에서 알 수 있듯, 대가라는 관점은 여전히 외재적이라는 비판을 받고 있다. 대통령이 국정 운영을 원활히 수행할 수 있도록 지원해야 한다는 전제하에 대통령의 가족, 친구들은 대통령이 건강과 활력을 유지할 수 있도록 노력한다. 그렇다면 굴원의 우울증 증세와 절망을 줄이면서, 동시에 굴원의 개성을 있는 그대로 유지하려면 어떻게 해야 할까? 이 목표를 달성하기 위해 우리는 어떤 방향으로 노력을 기울여야 할까? 굴원의 우울함과 절망은 그의 긍정적인 품성, 업적과 내재적으로 떼려야 뗄 수 없는 관계를 형성하고 있다. SSRIs를 복용한다면 우리가 아는 굴원은 존재하지 않을 수도 있다. 물론 우리 같은 평범한 사람들은 위대한 문학작품을 쓸 바에야 차라리 매일 즐겁게 사는 쪽을 선택할 것이다.

하루 종일 우울함에 젖어 밤새 잠을 이루지 못하고 괴로워하다가 자살한 굴원의 삶은 누가 봐도 우울함 그 자체이다. 때로 슬퍼하고 때로 분노하며 울분을 터뜨린 굴원이 끝내 절망한 채 자살한 것은 그가 심리질환을 앓고 있어서가 아니다. 그의 생각 그리고 삶 전체가 유기적으로 연결되어 있기 때문이다. 그래서 굴원의 마음과 삶을 통해 그의 우울함과 절망을 이해할 수 있다.

이론은
실천을
이끌지 못한다

지행관계에는 이론과 실천의 관계라는 또 다른 중요한 의제가 들어 있다. 이론과 실천의 관계에 대해 다양한 주장이 존재하는데, 이를테면 이론은 실천의 완성이며, 이론이 오히려 실천을 이끈다는 주장이다. 이러한 주장에는 확실한 결함이 존재한다. 이를 파악하려면 먼저 아리스토텔레스의 기본 사유를 따라 윤리학−정치학 유형의 이론과 물리학으로 대변되는 형태의 이론을 구분해야 한다.

윤리학−정치학은 실천경험의 완성물이지만, 물리학은 그렇지 않다. 영국인이 민주제도를 만든 것은 당시 자신들이 직면한 현실적인 문제를 해결하기 위함이었다. 결코 어떤 이론을 발전시키려던 의도는 아니었지만, 자신들이 만든 제도의 우월성을 드러내고 싶어 했다. 그러기 위해서는 일단 이 제도의 실제 운영방식을 개선해야 하는 작업이 선행되어야 했다. 여기에는 민주제도가 좋은 것, 다른 제도보다 우월한 것이라는 이론적인 증명도 포함됐다. 윤리학─정치학에 대한 설명과 그 결과물은 실천 활동에서 우리가 어느 정도 이해하고 있는 이치에 속한다. 이에 반해 물리학과 같은 유형의 이론은 그렇지 않다. 민주헌정 이론은 민주헌정의 실천을 이론화한 것이지만, 미분학과 행성 이론, 유전자 이론 중에서 실천경험을 이론화시킨 분야는 전무하다.

그렇다면 물리학과 같은 유형의 연구는 조작과 실천에도 관여하지 않는 것일까? 하이데거는 《존재와 시간Being and Time》에서 이론 연구는 자체적인 실천, 이를테면 실험설비 설립, 실험조각 제작, 지질탐사, 고고학 발굴 등과 같은 실천을 수행할 수 없다고 주장했다. 추상적인 연구조차 종이나 펜으로 기록해야 하는 작업을 필요로 한다. 훗날 과학 분야의 건설주의 학파에 속한 많은 논객이 이러한 사유방식으로 과학 이론을 설명하려고 시도했다. 하지만 이러한 사유에는 한 가지 중요한 오류가 존재한다.

행성의 역행을 연구하기 위해 어두운 밤에 깜깜한 야외로 나가 머리를 잔뜩 뒤로 젖힌 채 밤하늘의 움직임을 관찰한다. 하지만 이 이론은 당신이 야외로 나가거나, 밤하늘을 관찰하기 위해 고개를 젖히는 행위를 설명하거나, 그에 따른 결과물이 아니다. 마찬가지로 복잡한 기하학 문제를 풀려면 종이와 펜으로 계산 과정을 잔뜩 써내려가지만, 그렇게 해서 나온 결과가 이러한 활동의 이론화가 될 수 없다.

물론 연구가는 훈련을 통해 정확한 관찰방식, 정확한 조작방식을 익혀야 한다. 또한 때로는 연구 과정을 되짚어가면서 실험의 결과를 방해하는 요소가 존재하는지 찾아내야 할 경우도 있다. 예를 들어 밤하늘의 움직임을 관찰하기 어려울 정도로 시력이 나쁘지 않는지, 망원경이 고장 나지 않았는지 꼼꼼히 살펴야 한다. 하지만 이러한 형태의 검사도 정확한 관찰과 조작방식을 필요로 한다. 이를테면 시력도 정상이고 망원경도 정상이어야 한다. 이를 토대로 과학을 발전시키거나 지식 이론을 조정할 수 있다. 하지만 이들 학과가 우리에게 무엇을 가르치든, 우리는 행성 이론과 유전자 이론 같은 물리학 형태의 이론을 생산할 수 없다.

아리스토텔레스는 이론과학과 실천과학을 구분했지만 당시 그가 살던 시대에는 지금과 달리 구분의 중요성이 그리 강조되지 않았다. 당시에는 물리학과 같은 유형의 연구라 해도 객관화 수준이 크게 부족했었다. 예를 들어 그리스 천문학은 인간에 대한 관심에서 완전히 벗어나지 못했다. 그래서 천체의 원형 궤도와 인간을 실천 과정에서 한데 묶어놓고 논의하기도 했다. 하지만 오늘날 물리학과 같은 유형의 이론과 윤리학─정치학과 같은 유형의 이론은 일찌감치 철저히 분리되었다.

윤리학─정치학은 물리학의 이론과 달리 실천의 윤리와 궁리를 기반으로 한다. 실천 활동은 저마다의 앎을 지니고 있다. 윤리학─정치학은 이러한 앎을 설명하고, 실천 활동에서 이미 알려진 다양한 이치를 연결하고 발전시켜 이치를 다루는 하나의 온전한 시스템으로 만든다. 물리학 같은 이론은 연구 대상의 객관화를 토대로 하기 때문에 발달된 이론일수록 사물에 대한 우리의 직접적인 경험과 멀어질 수밖에 없다. 윤리학과 물리학을 구별하기 위한 가장 좋은 방법은 윤리 영역에서 시스템을 이론이 아니라 학설이라고 부르는 것이다. 공자나 묵자는 저마다의 윤리 학설을 지녔지만 윤리학 이론을 누구도 제공하지 않았다.

물리학 같은 유형의 이론과 윤리학-정치학 같은 유형의 학설을 근본적으로 구별하고, '실천과 이론'이라는 관계를 재검토해야 한다. 일반적으로 실천과 이론의 관계라고 하면 윤리학-정치학 학설만을 언급한다. 윤리학-정치학 학설은 실천경험을 전문적으로 발전시킨 것이지만 물리학은 그렇지 않다. 특정한 윤리학-정치학 학설만 실천으로 옮길 수 있다는 뜻으로 이해할 수 있다. 이와 반대로 물리학 같은 유형의 이론은 실천으로 옮길 수 없다. 천문학에서 펄서Pulsar의 회전속도를 다루는 과학지식은 실천하려 하지도 않고, 실천할 수도 없다.

과학지식은 실제 생활과 관련 있지만 정확히 말해서 '응용관계'라고 정의할 수 있다. 특정 원리나 몇 가지 원리를 응용해 기하학 문제를 풀기도 하고, 유전자 지식을 응용해 식물의 성장속도나 생산율을 조작한다. 그밖에도 특정 질병에 강한 약물을 조제할 수도 있다. 이러한 활동은 아리스토텔레스가 말한 실천이 아닌 제작 활동에 보다 접근해 있다. 아리스토텔레스는 자신이 말한 '이론과학'이 이렇게 광범위하게 제작에 사용될 것이라고 미처 생각하지 못했을 것이다. 갈릴레이–뉴턴을 위시한 과학혁명의 전성기가 오기 전까지, 물리학은 여전히 참된 앎을 찾기 위한 참된 앎에 속했다. 과학 이론이 대대적으로 제작 활동에 사용된 것은 최근 200년 사이에 일어난 일이다.

물리학과 같은 유형의 이론은 블루맵에 사용되었다가 그 내용에 따라 시공하고 제작하는 데 두루 응용될 수 있다. 반드시 양자학 이론이 먼저 성립되어야 원자폭탄이나 핵 반응로를 세울 수 있는 것과 같다. 하지만 윤리학–정치학은 비슷한 응용을 보여주지 못한다. '과현논쟁'이 한창 일어났을 때 호적胡適, 중국의 철학자, 미국에서 유학하며 존 듀이에게 배워 그 흐름을 따른 실용주의자이다.–역주은 "오늘날 인류의 가장 큰 책임이자 가장 절실한 사실은 과학적인 방법을 인생의 문제에 적용하는 데 있다[103]"고 지적했다. 다른 내용은 차치하더라도, '응용'이라는 두 글자는 제대로 자리 잡지 못했다. 장대년張岱年, 1909~은 마르크스 사상을 일찌감치 받아들여 유물주의를 변증한 인물이다. 그의 주장에 따르면 "변증법은 우주의 규칙이자 과학적인 방법이다. 사람들이 객관적인 세계를 연구하도록 이끌 뿐만 아니라 일상생활에도 응용할 수 있다. 살면서 변증법에 관심을 보인다면 양질의 즐거운 삶을 누릴 수 있을 것이다. 변증법을 효과적으로 운용할수록 당신의 삶은 더욱 개선되고, 더욱 큰 가치를 얻게 될

---

[103]   딩원장丁文江, 《현학과 과학 장군려의 '인생관' 평가》, 글에 인용된 호적의 글은 장쥔리 등이 언급한 것이다. 《과학과 인생관》, 황산서사, 2008년, p57

것이다." 구체적으로 예를 들자면, 실연의 고통에 괴로워하면서도 자신의 맡은 일에 최선을 다할 수 있다면 "변증법은 그 사람의 삶을 즐거운 것으로 만들어줄 수 있다.[104]"

개인적으로는 윤리 영역에서 이론과 실천의 관계가 상당히 내재적이고 미묘하다는 결론에 도달했다. 윤리학-정치학이 응용을 언급할 수 없는 까닭은 제작이 아닌 실천을 다루고 있기 때문이다. 제작의 목적이 기술과 수단 외의 것에 해당한다면 제작의 목적은 대상 자체와는 아무런 관계가 없는, 완전히 우리만의 사정이 된다. 하지만 실천 활동 사랑이든 혹은 정치 활동이든은 인간과 사회에 관련되었다. 앞에서 여러 번 강조했듯, 실천 활동의 목적은 그와 관련된 대상과 항상 한데 얽혀 있기 때문에 실천 활동과 완전히 독립된 채 정의될 수 없다. 실천 활동은 각종 이론에서 발견한 진리나 법칙을 단순히 응용하는 것이 아니며, 프로그램이나 블루맵을 그대로 이행하는 것은 더더욱 아니다. 1장에서 언급했듯이 틸리와 채원배는 이론윤리학과 실천윤리학을 구분하였는데, 전자는 규율을 발견하는 것이며, 후자는 규율을 응용하는 것이라고 밝혔다. 또한 실천윤리학은 "본래 이론윤리학이 설명하는 원리를 응용하는 것이며, 행위를 규범으로 삼는다. 이론윤리학이 실천윤리학에서 비롯되는 것은 생리학이 위생학에서 비롯되는 것과 같

---

104 장대년, 《장대년 문집》, 칭화대학교 출판사, 1989년, pp55~56

다"고 주장했다. 하지만 어느 누구도 실천 활동에 이론윤리학의 규율을 응용할 수 없다. 사실상 어떤 윤리학도 규율을 근본적으로 발견하지 못한다.

이론은 제작을 이끌 수 있지만 실천을 이끌지 못한다. '학구적 도덕주의자'가 도덕관념을 만드는 과정에서 아무런 역할을 하지 못하며, 그들의 이론이 직접 실천을 이끈다고 말할 수 없다. 누군가의 윤리학이 우리의 실천에 실제로 역할을 발휘한다면 그것은 아마도 그 안에 포함된 이러저러한 평가가 우리를 감동시켰기 때문일 것이다. 우리는 특정한 윤리 이상을 확실히 수행할 수 있어야 한다. 앞에서 밝힌 것처럼 윤리 이상은 실천 전통과 실천 규범에 의존하되, 명확히 묘사된 블루맵을 전혀 필요로 하지 않는다. 또한 실천은 이론에서 비롯된 것이 아니며, 전통과 귀감을 통해 실천자는 깨달음을 얻는다.

실천이 전통과 귀감으로부터 깨달음을 얻는다면 이론은 또 어떤 용도를 지니고 있을까? 1장과 3장에서 자세히 설명한 것처럼 윤리학—정치학은 체계적인 논리로서 주로 이치의 궁리 그 자체에 대한 흥미에서 비롯된다. 이번 장에서 다룬 지행관계의 탐구 및 뒤에서 다루게 될 선악, 개별성과 보편성에 대한 탐구 등은 주로 형식적인 탐구이거나 수많은 철학자가 말하는 관념 탐구에 속한다. 이러한 형태의 탐구는 우리가 어떻게 지행합일을 해야 하는지, 어떻게 악을 버리고 선을 이끌지 알려주지 못한다. 심지어 실질적인 선의 문제에 대해서도 직접적인 답을 들려주지 못한다. 윤리학을 통해 윤리적 삶을 이끌고, '도덕철학'을 통해 '도덕적 수준'을 한 단계 끌어올리기를 바라는 마음은 모두 잘못된 생각이다. 왜냐하면 '이론'은 그렇게 할 수 없기 때문이다. 그래서 무능하다는 비난은 옳지 못한 것이 된다.

윤리학은 윤리 실천을 결코 이끌지 못하며, 보다 복잡다단한 방식으로 윤리적 삶과 연결된다. 다소 거칠게 표현하자면 윤리 관념에 대한 탐구는 윤리 관념에 대한 사람들의 통속적인 이해를 바꿈으로써 윤리 문제에 대한 사람들의 사고방식을 변화시키는 데 목적이 있다. 또 한편으로는 실천의 성과는 선한 실천으로서, 프로네시스 같은 '진실한 이성의 실천 품질'을 포함하고 있기 때문에 합리성 그 자체를 얻는 것 역시 실천 활동의 일부분이라고 하겠다. 즉 이치를 밝혀야만 보다 현명하게 실천할 수 있다. 이 점에 관해 윤리학 탐구는 간접적으로 윤리 행위와 연결되어 있다고 결론 내릴 수 있다. 예를 들어 "모든 행위가 쾌락을 추구한다"는 통속적인 견해를 바로잡으면 행위자가 자신의 행위방식을 바로잡는 데 도움이 될 것이다.

'권력에 대한 맹목적 숭배'에 대한 비난 역시 입법을 바로잡고, 민주 헌정 시스템의 이미지를 한 단계 끌어올리는 데 도움이 된다. 좋은 윤리학-정치학 이론은 실천 활동의 이치를 촉진시킴으로써 실천의 품질을 강화시킨다. 이 점은 바꿔 말하면 윤리학이 다음과 같은 요구를 제시한다는 뜻으로 이해할 수 있다. 즉 "실천 활동에 기반을 둔 윤리로서 윤리학-정치학은 반드시 이론 연구와 실천 사이의 관계를 유지하고, 실천 활동 그 자체에 대한 진정한 이해와 각성을 유지하도록 노력해야 한다." 오늘날의 윤리학—정치학 연구에서 물리학을 부러워하는 분위기가 널리 퍼져 있다. 물리학의 객관화를 제대로 이해하지도 못한 채 실천 활동에서 이치를 밝히기 위한 노력이 점점 사라지고 있다는 사실은 개인적으로 무척 아쉽다. 그 결과 실천 활동을 진정으로 깨달을 수 있는 기회를 잃고, 심지어 물리학과 같은 형태의 이론으로 변질되고 말았다.

풍부한 경험을
가진 자에게
물어보라

앞에서 이미 여러 번 설명했지만 우리는 이치와 이론이 아니라 다른 사람을 흉내 내면서 실천을 시작한다. 처음 시를 쓰는 사람이라면 시문학을 이해할 수 없으니 이백이나 키츠_{John Keats}의 시를 필사해야 한다. 그림도 마찬가지다. 그림을 그리는 법을 알지 못하니 팔대산인八大山人, 중국 명나라 왕족 출신의 청나라 초기 승려 화가—역주이나 고흐의 화법, 화풍을 따라야 한다. 정의롭지 못한 것을 보고 슬퍼하고 한탄하는 개념은 그 자체로 배울 수 있는 것이 아니라, 불의를 참지 못하고 행동으로 보여준 위인의 삶을 통해 이해하는 것과 같은 논리다.

우리는 민주 이론에 대한 연구가 아니라 영국이나 미국의 정치가가 보여준 정치적 업적을 통해 민주정치를 배운다. 민주적 이상은 미국이나 영국에서 조지 워싱턴, 토머스 제퍼슨과 그들의 유권자를 통해 구현된다. 또한 영국과 미국의 국정운영 과정에서도 나타난다. 민주주의와 민주문화를 사랑하는 사람들은 대부분 각종 정치제도 이론을 비교한 후에 민주제도를 선택한 것이 아니라, 건전한 민주국가에 매료되었기 때문에 민주주의를 동경하는 것이다. 그래서 필리핀이 아닌 영국과 미국 등에서 민주주의를 배우는 것이다.

공산주의 역시 마찬가지다. 책을 통해 공산주의를 신봉하게 되었다고 해도 무산계급 혁명이라는 실천 과정에 동참하려면 레닌이나 레프 트로츠키Leon Trotskij, 혹은 오스트로프스키N. Ostrovsky의 소설《강철은 어떻게 단련되는가How the Steel was Tempered》의 주인공 빠벨 콜차킨Pavel Korchagin을 모델 삼아 구소련의 실천을 좋아야 한다. 호루스C. C. Horus는 실천의 고요한 명상을 강조하면서 이렇게 말했다. "명상주의적 경험을 획득하기 위해 특정 지식을 공부할 필요는 없다. 이러한 경험을 얻으려면 반드시 매우 전문적인 경험이 필요하기 때문이다. 연장자의 경험과 개성에 철저히 몰입해라. 세계 곳곳에는 완전히 독립되어 생산된 다양한 정신적 전통이 존재한다. 예를 들어 불교, 도교에도 같은 현상이 존재한다.[105]"

105　C. C. 호루스, 《비잔틴과 러시아의 명상주의》

명상, 회화, 수영, 치료행위 모두 스승을 따라 실천해야 하며, 이치를 다루는 추상적인 활동마저 규범화된 영향에 따라 점차 익힐 수 있다. 다양한 길이 관습이라는 틀 안에서 서로 긴밀히 이어지려면 연습을 통해 실천해야 한다.

과학적 진리는 보편성을 띠고 있기 때문에 모종의 전통에 호소해 자신을 변호할 필요는 없다. 하지만 과학적 연구 활동은 그 자체만으로 일종의 실천에 속하며, 말과 행동으로 보여주는 효과가 여전히 크다. 과학발전을 연구하는 학자들은 오스트레일리아가 어떤 조건을 지니고 있는지 우리에게 알려주지만, 아주 시간이 오래 지나면 과학 연구도 언젠가는 막을 내릴 것이다. 과학이 발전하려면 반드시 과학적 전통이라는 든든한 기반이 마련되어야 비로소 빼어난 재능으로 무장한 후발주자를 탄생시킬 수 있는 법이다.

좀 더 자세히 이야기해보자면, 과학의 거짓을 연구한 저드슨은 '명문대' 출신인 연구자들은 거의 대부분 거짓말을 하지 않는다는 사실을 발견했다. 하지만 과학계에는 우리가 알지 못하는 거짓 연구가 크게 늘었다. "과학적 사업의 발전에 따라 연구자의 혈통이 점차 약해지면서 말과 행동으로 가르치던 교사의 영향력도 쇠약해졌다.[106]" 막스 셸러Marx Scheler가 말한 것처럼 "귀감의 원칙은 윤리 세계에서 일어나

---

106   H. F. 저드슨, 《엄청난 배신: 과학에서의 사기》

는 모든 변화의 일차적 수단으로 간주되고 있다.[107]"

특정 업종에서 뛰어난 활약을 보여주는 사람들은 우리에게 하나의 귀감이 된다. 그들은 현실 속에 존재하는 이상이지만, 동시에 뜨거운 피가 흐르는 존재이기도 하다. 모든 이상은 다양한 '실천자'를 거느리고 있다. 모든 실천자는 자신의 삶 속에서 귀감을 발견하고, 자신의 처지와 능력, 필요에 따라 귀감을 선택한다. 이러한 이상은 억지로 수립하는 규범과는 다르다. 젊은이들의 동경과 열정을 자극하는 효과를 지니고 있지만 자칫 헛된 망상과 오만을 불러오기 쉽다.

쉘러는 모방이 아니라 인격 서위, 존재하는 사랑에 대한 추종이라는 점을 보다 냉철하게 분석했다. "선한 인격은 직관적이면서도 사랑받는 존재로서만 존재하며, 바로 그러할 때 귀감으로서의 가치를 지닌다.[108]" 불의를 참지 못하는 정의로운 의사를 만난 적이 없다면 비분강개라는 말의 참뜻을 알 수 없다. 왜냐하면 비분강개라는 단어에 대한 정의가 사람마다 다르기 때문이다. 그래서 이러한 단어를 들을 때는 직접 들었거나 직접 사용한 사람들의 경험에 의존할 수밖에 없다. 민주제도의 정치적 자유에 관한 토론이 민주정치 시스템의 정치적 자

---

107 쉘러, 《윤리학에서의 형식주의와 본질의 가치윤리학》. 윤리학이라는 도덕 영역에서 귀감을 도입하는 것보다 더 심각한 의견이 없다고 지적하며, 윤리도덕에는 모방이라는 문제가 근본적으로 존재하지 않는다고 주장했다(칸트, 《도덕 형이상학을 위한 기초 놓기). 다시 한 번 칸트의 주장에 이의를 제기하는 바이다.

108 쉘러, 《윤리학에서의 형식주의와 본질의 가치윤리학》

유의 토대에서 이루어지지 않는다면 민주와 자유 역시 헛된 메아리로
전락할 뿐이다.

반대로 우리는 아이들과 학생들을 가르칠 때 일을 이렇게 저렇게
해야 한다는 도리를 가르쳐주지 않고, 어떻게 해야 하는지만 가르쳐
준다. 쉽게 말해서 고기를 직접 잡아주는 것이 아니라 고기를 잡는 법
을 가르쳐주는 것이다. 교사가 학생에게 줄 수 있는 최고의 교육은 학
생 스스로 도전하고 일을 완벽하게 마무리 짓는 법이다. 요컨대 훈련
은 가장 좋은 학습이다. 교사는 학생의 훈련 과정을 지켜보면서 배움
을 지도하는데, 이때 학생이 제대로 이해하지 못했다고 화낼 필요가
없다. 왜냐하면 학생마다 단점과 부족한 점이 모두 다르기 때문이다.
때로 우리는 아이들에게 거짓말로 이유를 설명하곤 한다. 예를 들어
채소를 먹어야 키가 큰다든지, 거짓말을 하면 코가 길어진다든지….
이치에 대해 이야기해줘도 어린아이들에게는 소귀에 경 읽기일 뿐이
다. 아이들은 학부모와 교사의 요구에 따라 행동한다. 응당 그렇게 해
야 한다는 이치를 깨우쳐서가 아니라, 그렇게 하지 않으면 혼나거나
심지어 벌까지 받을 수 있기 때문이다. 어쩌면 고생하시는 부모님을
기쁘게 해드리고 싶어서일 수도 있다. 요컨대 실천 활동은 반드시 '이
치를 이해하는 것'에서부터 출발하는 것은 아니라는 것이다.

과거에는 학문을 통해 벼슬길에 오르는 사람을 제외하고, 젊은이
나 다 큰 성인들도 일하는 과정에서 배우고 이치를 깨달았다. 하지만
오늘날에는 초등학교부터 대학교에 이르기까지 주로 교실 안에서 이

뤄지는 수업에 의존하고 있다. 수학과 같은 지식을 배우는 데는 크게 문제될 것 없지만, 끝이 보이지 않을 만큼 장황한 이치를 교실 안에서 가르쳐봤자 가르치는 교사와 배우는 학생 모두 눈 가리고 아웅 하는 꼴이라 하겠다.

앞에서 이야기한 것처럼 먼저 실천한 뒤에 천천히 그 속에 깃든 이치를 이해할 수도 있고, 반대로 먼저 이치를 파악한 후에 행동으로 옮길 수도 있다. 체조, 수영 등의 신체 활동은 먼저 몸으로 직접 부딪친 뒤에 이해할 때 더 만족스러운 결과를 가져다주기도 한다.

하지만 윤리 규범이나 삶의 이상 등에 대한 문제는 먼저 그 이치를 파악한 후에 비로소 실천해야 할 것이다. 주희가 말한 것처럼 이치도 제대로 밝히지 못했으면서 어찌 그것을 실천할 수 있는가? 길을 가야 할 사람이 앞이 보이지 않으면 그 길을 갈 수 없는 것과 마찬가지다. 하지만 도덕은 본래 일반적인 실천에서 벗어난 독특한 체계가 아니다. 우리가 배우는 일반적인 윤리 규범 역시 대부분 그러하다. 아리스토텔레스의 주장처럼 우리는 피아노를 통해 피아노 치는 법을 배우고, 정의구현을 통해 정의를 배운다. 덕성의 영역에서 귀감은 다른 실천 영역에서 그랬던 것처럼 대체 불가능한 역할을 수행한다. 귀감은 주로 말과 행동을 통해 작용하는 것이며, 이치를 설명하는 것만으로 덕성을 기르는 데는 한계가 존재한다. 덕성의 습득은 선생님이나 학교에서 배우는 것이 아니라, 주변의 귀감을 통해 배우게 된다. 길이 있어서 헤매지 않았다는 말처럼, 낯선 길에 처음 발을 내디딜 때 어떤 길을 어떻게 가야 할지 알 수 없기 때문에 일단 다른 사람이 어떻게 걸었는지 살피는 것이다.

그렇다면 이를 맹목적인 행위라고 할 수 있을까? 이론이 없다면 행동은 맹목적일 수밖에 없다. 행동이 맹목적인지 판단하는 근거는 "귀감이 되는 행위자가 제대로 된 이치를 제시할 수 있는가"에 있지 않다. 그보다는 그의 행동이 합리적일 때 비로소 행동의 맹목성을 판단할 수 있다. 아이에게 어떤 일을 해결할 수 있는 방법을 알려주면 아이는 귀감, 즉 해결책에 포함된 이치와 함께 일련의 정보를 습득하게 된다. 말로써 이치를 밝히는 것은 부차적인 문제로, 여기서 핵심이 되는 문제는 아이에게 가르친 방법에 이치가 제대로 담겼는가 하는 것이다. 실천 활동에는 순전히 효율을 기준으로 제정된 객관화된 기준이 존재하지 않는다. 우수한 기준은 대부분 위대한 실천자를 중심으로 형성된다. 앞에서 소개한 것처럼 명상의 실천에 대해 호루스는 이렇게 이야기했다. "내가 얻은 경험이 정확한지 어떻게 알 수 있을까? 그 답을 알 수 있는 가장 간단한 방법은 이미 풍부한 경험을 가진 사람에게 가서 물어보는 것이다.[109]"

우리 주변에는 많은 사람이 존재하고, 그들로부터 다양한 의견을 구할 수 있다. 그렇다면 그중 누구를 귀감으로 삼아야 할 것인가? 초

---

109   C. C. 호루스, 《비잔틴과 러시아의 명상주의》

보자라면 누구의 경험이 풍부한지 어떻게 알 수 있단 말인가? 또한 교훈을 쌓고만 있어도 되는 것인가? 그다지 중요해 보이지 않지만 이는 상당히 중요한 문제다. 저렇게 하면 안 되고 이렇게 해야 한다는 것을 판단할 수 있는 가장 확실한 방법은 성공과 명성이다. 물론 이는 탁월함과는 전혀 다르지만 성공보다 더 큰 설득력을 지닌 존재가 있느냐는 비트겐슈타인의 반문처럼 우리는 탁월과 통속을 구분하기 어렵다. 그래서 가장 간편한 방법은 성공과 명성이라는 기준에서 출발하는 것이다. 철학을 공부하는 학생이 헤겔을 읽는 것은 그의 위대한 사상을 이해하려 함이 아니다. 그저 교사와 선배들이 입을 모아 헤겔이 철학 분야에서 중요하다고 강조했기 때문이다.

초보자라면 누구를 따라야 할지도 문제가 되기 때문에 결과적으로는 우연이라는 요소를 피할 수 없다. 처음부터 우수성과 통속성을 구분할 수 없기 때문이다. 반 고흐의 그림과 평범한 화가가 그린 그림을 한데 놓고 어느 쪽이 더 잘 그린 그림이냐고 묻는다면 대부분의 초보자는 평범한 화가의 그림을 선택할 것이다. 우리는 이때 무엇이 진정한 탁월함인지 알아볼 필요가 없다. 그저 자신의 마음에 드는 쪽을 골라 이것저것 흉내 내면 된다. 이렇게 해봤더니 마음에 들고 저렇게 해봤더니 별로였다면 나름 그렇게 된 이유가 있을 것이다. 그렇게 천천히 그 속에 숨어 있는 이치를 깨달으면 된다.

한 발 더 나아가서 이야기하자면, 우리의 안목 역시 변할 수도 있다. 좀 더 뛰어난 쪽을 알아볼 수 있는 안목이 생기면서 천천히 전통

속으로 걸어 들어간다. 안내자의 가르침에 따라 점점 나아가다 보면 마음에 지혜가 자라고, 아름다움을 볼 줄 아는 안목도 달라진다. 그때가 되면 반 고흐의 그림이 왜 명작으로 불리는지 이해할 수 있게 된다. 호루스는 경험이 풍부한 사람에게 자주 물어보라고 충고했다. 여기서 묻는다는 행위는 단순히 전통 밖에 서서 그 안에 뭐가 들어 있는지 들여다보는 것이 아니라, '연장자의 경험과 개성에 철저히 녹아드는 것'이다. 학습자는 자신의 발전 단계, 인지 수준에 따라 귀감을 파악한다. 처음 자신이 따라야 할 귀감이라고 생각했던 대상은 나중에는 쓸모없다고 버려질 수도 있다. 이는 더 높은 단계로 도약하기 위해 반드시 거쳐야 하는 단계다. 덕성의 학습과 교화는 심미의 교화와 매우 비슷하다. 예술을 감상하는 우리의 눈높이가 성장하는 것처럼 삶에 대한 우리의 눈높이도 이론적 지도가 없어도 성장한다. 실천자는 귀감이 되는 대상의 경험과 개성에 온전히 녹아내려 이론 지식이 아니라 프로네시스, 즉 통찰력을 기르게 된다.

우리는 의인을 귀감으로 삼고, 그의 인품과 행적을 좇는다. 의인이 귀감으로 대접받는 것은 누군가의 귀감이 되기 위해 일부러 정의를 실천했기 때문이 아니다. 그는 그저 자신의 문제를 해결한 것뿐일 수도 있다. 그래서 주변 사람들로부터 의인으로 대접받거나 누군가로부터 귀감이라는 이야기를 들으면 어리둥절한 반응을 보일지도 모른다. 영국인은 원래 자신들의 정치적 문제를 해결하기 위해 근대적인 정치

방식을 발전시켰다. 다른 국가들 역시 현대화로의 구조조정에 나서거나 자발적 혹은 강제적으로 '세계'라는 시스템에 편입되었다. 이러한 정치방식의 발전은 결과적으로 무척 고무적이었다. 여러 국가가 선진화된 시스템을 습득하고 모방함으로써 인류 발전에 크게 공헌했기 때문이다.

사마천司馬遷은 자신의 에너지와 억울함을 쏟아내 《사기史記》라는 역작을 탄생시켰으며, 화타化他는 환자를 치료하는 데 자신의 모든 것을 걸었다. 훗날 실천자들이 그들을 본받겠다며 그들의 업적을 표준화하면서 화타와 사마천은 실천 전통의 대표주자로 우뚝 설 수 있었다. 권위는 해당 영역에 속한 대상의 열정을 자극하고 지혜를 끌어내는 힘을 지녔다. 특히 종사자는 자신이 몸담고 있는 영역에 대한 경외심을 느끼게 됨으로써 평소 보기 힘든 집중력을 발휘한다. 자신이 속한 영역에 대한 관심과 권위를 지닌 대상에 대한 존숭尊崇이 하나로 합쳐지면 탁월한 효과를 일으킬 수 있다. 경외심이 없는 열정은 무분별함, 무절제함을 불러올 뿐이다. 전통의 안정성을 보장하는 권위 없이 전통을 논할 수 없다. 이를 설명하는 데 2천 년이라는 긴 전통을 자랑하는 중국의 유학보다 적절한 것도 없으리라.[110]

---

110   위전화鄔振華는 자신의 책 《인류 지식에 관한 내재적 연구》에서 '전통, 권위와 창의력'이라는 장章을 빌어 칼 폴라니Karl Polanyi를 중심으로 한 근세 서양학자의 토론을 집중적으로 소개했다. 위전화, 《인류 지식에 관한 내재적 연구》, 베이징대학교 출판사, 2012년, 12장

오늘날 사회적으로 유행하는 관념은 권위에 저항하고 개성, 기존 전통에 대한 의심, 독립적 판단을 내세운다. 최근 들어 권위와 권력을 같은 것으로 인지하는 논객이 점점 늘어나고 있다. 내가 여기서 '권위'라는 단어를 사용하게 된 가장 결정적 이유는 '사람으로 하여금 믿게 하는 힘과 명성'이라는 사전적 의미 때문이었다. 하지만 '권세'라는 어원에서 비롯된 권위는 현실 속 특정 영역에서 월등한 힘과 명예를 가진 사람이 손에 쥔 권력으로 종종 인식된다. 그 때문에 '권위'라는 단어를 인용할 때마다 항상 망설여진다.

이보다 더 심각한 문제도 존재한다. 실천 전통이 현대사회에서 점차 쇠락함에 따라 각 업계의 '어르신'들은 명예를 잃어가고, '권위'가 노골적으로 권력 쪽으로 점점 기울어지고 있다. 오늘날 많은 사람이 비난하는 학술 분야의 행정화 현상은 다양한 문제를 촉발했는데, 그중에서도 가장 심각한 문제는 권력으로 권위를 대체했다는 점이다.[111] 물론 권력의 지휘봉 아래 '학술적 성과'가 여전히 쏟아져나오고 있지만, 학자는 학문에 대한 열정과 경외심을 점점 잃어가고 있다. 권위가 지닌 중요한 의미는 충분한 증거가 없는 상태에서도 보장한다는 데 있다. 반대로 이야기하자면, 권위를 갖춘 인물이나 기관이 권위를 잃

---

[111] "근본적으로 권위가 존재하지 않는다면 권력만 존재할 뿐이다." 버나드 윌리엄스, 《진리와 진실Truth and Truthfulness》, 이 책에서 윌리엄스는 권위와 권력의 공통점과 차이점을 분석하는 데 새로운 견해를 제시했다.

어버리는 순간 진실을 이야기한다고 해도 자동반사적으로 거짓말이라고 외치는 부정적 효과가 커지게 된다.

그렇다고 해서 우리가 명성과 권력을 구분하지 못할 이유가 될 수는 없다. 오히려 이 때문에 우리는 명성과 권력 사이의 미묘하지만 근본적인 차이에 보다 집중해야 한다. '권위'에 대한 복종은 곧 '권력'에 대한 복종은 아니다. 권력에 복종하는 것은 오로지 효율, 결과만을 따지겠다는 뜻이다. 권력에 복종하지 않고도 똑같은 결과를 얻을 수 있다면 누구도 권력에 복종하지 않으려 할 것이다. 하지만 우리가 권력에 복종하는 것은 자신이 소속된 영역에 대한 애정과 열정 그리고 이 영역에서 출중한 성과를 내고 싶다는 성취욕에서 비롯된다. 즉 개인의 권력은 제도에서 차지한 위치에서 비롯되는 것이며, 명성은 그가 세운 성취에서 출발한다. 여기에는 성과의 외재적 효용도 포함되지만 내재적 효용, 즉 전통의 자체적 발전을 촉진할 수 있는 역량이 포함된다. 명성은 명성을 누리는 사람에게서, 권력은 권력자가 자리 잡은 위치에서 비롯된다. 명성은 전통을 결집시키고 그 자주성을 지켜주지만, 권력은 전통을 파괴할 뿐이다.

6

행복한
양질의 삶을

위하여

행복은
좋은 것인가[112]

　　　　　쾌락의 여부를 가늠하는 문제는 우리의 삶 전
반에 걸쳐 고민해봐야 하는 문제이다. 굴원은 비록 우울하고 고단한
삶을 보냈지만 그 때문에 괴로워하거나 사회를 원망하지는 않았다.
하지만 또 한편으로는 울적함, 비관적인 생각, 절망은 모두 '부정적인
심리상태'라는 점을 인정한다. 쾌락은 자연스레 좋은 것으로 간주된
다. 아이의 행복을 바라지 않는 부모가 세상에 어디 있으랴? 명절이
될 때마다 가족, 친구들끼리 한자리에 모여 맛있는 음식을 먹으며 이

---

[112]　이번 장의 내용 대부분은 《쾌락사론快樂四論》, 《쾌락삼제快樂三題》에 실린 것으로 천자잉의 《가치의 이
　　　유》에 소개된 바 있다.

야기꽃을 피우는 것이 어찌 즐겁지 않겠는가? 우리 자신도 마찬가지다. 슬프고 축 처져 있기보다는 행복하고 즐겁게 지내기를 바란다. 혹시라도 안 좋은 일이 생기면 최대한 빨리 지나가도록 묵묵히 참아낸다. 이와 마찬가지로 쾌락도 언젠가는 사라지기 마련이다. 아쉬운 마음에 조금이라도 가는 세월을 붙잡아 보려 애쓰기도 한다. 음악에 관한 글에서 순자는 이렇게 이야기했다. "무릇 음악이란 즐거워야 하는 것이며, 사람의 감정을 피할 수는 없다《순자》, 〈악론樂論〉."

분명 선을 쾌락으로 여기는 주장은 존재한다. 그들에게 삶의 목적은 쾌락을 추구하는 것으로, 이를 '쾌락주의'라고 한다. 대부분의 사람은 쾌락을 추구하며, 이를 수단이 아닌 자신을 위해 추구한다는 점에 입각해 쾌락을 선과 동일한 대상으로 여긴다. 영국의 철학자 중 거의 대부분은 쾌락주의자인데, 흄은 인류가 지닌 지혜의 주요 동력이나 밀고 나가는 원칙은 쾌락과 고통이라고 주장했다.[113] 도덕 역시 예외가 아니다. 미덕의 본질은 오로지 쾌락을 만들어내는 데만 존재하며, 사악한 본질은 고통을 만들어낸다.[114]

하지만 쾌락을 선으로 여기는 것은 다소 지나친 감이 있다.《서유기西遊記》에서 가장 행복한 사람은 누구일까? 아마도 저팔계일 것이다.

---

[113]   흄, 《인생론》
[114]   각주 2에서 소개된 책의 일부 내용, pp330~331

먹을 것은 물론, 예쁜 낭자를 결코 지나치지 않는 저팔계는 골치 아프게 머리를 굴릴 줄도 모르고 가끔씩 힘자랑만 한다. 때로는 불평불만을 쏟아내기도 하지만 그래도 항상 즐겁게 살아간다. 이러한 이미지를 고스란히 담아낸 존재가 있으니 바로 남자들이다. 듬직한 모습을 보이다가도 때로는 약한 모습을 보인다. 어떤 모습을 보여주든지 한 가지 분명한 것은 저팔계를 우리가 배워야 할, 혹은 따라야 할 귀감으로 삼지 않는다는 것이다.

〈석두기《石頭記》청나라 시대의 대표작인 장편소설《홍루몽紅樓夢》〉에서 가장 행복한 사람은 설반薛蟠이다. 소설《안나 까레니나 Anna Karenina》에서는 가정교사와 바람을 피운 스테판 오블론스키 공작보다 행복한 사람은 없다. 소설에서 그가 처한 상황을 현실에 대입해 상상해보자. 쾌활한 데다 사교성도 좋은 공무원으로 상사의 비위도 적당히 맞춰줄 줄 알고 동료들 사이에서도 인기가 좋다. 어디 그뿐인가! 주어진 일도 척척 해낸다. 하루 일과를 마치고 마음껏 먹고 마시며 청춘을 즐기고 인생을 만끽한다. 비록 착한 사람은 아니었지만 누구보다도 즐거운 삶을 산 것만은 분명하다.

중국의 레이정푸雷政富, 전 충칭 시 베이베이구공위원회 서기. 2012년 섹스 스캔들에 휘말리면서 사회적인 지탄을 받았다. ─역주도 꽤나 놀 줄 안다고 들었다. 한창 즐기다 끌려갔으니 그 마음이 결코 즐겁지 않을 것이다. 하지만 여전히 수천, 수만 명의 레이정푸가 사법권의 눈을 피해 아무도 모르는 곳에서 쾌락을 즐기고 권력을 남용한다.

한 평생 나라를 걱정하고 백성을 염려한 굴원의 삶은 결코 즐거웠다고 할 수 없다. 구준顧準, 위뤄커遇羅克, 류빈안劉賓雁은 모두 진리와 정의를 위해 싸웠으나 객관적으로 그 삶이 행복했다고 볼 수 없다. 할리우드 영화에 등장하는 히어로들은 하루 종일 근엄한 표정을 지은 채 국가의 이익을 위협하는 악당들과 싸운다. 그렇다면 예수는 행복했을까? 소설 《부활》에서 네플류도프는 자신의 지난 과오를 참회하며 훗날 마슬로바를 따라 유배생활을 하게 된다. 결코 즐거운 삶은 아니었지만 이 일을 통해 네플류도프는 갱신의 길로 들어선다.

마약은 즐거운가? 다른 사람과 사랑에 빠진 아내가 죄책감을 갖기는커녕 오히려 당당하게 행동한다면, '새로운 사랑'을 찾아 행복한 아내를 보면서 당신은 과연 행복할 수 있을까? 이러한 즐거움은 '사실과 무관한' 것으로 소크라테스는 이를 '거짓된 쾌락' 또는 '잘못된 쾌락'이라고 불렀다《필레부스(Philebus)》. 사람을 속여먹기에 딱 좋은 '거짓된 쾌락'은 종종 자기기만적인 성향을 지닌다. 보바리 부인이 대표적인 경우이다. 게다가 이것이 전부가 아니다. 누군가는 다른 사람의 불행을 보고 기뻐하기도 하고, 타인을 강간하거나 동물 심지어 사람을 학대해서 쾌감을 얻는 사람도 있다. 학대자와 강간자가 다른 사람을 해치는 데서 쾌락을 얻는다면 우리는 더 이상 쾌락을 선한 존재로 받아들일 수 없다.

하지만 사상사적으로 '쾌락주의자'는 철학을 외면한 채, 오로지 먹고 살고 즐거움만 좇아야 한다고 주장하지 않았다. 예를 들어《열자列

子》〈양주편楊朱篇〉에 등장하는 조목朝穆은 아침저녁으로 즐거움을 추구한다. "한순간의 즐거움을 위해서 평생의 이익을 버린다. 배를 채우는 것만 걱정해 머리와 마음을 채우는 것을 잊고, 명성을 얻는 데 급급해 명예를 지키는 것을 외면한다면 그 삶은 위험하다." 쾌락주의 철학에서는 이러한 종류의 쾌락을 주장하는 것이 아니다. 타인을 강간하거나 학살해서 얻는 쾌감이라면 더더욱 거부한다.

아리스토텔레스는 에우독소스Eudoxos를 최초의 '쾌락주의자'라고 불렀다. 아리스토텔레스에 따르면 에우독소스는 쾌락을 탐닉하지 않고 스스로 절제했다고 지적했다. 가장 유명한 쾌락주의자인 에피쿠로스Epicurus의 이름을 따서 먹고 마시며, 놀고 즐기는 사람을 가리켜 '에피쿠로스의 무리'라고 부르기도 했다. 하지만 에피쿠로스 본인은 단순히 먹고 마시는 일, 노는 것을 강조하지 않았다. "우리가 말하는 쾌락은 주로 선을 가리키는 것이지 육체적인 쾌락을 의미하는 것이 아니다. 조용한 관찰이야말로 우리의 삶을 유쾌하게 만드는 것으로 진정한 즐거움이라 하겠다." 철학자의 즐거움은 우리가 말하는 퇴폐적인 의미의 즐거움과는 거리가 멀다.

근세의 공효주의 윤리학에서는 쾌락주의적 입장을 고수했는데, 이 문제는 2장에서 이미 소개한 바 있다. 공효주의나 일반적인 쾌락주의는 현실생활에서 우리는 오로지 쾌락만을 추구할 수 없으며, 매우 재미없는 일을 해야 할 때도 있다는 사실을 부정하지 않는다. 장기적인 즐거움을 위해 눈앞의 즐거움을 포기해야 할 때도 있다고 인정한다.

프로이트의 '현실원칙Reality principle' 역시 동일한 입장이다. "성Sex 본능과 자아 본능은 원래 모두 쾌락을 추구하는 것이다. 하지만 자아 본능은 필요의 영향을 받아 잽싸게 쾌락의 원칙을 수정하고 현실원칙에 복종한다. 하지만 결론적으로 말해서 이 역시 쾌락을 추구하는 것이다. 뒤로 밀리고 축소된 쾌락이지만, 동시에 현실적이고 구현될 것이 분명한 쾌락이다.[115]"

퇴폐적인 쾌락은 일시적일 뿐 장기적일 수 없다는 것이 가장 일반적인 논리에 속한다. 인간은 멀리 내다볼 수 있는 동물이니 눈앞의 고통이나 쾌락에 따라 일희일비하지 말고 반드시 장기적으로 고민해야 한다. 예를 들어 손님을 찾고 있는 길거리 여성을 만났다. 지금 당장 즐길 수 있겠지만 대신 감당해야 할 부담이 크다. 혹시라도 단속반에 걸려서 현장을 들켰다면 경찰서에 끌려가서 벌금을 낼 것이 뻔하다. 이 사실을 알게 된 아내는 이혼하자며 달려들 테고, 뒤에서는 이웃들이 수군거릴 것이다. 직장에서도 회사의 명예를 실추시켰다며 처벌을 받을 수도 있다. 생각만 해도 끔찍하다. 원나잇 스탠드로 얻게 되는 쾌락보다도 그로 인해 치러야 하는 고통의 크기가 더 큰 셈이다. 이득과 손실을 따져본 끝에 당신은 유혹하는 여인의 손길을 거부하고 갈 길을 간다. 현명한 선택이다.

---

115   프로이트, 《정신분석 입문》

하지만 반대의 경우도 있을 수 있다. 어떻게 행동하는 것이 자신에게 유리한 것인지 머리로는 확실히 계산했지만, 끝내 욕망의 유혹에 굴복하고 만다. 당신을 향한 유혹이 가까울수록, 욕망이 매력적일수록 당신은 유혹에 취약할 수밖에 없다. 물론 이러한 요소들이 원나잇 스탠드로 얻을 수 있는 쾌락의 크기에 직접적인 영향을 주지는 않더라도 말이다. 쾌락의 크기가 객관적으로 변하지 않더라도 유혹이 가까울수록 욕망은 커지게 되어 잘못된 판단을 내릴 가능성이 커진다. 단속반이나 주변 사람에게 절대로 들키지 않는다고 하더라도 잘못된 방식을 통해 쾌락을 얻는 것은 과감히 거절할 수 있다. 그로 인해 양심에 어긋나는 짓을 하지 않았다는 자긍심의 크기는 더욱 커질 것이다.

쾌락의 크기를 결정하려면 일단 내가 취할 수 있는 이득부터 따져봐야 한다. 장기적인 이익과 단기적인 이익 사이에서 나는 무엇을 선택할 것인가? 정량화할 수 있는 이익일수록 단기적인 이익과 장기적인 이익의 크기를 객관적으로 비교할 수 있다. 예를 들어 주가가 폭락하는 상황에서 지금 손에 들고 있는 주식을 팔 것인가? 아니면 뚝심 있게 쥐고 있을 것인가? 숫자는 시간적 요소로부터 자유롭다. 다르게 표현하자면 숫자는 시간적 요소를 이미 계산범위 안에 포함시켰다고 할 수도 있다. 이 주식매매 사례를 단기적인 쾌락과 장기적인 쾌락을 비교하는 데 적용한다면 그 결과는 신빙성이 크게 떨어질 수밖에 없다. 이익이라는 단어가 제아무리 광범위한 의미를 지녔다고 한들 일반적으로 쾌락을 포함하지 않기 때문이다.

매일 놀기만 하면 성적이 떨어질 것이라는 꾸중을 어릴 때부터 귀에 못이 박이도록 들어왔다. 부모님에게 꾸중을 들으면 눈물을 머금고 책상에 앉아 책을 펼쳐든다. 하지만 이 말을 완고한 쾌락주의자에게 들려줘봤자 아무런 효과도 기대할 수 없다. "어떻게 되든 내버려 둬. 일단 놀고 난 뒤에 이야기해!" 일반적으로 사람들은 미래에 얻게 될 이익과 손해만 강조할 뿐, '미래의 쾌락'에 대해서는 무관심하다.

결론적으로 말해서 쾌락은 시간적 요소를 포함한다. 쾌락, 통쾌라는 단어는 말 그대로 즐겁다, 속이 다 후련할 정도로 즐겁다는 의미로 쓰인다. 또한 쾌락은 그 크기에 따라 다양하게 표현된다. 누군가에게는 밤새도록 맥주 두 잔을 마시는 게 잊을 수 없는 즐거움일 수 있고, 평소 마음에 들지 않는 상대를 단칼에 쓰러뜨렸다고 해도 괴로울 수 있다. 쾌락은 쾌락 그 자체여야 한다. 이득과 손해를 따지는 순간, 쾌락은 진정한 의미를 잃게 된다.

이처럼 쾌락과 고통을 계산하는 데는 다른 요소들도 고민해야 한다. 이를테면 개인의 쾌락이 다른 누군가의 고통을 전제로 해야 한다면, 쾌락의 크기를 어떻게 계산해야 할까? 좀 더 극단적으로 이야기해서 학살자와 강간범이 얻는 쾌락 역시 전체 쾌락의 크기에 포함시켜야 하는 것일까?

공효주의자는 아마도 학살과 같은 일이 누구에게도 쾌락을 가져다줄 수 없으며, 오직 고통만을 선사할 뿐이라고 이야기할 것이다. 그래서 벤담, 밀 같은 위대한 인물은 강간과 같은 범죄행위가 누구에게도 쾌락을 가져다줄 수 없다고 지적했다. 우리가 만일 비겁하고 악랄한 행동에서 쾌락을 얻지 않는 도덕군자라면 세상에는 오로지 고상한 쾌락만 존재할 것이다. 그리고 그 쾌락은 분명 누구에게도 피해를 입히지 않는 긍정적인 쾌락임이 확실할 것이다. 하지만 아쉽게도 현실 세계에서 군자는 손에 꼽을 정도로 적다. 반면에 강간을 통해 가학적인 쾌락을 얻는 사람은 생각보다 많다. 학살자는 쾌락을 느끼지 않는다고 하지만, 학살을 일삼으면서 얼굴 한가득 미소를 띠고 있는 것이 어찌 쾌락을 느끼지 않는다고 할 수 있겠는가? 하지만 이러한 주장은 본말이 전도된 것 같다. 특정한 풍습, 습관, 법률이 생겨난 것은 우리가 쾌락을 느끼지 못하는 상황을 방지하기 위함이 아니다. 범죄를 저질러서 풍습, 습관, 법률 등에 저촉된다면 우리는 쾌락을 느낄 수 없다. 그래서 이러한 활동을 금지하는 법률 등을 제정한 것이다. 그러나 이러한 활동이 모든 사람을 불쾌하게 만든다면 굳이 법률을 제정하지 않고도 금지할 수 있을 것이다.

이론가들은 항상 동일한 잣대로 인간의 모든 활동을 가늠하려 한다. 친구가 따뜻한 봄 햇살 아래서 놀러 다니는 동안 당신은 책상에 앉아 영어단어를 외우고 있는 상황을 떠올려보자. 이론가에 따르면 지금의 상황은 당신 스스로의 의지에 따른 결정이다. 눈앞의 쾌락을 포기하고 장기적인 이익을 추구했기 때문에 당신은 지금 책상에 앉아 열심히 공부하고 있는 것이다. 클럽에서 광란의 밤을 보내는 친구와 달리 당신은 아픈 환자를 돌보는 일에 매달린다. 이 역시 이론가들은 당신이 선택한 결과라고 말한다. 시끄러운 음악에 몸을 맡긴 채 청춘을 불태우는 것보다 아픈 사람을 정성껏 돌보는 일이 당신에게는 더욱 중요하고 즐거운 일이기 때문이다. 이러한 이론을 납득할 수 있다면 내게는 봄날의 꽃놀이보다 환자를 돌보는 일이 더 즐겁다는 결과에 도달하게 된다.

하지만 약물 중독이나 학대를 통해 쾌락을 얻기도 하는 것을 보며 우리는 쾌락이 곧 선이라는 주장을 견지하기 어렵다. 덕이 있을 때만 즐거울 수 있다고 해야 한다. 덕성과 쾌락 사이에 모종의 관련이 있다고 주장하는 스토아학파는 덕성이 쾌락을 가져오기 때문에 선으로 여기는 것이 아니라, 덕성이 곧 선이기 때문에 쾌락도 가져다준다고 강조한다. 스토아학파 계열의 철학자이자 로마 황제인 마르쿠스 아우렐리우스Marcus Aurelius Antoninus Augustus는 쾌락과 고통은 덕성과 아무런 관계도 없다고 주장했다. 선한 사람이든 악한 사람이든 쾌락과 고통 모두 느낀다는 것이 그의 입장이다. 니체 역시 쾌락과 고통에 도덕적 의의가 없다고 지적하며, 쾌락과 고통으로 사물의 가치를 평가하는 학설은 유치하다고 비난하였다. 니체의 말을 빌자면 "쾌락을 추구하는 것은 사람의 천성이 아니라, 영국인의 고유한 천성에 불과할 뿐이다."

고대 그리스 전성기 시절에 플라톤과 아리스토텔레스와 같은 철학자는 덕성과 지혜를 강조했다. 그리고 쾌락도 강조했다. 그 후로 그리스 사회에 커다란 변화가 일어나면서 그리스인의 가치관, 사고방식에도 극적인 변화가 찾아왔다. 스토아철학의 발전 역시 그중 하나로, 이들은 쾌락을 좇지 않고 덕성만을 강조한다. 그 후 기독교가 크게 번성하면서 속세의 쾌락은 더 이상 선한 것으로 취급되지 않았을 뿐만 아니라, 오히려 죄악시되었다. 고행주의자는 쾌락을 추구하지 않고 오히려 고통을 추구했다.

쾌락이 곧 선이라는 명제가 다양한 어려움에 처하게 되었지만, 쾌락이라는 단어는 태생적으로 긍정적인 의미를 지니고 있는 것 같다. 쾌락이 덕성과 아무런 관련도 없다고 주장하거나, 혹은 쾌락은 일종의 죄악이라고 주장한다고 해도 여차하면 쾌락은 또 다시 등장한다. 《신약성경》 곳곳에서 쾌락을 의미하는 그리스어의 잔재를 찾아볼 수 있다. 게다가 이들 단어는 주로 신을 경배하는 즐거움과 기쁨을 표현하는 데 사용되었다. 중국의 경우 마오쩌둥 시대에 긍정적인 의미로 사용되었던 단어가 한동안 모습을 드러내지 않기도 했다. 미적 감각, 애정, 인생, 선함 등의 단어는 모두 사라지고 향락주의는 입에 담지도 말아야 할 죄악으로 취급되었다. 이에 반해 마오쩌둥의 그림자만 봐도 기뻐서 눈물이 절로 나고, 공산당 정권하에서 행복은 끝없이 계속되리라고 확신했다.

공자와 안회顔回가 어떤 삶을 살았는지 상관없이 사람들은 '공자와 안회의 즐거움'이라고 말하지, '공자와 안회의 고통'이라고 말하지 않는다. 참고로 공자와 안회의 즐거움이란, 정신적인 기쁨을 개인의 행복으로 여기는 것으로 빈곤 속에서도 정신을 단련하는 자세를 의미한다. 장자, 니체와 같은 위대한 인물들은 쾌락에 뜻을 두지 않았다. 마치 선악을 초월한 듯 쾌락과 고통을 초월했다. 하지만 장자에게 있어서 최고의 초연함은 쾌락, 그것도 지극한 쾌락이었다. 니체 역시 마찬가지다. 《즐거운 지식Die fröhliche Wissenschaft》이라는 책을 알고 있는가? 맞다, 니체가 쓴 책이다. 이 책에서 니체는 쾌락에 의지를 지닌 영속성이 있다고 판단했다.

> 세계는 깊다.
> 내가 생각하기보다 깊다.
> 세계의 고통은 깊다.
> 쾌락은-마음이 번뇌보다 더 깊다.
> 고통은 말한다. '지나가라!'고.
> 그러나 일체의 쾌락은 영원을 바란다.
> -깊은, 깊은 영원을 바란다![116]

부정적으로 말하자면 강간이나 학살 같은 행위가 악한 이유는 그것을 통해 쾌락을 얻는 상황을 싫어하기 때문이다. 심지어 '학살의 즐거움', '강간의 즐거움'이라는 말만 들어도 경기를 일으킨다. 학살자, 강간범의 감정을 '쾌락'이라고 부르는 행위가 피해자에게 더 큰 상처

---

116   니체, 《짜라투스트라는 이렇게 말했다Also sprach Zarathustra》

를 주고 모욕한다고 생각하기 때문이다.

아마도 쾌락은 하나로 결론지어 이야기할 수 없을 것 같다. 타락한 행동과 고상한 쾌락은 응당 분리되어야 하지만, 쾌락 중에는 타락한 쾌락도 포함되어 있기 때문이다. 당연히 선한 것이 아니지만, 타락한 쾌락과 고상한 쾌락을 대체 어떻게 구분한단 말인가?

과거 사람들은 종종 육체혹은 감각기관와 마음혹은 정신을 기준으로 쾌락을 구분했다. 마음의 쾌락이 순결한 쾌락으로서 선한 것으로 취급된 반면, 육체적 쾌락은 순결하지 못하고 고통이 수반되는, 또는 쾌락을 즐긴 이후에 고통이 수반되는 것으로 간주했다(필레부스). 아무리 봐도 괴상하기 짝이 없는 결론이다. 이발소에서 벌어지는 불법 매춘에서 고통받는 사람은 없다. 어떠한 고통도 없이 일을 처리한 후에 성병만 조심하면 된다. 또 들키지만 않으면 모두가 행복하다. 물론 마음의 쾌락이 한결 순수하지만, 그렇다고 해도 마음의 쾌락이 항상 즐거운 것은 아니다. 네플류도프는 자신의 과오를 참회한 후 마음의 쾌락을 얻었지만, 마음의 고통은 평생 그를 따라다녔다. 무릇 마음의 쾌락은 주로 수고로움, 고난, 고통, 우울함, 상처, 비참함과 함께 이어져 있다고 생각한다.

일반적으로 말해서 우리는 마음과 육체, 정신과 감각기관이라는 카테고리를 신중히 사용해야 한다. 여기에는 마음과 육체, 감성과 이성에 관한 학설이 복잡하게 얽혀 있기 때문이다. 야구를 좋아하는 당신은 야구장에서 비 오듯 땀을 흘리면서 야구공을 주고받을 때 육체적인 고통과 정신적인 쾌락 중 무엇을 느끼는가? 타인을 괴롭힘으로써 얻는 쾌감의 경우, 학대자는 육체적 쾌락만 느낄 뿐 심리적 쾌락을 얻지 못한다. 어떤 상황에서든 순수하게 육체적인 감각기관을 자극하는 쾌락만 존재할 수는 없다. 플라톤은 이성, 기억이 없다면 자신이 쾌락을 누리는 것인지조차 알 수 없다고 지적했다. 반대로 친구들과의 기분 좋은 만남, 사랑하는 연인과의 애정에서 우리는 육체적 쾌락은 물론, 정신적 쾌락도 함께 느낀다. 모차르트의 음악을 들었을 때, 감각기관의 쾌락과 정신적인 쾌락 중에서 당신은 무엇을 느끼는가? 귀라는 감각기관이 없다면 정신적으로 어떻게 모차르트의 음악을 즐길 수 있겠는가? 먹고 마시는 즐거움보다 예禮에서 비롯되는 즐거움이 더 크다. 다른 사람을 학대해서 얻은 쾌감을 역겹다고 하는 것은 그들이 육체에 '집착'하기 때문은 아니다.

욕망은
행동을 조종하고,
목적은
행동을 이끈다

쾌락은 선한 것이며, 좋고 나쁨이 존재하지 않는다. 다시 말해서 쾌락은 나쁜 것일 수도 있다. 그렇다면 무엇이 옳고, 또 무엇이 그른가? 이번에는 다른 관점에서 쾌락이라는 문제를 살펴보자.

쾌락주의자에게 쾌락은 삶의 목적이다. 먹고 마시는 것 모두 쾌락을 구하는 행동으로 생각하지만 평소 밥을 먹고 물을 마시는 행위가 과연 즐거운 것일까? 결론적으로 말해서 쾌락을 구하기 위해 밥을 먹고 물을 마신다는 주장은 적절하지 않다. 물을 마시고 공을 힘껏 차는 것, 책을 읽거나 자는 행위, 다른 사람을 돕거나 담배를 피우는 행위가 쾌락을 위한 것이라고 생각하는가? 밥을 먹거나 잠을 자는 일, 혹은 책을 읽는다고 해서 반드시 즐거운 것도 아니다. 설사 즐겁다고 해도 즐거움 때문에 한 일이라고는 단정 지을 수 없다. 어려운 가정 형편이지만 아들을 대학에 보내기 위해 닥치는 대로 일하는 어머니. 그 바람대로 아들이 미국 명문대학에 입학하자 어머니는 뛸 듯이 기뻐한다. 하지만 그녀가 처음부터 이 즐거움을 느끼기 위해 죽도록 고생길을 자처한 것은 아니리라. 감옥에 들어간 아들을 구하기 위해 어머니는 재산을 모두 털어 유능한 변호사를 사고, 사방팔방으로 발품을 팔며 아들의 무죄를 호소한다. 그 이유는 무엇인가? 이미 말했다시피 아들이 출옥했을 때의 기쁨을 느끼기 위해서가 아니라 아들을 구하기 위해서다. 학대받는 쾌감도 쾌감이라 할 수 있다. 하지만 죽을 고비를 넘기고 구사일생한 사람은 쾌감을 추구하지도 않고, 쾌감을 얻지도 못했다. 그저 살고자 하는 욕망이 있었을 뿐이다.

고대 그리스의 스페우시포스Speusippos 같은 일부 철학가는 삶의 목적은 쾌락을 추구하는 것이 아니라, 고통을 피하는 것이라고 주장했다. 그러면서 이른바 쾌락은 고통을 피하는 행위에 지나지 않는다고 말했다. 고통을 피하려는 충동이 쾌락을 추구하는 충동보다 크다는 것이 그들이 내세운 근거 중 하나였다. '고통을 피한다'는 표현이 '쾌락을 추구한다'는 것보다 앞선 것인가에 대한 논의는 차치하더라도, 이러한 주장은 행위의 목적에 대한 오류에 깊이 빠져 있다. 무더운 여름에 마실 물이 없으면 괴롭기 짝이 없다. 그래서 시원한 샘물을 찾아 벌컥벌컥 물을 마신다. 그 모습을 보고 누군가가 고통을 없애기 위해 물을 마셨다고 이야기한다면 물을 마신 행위는 고통을 없애기 위한 것이다. 쾌락을 얻기 위한 요령을 찾아서는 안 된다는 말로 표현할 수도 있겠다. 목이 바짝 마른 상태에서 마시는 물과 평소 마시는 물맛이 같다면, 심하게 목이 마른 상태에서 마신 물이 더 큰 쾌감을 가져다주더라도 목을 축이기 위해 마신 것일 뿐, 쾌락을 추구하거나 고통에서 벗어나기 위한 행동으로 볼 수 없다. 그저 목이 말랐기 때문에 물을 찾아 마신 것뿐이다.

여기서 '~ 때문'이라는 표현은 욕구와 욕망을 드러낼 뿐, 목적이 아니므로 '~위해서'라고 고쳐 쓸 수도 없다. 즉 욕망은 뒤에서 나의 행동을 조종하고, 목적은 앞에서 나의 행동을 이끈다. 아무런 이유 없이 밥을 먹지 않는 것과 같은 이치다. 특수한 상황에서 체력을 회복하기 '위해' 밥을 먹는다고 표현할 수도 있겠다. 식욕은 없지만 그래도 꿋꿋이 밥을 먹어야 하는 상황은 욕망이 아니라 목적에 의한 것이다.

때로 목적에 따라 행동하기도 하지만 대부분의 경우 우리는 욕망에 의해 움직인다. 때로는 욕망 때문에 방향을 잃고 헤매다가 삶의 목적을 잃기도 한다. 또는 목표나 욕망에 의해 좌우되지 않은 채 그저 묵묵히 인생길을 걸어가기도 한다. 심심한 나머지 텔레비전을 켜고는 막장 드라마를 멍하니 바라본다. 이러한 행위도 나의 욕망에 의한 것일까? 어떤 목적이 지금과 같은 행위를 유발한 것일까? 막장 드라마를 왜 보냐고 묻는다면 '심심하니까!'라고 답하는 수밖에…. 무료함은 목적도, 욕망도 아닌 그저 사실일 뿐이다.

쾌락은
행동에
투영된다

'쾌락'이라는 단어가 지닌 여러 의미 중에서도 가장 중요한 것은 기꺼이 행동하고, 즐겁게 한다는 것이다. 도를 즐기는 사람도 있고, 자신의 일에서 기쁨을 얻는 사람도 있다. 모임을 즐기는 사람도 있고, 무언가를 얻는 것을 좋아하는 사람도 있다. 결정^{決定}이라는 단어에는 기본적인 이치가 포함되어 있지만, 그 이치를 깨닫기란 그리 쉬운 일이 아니다. 특히 우리가 자신의 애정관을 확립할 때 의식적·무의식적으로 단어를 오해할 가능성이 크다. 즐겨한다^{樂業}, 혹은 즐거워서 힘든 줄 모른다는 표현에는 우리가 쾌락을 추구해야 한다는 주장을 인용하지 않고, 해야 할 일을 그저 즐겁게 해야 한다는 사실을 단순히 들려준다. 일이 순조롭게 진행되고 당초 계획했던 목표를 하나씩 달성할 때마다 우리는 즐거워한다. 목표를 달성해서 즐거운 것이지, 목표를 달성하기 위해 몸부림칠 때마다 즐거운 것이 아니다. 마찬가지로 한 가지 일을 무사히 끝냈다면 '고통에서 벗어나 즐거움을 구할 수 있는데' 굳이 고생길을 자처할 이유가 전혀 없다.[117]

욕망이 충족되면 우리는 즐겁다. 하지만 우리는 원래 욕망에 의해 움직이다 그것에 만족하는 것이지, 욕망이 충족된 후의 쾌락을 추구하는 것은 아니다. 이러한 쾌락주의의 단편적인 반성은 쾌락을 행위의 결과로 인식하고, 나아가 삶의 목적으로 여긴다. 그 결과 여기서 애매모호한 수많은 주장이 쏟아져나온다. 이에 대해 니체는 "쾌락은 아무것도 일으키지 못한다"고 주장했다.[118]

일반적으로 무언가를 하는 데는 핵심요소가 존재하기 마련이다. 일찍이 아리스토텔레스는 쾌락을 '수반하는 존재'라고 지적했는데, '수반'이라는 용어는 때로 오용되기도 한다. 행위를 수반하는 것은 무엇인가? 특정한 모습이나 형태, 아니면 감정? 아마추어 테니스 선수인 당신이 선발전에서 승리해 한 손에 트로피를 든 채 환하게 웃고 있다. 누가 봐도 그 모습은 즐거워하는 것이 틀림없다. 하지만 방금 전 경기가 한창 진행 중일 때 당신은 표정을 일그러뜨린 채 상대의 공을

---

117   고행주의자는 아무 이유 없이 고생을 자처한다. 이 이야기는 다음에 좀 더 자세히 다뤄보겠다.

118   D. J. 오코너O'connor, 《서양철학사 비평》

받아치기 위해 전력 질주했다. 온몸에서 땀이 비 오듯 쏟아지고 정신 없이 코트 곳곳을 누빈다. 누가 봐도 즐거워하는 모습은 아니다. 그렇다면 어떤 의미에서 즐거워하는 감정이 수반되는 것일까?

쾌락은 외부적으로만 활동을 수반하는 것이 아니다. 대부분의 경우 쾌락은 활동 안에 내포되어 있다. 오랫동안 헤어져 있던 친구를 만났을 때 즐거움이 수반된다. 이때는 친구와의 만남과 쾌락은 각각 독립된 것이 아니다. 여기에서 쾌락과 만남은 형식적으로 구분되었을 뿐, 실제로 구분 가능한 것으로 오해해서는 안 된다. 철학자가 흔히 말하는 진리를 추구하는 쾌락은 그들이 진리를 추구하고, 또 한편으로 쾌락을 느끼면서 비롯되는 것이 아니다. 진리를 추구하는 쾌락은 진리 추구라는 특정한 활동에서 벗어날 수 없다.

우리가 즐거워하는 일에서 쾌락은 행동으로 투영된다. 쾌락이 행위에 100퍼센트 투영될 경우, 행위가 제외된 정서적인 즐거움은 아무런 의미도 지니지 못한다. 나는 정서적인 즐거움과 구별하기 위해 하고 있는 일에 투영된 쾌락을 '지의志意의 즐거움'이라고 부른다. '지의'는 내가 만든 용어로, 내가 전하려는 의미를 어느 정도 담고 있다고 생각한다. 테니스를 즐겨 치거나 어려운 문제 풀기를 좋아한다. 고통스럽지만 즐거운 것, 즉 공자와 안회의 즐거움은 지의에 관한 것이다. 즐거운 감정이 사람을 웃게 만든다면, 지의의 즐거움은 한눈에 알아볼 수 있을 정도로 외부적으로 드러난다. 하지만 환한 표정으로 웃는 것과는 다르다. 눈살을 찌푸린 채 문제를 푸는 사람, 헉헉거리며 높은 산에 오르는 사람…. 쾌락도 즐거움이라고 하지만 오랫동안 웃다 보면 얼굴에 경련이 일어난다. 하지만 지의의 즐거움은 오랫동안 이어질 수 있다. 공자도 화를 내고 슬퍼하지만, 공자와 안회의 즐거움은 정서적인 즐거움이 아닌 지의의 즐거움이다.

타고난 기질에 관한 용어의 대부분은 지의를 지니고 있다. 열정을 예로 들어 설명해보겠다. 사람을 만났을 때 기뻐하는 모습은 열정적인 모습에 해당하지만 열정의 또 다른 측면, 예를 들어 사람이나 일에 집착하는 모습은 그리 열정적으로 느껴지지 않는다.

'심미審美'라는 단어의 의미를 놓고 이견이 분분했지만, 지금은 '쾌락'이라는 의미로 사용된다. 누군가가 내게 《돈키호테》를 읽을 때마다 다양한 감정을 경험했노라 고백한 적이 있었다. 처음에는 박장대소했지만 두 번째 읽을 때는 책을 덮고 나서 한동안 아무 말도 할 수 없었다고 한다. 그리고 다시 한 번 책을 읽고 나서는 큰 울림을 느꼈다고 했다. 이처럼 아름다운 것을 통해 얻게 되는 기쁨에는 감정의 쾌락과 지의의 쾌락이 모두 포함된다. 통속적인 작품의 경우 마치 사탕을 먹는 것과 같은 기쁨을 느낄 수 있다. 인류의 유산으로 평가받은 뛰어난 작품이 독자에게 즐거움을 선사한다면, 그것은 지의의 쾌락일 것이다. 비극을 볼 때 사람들은 정서적 쾌락, 형태가 갖춰진 쾌락을 느끼지 못한다. 사람들은 종종 아리스토텔레스처럼 공포와 연민에 대해 이야기하곤 한다. 공포는 물론, 연민 역시 쾌락은 아니다. 다른 사람을 동정하면서 쾌락을 느낀다면, 그것은 남의 불행을 보고 기뻐하는 행위가 아니든가? '저급하고 추악한 작품' 역시 보는 사람에게 '즐거움'을 선사할 수 있다면 이는 고통을 쾌락으로 여기는 행위와 다를 것 없다.

지의의 쾌락은 건전하게 자기발전을 꾀하는 쾌락으로, 욕구에 허덕이는 쾌락과는 구별된다. 똑같이 음악을 듣고 무대를 즐기지만 자세히 살펴보면 그 쾌락의 성격은 똑같지 않다. 때로는 건전한 아름다움에 이어져 있기도 하고, 때로는 품격에만 취해 있기도 하다. 음식을 탐하면서도 기름지고 단것만 찾는 것은 욕구에 허덕이는 쾌락으로, 도덕주의자의 비난을 이끌어낸다. 친한 친구들끼리 모여 술 한 잔 나누거나, 사랑하는 연인끼리 사랑을 나누는 일, 다른 사람과 승부를 겨루는 대회에서 승리하는 일에서 쾌락의 크기를 객관적으로 뽑아낼 수는 없다. 하지만 "그 도를 자연스레 따르는 것은 인의예지로, 서로 해치지 않는다"는 충고는 들려줄 수 있을 것 같다.

쾌락이 행동을 수반하거나 행동에 투영된다면, 쾌락의 선함은 이러한 쾌락과 연계한 활동에 따라 결정된다. 즉 고상한 활동은 올바른 쾌락을 가져오고, 타락한 활동은 그릇된 쾌락을 가져온다. 고대 중국 사회에서는 쾌락을 여러 종류로 나눴다. 이치와 욕구, 예악과 연회, 선왕의 즐거움과 세속의 즐거움…. 전자가 유익한 즐거움이라면, 후자는 유해한 즐거움에 속한다. 다른 사람을 학대해서 얻는 쾌락은 당연히 사람들의 공분을 산다.

《니코마코스 윤리학》에서는 쾌락은 선의 일종이라고 이야기했지만, 뒤에서는 '타락한 쾌락'이라고 여러 번 언급했다. 아리스토텔레스는 쾌락이 어떤 활동과 연계됐는가에 따라 쾌락의 선함에 대한 품급을 나눌 수 있다고 주장했다. 이를테면 이성적 활동의 쾌락은 보고 듣는 즐거움보다 크고, 보고 듣는 즐거움이 먹고 마시는 것보다 더 크다. 이러한 주장대로라면 보고 듣는 즐거움은 맛보고 만지는 즐거움보다 크고, 이성적 활동의 즐거움이 보고 듣는 즐거움보다 더 크다. 이성적 즐거움이 먹고 마시는 즐거움보다 크다는 주장에 많은 사람이 동의하지 않을 것이다. 하지만 그렇다고 해서 쾌락의 선함과 선함의 품급이 쾌락의 활동을 통해 결정된다는 기본적인 논제에는 아무런 영향도 주지 않는다.

고상한 활동은 그 자체로 즐거운 것이다. 고상한 활동을 억압한다면 또 다른 쾌락을 필요로 할까? 아리스토텔레스는 활동 없이 쾌락은 일어날 수 없다고 여러 차례 지적했다. 쾌락만이 모든 활동을 완벽하게 만들 수 있다고 했다. 이는 사람들은 우수함을 추구하는 동시에 쾌락도 추구한다는 뜻으로 이해될 수 있을 것이다. 하지만 아리스토텔레스는 고상한 활동은 그 자체만으로 쾌락이 된다는 입장을 적극적으로 고수했다. "쾌락 때문에 모종의 생활을 선택한 것인가, 아니면 모종의 생활을 위해 쾌락을 선택한 것인가? 지금은 상관없다. 왜냐하면 양자는 서로 긴밀히 연결되어 있기 때문이다. 누구도 갈라놓을 수 없다." 좋다, 그의 말처럼 지금은 신경 쓰지 말자. 뒤에서 다시 이야기할 테니까!

쾌락을
구하다

우리는 다양한 것을 추구한다. 때로는 추구하는 과정 그 자체가 쾌락이 되고, 때로는 원하는 것을 얻었을 때 쾌락을 느낀다. 우리가 추구하는 쾌락은 모두 다르지만, 인간의 활동이 추구하는 것은 쾌락 그 자체라는 사실은 부정할 수 없을 것이다. 요컨대 재미를 찾는 것이다. 무엇을 하든 상관없다. 즐거우면 그것만으로 충분하다. 제임스William James 는 '쾌락의 행위'와 '쾌락을 추구하는 행위'를 구분했는데, 약물, 매춘, 음악에 심취하는 것 모두 쾌락을 추구하는 행위에 속한다고 설명했다.

'쾌락의 행위'는 일의 핵심으로, 쾌락이 행위에 투영되는 것을 가리킨다. '쾌락을 추구하는 행위'에서 쾌락은 목적이 되고, 다른 요소들은 쾌락을 추구하는 수단이 된다. 매춘과 사랑하는 연인과 나누는 사랑을 비교해보자. 매춘 여성에게 상대가 누구인지는 중요하지 않다. 오직 자신에게 쾌락만 줄 수 있다면 그것만으로 족하다. 좀 더 직접적으로 말하자면 쾌락을 추구하는 행동은 돈을 주고 여자를 사는 남자의 목적이고, 매춘 여성은 그의 목적을 달성하기 위한 수단에 불과하다. 이와 대조적으로 연인과 사랑을 나누는 것은 수단과 목적을 통해 분석할 수 없다. 매춘을 통해 얻은 쾌락과 연인 간의 사랑 모두 기쁨을 얻는 행동이지만, 그 기쁨의 크기가 어떤지 우리로서는 알 수 없다. 다만 쾌락이 자연스레 쏟아져나오는 것은 우리가 요구하는 목적이 아니며, 품 안의 연인을 안고 있는 것이 목적을 달성하는 수단은 더더욱 아니다. 현자는 이것이야말로 진정한 쾌락이라고 설명했고, 지혜로운 사람은 돈을 쓰지 않는 성$_{sex}$이 최고의 성이라고 주장했다.

이처럼 쾌락은 다양한 품급으로 나뉘는데 쾌락의 품급은 사실상 '쾌락의 행위'를 평가하는 품급이라고 할 수 있다. 다시 말해서 쾌락이 행위에 투영되는 수준을 일컫는다. 재미를 보거나 혹은 쾌락을 추구하는 행위가 옳지 않은지, 옳지 않다면 왜 옳지 않은지는 쾌락을 추구하는 데 사용한 수단에 따라 결정된다. 수다를 떨거나 텔레비전을 보는 일은 다소 따분하기는 하지만 문제의 소지가 없다. 이에 반해 약물 중독, 폭식 등은 행위 당사자의 심신에 부정적인 영향을 줄 수 있다. 매춘의 경우에도 매춘을 하는 여성에게 직접적인 피해를 입힌다. 다른 사람을 학대하는 방법으로 쾌락을 취하는 것은 당연히 옳지 않은 쾌락으로, 부당함의 정도가 매우 크다. 이러한 쾌락을 여전히 쾌락이라고 부를 수 있다면 이를 사악한 쾌락이라 하겠다.

도덕주의자처럼 매춘이나 약물중독을 성토하지 못하더라도 평범한 우리들은 내 아이가 그런 일을 하지 않기를 바란다. 아리스토텔레스는 고행승의 입장에서 쾌락을 비판하지는 않았지만, 군자라면 고상한 일에 집중하고 이성에 복종해야 한다고 강조했다. 이에 반해 소양이 부족한 사람은 오로지 쾌락만을 추구한다고 설명했다. 좀 더 가볍게 이야기한다면, 재미를 찾는 일에 비해 건전한 활동으로 얻게 되는 쾌락이 더 가치 있다는 사실을 대체적으로 인정하는 분위기다.

우리의 삶이 건전하지 못하다면, 하루 종일 돈을 벌기 위해 전전긍긍하거나 상부의 눈치를 보는 것도 모자라 다른 사람에게 괄시까지 받는다면 일상적인 활동에서 더 이상 즐거움을 얻지 못할 것이다. 그렇게 되면 쾌락을 위해 살고 싶다는 아우성이 사방에서 쏟아져나올 것이다.

고통을 위한 고통,
쾌락을 위한 쾌락

많은 사람이 재미를 얻기 위해 일하는 것은 아니다. 일하다 보면 때로 즐거울 때도, 때로 고통스러울 때도 있다. 고통이 수반되지 않지만 할 만한 가치가 없는 일이라고 해도 우리는 즐겁게 해야 한다. 고통스러운 과정을 쾌락의 결과와 바꿔서는 안 된다. 비 오듯 땀을 흘리며 테니스 구장을 누비며 공을 쫓는 것은 단순히 우승 트로피를 들었을 때의 쾌감을 얻기 위함이 아니다. 우승한 뒤에도 여전히, 어쩌면 더 열심히 경기장 곳곳을 뛰어다닐 수도 있다. 일반적으로 고통과 쾌락은 따로 구분하기 쉽지 않다. 육아는 고강도의 작업이지만 그 속에서 우리는 부모가 되는 즐거움을 느낄 수 있다. 산을 오르는 과정은 무척 고통스럽지만 산을 좋아하는 사람에게는 숨이 턱까지 차오르는 고통도 아름다운 풍경 앞에서는 아무런 문제도 되지 않는다. 변증법으로 증명할 것도 없이 여기에서 고통은 그 자체만으로 하나의 쾌락이 된다. 중국 당대 문학가 왕수오王朔는 치밀한 관찰을 통해 성인 남성은 주로 쓴 맛을 즐긴다는 사실을 발견했다. 이를테면 담배, 차, 커피, 알코올, 탐험, 익스트림 스포츠 등이다. 어린아이가 좋아하는 것과 싫어하는 것은 분명히 구분되지만 어른이 되면 쾌락은 종종 고통과 함께 연결된다. 후후, 아픈 게 즐거움이 되기도 한다.

고통은 쾌락의 수준을 한결 높여준다. 그런 의미에서 고통을 견뎌낸 후에 얻은 쾌락은 평범한 쾌락과는 비교도 되지 않는 기쁨을 선사한다. 고통을 수반하는 쾌락은 사실상 고차원적인 쾌락의 또 다른 상징이라 하겠다.

사람은 항상 고통을 피해 쾌락만을 좇을 수 없다. 온갖 시련과 고통에 직면하지만 누군가는 이를 이겨낸다. 그래서 고난은 영웅을 만든다. 죽을 뻔했다는 모험담에 귀를 기울이는 사람들의 표정에서 주인공에 대한 경외심을 발견할 수 있다. 실제로 우리 주변에서 자신의 고생담, 고독, 액운에 대해 이야기하는 사람들을 어렵지 않게 만날 수 있다. 좀 더 자세히 들여다보면 영웅을 만드는 것은 고난이 아니라 고난을 감당할 수 있는 용기, 고생을 끝내 이겨낼 수 있는 위대함이라는 사실을 발견할 수 있다. 고난 앞에서도 무릎 꿇지 않고, 오히려 그 속에서 즐거움을 찾는 것이다. "덕성, 용기, 힘, 호쾌함과 과감함을 사람들이 높게 평가하는 까닭은 무엇인가? 도전할 수 있는 고난이 존재하지 않는다면 우리는 어떻게 자신의 능력을 발현할 수 있을 것인가?[119] "실천하기 어려운 일을 즐겨하면 큰 즐거움을 얻을 수 있다. 물론 우리가 쾌락을 위해 사는 것이 아닌 것처럼 어려움을 헤쳐나가기 위해 일부러 고난을 선택할 필요는 없다.

뜻이 있는 사람이라면 자신이 뜻한 바를 이루기 위해 고생도 마다하지 않아야 한다. 우리가 영웅을 숭배하는 것은 그가 고난 앞에서도 굴하지 않고 영웅으로서의 면모를 마음껏 과시하기 때문이다. 그런 점에서 고난은 커다란 쾌락과는 아무런 관계도 없는 것 같다. 갑작스레 찾아온 고난에 무너진다면 사람들로부터 동정을 받을지 몰라도 존경을 받을 수는 없다. 그러므로 대부분의 청중은 영웅이 겪는 모험담을 들으면 그들을 숭배하고 흠모하지만, 정작 자신의 삶에서 고난을 선택할 준비는 하지 않는다. 고난은 일반적으로 사람을 무너뜨리지, 강하게 만들지 못한다.

그렇다면 고행자를 어떻게 이해해야 할까? 고행자는 말 그대로 자신 스스로 고통을 선택하는 사람으로, 고통이 사라지는 쾌락을 얻기 위해 자신에게 고통을 선사하는 것이 아니다. 궁극적으로 이들은 쾌락을 얻을 것이라고 기대하지 않는다. 왜냐하면 그에게 고통을 감수하는 것은 삶의 목표 그 자체이기 때문이다. 요컨대 이를 악물고 고난

119   프랑수아 라블레François Rabelais, 《어리석음의 찬양》

을 견디는 것만으로도 이미 결과를 얻은 셈이다. 여기에 자신을 단련하려는 한 청년이 있다. 자신에게 고난과 시련을 선사해줄 기회가 찾아오기를 기다리지 않고, 앞으로 자신이 겪어야 할 시련에 미리 대비하기 위해 스스로 고생길을 자처한다. 고통을 무조건 피하기만 하려는 사람은 유약할 수밖에 없다.

고통을 위한 고통은 처음에는 재미를 찾는 것처럼 고통과 쾌락을 실질적인 의미를 지닌 상황에서 분리해낸다. 고통을 위한 고통, 재미를 찾는 일이 서로 다른 성향을 보이는 것은 고통을 감수하는 행위에 이미 발전하겠다는 의지가 담겨 있기 때문이다. 고통을 위한 고통은 재미를 찾는 것처럼 단순하지 않다. 좀 더 진지하게 이야기하자면, 고행자는 모든 세속적인 목적에서 벗어나 있다. 우리가 할 만한 가치가 있다고 생각하는 일과 그로 인해 감수할 만한 가치를 지닌 고난은 모두 고행자의 관심 밖에 있다. 그래서 속세를 지향하는 목록에서 고행자의 흔적을 찾아볼 수 없다. 고행자가 즐거워하는 것은 오로지 그가 고난을 즐긴다는 것에 의해서만 드러날 뿐이다. 고행주의는 항상 모종의 초월성과 연결되었거나, 반대로 초월성이 특정한 형식의 고행으로 구체화될 수 있다. 안일함에 취해 함부로 초월에 대해 이야기한다면 주변 사람들로부터 허세라는 손가락질을 받을 뿐이다.

쾌락은
발전한다

처음에 쾌락이라는 단어의 용법을 봤을 때 한 마디로 말해서 혼란 그 자체였다. 퇴폐적인 생활에 빠지는 것도 '낙'이요, 세계의 열네 개 고봉 중 하나인 티베트의 시샤팡마Shishapangma 산에 오르는 것도 '낙'이다. 소인배가 자신의 이익을 위해 주변 사람에게 억울한 누명을 씌우는 것도 '낙', 다른 사람을 괴롭히는 것도 '낙'에 속한다. 안회는 도를 즐겼고, 도연명陶淵明은 천명을 큰 즐거움으로 여겼다.

다양한 상황에서 얻게 되는 '쾌락'의 공통점은 무엇일까? 도파민 분비량을 측정해 모든 쾌락의 공통점을 찾아낼 수도 있다. 하지만 설사 정답을 찾아낸다고 해도 아무런 쓸모도 없을 것이다. 왜냐하면 노르에피네프린으로 굴원의 우울증을 막을 수 없었던 것처럼 도파민 분비

량으로 학대자의 쾌감, 친구들과 함께 모여 흥청망청 마시며 노는 즐거움, 청빈함을 즐겼던 공자와 안회의 즐거움을 구분할 수 없기 때문이다. "누군가가 다양한 종류의 쾌락이 모두 같은 것이라고 이야기한다면 그 자는 바보가 분명하다(필레부스)."

공상共相, 다른 것과 공통되는 일반적인 성질 한물 간 것인데, 다양한 쾌락을 동일한 관점에서 바라보고 있기 때문이다. 이를테면 학대자가 다른 사람을 학대하는 과정에서 활짝 웃는 모습이, 아이스크림을 맛있게 먹으며 환하게 웃는 어린아이와 다를 것 없다고 해석하는 것이다. 하지만 이처럼 피상적으로 드러나는 공통점이나 카테고리를 찾아낸다고 해도 재미를 찾거나 고통을 쾌락으로 여기는 일, 남을 괴롭히면서 얻는 쾌감, 공자와 안회의 청빈낙도처럼 전혀 다른 종류의 쾌락 사이에서 공통점과 차이점을 알지 못한다.

다양한 정상적인 쾌락 사이에 공통점이 있다고 한다면, 아마도 그것은 '쾌락은 발전한다'는 무척이나 추상적인 개념일 것이다. 한 발 한 발 성장하는 과정에 고통이 수반된다고 해도 성장은 즐겁다. 부모로서 막중한 책임과 고생이 따른다고 해도 아이와 함께 성장하는 것은 무척이나 즐겁고 행복하다. cheer up이라고 이야기하지 cheer down이라고 이야기하지 않는 것처럼 성장은 한 단계 위로 발전함에 따른 즐거움이다. 명절이 되면 사람들은 화려한 옷을 입고 거리로 나가 축제를 즐긴다. 즐거운 분위기가 거리 곳곳에서 퍼져나가면서 나중에는 거리 전체를 뒤덮는다. 그 분위기에 취해 자신도 모르게 인파 속으로 들어가 신나게 춤추고 노래한다. 이처럼 즐거운 마음은 즐거운 분위기에 한데 섞여 있다.

앞에서 이야기한 것처럼 쾌락은 단순히 정서적인 즐거움만을 가리키는 것이 아니다. 쾌락이라는 단어가 정서를 표현하는 데 우선적으로 사용된 것은 사실이지만, 그렇다고 해서 정서적인 것에만 국한된 것은 아니다. 우리는 즐거운 활동, 즐거운 장면, 즐거운 환경에 대해서 말한다. 환경이 즐겁다고 해서 우리의 기분과 감정을 반드시 환경에 있는 그대로 투영할 필요는 없다.

오히려 반대의 경우가 더 많다. 즉 즐거운 환경에 처했을 때 우리의 기분과 감정이 즐겁게 변하는 것이다. 아름다운 경치나 장면을 보면 저절로 마음이 즐겁고 행복해진다. 이러한 종류의 즐거움과 성장은 총체적인 상황을 가리킨다. 왕성한 정서, 건강한 신체, 적극적인 일처리와 서로 맞물리는 것이다. 우리가 친구를 축복하는 것은 내가 행복해질 것 같아서가 아니다. 그저 친구가 행복하고 풍요롭게, 그리고 기쁨이 넘쳐나기를 축복하는 것이다. 쾌락은 정서적인 감성을 바탕으로 전반적인 상황을 말하는 것이지, 단순히 특정 상황에서의 정서적 감성을 말하는 것은 아니다.

쾌락은 발전적인 자세로서, 즐거운 기분 역시 자연스레 건강하게 성장하는 상황에 속한다. 쾌락은 그 자체만으로 선하다고 말하는데,

그렇다고 해서 즐거운 기분을 전체적인 상황에서 분리하는 것이 아니라 그냥 그 상태, 그 자체만으로 이미 선하다는 뜻이다. 쾌락이 그 자체만으로 선한 것이라면, '자체'라는 말은 쾌락이 '본연의 위치' 한가운데 있다는 뜻으로 이해할 수 있다. 쾌락이 발전적인 활동에 의해 일어날 때, 발전적인 상황에 쾌락이 스며들 때의 쾌락은 비로소 선이 되는 것이다.

건강한 육체, 적극적인 일처리, 쾌적한 환경은 모두 즐거운 마음 본연의 위치다. 또한 나의 기쁨은 나의 건강과 활동에 연결되어 있을 뿐만 아니라, 타인의 건강과 활동 그리고 타인의 즐거움과 함께할 때 비로소 '더불어 즐겁다'고 말할 수 있다. 이러한 자연스러운 연계에서 억지로 관계를 분리시켜 건강하면서도 즐거운 상태와 어긋나게 만든다면 쾌락은 고립되고 부족한 것으로 전락할 뿐이다. 요컨대 더 이상 선하지 않은 것이다. 즐거움을 구하는 일 역시 이렇게 변질될 수 있다.

그래서 퇴폐적인 즐거움은 고립되고 부족하다. 고상하지 못한 활동에서 쾌락이 일어나고, 쾌락이 파괴, 상처 등을 통해 얻는 형태로 자리 잡으면 그 쾌락은 더 이상 자연스럽지 못하고 변태적인 쾌락으로 변한다. 여기서 말하는 '변태적'이란 표현은 앞에서 이야기한 것처럼 심리학에서 말하는 심리적 질환이 아니다. 그저 부정적인 의미의 도덕적 평가로서, 사태를 묘사하는 데 사용된다. 학대자의 즐거움이 부정적이거나 저급한 즐거움에 의해 억지로 억압될 경우, 쾌락이라는 용어를 학살자에게 사용하는 데 망설여질 수밖에 없다. 아마도 참지 못하고 그 앞에 '사악한, 변태적'이라는 형용사를 붙일 것이다. 이때 여기서 말하는 것이 단순한 감정, 쾌락의 자연스러운 환경과 어긋난 감정이라는 것을 알리기 위해 학대의 즐거움 대신 학대의 쾌감이라고 말해야 옳다.

누군가는 비열한 행동과 그로 인한 쾌락을 응당 구분해야 한다고 말한다. 비열한 행동이 당연히 선하지 않지만, 그렇다고 해서 탐욕이 가져다주는 쾌락의 성질이 그로 인해 변하는 것은 아니다. 탐욕 역시 선한 것이 아니지만, 탐욕으로 손에 넣은 돈의 가치는 변하지 않는다. 인류가 화폐를 발명한 것은 '가치'라는 특정한 상황과 활동에서 개별적이고 비본질적인 것은 버리고, 공통적이고 본질적인 속성을 추출하는 사유 과정을 추구한 결과의 일환이라고 이해할 수 있다. 하지만 쾌락은 그렇지 않다. 쾌락은 항상 특정한 상황 속에서 모종의 활동과 연계될 때 비로소 느낄 수 있다.

학대를 가할 때 얻는 쾌감이 쾌락 자체의 긍정적인 경향을 뽑아내 타락한 활동에 이어 붙인다면, 일을 행함으로써 얻는 덕행의 즐거움으로 온전히 발전하게 된다. 덕행의 즐거움은 일을 행함으로써 온전히 발전하게 된다. 선행은 위를 향해 발전하는 것이다. 그래서 옛 사람들은 선행을 산에 오르는 것처럼 힘든 일이라고 이야기했다. 또한 덕행은 자라나는 것으로, 작은 덕행이 큰 덕행을 낳는다. 쾌락을 억지로 발전시키려 한다면 그것은 쾌락이라고 부를 수 없다. 발전을 추구하며 발전을 즐기는 것, 본성에서 저절로 일어나 그 자체를 즐기는 것이 바로 쾌락이다. 아는 자는 좋아하는 자를 이기지 못하고, 좋아하는 자는 즐기는 자를 이기지 못한다는 말이 바로 여기서 비롯된다.

스토아 철인壯人의 주장을 아직 기억하고 있는가? "덕성이 쾌락을 가져오기 때문에 그것을 선으로 여기는 것이 아니라, 덕성이 곧 선이기 때문에 쾌락도 가져다준다." 즉 덕성이 덕성을 갖춘 사람의 자연스러운 경향인 것처럼, 쾌락은 속세에 사는 인간의 자연스러운 성향이다. 그래서 덕성을 갖춘 삶이 즐겁다고 말하는 것이다. 덕성을 갖춘 사람이 덕을 즐기는 것은, 속세에 사는 사람이 퇴폐적인 삶을 즐기는 것처럼 지극히 자연스러운 현상이다.

그러므로 덕성이 깃든 일을 해서 얻은 쾌락은 순수한 쾌락으로, 고통과 절대로 연계되지 않는다고 볼 수 있다. 제아무리 힘든 일이라고 해도 생명이 자라날 수 있다면 덕성을 갖춘 사람은 그것을 즐긴다. 생명과 함께 성장하는 것을 즐기고, 빨리 성장할 수 있도록 돕는 것을 즐긴다. 이러한 발전은 아무리 성장통이 심하더라도 그 기쁨을 함부로 버리지 않는다.

덕행을 즐기는 것은 고통이 아니라 쾌락이다. 덕행이 가져다주는 쾌락의 크기가 덕행이 깃든 일을 해서 받게 되는 고통, 수고의 크기보다 크기 때문이 아니다. 오히려 '재미'의 크기가 고난, 시련을 모두 떠안을 만큼 크기 때문이다. 요컨대 덕행의 즐거움은 덕행이 깃든 일을 실천하는 데 고스란히 투영된다. 여기서 말하는 쾌락은 만물이 자라나면서 스스로 얻게 되는 즐거움이다. 즉 덕성을 지닌 자는 만물이 성장함에 따라 자신의 기분에 상관없이 삶이 큰 덕을 낳는 이치와 통할 때 비로소 지극한 즐거움을 얻는다.

행복은
몇 살 때부터
이야기할 수 있을까

아리스토텔레스의 윤리학에서는 '선을 만물이 추구하는 목표'로 설정하며, 삶이 추구하는 방향이 에우다이모니아Eudaimonia, 행복라고 주장했다니코마코스 윤리학, 1095a15. 이 말은 happiness, 즉 쾌락 혹은 행복으로 번역된다. 매킨타이어가 적절한 또 다른 번역문을 찾을 수 없었다고 이미 밝혔지만, 에우다이모니아를 happiness로 번역하다가는 오해를 불러일으킬 수 있다. 에우다이모니아는 선한 행위라는 뜻 외에도 좋은 시절을 보낸다는 뜻을 모두 담고 있다. 하지만 happiness는 두 가지 의미를 모두 전달하지 못한다.[120] 그래서 다소 까다로운 논객들은 에우다이모니아를 well-being웰빙[121]으로 번역해야 한다고 주장하기도 한다. 이는 '양질의 삶'으로 표현할 수 있다.

쾌락, 행복, 양질의 삶은 서로 연결되어 있지만, 그렇다고 해서 같은 것은 아니다. 앞에서 쾌락이라는 개념이 지닌 다양한 의미를 살펴봤다. 이에 따르면 아리스토텔레스가 설명한 에우다이모니아를 쾌락으로 번역할 경우 오해를 불러일으킬 수 있다는 사실을 발견할 수 있다. 쾌락에 해당하는 영단어는 happiness, pleasure플레저, 기쁨, 즐거움가 있고, pleasure의 의미에 가장 근접한 그리스어로 헤도네hedone가 있다. 하지만 아리스토텔레스는 헤도네로 에우다이모니아를 규정하는 데 체계적인 논리를 도입해 조목조목 반대했다. 아리스토텔레스에 따르면 최고의 선과 지극한 즐거움은 서로 이어져 있지만 에우다이모니아는 우리가 일반적으로 말하는 쾌락이 아니다. 소설 《금병매金瓶梅》의 남자 주인공 서문경西門慶, 소설 《홍루몽紅樓夢》의 설반薛蟠 모두 쾌락에 물든 삶을 보냈지만, 그들의 삶은 누가 봐도 양질의 삶은 아니었다. 네플류도프는 자신의 과오를 참회한 후에 마음의 평화를 얻지는 못했지만, 그 삶은 충분히 선하다 할 것이다.

여기서 행복이라는 개념에 대한 더 이상의 분석은 필요하지 않다고 본다. 행복과 쾌락의 개념과 구조는 상당히 비슷하기 때문이다. 이

---

120 알레스데어 매킨타이어, 《윤리학 역사》. 위지원余紀元은 이 논제를 상당히 자세히 다루고 있는데 그가 쓴 《잘살 것인가 vs. 잘할 것인가: 아리스토텔레스가 말하는 행복의 두 가지 의미》를 확인하면 된다.

121 D. S. 허치슨은 well-being을 success 혹은 living successfully로 번역했다. 《아리스토델레스의 덕》. 조너선 반스Jonathan Barnes 엮음 참고. 이를 '성공'으로 번역한다면 아리스토텔레스의 취지와는 오히려 멀어질 수 있다.

를테면 우리는 거짓 쾌락을 이야기할 수도 있고, 거짓 행복에 대해서도 이야기할 수 있다. 물론 행복과 쾌락의 의미는 다르다. 쾌락에 비해 행복과 에우다이모니아나 양질의 삶이 지닌 의미가 비슷하기는 하지만, 양자 사이에는 미묘하면서도 중대한 차이가 존재한다. 의식주 등을 걱정하지 않아도 되는 외재적인 문제를 이야기할 때 우리는 주로 행복이라는 단어를 사용한다. 행복에도 내재적인 부분이 포함되어 있는데, 주로 천진함이나 선량함 등과 관련되어 있다. 이에 반해 양질의 삶과 아리스토텔레스가 말한 에우다이모니아는 주로 품격, 재능, 행위의 결과 등에 주로 관련되어 있다. 니체는 고대 그리스인에게 양질의 삶과 행동은 분리될 수 없었다고 지적한 바 있다. 왜냐하면 우리가 이미 이야기한 적 있는 프로네시스, 실천 활동에서의 지혜 등이 포함되었기 때문이다.

행복은 몇 살 때부터 이야기할 수 있을까? 머리 희끗희끗한 노인은 물론, 어린아이도 행복과 관련되어 있다. 아이들이 행복한 어린 시절을 보내는 대신 가시밭길을 걷기를 바라는 부모는 없을 것이다. 다 큰 어른이 행복하게 살았다는 이야기도 뭔가 좀 이상하게 들린다. 공주와 왕자의 이야기는 언제 들어도 식상하다. 시대나 장소는 다르지만 이야기 속에 등장하는 공주는 온갖 시련과 위험 속에서도 언제나 착한 마음씨를 지녔고, 악당을 상대하는 왕자는 항상 용감하다. 그 후 이러저러한 에피소드를 거쳐 "그래서 둘은 오래오래 행복하게 살았답니다"라는 말로 모든 이야기는 막을 내린다.

행복한 삶은 모두 같다고 하던데, 모두 같다면 굳이 이야기할 필요가 있을까? 다 큰 사내 중에는 의식주를 걱정하지 않는 사람도 있고, 당장 저녁 때 지어먹을 쌀이 없어 걱정하는 사람도 있다. 잉꼬부부처럼 평생 사이좋은 부부가 있는가 하면, 크산티페와 같은 악처를 아내로 둔 사내도 있다. 하지만 성인으로서 사람들의 주목을 끌어야 하는 것은 그의 품성과 앎의 깊이일 뿐 그 외의 것은 깊이 다룰 가치가 없다. 이에 반해 미성년은 안정적인 품성을 아직 갖추지 못했고, 노인에게서는 더 이상의 성장을 기대할 수 없는 고착된 품성만을 발견할 수 있을 뿐이다. 그래서 행복한지, 불행한지는 중요한 문제가 된다.

2장에서 다뤘던 것처럼 초급반 수준의 공효주의는 행복과 쾌락을 동질의 것으로 간주하는 가장 큰 문제점을 지녔다. 훗날 존 밀은 행복과 쾌락의 종류를 구분했다. 행복의 종류가 구분된 이상 행복의 등급을 구분하는 일은 지극히 자연스러운 일이다. 근대 심리학자 매슬로는 이 문제를 보다 깊이 있게 연구했는데, 행복의 단계를 인류의 욕구와 한데 묶어 구분했다. 매슬로에 따르면 인간의 욕구는 생리적 욕구, 안전 욕구, 애정과 소속의 욕구, 존중 욕구, 그리고 자아실현 욕구의 5단계로 구성되어 있다. 사람의 행복은 이 욕구가 만족될 때 비로소 발현될 수 있으며, 욕구의 단계에 따라 행복의 크기가 결정된다. 즉 높은 단계에 속한 욕구가 만족될수록 사람이 느끼는 행복의 단계는 높아진다.

매슬로의 5단계 욕구 중에서 상위 단계에 속한 것이 바로 존중을 받으려는 욕구다. '존중을 받는다'는 것은 무척 엄숙한 표현이다. 이러한 관점에서 고기를 잡거나 잡화를 파는 사람이 존중의 욕구를 경험할 수 있을 것이라고 장담하기는 어렵다. 오히려 우리는 누군가에게 필요하다는 인정을 받고 싶어 하는 욕구를 지녔다.

빵을 굽는 파티시에는 빵을 좋아하는 사람에게 필요한 존재이고, 머리카락을 세련되게 다듬을 줄 아는 미용사는 머리가 지저분한 손님에게는 절실히 필요한 존재이다. 인간은 돈, 명예, 권력을 추구한다. 이것들이 있어야 자신이 더 필요한 존재로 변하고, 더 필요로 하는 존재라고 스스로 느끼기 때문이다. 돈 있는 사람은 필요하다. 그렇지 않으면 누구에게서 돈을 빌리거나 혹은 사기라도 쳐서 그 돈을 뜯어내야 한다. 유명한 사람도 필요하다. 그래야 대회 의장단석에 유명인사 몇 명 정도는 불러놓을 수 있다. '도장'을 쥔 공무원은 말할 것도 없다. 가게를 열거나 아이의 출생 신고를 할 때 공무원의 도장이 필요하다. 그럼에도 그 어떤 존재도 당신이라는 존재 그 자체보다 누군가에게 절실하지 않는다.

식구들끼리 화기애애하게 어울리며 식사하는 자리에 당신이 빠진다면 분위기가 살지 않는다. 해외여행을 떠나는 친구들은 당신에게 함께 여행을 가자고 권유한다. 누구에게도 말하지 못할 힘든 고민이 있으면 당신을 찾아가 술 한 잔 하면서 허심탄회하게 털어놓는다. 문제가 생겼을 때나 모두가 혼란에 빠졌을 때 당신이 등장하는 것만으로 상황이 진정된다. 실제로 미국의 건국 문제를 논의하기 전에 내로

라하는 인재들이 날마다 모여 회의를 열고 대책을 논의했다. 그리고 그 자리마다 조지 워싱턴이 있었다. 그렇다고 해서 그가 뭔가 대단한 활약상을 보여준 것은 아니었다. 그는 회의실 한구석에 조용히 앉아 상황을 지켜봤을 뿐이다. 그럼에도 회의에 참석한 사람들은 워싱턴의 등장으로 자신들이 공정한 타협을 이뤄낼 수 있을 것이라고 확신했다.

누군가에게 필요한 존재가 되고 싶은 인간에게 그다지 대수롭지 않은 명예를 얻을 정도로 수련하는 일은 그다지 어렵지 않다. 그보다는 누구에게도 필요로 하지 않는 상태로 수련하는 일이 더 어려울 것이다.

자동화시대에 사람에 대한 사람의 직접적인 욕구는 줄어들었다. 예전에는 한 마을 사람끼리 서로 돕고 지내는 것이 당연한 일이었다. 급하면 옆집으로 가서 간장이나 설탕을 빌리기도 하고, 먼 곳에 갈 일이 있으면 아이를 이웃집에 잠시 맡기기도 했다. 집을 짓는 큰 일을 할 때면 마을사람들이 총동원되기도 했다. 하지만 지금은 그런 모습을 더 이상 찾아볼 수 없다. 먼 곳을 갈 때 길을 안내해줄 사람이 없어도 내비게이션만 있으면 어디든 찾아갈 수 있다. 길을 가다 목이 마르면 자판기에서 음료수를 사서 마시면 된다. 전자상거래가 활성화되면서 사람들은 인터넷으로 냉장고를 사기도 하고 TV를 사기도 한다. 현대의 소비시대에 인간의 가장 큰 욕구는 소비로 변했다. 마치 자신을 필요로 하는 사람이 없다는 실망감에 앙갚음이라고 하듯 말이다.

사실 당신은 언제나 필요한 존재다. 아이들에게는 공원에 데려다줄 당신이 필요하고, 무료한 노인에게는 함께 수다를 떨어줄 당신이 필요하다. 돈, 쾌락, 체면, 존중 어느 것 하나 당신에게 필요하지 않는 것이 없다. 오히려 너무 많은 것이 당신을 필요로 할지도 모른다. 다만 당신을 필요로 하는 시간과 여유가 더 이상 허락되지 않을 뿐이다.

인간은 모두
자아실현을
꿈꾼다

심리학자인 매슬로가 바라본 인간의 욕구를 통해 인간은 다양한 욕구를 지녔다는 점을 확인할 수 있었다. 정확함과 엄격함을 강조하는 과학에 준하는 심리학이지만, "인간의 욕구와 이러한 욕구가 만족됐을 때 얻게 되는 행복의 단계를 명확하게 구분할 수 있는가?"라는 질문에 대해 과학적인 결론을 제시하기 어렵다고 본다. 사랑과 소속의 욕구가 존중과 자아실현의 욕구보다 상위에 속하는가? 이 문제에 대해 저마다 다른 대답을 들려줄 것이다. 특히 서로 다른 문화, 다른 견해를 지닌 사람들이라면 더더욱 그러할 것이다. 이런 점을 감안했을 때 욕구는 본래 객관적으로 단계를 구분할 수 있는 것이 아니라, 오히려 큰 틀에서 서로 얽혀 있으면서 독립적인 형태를 보인다는 결론에 도달할 수 있다. 하지만 행복의 단계를 어떻게 나누든 의식주에 대한 욕구가 가장 우선시된다는 사실은 동의할 수밖에 없을 것이다.

배불리 먹지 못하고 따뜻하게 입지 못하는 사람에게 배불리 먹고 따뜻하게 입는 것보다 더 절실하고 행복한 것은 없다. 폐지를 줍는 여든 살 노인에게 행복한지 묻는다면 전혀 상관없는 사람에게 물어보는 것이나 진배없다. 안회와 같은 성인에 가까운 인물을 제외하고 우리처럼 평범한 사람들에게 이른바 의식주에 대한 걱정 없이 풍족한 '소강小康'은 행복하기 위한 필수조건이다.

의식주에 대한 걱정이 사라지면서 물질적 조건의 행복에 대한 한계효용이 빠르게 줄어들었다. 남보다 더 잘 먹고 따뜻하게 입는다고 해서 그것이 곧 행복이라고 단정 지을 수 없게 된 것이다. 지금은 소강을 외치지만 내일이 되면 '대강大康'을 외칠 것이 뻔하기 때문이다. 소강사회가 됐다고 요란스레 샴페인을 터뜨린 지 얼마 지나지 않아 비싼 샥스핀 요리를 먹고 고급 모피가 크게 유행했다. 오로지 물질에 대한 사람들의 관심과 욕구만 기하급수적으로 늘어났을 뿐, 그 외의 것에 대해서는 철저히 무관심하게 변했다. 이러한 상황을 설명할 때 '행복'이라는 단어를 쓰지 않는다. 이러한 현상을 정의할 수 있는 단어가 여러 개 있는데 이를테면 사치향락, 날조, 위선 등이다. 이것이 과연 우리가 원하는, 모두가 잘사는 대강사회인가? 어림 반 푼어치도 없는 소리!

소강사회를 이뤘으니 다음에는 모두가 함께 잘사는 대동大同으로 나아가야 할 차례이다. 대동이라는 개념에 대해 옛 사람들이 어떻게 생각했는지 알 수 없지만 오늘날 그것을 '온 천하는 모든 사람의 것天下爲公'으로 생각하는 사람은 없을 것이다. 그보다는 소강사회를 이룩한 뒤로 우리가 하고 싶은 것을 할 수 있는 '여건'이 마련됐다고 보는 게 옳다. 소강은 그 자체만으로 사람을 행복하게 만드는 것이 아니라, 우리에게 마음대로 할 수 있는 자유를 선사한다. 의식주에 대한 걱정 없이 자유롭게 이 일, 저 일, 특히 내가 좋아하는 일을 하거나 다른 사람을 도울 수 있는 일을 할 수 있다. 그것이 바로 행복이다. 현재 각국 정부의 지도자들은 사회를 전면적인 소강상태로 이끌고 있고, 우리는 그 혜택을 누리고 있다. 그렇다고 해서 돼지마냥 그저 배곯지 않고 먹는다는 사실 하나만으로 행복하다고 단정 지을 수는 없다. 마르크스가 동경한 각자가 자신의 개성을 드러낼 수 있는 환경이야말로 모두가 원하는 것이라고 할 수 있다. 경찰이 내 집에 쳐들어와 불법 동영상이 있는지 조사하거나 자선모임 활동을 금지시킨다면 그 사회가 제아무리 풍족해도 나는 행복하지 않을 것이다.

자신이 하고 싶은 일을 하는 것을 매슬로는 욕구의 5단계 중 가장 상위에 속하는 자아실현의 욕구로 정의했다. 자아실현이나 그와 비슷한 개념은 주변에서 쉽게 찾아볼 수 있는데 특히 서양 사상가들은 저마다 조금씩 입장의 차이는 있지만 모두 자아실현을 강조한다. 아리스토텔레스의 잠재력 구현이라는 단서는 현대에 이르러 더욱 두드러졌다. 이제부터 다루게 될 자아실현은 매슬로의 5단계 욕구설이라는 틀에 머물러 있지 않다.

모든 사람은 타인과 구분되는 저만의 개성을 지녔다. 요컨대 자기만의 목적과 의도가 존재한다. 이를테면 당신 삶의 목표가 과학자라면, 다른 누군가는 현모양처가 인생 최대의 목표일 수 있다. "바람은 하나이지만 제각기 구멍의 고유한 모양에 따라 서로 다른 소리를 낸다.출처: 《장자》, 〈제물론(齊物論)〉." 자신만의 목표가 있다고 해서 이는 곧 원자처럼 독립된 존재로서 삶의 목표를 추구한다는 뜻은 아니다. 오히려 자신의 삶에서 추구하는 모든 목표는 공동체를 통해 발전한다. 사회에서 벗어나는 순간 자신이 누구인지 정의할 수 없다. '내 삶의 이야기는 항상 내가 자유로운 신분을 획득할 수 있었던 공동체에 포함된 이야기 중 하나일 뿐'이다.[122] 자신의 삶의 목표가 타인의 목표와 그다지 다른 것도 아니다. 사실상 대부분 사람들의 목표는 꽤나 비슷하다. 그럼에도 다음과 같은 부분에서 차이가 나타날 수 있다.

첫째, 다른 사람과는 다른 삶의 목표를 발전시키는 것이다. 모두가 돈을 추구하면서 안빈낙도의 삶을 추구하거나, 성공을 향해 달려가면서 실패를 좇는다. 혹은 모두가 건강한 삶을 원할 때 날마다 술과 담

---

[122]   알레스데어 매킨타이어, 《덕의 상실》

배를 즐긴다.

둘째, 삶의 목표가 비슷한 사람들끼리도 엄연한 차이가 존재한다. 칸트와 양계초梁啓超 모두 광범위한 통합을 부르짖었지만, 태어난 시기와 성향에 따라 전혀 다른 언행을 보여줬다. 이러한 차이에 집요하게 매달릴 필요는 없지만, 미세한 차이가 개인과 그 주변 사람에게 구체화되었을 때 전혀 다른 인생을 만들어낼 수 있다는 사실에는 주목할 필요는 있다.

자아를 실현하려면 자아부터 존재해야 한다. 매년 열심히 노력하지만 결과적으로 달라진 것이 없다면 나는 자아를 잃은 것이고, 자아를 실현하지 못한 것이다. 반대로 하루 종일 '자아'를 외쳐대며 자아를 무척 대단한 것이라고 여기는 것도 자아실현이 아니다. 누군가가 자신의 일을 충실히 해내는 것, 자신의 자리에 온전히 서는 것, 이를테면 파티시에라면 향긋한 빵을 굽고 의사라면 환자를 치료하는 것이 바로 자아실현의 길이다. 예전에는 뛰어난 재능을 가진 사람만 자아실현을 논할 수 있었지만, 이제는 우리 모두 자아실현을 꿈꾼다. 물론 그렇지 못한 사람도 있다. 자신이 원하는 것보다는 허황된 욕망의 눈빛으로 물질과 명예, 권력을 좇는다.

자아실현이라는 관점에서 삶을 바라보면 물질에 대해 관심을 부추기는 사회적 분위기에 맞설 수 있다. 좀 더 구체적으로 이야기하자면 자아실현은 추상적인 도덕 규정으로서, 삶을 규제하려는 도학가의 이론을 반박하는 데 도움이 된다. 근세의 도덕 이론에서 공효주의의 최대 다수의 최대 행복, 칸트의 절대명령 모두 보편적인 원리에 입각한 나머지 개인 삶의 목표라는 문제를 등한시했다. 윤리도덕 문제를 반성하면서 개인 삶의 목표를 잊지 않을 때, 윤리학의 전체적인 모습은 상당히 다르게 변할 수 있다. 자아실현이라는 사유는 특히 자칫 뻔한 공효주의로 흐를 수 있는 생각, 이를테면 우리가 오로지 좋은 결과만 바랄 것이라는 생각을 바로잡는 데 도움이 된다.

　대자연의 위대함을 두루 느끼고 싶다면 몸이 튼튼해야 한다. 다른 사람에게 이리저리 끌려다니면서 경치를 감상하고 싶지 않다면 자신의 두 발로 산 정상에 올라야 한다. 행동은 결과만 가져오는 것이 아니라, 자아실현이라는 과정도 함께 가져온다. 인간은 태어날 때부터 손가락 하나 까딱하지 않은 채 온갖 부귀영화를 꿈꾸는 존재인가? 그렇지 않다. 우리는 좋은 결과도 원하지만, 동시에 자신의 힘으로 결과를 일궈내기를 기대한다. 좋은 결과 때문에 기쁜 것이 아니라 자신의 땀으로 성과를 일궜을 때 우리는 진정으로 기뻐하게 된다.[123] 주변 사람들을 평소 유심히 관찰하면서 관찰기록을 작성한 적이 있다. 그 결과에 따르면 나 자신의 노력으로 성과를 거뒀을 때 그 즐거움의 크기와 유효기간이 훨씬 크고 길다는 사실을 직접 확인할 수 있었다.

123　버나드 윌리엄스, 《윤리학과 철학의 한계》, 라우틀리지, 2006, pp55~56

‘자아실현’이라는 단어는 자칫 케케묵은 표현으로 받아들여지거나 윤리적 삶에 관한 심각한 사유로 인용될 수도 있다. 하지만 자아실현에 관한 매슬로의 설명 역시 그다지 만족스럽지 않다. 매슬로는 ‘자아실현’의 특징을 열거했는데, 이를테면 자주독립, 솔직함, 관대함, 활기, 뛰어난 창의력 등 이러한 특징을 개인이 한꺼번에 모두 지녔다고 해서 대단하기는커녕 오히려 혼란만 유발할 수 있다. 좋은 품성은 저마다의 개성을 지니고 있으며, 서로 섞이지 않는다.

채원배가 말한 ‘본무本務’는 원래 자아실현을 바탕으로 한다. “삶의 큰 목표는 대성大成을 낮춤으로써 사람의 길을 발전시키는 데 있다.” 여기에 채원배는 결코 타협할 수 없는 한 가지 내용을 추가했다. “반드시 무엇을 하고 하지 말아야 할지를 결정하는 것은 여러 사람 사이에서 정해지는 것이 아니다. 서로 같아야 한다고 강조해서도 안 된다. 사람이 저마다 하는 말은 또한 차이가 있어야 한다.[124]”

아리스토텔레스는 실제로도 선하면 대체로 비슷한 기준을 지니고 있다고 주장했다. 하지만 현대인에게 자아실현은 각자 삶의 목표나 취지를 통해 평가될 수 있다. 빈민구제, 질병 없는 세상 구현, 노벨경제학상 수상, 안전한 사회구현, 자유로운 보헤미안 등 사람마다 삶을 평가하는 잣대가 다르다. 안전한 사회구현이 빈민구제만큼 어려운 일

---

124 채원배, 《중국윤리학사》. 《중학수신교교서》. 상우인 서관. 2010년. p221

이 아니라고 해서, 그것을 실현했다고 해서 자아가 실현되었다고 말할 수 없다. 다시 말해서 자아실현은 본래 다양한 개성을 지닌 인간이 다양한 자아를 실현하는 것이지만, 매슬로는 자아실현을 평가기준을 포함한 프로그램 정도로 여기고 있다.

자아실현이라는 용어는 보다 심오한 뜻을 지닌다. 당신의 자아와 나의 자아가 서로 다르기 때문이다. 스탈린 역시 자아실현에 성공했다고 말할 수 있다. 비록 그의 수많은 동료와 후손이 자아를 실현하지 못하고 사라졌지만…. 이와 관련된 문제는 마지막 장에서 좀 더 보편화된 형식으로 다시 다룰 예정이다.

어떻게 하면
양질의 삶을
살 수 있는가

양질의 삶은 품성, 식견, 행위에 따라 삶을 바라본다고 설명한 바 있다. 적극적인 행동을 통해 결과를 얻어내는 데는 대단한 업적도 포함되지만, 덕행을 쌓으며 수련하는 것 역시 성과라고 할 수 있다. 덕과 공로를 세운다는 옛 의미에 따르면 덕행을 쌓는다는 것은 여러 결과 중에서도 가장 앞선 것에 속한다. 군자에 대한 공자의 설명은 양질의 삶을 이해하는 데 유용하다.

"군자의 도는 담백하지만 싫증이 나지 않고, 간결하면서도 문채가 있으며, 온화하면서도 이치에 맞다. 먼 것은 가까운 곳에서부터 시작됨을 알고, 풍문은 자신의 집안으로부터 퍼져나가는 것임을 알며, 미세한 것이 뚜렷하게 나타나는 것을 아는 것이다. 군자는 천명을 두려워하고, 대인을 두려워하며, 성인의 말을 두려워한다. 또한 독실하게 믿어 배우길 좋아하고, 문채가 아름다우며, 위로는 하늘을 원망하지 않고 아래로는 사람을 걱정하지 않는다. 거친 곳에 거하면서도 천명에 따른다. 무릇 부귀하다고 하여도 태연하나 교만하지 않고, 빈천하다고 해도 죽음으로서 도를 지킨다. 천하에 도가 있으면 드러내어 나타내고, 천하에 도가 없으면 숨어 지낸다."

증석曾晳, 공자의 제자—역주은 자신이 꿈꾸는 삶을 이렇게 소개하기도 했다. "늦봄에 봄옷이 지어지면 어른 대여섯과 아이 예닐곱을 데리고 기수에서 목욕하고, 무에서 바람을 쐬고, 노래하면서 돌아오겠습니다." 이에 공자께서는 동경할 만한 삶이라며 증석을 칭찬하였다.

적극적인 행동을 통해 성과를 일구는 것은 성공학과는 그다지 관계가 없다. 오늘날 성과를 거둔 사람을 우리는 '성공 인사'라고 부르지만 사실상 성공 인사는 성공하지 못한 인사와 다를 것이 없다. 그저 "양질의 삶을 영위하고 있는가? 그 인품이 어떠한가?"라는 차이만 존재할 뿐이다. 성공은 우수한 사람을 더욱 강인하고 대범하게 만들기도 하지만, 혼탁한 세상에서 별 볼 일 없는 권력을 쥐고 '갑질'하는 세태를 만들어내기도 한다. 성공 인사가 늘어난다고 해서 세상이 더 좋아진다는 보장은 없다. 오히려 성공을 저속한 물질적 조건으로 동일시하는 천박한 시대상이 나타날 수도 있다.

하지만 혼란한 세상에서 고상한 인품만으로 괄목할 만한 성과를 거둘 수 있는 사람이 과연 존재할까? 옛사람들은 사람이 있어도 그 세상이 망한다면 제아무리 현명하다고 해도 행할 수 없다고 말씀하셨다. 우리는 정말 그런 세상에 살고 있는 것일까? "뭐라고 하든지 우리의 시대는 최악의 시대이자, 최고의 시대이다"라고 주장한 찰스 디킨스Charles Dickens의 명언을 차마 인용할 엄두가 나지 않는다. 내가 말할 수 있는 것이라고는 사회가 좋든 나쁘든 내가 살아가고 있는 사회에서 잘살겠다는 마음을 품었을 때 나만의 양질의 삶을 영위할 수 있다는 것이다. 물론 그 삶을 많은 사람이 비난하고 개조하려 들 수도 있다. 그럼에도 비판이 원망으로 흘러서는 안 될 것이다. 특히 남 탓 하느라 자신에게 소홀하거나 무책임해서는 안 된다. 왜냐하면 누구도 당신에게 좋은 사회적 환경을 보내주겠다고 약속하지 않았다. 설사 누군가가 약속했다고 해도 철모르는 어린애가 아닌 이상, 그 약속을 계속해서 믿기는 어렵다.

하지만 우리 사회에는 여전히 올바른 마음으로 자신의 일에 충실한 사람들이 살아가고 있다. 혼탁한 세상에서도 그들은 괄목할 만한 성과를 올리고, 그에 따른 보상을 받는다. 정부의 권위에 도전하는 일을 하는 바람에 위기에 처했다고 해도, 또 다른 성격의 보상을 받을 수 있다. 그렇다고 해서 덕행을 쌓고 선행을 베풀면 반드시 행복지수가 올라간다는 뜻으로 이해해서는 곤란하다. 우리가 사는 사바세계는 우연성과 불공정함, 온갖 비상식이 판을 친다. 하지만 우연성과 불공정함, 비상식만이 존재하는 세상에서도 품성을 이야기할 수 있다.

정상적인 상황에서 품성이 반드시 복을 가져오는 것은 아니지만 그렇다고 해서 나쁜 결과를 초래하지는 않는다. 이는 '정상적인' 사회에 대한 정의를 에둘러 표현한 것이라 할 수 있다. 그렇다면 상황이 최악으로 치달을 때는 어떻게 될까? 새로운 시대를 외치는 예수에 맞서 바리새인은 빌라도의 손을 빌려 그를 십자가에 못 박았다. 남송시대의 유명한 정치가이자 문학가인 문천상文天祥은 기성권력에 저항하다가 죽임을 당했고, 중국의 현대 문학가 위뤄커遇羅克는 붉은 대련對聯에 이의를 들었다는 이유로 정권에 의해 비명횡사했다. 예수, 문천상, 위뤄커는 양질의 삶을 살았는가? 그 문제를 논하려면 극단적인 삶을 산 인물들이나 극단적인 상황이라는 테두리에서 일단 벗어나야 할 것이다. 왜냐하면 극단적인 환경 속에서 양질의 삶이라는 개념은 실패할 수 있기 때문이다.

아우슈비츠 집단수용소에는 다양한 품성을 지닌 사람들이 존재했지만, 그곳에서는 양질의 삶을 기대하는 것조차 불가능했다. 조국을 위해 살신성인의 길을 걸어간 문천상, 인류애를 실천한 마더 테레사, 역사에 길이 남을 위대한 치적을 세운 넬슨 만델라, 예술에 자신의 모든 것을 바친 반 고흐에 이르기까지 이들의 뛰어난 용기와 능력은 일반적인 의미에서 바라본 양질의 삶이라는 틀을 넘어선다.

우리는 안빈낙도를 이해하고 실천한 안회가 아니다. 즐기기는커녕 오히려 그 삶을 괴로워했을 것이다. 전 인류를 위해 자신을 희생한 예수 역시 될 수 없다. 우리 모두에게는 품격과 영혼이 존재하지만 그 것만으로 행복을 얻을 수 있을 만큼 위대하지 않다. 우리는 그저 가장 통속적인 의미에서 행복한 삶을 보내고 싶을 뿐이다. 연령론에 따르면 젊은이는 인품을 닦고 영혼을 살찌우는 데 힘써야 한다. 나이 지긋한 노인이라면 호젓한 생활을 즐기며 삶을 정리해야 한다. 어렸을 때는 배움에 힘쓰고 커서는 행동에 힘쓰며, 늙어서는 편안함을 즐겨야 한다.

7

선_善을 향한
마음

본선_{本善}과 향선_{向善}

선善이란
무엇인가

앞장에서 쾌락과 행복, 선의 관계를 다뤘으니 이번 장에서는 성선과 성악에 대한 논쟁을 집중적으로 다뤄보려 한다. 성선–성악의 논쟁에 들어가기에 앞서 '선善, 好'이라는 단어를 한번 짚어보자.

'선善'과 '호好'는 상당 부분 그 의미가 중복되기는 하지만 각자 엄연히 하나의 단어로 인정받고 있다. '호'는 보다 일상적으로 사용되는 편으로 넓게는 윤리 영역에 이르기까지 사용범위가 광범위하다. 이에 비해 '선'은 단독으로 사용되는 경우가 드문 편이다. 대표적으로 선량善良, 선심善心, 선의善意, 선사善事, 자선慈善, 우선友善, 완선完善, 화선和善 등 복합어에 주로 사용된다. '선'이라는 글자는 도덕윤리적 함의를 내포하고 있지만, 다소 오래된 표현인 선감善感, 선전善戰, 낯이 익다는 면선面善 등은 예외이다. 선악이라는 단어는 도덕윤리적으로 좋고 나쁨호불호을 설명하는 데 사용되지만 '선악'보다는 '호불호'를 사용하는 경향이 점점 늘고 있다.

영어의 good은 '호'와 비슷하게 광범위하게 사용되지만 윤리적 문제를 토론하는 과정에서는 도덕윤리적인 '선'을 가리킨다. 특정한 텍스트에서 '호'라고 번역할 수 있지만, '선'이라고 단독으로 번역할 수도 없다. 그래서 어떤 사람은 이를 '선호'라고 번역하기도 한다.[125] 선호라는 글자는 억지로 만들어진 단어지만 그 의미가 분명하고 단어의 구성 역시 자연스러워, 관련된 문제를 토론할 때 중요한 장점을 발휘한다. '호'처럼 사용범위가 광범위하지 않고 '선'처럼 협소하지도 않기 때문에 윤리도덕적인 의미에서 '호'의 경계를 이야기해도, 다른 분야에서 말하는 '호'와의 관계가 사라지는 것은 아니다.

선호라는 표현법을 두고 많은 토론이 이어져 왔다. 고전철학에서는 선호를 객관적인 존재로 인식했지만, 근세 이후 상당한 영향력을 지닌 주장이 등장했다. 즉 내가 특정한 일에 대해 선하다고 표현하면 내가 그 일을 좋아한다는 의미와 같다고 인식하는 것이다. 이는 선호

---

125 good에서 비롯된 goods는 일반적으로 물건을 가리키지만, 윤리적 토론에서 사용될 때는 인간에게 유익한 존재, 인간이 추구하는 대상을 의미한다. 이 경우의 goods는 '유익한 것益品'으로 번역하는데, 자유, 안전 등이 유익한 것에 속한다.

를 객관적인 자리에서 끌어내려 주관적인 편애의 대상으로 취급한 것이다. 선호는 일종의 평가로서, 평가는 항상 평가자와 함께해야 한다. 하지만 그렇다고 해서 평가가 항상 완전히 주관적이라는 뜻과 일맥상통하는 것은 아니다. 내가 무언가를 좋아하는 것은 그 자체가 좋아서 그럴 수도 있고, 혹은 또 다른 이유가 있어서 그럴 수도 있다. 예를 들어 어떤 영화가 그다지 재미없다는 것을 뻔히 알면서도 재미있게 볼 수도 있다. 일반적으로 말해서 선호는 순수하게 주관적인 편애를 뜻하는 것이 아니다. 선호가 좋아한다는 뜻과 연결되어 있다기보다는, 수많은 사물과 사건은 그 자체로 선하기 때문에 내가 좋아한다고 이야기하는 편이 옳다. 우리는 선과 좋아한다는 의미를 구분할 수 있어야만 '교화'라는 단계로 성숙할 수 있다.

물은 본래
아래로 흐르지
않는 것이 없다

고자告子, 전국시대 때 사람으로 불해(不害)라고도 한다. 맹자에게 배웠다 가, 묵자의 가르침을 받았다고도 한다.-역주는 인성에서 선함과 선하지 못함을 구분할 수 없다고 주장했다. "사람의 본성이란 마치 여울물과 같다. 동쪽으로 길을 터놓으면 동쪽으로 흐르고, 서쪽으로 물길을 터놓으면 서쪽으로 흐른다." 하지만 성선설을 주장한 맹자의 생각은 달랐다. "사람의 본성에서 선은 마치 물이 아래로 흘러가는 것과 같은 것이다. 사람에게는 본래 불선不善이 없다. 물은 본래 아래로 흐르지 않는 것이 없다출처:《맹자》,〈고자(告子)〉."

성선론은 두 가지 난제를 지니고 있다. 하나는 인성에 선함이 존재할지도 모르겠지만, 동시에 악함도 존재할 수 있다는 것이다. 나머지 하나는 악의 기원을 성선론이 어떻게 설명할 수 있느냐 하는 것이다.

인간은 누구나 측은지심을 지니고 있지만 동시에 질투심, 요행심, 시기심, 원망, 증오, 견물생심 등 다양한 감정을 품고 있다는 사실을 인정해야 한다. 사실 인간이 태어날 때부터 지닌 것들 중에서 선의 비중은 그리 크지 않다. 공자는 덕을 좋아하는 것보다 색色을 밝히는 것이 더 크다 설명했고, 맹자도 사람이 짐승과 다른 점이 무척 적다고 지적했다. 이처럼 인간은 태어날 때부터 선함과 불선을 모두 지니고 있는데, 유독 '선'을 인간의 본성이라고 꼬집어 이야기하는 까닭은 대체 무엇인가?

맹자가 말하는 성선은 사람은 태어나는 순간부터 고유한 속성을 이룬다는 뜻은 아니다. "천하에서 선함을 말함은 이미 그러한 자취일 따름이다. 이미 그러한 자취란 순조로움을 근본으로 삼는다출처:《맹자》,〈이루(離婁)〉.[126]" 성이 선할 수 있는 단서善端는 측은지심, 수오지심, 사양지심, 시비지심으로 구성되며, 이는 덕성을 높일 수 있는 '싹'이 된다. 예를 들어 불길이 크게 일어나거나 물이 목적지까지 흐르려면 그 기세가 성숙할 때까지 기다려야 한다. 하지만 인의예지仁義禮智는 선단이 이미 완성된 결과물이라 하겠다. "진실로 이것을 충족시킨다면 천하를 지

---

126 맹자는 때로 고유의 대상을 '성性'이라고 불렀다. "입이 맛에 있어서나 사기가 편안함에 있어서는 성性이라 한다". 하지만 그는 바로 뒤에서 "하지만 여기에 명命이 있으니 군자는 성이라고 하지 않는다출처:《맹자》,〈진심(盡心)〉."

켜낼 수 있고, 진실로 이것을 충족하지 못한다면 그 부모도 섬기지 못하게 된다_{출처: 《맹자》, 〈공손추(公孫丑)〉}." 양수명은 맹자의 성선론이 거의 모든 사람에게 오해를 불러일으킬 수 있다고 지적하며, 성을 이미 완성된 케케묵은 대상으로 설명한 것이야말로 가장 큰 오해라고 주장했다.[127]

성은 고유한 것, 그리고 이미 완성된 것이 아니라 싹_{苗端, 모종}이라는 주장은 상당히 중요한 사상이다. 하지만 이것만으로 성선을 증명하기에는 역부족이다. 그 이유는 다음과 같다.

첫째, 무엇이 고유한 것인지, 무엇이 고유하지 않은 것인지 어떻게 구분할 것인가? 싹, 불씨, 기원 등은 고유한 존재로 간주할 수 있을 것이다. 맹자도 "사람들에게 이 사단_{四端}이 있음은, 사람들에게 사지_{四肢}가 있음과 같다_{출처: 《맹자》, 〈공손추〉}"고 이야기했다. 여기서 말하는 '사지'는 고유한 것을 가리킨다.

둘째, 악함은 악의 발단_{악단}과 악한 행위_{악행}로 구분될 수 있다. 인간이 태어날 때부터 고유한 선의 발단이나 선한 성향, 가능성을 지닌다면, 반대로 악의 발단과 악한 성향, 가능성도 존재할 것이다.

양수명은 인간에게는 악한 성향이 있다는 점을 인정하도록 유도하

---

127 이번 장에서 소개된 양수명의 인용문은 모두 《양수명이 말하는 공자와 맹자》를 참고했다. 광시사범대학교 출판사, 2003년, pp123~128

면서도 악한 경향은 기껏해야 일종의 성향일 뿐, '성'은 될 수 없다고 주장했다. "왜냐하면 생명의 본성은 활동이자 노력 그리고 힘을 사용하려는 것이다. 악이 이미 틀에 박힌 성향이라면 생명은 틀에 박히는 상태로 변해가는 성향이다." 여기서 양수명은 '성향'이라는 표현을 사용해서 악을 구분했지만, 이는 그다지 적절한 방법이 아니다. 왜냐하면 '성향'이라는 단어에는 긍정적인 의미가 담겨 있기 때문이다. 악은 선의 궐실闕失, 마땅히 해야 할 일을 빠뜨리고 하지 못함—역주이며, 궐실은 단지 의미가 약화된 '성향'일 뿐이다.

"악은 선과 반대된다. 악은 본성도 아닐뿐더러 성향이라고 볼 수도 없다. 성향은 긍정적인 것인데, 악은 부정적인 것을 가리키므로 성향이라고 볼 수 없는 것이다. 움직임을 성향으로 생각한다면 움직이지 않는다는 것은 성향이 될 수 없다. 긍정이 어떻게든 하겠다는 뜻이라면, 어떻게든 하지 않겠다는 것은 부정이다. 그러므로 악에는 자아가 없고 선함의 부족함을 가리키는 것이다. 그러므로 선악은 서로 대응하는 것이 아니다. 소위 악이라 함은 생명이 부족할 때, 즉 내가 게으를 때 나타나는 것이다."

양수명은 이러한 방식으로 성선론을 주장하는 동시에 악의 성질도 설명했다. 그의 결론에 따르면 악은 선의 궐실, 즉 잘못이라는 것이다. 여기서 머물지 않고 양수명은 선의 잘못이 곧 자아의 잘못이라고 지적했다. "근본적으로 모든 나태함, 노력하지 않는 태도, 힘을 아끼는 것 모두 부정적인 것으로, 여기에 자아란 존재하지 않는다."

악함을 선함으로 간주하는 잘못은 흔히 볼 수 있는 주장이다. 예를 들어 담사동(譚嗣同, 중국 청나라의 사상가, 청일전쟁의 패배 이후 변법자강운동을 전개했으며 중국 정치개혁의 중심인물–역주)은 성선론의 입장을 취했는데 악의 유래를 묻는 질문에 이렇게 답했다. "악은, 즉 선함의 맥락을 따르지 않는 것이다.[128]" 하지만 그의 설명은 악을 규정하는 데만 치우쳐 있을 뿐 악의 유래를 본질적으로 설명하는 데 실패했다. 선함이 본성이라면 어떻게 해서 선한 본성이 사라질 수 있단 말인가?

양수명은 선악은 서로 대응하지 않는 것이라는 중요한 사상을 제시했다. 여기까지만 언급하고 더 이상 발전된 논리를 제시하지 않아 아쉬울 따름이다. 내가 생각하는 문제의 핵심에 대해 다시 처음으로 돌아가서 자세히 설명해보겠다.

맹자는 "물은 본래 아래로 흐르지 않는 것이 없다"는 다소 색다른 이론으로 선함이 성이며, 악함은 성이 아니라고 주장했다. 하지만 뒤이어 "물을 쳐서 뛰어오르게 하면 사람의 이마를 넘어가게 할 수 있고, 밀어서 보내면 산이라도 올라가게 할 수 있으나 그것이 어찌 물의 성이겠는가(출처: 《맹자》, 〈고자〉)?"라고 반문했다. 이러한 맹자의 주장은 자기운동(Motio autonomica, 어떤 물(物)의 운동이 그 원인, 근거, 또는 목적을 그 물(物) 자신 속에 가지고 있을 때의 운

---

128 지셴린李羡林 엮음, 《전세장서傳世藏書》, 〈제자諸子 6〉, 하이난海南 국제신문출판센터, 1996년, p5

동—여주이나 구속운동에 관한 아리스토텔레스의 관념과 매우 유사하다. 성은 대체적으로 그리스인이 말하는 phusis피시스, 그리스 철학에서, 자연, 또는 자연의 힘이나 사물의 본성을 이르는 말, 혹은 우리가 말하는 자연과 유사하다. "그것을 하지 않아도 하는 것이다"에서 말하는 것과 비슷하다. 물이 아래로 흐르는 것은 물의 자기운동으로, 외부적인 작용을 받지 않을 때의 운동을 가리킨다. 물론 자연은 그 자체만으로 보다 자세하게 고민해야 할 또 하나의 개념이라 하겠다.

우리는 이러한 논리에서 악이 어디서 비롯되는 것인지 고민할 수 있다. 즉 악은 외부적인 힘이 타고난 천성을 왜곡시킬 때 비롯되는데, 이는 훗날 장—자크 루소Jean-Jacques Rousseau의 주장과도 거의 비슷하다. 성은 원래 순수하고 선한 것이었으나 훗날 왜곡되고 더럽혀지는 것도 모자라 파괴되고 만다.

남송시대의 유명한 철학자 육상산陸象山, 남송시대 유학자로 객관적 유심론을 주장하는 주희에 맞서 주관적 유심론을 강조했다.—역주도 물욕에 가려져 그 본심을 잃는다고 말하지 않았던가! 그렇다면 물욕 등의 사악함은 어디서 나오는가? 일반적으로는 타인, 사회라고 답한다. 도덕적인 사람과 부도덕한 사회는 자아와 세계를 이해하는, 가장 통속적인 틀을 구성한다. 하지만 사람이 누구나 선한 본성을 지녔다면 타인과 사회가 어떻게 악을 만들어낼 수 있겠는가?

중국의 유명한 철학자 장대년張岱年은 맹자의 성선론을 변호하기 위해 또 다른 논리를 제시했다. "악은 사람과 금수 모두 지닌 것이나, 선함은 인간만이 지닌 것이다. 우리가 사물을 구분함에 있어 반드시 그 특징에 의거해야 한다. 그렇지 않고서야 만물의 성이 모두 같지 않 겠는가?" 맹자가 말하는 소위 성이라는 것은 '사람이 금수와 구분되 는 특별한 특징을 가리키는 것'이다.[129] 가여워하는 마음이 없다면 사 람이 아니라는 등 맹자의 글 중에서도 이를 뒷받침할 만한 주장을 찾 아볼 수 있다. 이런 점에서 장대년의 주장에도 나름 일리가 있는 것은 분명하지만 그것만으로는 만족스러운 답을 얻기 어렵다. 그 이유는 크게 다음 두 가지로 나눠볼 수 있다.

첫째, 해당 주장에는 논리적인 허점이 존재한다. 자성磁性은 자성체磁 性體 특유의 성질이지만, 질량을 보유한 것은 자성체와 비非자성체에서 모두 찾아볼 수 있는 공통점이다.

그러므로 자성만으로 자성체를 정의할 수 있으나, 질량을 지녔다는 사실만으로 자성체를 정의할 수 없다. 자성체와 질량을 보유하고 있다 는 사실은 아무런 관련도 없는, 전혀 다른 성향에 속하지만 선악은 그 렇지 않다. 그러므로 악함이 인간과 동물이 모두 지닌 공통점이라는 이유로 사람을 정의할 수 없다는 것은, 질량이 자성체와 비자성체가

129   장대년, 《중국철학대강中國哲學大綱》, 중국사회과학출판사, 1982년, p185

모두 지닌 공통점이므로 자성체를 정의할 수 없다는 것과는 이야기가 다르다. 오히려 '비자성'이 자성체와 비자성체가 모두 지닌 공통점이므로, 자성체를 정의하는 데 사용할 수 없다는 뜻과 비슷하다. 하지만 비자성이 자성체와 비자성체에서 모두 발견될 수 있는 특징이라는 주장은 결코 통하지 않는다.

둘째, 물질적인 내용에서 봤을 때 동물적인 특성으로 세상의 악을 해석하는 것은 지나치게 시대착오적인 발상이라고 할 수 있다. 과거 사람들은 동물적 본성을 악으로 규정했다. 그래서 배우지 않고 오로지 배를 채우고 비바람을 피할 수 있는 곳에서 편히 몸만 눕히는 사람들을 금수와 다를 것 없다며 손가락질하기도 했다. 한때 이러한 사고방식은 지극히 당연한 것으로 여겨졌지만 수많은 학술가가 한 치의 실수라도 찾기 위해 돋보기를 들이대고 있는 작금의 현실에서 우리의 논증 역시 과거보다 한결 신중해질 수밖에 없다.

배부르게 먹고 따뜻한 곳에서 몸을 뉘일 수 있는 기회를 얻지 못한 금수가 어디 한두 마리겠는가? 그렇다고 금수가 사악하다고 이야기해봤자 요즘 같은 세상에서는 사람들로부터 이상하다는 손가락질을 받을 것이 뻔하다.

진화론이 탄생한 이래 우리는 동물에게서 사람의 악한 모습을 발견했을 뿐만 아니라, 동시에 사람의 선한 모습도 볼 수 있었다. 반대로 말해서 사람에게서 볼 수 있었던 아름답고 고상한 모습을 동물에서 찾아볼 수 없었지만, 동시에 사람의 사악한 모습도 동물에서 발견할 수 없었다.

어떤 종류의 사악함은 사람만 지닌 것도 아니고, 동물 중에는 거의 비슷한 모습을 보이는 것도 있다.[130] 실제로 포유류 중에서 오로지 오랑우탄과 인간만이 무리를 이뤄 동족상잔의 비극을 벌인다. 반대로 어떤 종류의 사악함은 오로지 인간에게서만 발견할 수 있다. 탐욕, 고문, 협박 등이 바로 여기에 속한다.

---

130 1926년 3월 18일, 당시 8국 열강에 맞서던 국민당 정부를 진압하기 위해 단기서段旗瑞 정부가 시위자를 향해 발포하는 3·18 사건이 일어났다. 사건 발발 이후 노신魯迅은 단기서 정부를 크게 비난했다. "이처럼 잔악무도한 행동은 금수에게서도 보지 못했을 뿐만 아니라 인간 중에서도 무척 보기 드물도다."

천성이 악하면
예의는 어떻게
생겨나는가

맹자가 성선론을 주장한 것과는 대조적으로 순자는 성악설을 주장하며 사람의 고유함을 성(性)이라고 지적했다. 성선론이 악의 기원이라는 문제를 직면해야 하는 것과 마찬가지로 성악론 역시 선의 기원에 대한 대답을 내놓아야 한다. 그래서 순자는 사람의 천성이 악하다면 예의는 어떻게 생겨나는 것이냐고 자문하며 이렇게 답했다.

"무릇 예의라는 것은 성인의 작위에서 생겨난 것이지 본래 인간의 성품에서 생겨난 것이 아니다. 그러므로 성인은 사려를 쌓고 작위를 익혔으므로 예의를 생기게 하고 법도를 일으켰다. 그러므로 성인은 본성을 교화시켜 작위를 일으키고, 작위가 일어나면서 예의를 낳았다.[131]" 요새 사람들은 제아무리 성인聖人이라고 한들 성인도 사람인 이상, 태어날 때부터 악할 수 있다고 생각한다. 어떻게 태어날 때부터 예의를 낳고 법도를 일으킨단 말인가? 작위를 일으키는 단서도 반드시 인성의 내면에서 비롯되어야 한다. 우리는 사람을 성인과 보통 사람으로 나눠볼 수 있다. 인성에 관한 모든 논의에서는 후자만 언급하고 있지만, 이처럼 특정 학설이 정의를 뒤엎는 방식으로 이론을 세울 수 있다고 한들 우리의 문제를 해결하기에는 역부족하다.

일단 이 문제는 잠시 접어두고 성인이 우리를 교화하려면 반드시 우리에게 선한 동기가 있어야 한다는 주장에 대한 순자의 생각을 알아보자. "무릇 예의라는 것은 성인의 작위에 의해 생겨나는 것이지 본디 사람의 본성에서 생겨나는 것이 아니다." 그러므로 옹기장이가 진흙을 쪄서 질그릇을 만드는데 질그릇은 옹기장이의 작위에서 생겨난 것이지 본디 사람의 본성에서 생겨나는 것이 아니다. 그러므로 성인의 예의나 작위에 있어서도 질그릇을 만드는 것과 같은 것이다. 이러한 이야기를 통해 우리가 교화될 수 있는가는 우리의 본성과는 아무런 관련도 없으며, 오로지 외부에서 우리에게 가해지는 것임을 확인할 수 있다. 인의예지는 밖에서 오는 것이 아니라고 주장한 맹자와는 정반대되는 입장이라 하겠다.

131　이번 장에서는 《순자荀子》, 〈성악性惡〉을 일괄적으로 인용했다.

순자의 이 비유는 적절하지 않은 것 같다. 리더는 보통 사람에게서 선한 단서를 찾을 수 있다고 주장하며, 진흙 안에 질그릇이 되지 않는 성질이 있다고 대답했다. 어쨌든 진흙은 질그릇이 될 수 있지만, 맑은 물은 질그릇이 될 수 없다. 사실 순자는 사람에게서 인의의 잠재력이 있다는 사실을 전면적으로 부정하지는 않았다. "길가는 사람들도 모두 인의법정(仁義法正)을 알 수 있는 자질이 있고, 행할 수 있는 이치가 있는 것이다."

하지만 누구나 인의법정을 알 수 있고 행할 수 있는 이치가 있다면, 사람에게 선한 동기가 있다고 인정한 셈이다. 심지어 이러한 자질이 교화되어 육성된다면 길가는 사람도 우(禹) 임금이 될 수 있다고 말한데 이어, 순자는 '해도 된다(可以)'와 '할 수 있다(能)'의 의미를 분명히 구분했다. "길가는 사람들도 우 임금이 될 수 있었던 것도 그러하다. 길가는 사람들도 우 임금은 될 수 있으나, 반드시 그러한 것도 아니었다. 천하를 두루 다닐 수 있는 발이 있으나 아직까지 천하를 두루 다닌 경우는 없었다."

이러한 구분은 대체적으로 오늘날 사람들이 말하는 논리의 가능성과 실질의 가능성에 해당한다 할 수 있다. 여기에는 분명 유익한 구분이 존재하지만, 이것이 도리어 인간에게 인의의 잠재력이 있다는 점을 더욱 확실하게 증명하고 있음을 부정할 수 없다.

맹자에 비해 순자가 말하는 성(性)은 오늘날은 성(成)에 좀 더 접근해 있다. 맹자는 사람이 배우는 것은 그 본성이 선하기 때문이라고 말했지만, 순자는 그렇지 않다며 반박했다. "이는 그렇지 않다! 배우거나 노력에 의해 이루어질 수 있는 것이 아닌데도 사람에게 갖추어져 있는 것을 일러 본성이라 하고, 배우면 능숙해지고 노력하면 완성될 수 있는 힘을 사람이 가지고 있는 것을 일러 인위라고 한다." 순자는 타고난 것을 성이라 불렀는데, 그가 말하는 성은 오늘날 우리가 흔히 이야기하는 본능과 비슷하다. 하지만 맹자가 성과 본능고유한 것을 구분했다는 점에서 순자의 성악론과 맹자의 성선론은 성에 대한 서로 다른 정의로 구별된다.

성에 대해 비록 다른 입장을 지녔지만 순자는 맹자와 마찬가지로 이미 만들어진 능력과 습득을 통한 능력을 구분했다. 순자는 맹자처럼 성인의 존재를 인정했을 뿐만 아니라 보통 사람도 인의법정을 이해하고 실천할 수 있는 능력이 있음을 인정했다. 순자가 인의법정을 알고 그것을 실천할 만한 자질이 있으며 교화를 통해 이를 끌어내야 한다고 주장했다면, 맹자는 선한 자질 역시 교화를 통해 기를 수 있으며 효도, 우애, 충서, 신의도 수양을 통해 닦아야 한다고 주장했다. 하지만 성에 대한 정의가 다른 만큼 교화에 대한 맹자와 순자의 입장은 큰 차이를 보인다.

선한 자질을 강조했던 맹자는 자아 성장이라는 관점에서 덕성의 길을 살피며 스스로 성을 일궈야 한다고 주장했다. 그래서 맹자는 인성에 대해 상당히 낙관적인 태도를 취하고 있다. 후세에 맹자를 따르던 유학자들은 스스로 성을 일궈야 한다는 주장을 한층 발전시켰다.

정이는 스스로 성을 이루면 모든 것이 선하다고 주장했으며, 육구연陸九淵, 남송(南宋)의 대표적 유학자─역주은 "네 가지 선단은 모두 하늘에서 내리는 것이니 사람이 인위적으로 가꿀 필요 없다"고 주장했다.

이와는 대조적으로 순자는 외부적인 교화, 법도의 구속을 크게 강조했다. 순자의 주장은 훗날 법가法家로 발전하며 기존의 주장을 더욱 확고히 견지했다. 청나라의 유학자 대진戴震은 순자와 맹자를 이렇게 평가했다. "순자는 배움을 강조했으니 안이 아니라 밖에서 구하고자 했으며, 맹자 역시 배움을 강조했으나 밖이 아닌 안에서 그 답을 찾았다출처:《맹자자의소증(孟子字義疏證)》." 이는 상당히 정확한 분석이라고 할 수 있다. 이에 맞춰 맹자는 선한 자질을 많이 품을 수 있도록 후천적인 노력을 기울일 것을 강조했다. 맹자가 '호연지기浩然之氣'를 기르라고 강조한 것과는 대조적으로 순자는 성인에 의한 교육을 더욱 강조했다.

맹자와 맹자의 학설이 주장한 스스로 성을 일궈야 한다는 사상은 덕을 '자연의 정'에 맡겨야 한다고 주장한 장자의 사상과 통한다. 성선론을 주장한 맹자가 교육과 수양을 통해 성을 일궈야 한다고 주장한 것처럼, 장자가 말한 '자연의 정' 역시 수양을 필요로 한다. 왜냐하면 사람이 세상에 태어난 이상 예의에 구속될 수 있기 때문에 '배움을 끊고 지혜를 버리는 것' 역시 하나의 노력이자 수양이 될 수 있다. "성을 닦아 덕을 돌이키어 지극하면 태초에 같아질 것이다출처:《장자》,〈천지(天地)〉."

선함을 닦으면
선인이 되고,
악함을 닦으면
악인이 되는가

성선론은 악의 기원을 설명해야 하고, 성악론 역시 선의 기원을 풀어내야 한다. 그렇다면 인성은 선하거나 선한 자질을 품고 있다든지, 혹은 인성은 악하며 악한 자질을 품고 있다고 주장한 사람은 없었을까? 실제로 많은 사람이 사람은 선함과 악함을 동시에 지닌 존재라는 입장을 보였는데, 대표적인 인물로 양웅揚雄이 있다. "사람의 성은 선악이 섞였으니 그 선함을 닦으면 선인이 되고, 그 악함을 닦으면 악인이 되니라출처:《법언(法言)》,〈수신(修身)〉." 동중서董仲舒가 말하는 선악 역시 여기에 속한다. "천지의 큰 가르침은 때로는 음陰하고 때로는 양陽하는 것이다. 그러므로 성이 선하다 함은 그 양을 보는 것이요, 악하다 하는 것은 음을 보기 때문이다." 그는 성을 곡식, 누에벌

레, 새알로 비교하고 선을 쌀, 실, 어린 새끼에 비유했다. "쌀은 벼에서 나오는 것이나, 벼가 전부 쌀이 되는 것은 아니다. 또한 선함이 모두 성에서 나오는 것이 아니니 성이 전부 선이 되는 것도 아니다. 누에고치 중에는 실을 가진 것도 있고, 그렇지 못한 것도 있다. 새알 중에는 그 안에 새끼가 들어 있는 것도 있고, 그렇지 못한 것도 있다_{출처:}

《춘추번로(春秋繁露)》, 〈심찰명호(深察名號)〉."

성과 선악의 관계에 대한 견해와 교학에 대학 견해가 서로 연결되어 있음을 이미 언급했다. 동중서는 성선론이 아닌 성선악혼설을 주장했다. "선은 당연히 가르침과 함께해야 하나 성과 반드시 함께해야 하는 것은 아니다. 선함은 교훈을 통해 이루는 것이지 질박함으로 능히 이룰 수 있는 것이 아니다." 왕충王充 역시 성선악혼설을 주장하며 "성은 본디 자연스러운 것이니 선악에는 바탕이 있다"고 지적했다. 정이 역시 같은 의견이었다. "선은 진실로 성이지만, 악도 성이라 하지 않을 수 없다. (중략) 만물에는 서로 짝이 없는 것이 없으니 음이 있으면 양이 있고, 선이 있으면 악이 있는 법이다."

사람의 천성은 선과 악, 천사와 악마로 비유될 수 있다. 분명 태어날 때부터 조금 더 선한 사람이 있는가 하면, 조금 더 악한 사람도 있다. 물론 극단적으로 선하거나 악한 사람도 존재하는데, 이 문제는 따로 설명하겠다. 왕충은 사람에게는 선악이 모두 존재한다고 주장했다. 좀 더 보충하자면 고자는 성에는 선악의 구분이 없다고 주장했고, 양웅은 성선악혼설을 주장했다. "단지 보통 사람이라 함은 지극히 선하거나 지극히 악한 것을 가리키는 것이 아니다."

성에는 선악이 모두 존재한다는 주장 외에도 성악이 전혀 존재하지 않는다는 주장도 존재한다. 위에서 "성은 제자리에서 소용돌이치는 물과 같다"는 고자의 주장을 인용하여 성에는 선함도, 악함도 없다는 주장을 설명한 바 있다. 훗날 이러한 견해를 지닌 사람이 여럿 등장했는데 장대년의 소개에 따르면 대표적인 인물로는 왕안석王安石, 소식蘇軾, 왕양명 등이 있다.[132] 근세에 들어서는 강유위康有爲 역시 같은 입장을 드러냈다. "무릇 성이라는 것은 태어날 때부터 가지는 성질로, 선악이 없다. (중략) 무릇 성의 성질을 논할 때는 맹자의 것이 틀리고 고자의 것이 옳다.[133]"

성선악혼설과 성무성악설 모두 인간의 선함과 악함을 착안했다는 점에서 취지는 비슷하다. 둘 중 어느 것이 옳든, 악의 기원을 설명하거나 선의 기원을 풀이하는 데 괜한 힘을 들일 필요는 없다. 왜냐하면 이는 우리가 평소에도 관찰할 수 있기 때문이다. 그래서 위대한 사상가가 성악설과 성선설 둘 중 어느 한쪽이 옳다는 것을 증명하기 위해 매달리는 것을 보면 오히려 이질감이 느껴진다.

하지만 정이, 왕양명의 성선악혼설과 성무성악설에서 어떠한 결론

---

132   장대년, 《중국철학대강》, 중국사회과학출판사, 1982년, pp196~199

133   강유위, 《만술초당구설萬述草堂口說》, 션산홍沈善洪, 왕펑셴王鳳賢의 《중국윤리이상사中國倫理想史》 인용, 인민출판사, 2005년, p323

을 얻었든지 이를 무조건 그들의 주장이라고 밀어붙일 필요는 없다. 특히 6장에서 언급한 것처럼, 일부 학자들은 쾌락과 고통의 경계를 뛰어넘어야 한다고 주장했지만 결과적으로 그들은 쾌락, 그것도 지극한 쾌락을 선택했다. 마찬가지로 성선악혼설과 성무성악설 모두 궁극적으로는 선함, 지극한 선함의 편에 섰다. "선함도, 악함도 없는 것은 이치의 고요함이요. 선함도, 악함도 기운의 움직임이다. 그러므로 움직이지 않는 기운은 즉 선함도, 악함도 없는 것이니 이를 선함이라 한다_{출처: 《전습록》 상권}." 선함은 쾌락처럼 통속적인 함의 외에도 심오한 뜻을 지녔다 할 수 있다.

선함은 악함과
짝을 이루지
않는다

고자가 동쪽 혹은 서쪽으로 흐를 수 있는 물로 사람의 선악을 설명하자, 맹자는 이를 강하게 반박했다. "물이라는 것은 본디 동쪽으로도 흐를 수 있고, 서쪽으로도 흐를 수 있는 것이다. 하지만 오직 낮은 곳에서 높은 곳으로 흐르지 못하니 다만 이것으로 선악을 이야기할 수 있을 따름이다." 선악을 동서東西에 비유한 고자, 그리고 상하上下로 맞받아친 맹자의 주장은 나름의 논리를 지닌 듯싶다. 그렇다면 고자와 맹자 중 대체 누구의 주장을 선택해야 할 것인가? 사실 여기에 정답은 없다. 왜냐하면 고자와 맹자의 주장 모두 나름의 논리를 지니고 있으며, 하나의 이치로 정립될 수 있기 때문이다. 아서 웨일리Arthur Waley는 고자의 주장을 이렇게 평가했다. "주제에서 벗어난 수많은 비유 중에는 역으로 뒤집어서 증명할 수 있는 내용이 존재한다.[134]"

고자의 비유 중에 '동서'라는 반의어가 등장한 데 반해, 맹자는 '상하'라는 반의어로 인성을 설명했다. 반의어는 중요한 언어적 도구로, 반의어 없이는 말 자체가 성립될 수 없다. '날이 덥다'는 표현에는 '덥다와 춥다' 중 '덥다'는 표현이 사용되었다. '앞으로 걷다'는 말에는 '앞과 뒤'라는 반의어가 사용됐다. 어떤 것을 평가할 때는 반의어를 주로 많이 사용한다. 좋다-나쁘다, 고상하다-천박하다, 지혜롭다-우둔하다 등은 모두 대상을 평가하는 표현이다.

일부 반의어, 이를테면 크다-작다, 춥다-덥다, 길다-짧다, 상-하, 위-아래 모두 상황을 묘사하고 있다. 배포가 크다-밴댕이 소갈딱지처럼 좁다. 가장 위에 있는 자가 지혜롭고 가장 아래가 있는 자는 어리석다 등 이러한 설명 속에 이미 해당 단어에 평가가 포함되어 있음을 알 수 있다. 예를 들어서 우리는 선이 위에 있고 악이 아래에 있다고 말하기도 한다. 속세를 버린 은사라면 최고의 선은 물과 같으며, 덕을 골짜기와 같다며 비틀어 말할지도 모른다. "강과 바다가 능히 모든 골짜기의 왕이 되는 것은 이로써 그 모든 것의 아래에 잘 위치해 있기 때문이다."

134　앵거스 그레이엄Angus Charles Graham의 《도교에서論道者》 참고

하지만 선이 위에 자리 잡았다는 관념이 뿌리 깊이 박혀 있기 때문에 언어로 비틀어내는 데 한계가 존재할 수밖에 없다. 노자조차도 "덕은 위에 있다. 자기가 모른다는 사실을 아는 것이 높은 덕이다. 부드럽고 유한 것이 위에 있다"고 말하지 않았던가! "지극히 착한 것은 마치 물과 같다"는 것은 곧 선이 여전히 위에 있다는 뜻으로 이해할 수 있다.[135]

대부분의 경우 문장 하나에 반의어 한 쌍을 쓰는데, 반의어 두 쌍을 쓸 경우 말이 되지 않는다. 날씨가 덥다–춥다, 앞뒤로 걸어간다는 말은 아예 성립될 수 없기 때문에 반의어 중 한쪽을 직접적으로 드러내야 한다. 반의어의 대칭성은 언어의 의미에 간접적으로 힘을 실어준다. 현장에 있지 않은in absentia 의미를 묶어 소쉬르Ferdinand de Saussure는 연합적 관계rapports associatifs라고 불렀다.[136] 추웠다–더웠다, 좋아했다–미워했다 등과 같은 단어에서는 한 쌍의 반의어가 동시에 모습을 드러내고 있는데, 원래 뒤에 숨겨져 있던 반의적 구조가 앞으로 위치한 경우에 해당한다.

이치를 탐구하는 사람은 보다 심층적인 의미를 연구하기 때문에 현장에 있거나 혹은 없을 수도 있는 반어 구조를 당연히 놓칠 리 없

---

135 "사람의 본성이 선한 것은 마치 물이 아래로 흐르는 것과 같아서, 사람은 선하지 않은 이가 없고, 물은 아래로 흐르지 않는 것이 없다. 백성들이 인으로 돌아오는 것은 마치 물이 아래로 흐르는 것과 같으며…." 맹자는 사람과 물 모두 성性이 있다고 설명했을 뿐, 선이 아래에 있다고 주장한 것은 아니다.

136 소쉬르, 《일반 언어 교육과정》, 1999년

다. '있다'고 말하면 '없다'는 말로 뒤집어 표현할 수 있고, 선을 이야기하면 악으로 비틀어낼 수 있어야 한다. 노자와 헤겔은 반의어 구조를 빌려 이론을 설명하곤 했다.

'크다-작다, 많다-적다, 위-아래, 오다-가다'는 반의어는 모두 두 개의 단어로 구성된 대칭 구조를 이루고 있다. 눈에 확 띄는 특징 때문에 시선을 뺏긴 나머지 대칭의 배후에 다양한 구분이 존재한다는 사실을 우리는 종종 잊곤 한다. 고자는 동서로, 맹자는 상하로 인간의 심성을 설명했다. 동서, 상하라는 반의어는 얼핏 비슷해 보인다. 동-서, 상-하는 서로 정확히 짝을 이룬다. 하지만 동서와 상하로 짝을 이루는 방식마저 완전히 다르다. 동서는 동쪽에 있지 않고, 서쪽에 있지 않은 중간점을 기준으로 삼는다.[137] 이러한 기준점은 그 자체만으로 고정된 위치가 아니다. 이에 반해 좌우는 완벽히 대칭을 이룬다. 물론 좌우에도 좌우에 무관한 기준, 즉 내가 존재할 수도 있을 것이다. 하지만 나라는 존재는 언제든지 이동할 수 있기 때문에 나를 기준점으로 삼으면 좌우의 중심점이 고정되지 못한다.

그렇다면 상하는 무엇을 기준으로 삼는가? 상하는 때로 사람의 몸을 기준으로 삼는다. 이를테면 머리는 위에, 다리는 아래에 있다. 이때 상하의 구조와 좌우의 구조는 비슷한 것처럼 보이지만 상하의 경

---

137 일출, 일몰을 기준으로 동서를 나눌 수 있지만 현재의 토론과는 무관하다.

우 '지면'이라는 또 다른 기준점이 존재한다. 당신이 위 칸 침대에서 자면 난 아래 칸 침대에서 잠을 청한다. 위 칸-아래 칸은 침대칸 중간 사이의 중간점을 기준으로 나뉘거나, 혹은 누구의 머리나 발을 기준으로 나눈 것이 아니다. 그저 지면을 기준으로 했을 뿐이다. 이때의 상하는 동서, 좌우와 달리 천연적으로 정해지고 구분된 기준점에 해당한다. 무엇이 위에 있고, 무엇이 아래에 있는지 전혀 상대적인 개념이 아닌 것이다. 지면이 있는 한, 상하라는 개념을 지닌 의미가 존재할 수 있는 조건이 제공되는 셈이다. 우리가 상하를 파악하려면 지면이 있어야 한다. 지면에서 떨어진, 이를테면 우주공간에서는 상하의 구분이 존재하지 않는다. 이처럼 '추상적 공간'에서 상하는 동서, 좌우처럼 완전히 상대적이거나 무엇이든지 '위'라는 의미로 정의될 수 있다.

어떤 의미에서 상하는 대칭을 이루기도 하고, 또 다른 의미에서 대칭을 이루지 못한다. 무릇 상하와 관련된 반의어는 선-악, 쾌락-고통, 승리-패배 등이 있다. 승패가 상하와 관련됐다는 이야기를 따로 설명할 필요는 없을 것이다. 바둑에서 승리하는 쪽을 고수, 지는 쪽을 하수라고 하지 않던가? 바둑을 둘 때 승자가 있으면 패자가 있는 법, 승패는 상대적이다. 하지만 승자나 패자 모두 바둑에서 이기겠다는 목적을 지녔다면 승패는 상대적인 것이 아니게 된다. 바둑에서 이기려는 노력이 흥미진진한 경기를 만들어갈 때, 즉 바둑알을 하나하나 두면서 하나의 판을 만들어갈 때 그가 둔 바둑알은 전체 대국에서 비로소 의미를 지니게 된다. 승부에 미련 없는 사람이라면 그가 어떻게 판을 이끌어가는지 이해하지 못할 것이다. 왜냐하면 지금 당장 어떻게 바둑알을 던지든지 전체적인 판의 흐름과 아무런 관련도 없기 때문이다. 요컨대 바둑알에 성질이라는 것이 있다면 바둑알의 본성이나 본질은 노력을 통해 절묘한 위치에 놓았을 때 비로소 그 영향력이 발휘될 수 있다.

이러한 관점에서 진실과 허구, 고통과 쾌락, 꿈과 현실, 자연과 부자연, 자유와 비자유에 대해 토론할 수 있다. 이러한 반의어는 어떤 의미에서 상대적이고 대칭적인 관계를 구성하지만, 또 다른 의미에서는 다른 모습을 보여준다. 진품과 짝퉁을 예로 들어 설명해보자면, 진품은 짝퉁과 독립된 존재지만 짝퉁은 진품에서 벗어날 수 없다. 진품이 있어야 비로소 그것을 흉내 낸 짝퉁이 존재할 수 있기 때문이다. 진짜 화폐와 위조 화폐, 진실과 거짓의 관계 역시 마찬가지다. 또한 자연과 사람의 관계 역시 이와 유사하다. 누구도 인공적으로 만들 수 없는 자연 세계가 존재하며, 사람은 자연 세계에서 벗어나지 못한다. 또한 자연 사물이 없는 인공 제품으로만 가득한 세상이 나타나지도 않았다.

이러한 반의어가 어느 때는 짝을 이루고, 또 어느 때는 어울리지 못하는지 알 수 없다. 그래서 진실과 거짓, 꿈과 현실, 자연과 부자연에 대한 토론이 벌어질 때 온갖 주장이 쏟아져나온다. 하지만 지금은 '선악'이라는 개념만 집중해서 다뤄보려 한다.

맹자와 고자의 변론에서 고자는 동서, 맹자는 상하로 인간의 심성을 설명하고 있다. 얼핏 보면 저마다의 논리를 펼치는 듯하지만 맹자와 고자의 비유는 결코 평행을 이루지 못한다. 물이 동쪽으로 흐르겠다고 하면 동쪽으로 흐르게 되고, 서쪽으로 흐르겠다고 하면 서쪽으로 흐르게 된다. 그러나 어느 방향으로 흘러가든 물은 항상 높은 곳에서 낮은 곳으로 흐른다. 물의 흐름을 동서로 구분하는 비유법은 선악을 상대적인 것으로 인식하지만, 물이 낮은 곳으로 흐른다는 비유는 선악이 단순히 상대적인 개념에 그치지 않는다고 말한다.

평범한 안목을 지닌 우리의 눈에 비친 선악은 상대적인 개념일 뿐이다. 탁월한 안목을 갖췄을 때 비로소 선악의 비대칭 구조를 꿰뚫어 볼 수 있다. 동서─상하라는 개념은 '주제에서 벗어난 비유'로, 맹자와 고자가 자신의 논리를 내세운 것처럼 보이지만 차원이 다른 주장이라고 할 수 있다. 선악을 줄곧 대조적인 대상으로 인식하고, 무엇이 맞고 무엇이 틀린지 판단하는 단계는 하위 차원의 반성으로 통속적인 견해에 속한다. 맹자는 평면적인 동서에서 전향해 수직적인 구조의 상하관계를 이끌어냄으로써 선악의 상성이 상하관계에 속한다고 주장했다. 이는 철인에게 상당히 필요한 안목이다.

인성을 바라보는 두 가지 '견해'는 옳고 그름의 싸움이 아니라 '깊이'의 논쟁이다. 고자와 맹자 이후에도 이러한 견해를 가진 철인들이 등장했다.[138] 명말 청초의 사상사 왕선산王船山의 주장을 들어보자. "인성은 인, 의, 예, 지, 신으로 이루어져 있다. 하늘의 네 가지 덕목과 같으나 악과는 짝을 이루지 않는다." 국학 연구가인 첸라이陳來는 그 밑에 다음과 같은 설명을 달았다. "선산은 인성의 본체가 악과 짝을 이루지 않는다고 말했다. 다시 말해서 인성이 '선'이라면 '선'은 '악'과 대립되는 것이 아니다.[139]"

앞에서 이야기한 것처럼 인성의 선악을 토론하는 자리에서 양수명역시 선악이 짝을 이루지 않는다는 점을 끄집어냈다. 하지만 이와 관련해 많은 설명을 제시하지 못했다는 점에서 깊이 있는 연구는 아니었다고 생각한다. 선악이 짝을 이루지 않는다고 설명하는 한편, 선악을 '완전히 주관적인 평가'로 이해했다. 하지만 선악이 '완전히 주관적인 평가', '자아에 의한 완전 제어'가 가능한 것이라면 우리는 선악은 100퍼센트 짝을 이룬다는 문제로 다시 돌아가야 할 것이다. 그렇게되면 좌우는 항상 나를 기준으로 삼아 완전히 대칭된다는 결론을 마주할 수밖에 없고, 우리는 맹자를 따라 상하라는 개념으로 선악을 이해해야 한다.

상하는 단순히 상대적인 것이 아니다. 대체적으로 일반적인 좌표를 제공하고 있기 때문이다. 선악 역시 단순히 상대적인 수준에 머물

---

138   앎과 실천은 양분된 것인지, 아니면 하나인지에 대한 논의를 5장에서 별도로 설명했다.

139   첸라이, 《해석과 재정립: 왕선산의 철학정신》, 베이징대학교 출판사, 2004년, p165~166. 왕선산은 인성을 단순히 선악으로 구분하지 않고 당연히 태어날 때부터 선하다고 주장한다. 또한 첸라이는 맹자의 선이 악과 짝을 이루지 않는 주장을 남송의 호굉胡宏이 최초로 제시했다고 지적했다. 같은 책 p194

지 않는다. 그 또한 우리의 현실생활에 일반적인 좌표를 제공해주고 있기 때문이다. 선악이 짝을 이루지 못하기 때문에 선악은 '주관적인 평가'가 될 수 없다. 선악이 상대적이라면 그것을 선악이라고 부를 수 없기 때문이다.

지면이라는 기준점을 벗어날 수 있을 것인가? 우리가 땅 위에서 살아가는 것은 그저 단순한 우연일까? 사상의 의미가 사실을 초월할 수 없는 것일까? 인류의 이해가 사실을 초탈해야 사실 세계를 이해할 수 있고, 궁극적으로 사람을 상하라는 개념이 존재하지 않는 우주에 보낼 수 있다. 지면은 자연적인 좌표이지, 절대 좌표가 아니다. 우주선이 없어도 우리는 상하로 구분되지 않은 우주를 상상할 수 있었다. 인류의 이해는 사실을 초탈할 수 있지만, 이해는 반드시 특정한 기본 사실로 구성된 세계라는 배경에서 출발해야 한다. 우리가 땅 위에 살고 있는 것은 기본적인 사실 중에서도 가장 기본적인 사실이다.

> "대지의 중심은 견고하고
> 초원, 바위에서 불타고 있는
> 불꽃과 공동의 원소이다.[140]"

우리가 대지 위에서 생활하고 있다는 사실 덕분에 물은 낮은 곳으로 흐르고, 나무는 위로 자라며, 음식물은 우리의 입 안으로 떨어진다. "나는 세계라는 그림을 한 폭 가지고 있다. 그것이 정확하다며 내가 나 자신에게 확신을 갖도록 하기 때문도 아니고, 내가 지금 그것이 정확하다고 확신하기 때문도 아니다. 다만 이어져 내려온 배경이 거기에 있기 때문이다. 우리는 배경에 의지해서 진실과 거짓을 구분할 뿐이다.[141]" 사상은 우리가 대지를 떠나 우주로 진출하도록 이끌어주고 선악의 구분도 초월할 수 있도록 만든다. 하지만 우리가 '떠나는 것'도 대지에 발을 대고 서서 뛰어오를 때 가능하다. 앞에서 이야기한 것처럼 당신이 낮은 자리를 자처하며 사람들이 싫어하는 자리에 거한다고 해도, 그 결과는 선과 상을 하나로 묶어 여전히 '최상의 선上善'이라고 부를 수 있다.

자, 상-하, 선-악이 완전히 대칭되는 것은 아니라고 인정했으니 또 다른 문제를 들여다보자. 선이 위에 처하고 악이 아래에 처한다면, 인성이 악을 향하지 않고 선을 향한다는 주장을 어떻게 확인할 수 있을까? 물이 아래로 흐른다는 증거가 있다면 사람의 성질이 선을 향한다는 증거는 무엇인가? 선을 향하는 사람도 있고 악을 향하는 사람도 있지만, 악을 향하는 사람이 더 쉽게 그리고 빨리 늘어나는 것 같다. "선을 좇는 일은 산을 오르는 것과 같고, 악을 좇는 일은 산이 무너지

---

140   요한 크리스티앙 프리드리히 휠덜린Johann Christian Friedrich Hölderlin의 《그리스》를 헤겔이 인용

141   비트겐슈타인, 《정확성에 대해》

는 것과 같다." 사회의 기강이 댐이라면, 표면에 균열이 발생하는 순간 인성은 물처럼 아래로 쏟아져내린다.

승패는 완전히 대칭되지 않는다. 바둑에서 이기겠다는 목적으로 바둑알을 하나씩 두다 보면 전체적인 판을 짤 수 있다. 이를 좀 더 확대해서 이야기하자면 일을 잘해내겠다는 노력이 있을 때 비로소 목적과 과정이 내재적으로 연결되고, 목적이 전체 과정이나 각 단계에 중요한 의미를 가져다줄 수 있다. 선악을 서로 대치되는 대상으로 여긴다면 이러한 작동원리를 알아내기 어렵다.

"사람의 성은 선악이 섞였으니 그 선함을 닦으면 선인이 되고, 그 악함을 닦으면 악인이 되니라." 앞에서 본 양웅의 말에서 알 수 있듯, 그는 선악이 온전히 짝을 이룬다는 사실에 주목했다. 쉽게 말면 A 씨가 덕을 갖춘 사람이 되려 한다면 B 씨는 덕이 부족한 사람이 되어야 한다는 뜻으로 이해할 수도 있다. 하지만 부모를 공경하고 형제끼리 우애 있게 지내며 친구를 믿음으로 대하는 것은 수련을 통해 이뤄야 하고, 또 수련을 통해서 이루어질 수 있다. 하지만 악을 수련한다는 것은 말이 되지 않는다. 선을 좇는 일은 산을 오르는 것과 같고, 악을 좇는 일은 무너지는 것과 같다는 말에서 산에 오르는 것이야말로 목적이 된다. 등반대를 지도하고 모집하는 과정에서 산이 무너지는 것은 목적이 될 수 없다. 그것은 목적의 와해일 뿐이다. 악함은 생활의 전반적인 요소가 집중력을 잃고 흐트러지고 해이하게 변하게 하여 당사자의 과정에 대한 인식, 이해와 통제가 철저히 무너진다.

양수명이 말한 것처럼 선은 "어떻게 해야 하는가?"에 관한 노력이지만, 악은 노력이 아니라 태만일 뿐이다. 바둑에서 이기려면 노력해야 하고, 지겠다면 노력하지 않아도 된다. 대지 위에서 살아가는 우리들이 대지를 벗어나 위로 오르려면 노력해야 하고, 바닥으로 추락하려면 노력하지 않아도 된다. 의도적으로 선할 수 있지만, 의도적으로 악할 수 없다는 사실에서 선악이 대칭을 이루지 않는다는 가장 확실한 증거를 찾아낼 수 있다. 바로 이러한 논증을 거친 후 양수명은 "그러므로 선악은 대치되는 것이 아니다"라고 주장했다. 사람이 선함을 구해야만 삶은 이해될 수 있고, 비로소 의의를 지닐 수 있다.

이상의 주장은 성선론을 내세우기 위해 풀어낸 이야기가 아니다. 맹자가 윤리학적 학설을 제시했다고 생각하지는 않는다. 선을 향하는 성질을 사람의 기본 성향으로 인식한 것은 특정한 방향에서 선과 악을 풀어낸 것뿐이다. 성을 본능과 유사한 고유의 존재로 이해한 순자, 성을 고유의 기질로 인식한 정이 모두 틀리지 않았다. 이들의 주장에도 엄연히 성이라는 글자가 포함되어 있다. 이러한 이해를 토대로 우리는 선을 악과 대치되는 개념으로 이해하고, 사람에게 선하기도 악하기도 한 본능이 있다는 것을 자연히 깨달을 수 있다. 그럼에도 우리는 여전히 성을 고유한 것으로 여기는 주장보다는 맹자를 더 따르려한다. 통속적인 이해는 많은 의미를 담을 수 없기 때문이다.

명나라 때 사상가 왕기王畿의 말을 잠시 들어보자. "선하지도 악하지도 않다, 성은 선할 수도 있고 선하지 않을 수도 있다, 선함도 있고 선하지 않는 것도 있다. 이 세 가지는 저마다 그 의미를 가지고 있는 것이나 다만 서로 통한다고 볼 수 없을 따름이다.[142]" 성이라는 개념에서 선을 향하는 문제를 밝히는 작업을 통해 우리는 선악이 완전히 대치되는 존재가 아니라는 사실을 보다 명확히 볼 수 있었다. 성과 자아의 관계는 고유 불변한 것이 아니며, 끊임없이 자아를 완성하는 과정에서 거둔 성과라는 점도 똑똑히 확인했다. 붕괴, 추락, 하류는 그것으로 끝이 아니며, 오를 때 비로소 완성될 수 있다는 점을 명심하기 바란다.

아리스토텔레스는《니코마코스 윤리학》의 머리말에서 '선은 만물이 추구하는 것혹은 좋으려고 하는 것'이라고 지적했다. 선하게 되기를 바란다는 맹자의 주장도 이와 비슷하다. 선은 만물이 본성을 완성한 존재라는 것이 아리스토텔레스와 맹자의 생각이었다. 아리스토텔레스는 선을 얻는 과정을 나무를 심는 작업으로 즐겨 비유하였다.

"곡식이 익으면 수확해야 한다. 집을 지으려면 땅을 다지고 벽을 세운다. 그리고 다시 단단히 굳힌 뒤에 지붕을 얹으면 된다. 사람 역시 자란다. 바닥에서 기어 다니는 것이 서서 걸어 다니고, 부모에게 의존하던 존재가 스스로 독립하여 제 삶의 주인이 된다. 생명을 지닌 존재, 동물이나 식물은 씨앗일 때부터 성장할 때까지 이러한 과정을

142　왕기, 《답중회오자문答中淮吳子問》, 펑궈샹彭國翔의 《양지학의 전개》에서 인용, 싼롄서점, 2005년, p369

반드시 겪게 된다. 이로써 미루어볼 때 물이 모여 강이나 바다를 이루고, 흙이 쌓여 구릉이나 산이 된다. 만물은 저마다의 의미를 지녔으니, 그 만물이 이룬 것이 곧 선이다."

일부러
지려는 마음과
일부러 악하게
구는 마음

우리는 다양한 목적을 위해 일한다. 일을 잘해낼 때 비로소 목표가 되고, 성이 된다. 잘사는 것이 인성이라고 한다면, 일부러 실패한 삶을 살 수는 없다는 뜻인 걸까? 바둑에서 반드시 이기겠다는 목표를 세워야 하는가? 일부러 바둑에서 질 수 없는 것인가?

바둑을 둘 때면 때로 승패에 연연하지 않고 마음 내키는 대로 돌을 던지기도 한다. 또 어떤 때는 절대로 이길 수 없다며 일찌감치 체념한 채 마구잡이로 돌을 던지기도 한다. 이 모두 일부러 지려고 한 행동은 아니지만, 사실상 이것은 진정한 승부라고 볼 수 없다. 일부러 져줬다는 말은 내가 황제나 상사와 바둑을 둘 때 상대가 지면 불쾌해할까 봐

내가 지는 쪽으로 판을 짠다는 의미로 풀이할 수 있다. 이때 중요한 것은 아무렇게나 두어서는 안 되며, 일부러 진 흔적이 남지 않도록 져야 한다는 것이다. 바둑에서 이기는 것처럼 이 역시 정성을 들여야 한다는 점에서 하나의 목표가 될 수 있다.

일부러 지겠다는 데는 분명한 목표가 존재한다. 즉 상대의 환심을 사겠다는 등 다양한 이유가 존재할 것이다. 이 목표를 이루기 위해 당신은 능력과 노력을 갖춰야 하는데, 그중에서도 이길 줄 아는 능력이 가장 중요하다. 바둑에서 이길 줄 알아야 일부러 져줬다는 말도 비로소 설득력을 얻을 수 있다.

바둑에서 지는 것과 실패는 서로 다른 차원의 일이다. 하나의 목표를 위해 달리고 있는 당신, 열심히 노력해도 성공하기 어렵다. 물론 나와 당신의 목표는 다를 수도 있다. 당신이 생각하는 성공한 삶이 내게는 아무런 의미가 없을 수도 있으니 굳이 다툴 이유가 없다. 이러한 상황은 또 다른 삶의 가능성을 보여준다. 즉 '실패'는 결점이나 잘못을 개선하지 않은 채 자포자기해서 더 나쁜 쪽으로 변한다는 뜻이 아니다. 오히려 '성공'에 비해 더 어렵다.

내가 획득한, 당신이 말하는 이른바 성공할 수 있는 능력은 '실패'의 조건이 된다. 이에 대해 '일부러 실패를 선택하는 행위'는 일종의 우월감을 은연중에 드러냈다고 볼 수 있다. 물론 여기에는 동시에 위험도 따른다. 일반적으로 바둑에서 이기려면 힘을 들이지 말아야 하는 것처럼 마음을 쓰지 않고, 일부러 마음먹지 않아야 자연스럽게 질 수 있다. 지겠다는 목표도 시간이 지나면서 판에서 이길 수 있는 능력을 잃게 되면, 일부러 졌다고 이야기할 수 없다.

누구도 일부러 실패한 인생으로 만들 수 없다는 관점에서 '일부러 악하게 행동한다'는 명제도 이해해야 할 것이다. 자신의 목표를 달성하기 위해, 혹은 원하는 것을 차지하기 위해 악행을 저지를 수 있다. 예를 들어 돈을 뺏기 위해 사람을 해치는 일은 잘못인 줄 알면서 저지른 것이지, 일부러 악하게 굴려고 저지른 것은 아니다. 그럼에도 이를 악하게 행동하는 것이라고 주장한다면, 사람을 구하기 위해 일부러 사지를 자르는 행위 역시 악한 것임을 알고도 저지른 행동에 속한다고 봐야 할까? 물론 돈을 뺏기 위해 사람을 해치는 강도와 환자의 생명을 구하기 위해 사지를 절단하는 수술을 감행한 의사 사이에는 큰 차이가 존재한다. 하지만 전자가 일부러 악하게 행동했다는 이유만으로 이들의 행위를 구분할 수는 없다.

잘살 수 있다는 믿음을 잃었다며 자포자기하는 것은 악한 것임을 알면서도 저지르는 것이니, 악하게 되기 위해 악하게 행동한 것은 아니라 하겠다. 이러한 상황은 양수명이 말한 "선이 어떻게 '해야 한다'는 것이라면, 악은 '해야 한다'는 것을 제한 것과 같다"고 할 수 있다. 앞에서 이야기한 것처럼 바둑을 잘 두려면, 혹은 잘살려면 수양이 필요하다. 이와 달리 스스로 포기하는 데는 아무런 수양이 필요하지 않다.

마음은
모두 같다

선은 만물이 향하는 것이라고 말한 아리스토
텔레스, 좋아하는 것을 선이라고 주장한 맹자 모두 형식적인 선의 개
념을 다루고 있다. 즉 이름을 밝히고 이치를 분석했다. 이러한 작업은
우리에게 무엇이 실질적인 선인지 구체적으로 알려주지 않는다. 큰
업적을 세우는 일과 큰 사고 없이 조용히 일상을 보내는 것, 천하의
즐거움을 나중에 즐기는 것과 지금 즐거움에 굶주려 있는 것 중 무엇
이 더 좋은가? 조지 부시와 빈 라덴 중 누가 더 좋은가[143]?

---

143 '형식상의 토론'은 형식논리주의의 연산부호와는 다른 개념이다. 철학논증에서 순수한 형식의 논증을
거의 찾을 수 없다. 자연언어의 단어는 모두 실질적인 내용을 지닌 것으로, 그 내용이 풍부한지, 빈약한
지 정도의 차이만 존재할 뿐이다. 예를 들어 쾌락의 개념은 선이라는 개념보다 그 내용이 다양하다.

'선은 만물이 향하는 것'이라고 형식적으로 이야기하지만 실질적으로 여기에는 무척 난감한 문제가 존재한다. "이것은 만물이 좇는 것이지만, 저것은 만물이 좇는 것이 아니다!" 죽림칠현 중 한 명인 완적阮籍의 《대인선생전大人先生傳》은 천지가 개벽한 순간을 이렇게 표현했다. "해롭다 하여 피하는 것이 없었고, 이롭다 하여 다투는 것이 없었다. 각자 그 천명에 따라 분수를 지키는 것이니, 이치에 밝은 자는 지혜로 이기지 않고, 어두운 자 역시 우둔함으로 패하지 않는다." 지금으로서는 이해할 수 없는 모습이기도 하다.

치타는 타고난 본능에 따라 가젤을 사냥한다. 치타가 가젤을 사냥하는 생리를 완성하는 순간, 가젤을 사냥하는 치타의 행동은 선이 된다. 하지만 가젤의 본능은 새끼 때부터 치타에게 잡아먹히는 것이 아니라, 그저 무럭무럭 자라는 것뿐이다. 이러한 관점에서 생각해볼 때, 만물이 스스로 성질을 이루는 것이 곧 선이라는 명제를 지키려면 또 다른 명제가 필요하다. 어두운 가운데서도 선은 항상 모든 것을 밝히고 주관해야 한다. 이를테면 하느님, 우주정신, 일체지심一體之心 등이 그러하다.

성선론을 지지하는 사람들은 마음을 모두 같다고 주장한다. 백민伯敏과의 대화에서 육상산은 마음을 이렇게 설명했다. "마음은 그저 마음일 뿐이다. 누군가의 마음, 나와 친구들의 마음, 위로는 수백 개의 성현의 마음이 있고, 아래로는 성현을 좇는 수천 개의 마음이 있다. 마음은 역시 이러할 따름이다." 나와 친구의 마음이 이러하다면 소인의 마음은 어떻게 이해해야 할까? 이에 대해 왕양명은 좀 더 구체적인 설명을 제시했다. "소인의 마음이라고 할지라도 역시 또한 그러지 않은 것이 아니다. 하지만 일체지심은 오직 대인만이 이를 수 있다."

사람의 겉모습은 제각각이지만 마음은 모두 같다. 그래서 우물에 빠진 아이를 보고 "그의 인이 어린아이와 더불어 하나가 된다. 무릇 형색과 겉모습에 따라 너와 나를 가른다면 그것은 곧 소인이다[144]"라고 이야기하는 것이다. 좀 더 구체적으로 이야기하자면 마음은 궁극적으로 천지의 마음과 함께 하나의 마음을 이룬다. 육상산은 "마음이 크면 내 마음을 다할 때 비로소 하늘과 같을 수 있다"고 설명했으며, 왕양명 역시 "천지만물로서 하나를 이뤄 하나의 인을 달성한다"고 주장했다.

이미 주지하고 있듯, 아리스토텔레스의 윤리학은 총체적 목적론을 사용해서 자신의 주장을 뒷받침한다. "선은 곧 만물이 자연스럽게 향하는 것이다"라는 말에는 두 가지 의미가 담겨 있다. 하나는 만물이 자연스럽게 추구하는 것이 선이라는 것이고, 나머지 하나는 만물이 한데 어우러져 함께 향하는 것 역시 선이라는 것이다. 아리스토텔레스는 두 가지 의미에 모두 동의했다. 참나무 씨앗을 심은 곳에서 참나무가 자라는 것은 참나무의 선이다. 수만 가지의 만물로 이루어진 우

---

[144]   풍우란의 《중국철학사》 하권에서 각각 인용, 충칭출판사, 2009년, p299, p312

선善을 향한 마음 **409**

주 역시 자신만의 선을 지닌다. 총체적인 목적을 좇을 때 우주 전체가 큰 선을 얻게 된다.

근세 윤리학자들은 거의 대부분 우주 목적론을 지지했지만, 오늘날에는 우주 목적론을 지지하지도 않고 더 이상 지지할 수도 없다. 하지만 '선은 만물이 자연스럽게 향하는 것'이라는 말은 두 가지 의미를 한데 아우른다. 하나는 우주 목적론은 더 이상 유지될 수 없다는 것이고, 나머지 하나는 모든 사물이 자연스럽게 향하는 것이 선이라는 주장은 헛소리에 불과하다는 것이다. 어린 가젤의 선은 무럭무럭 자라 어른 가젤이 되는 것이지만, 치타의 선은 어린 가젤을 잡아먹는 것이다. 빈 라덴에게 쌍둥이빌딩을 비행기로 들이받는 일이 선이었다면 오바마의 선은 빈 라덴을 사살하는 것이다.

모든 사물의 선을 뛰어넘을 수 없다면 "하나의 존재로 향하는 존재가 선이다"라는 주장은 그저 문자상의 정의에 머물 뿐이다. 선에 실질적인 의의가 있다면 단순한 수단으로서의 의의만 남을 것이다. 바둑을 잘 두는 것은 선이지만, 바둑을 잘 두는 행동도 과연 선이라고 볼 수 있을까? 전 세계인이 목격하는 가운데 쌍둥이빌딩을 무너뜨리라고 명령한 빈 라덴, 결과적으로 그의 목적은 성공했다. 그렇다고 해서 끔찍한 테러행위가 선이 될 수 있을까?

이에 대한 위잉스의 생각을 보자. "송대 이학자들은 우주 사이에 '능히 만물의 주인'이 될 수 있는 '도체道體'가 존재했다고 확신했다. 그래서 상고시대 삼황오제 시절에는 '도통道統,도학의 계통—역주'이라는 질서가 존재할 수 있었다. 다시 말해서 '도체'와 '도통'은 그들의 진실한 믿음과 특정한 기본적 예설로서, 여기서 멀어지는 순간 인간세계에 대한 이들의 인식체계가 무너진다.[145]" 모우쫑싼 같은 논객들은 송명이학에서 '인체人體'를 분리하려는 시도에 나서기도 했다. '분리'는 이론적으로 그다지 어려운 작업이 아니지만, 인체가 송명이학에서 말하는 '도체'의 복사판이라는 문제가 있다. 그래서 현대인이 직면한 현실적인 어려움에 답하지 못한다.

선악의 형식에 관한 논의는 실질적으로 무엇을 선이라고 할지, 혹은 악은 어떤 것인지에 대한 답을 하지 못한다. 누군가에게 조지 부시는 정의를 대표하는 인물이고 빈 라덴은 악의 축이라고 불러야 되는 존재지만, 정반대의 경우도 존재한다. 혹은 조지 부시와 빈 라덴 모두 자신의 삶과 무관하다며 별다른 감흥을 드러내지 않는 사람도 있다. 이처럼 하나의 문제에 대해 정확한 견해가 존재할 수 있고, 얼토당토 않은 주장을 고집하는 사람도 있다. 하지만 말로써 정확히 설명할 수 없는 진리란 존재하지 않는다. 알렉산더 대왕 시절에는 정벌을 침략으로 여기는 사람은 한 명도 없었다. 순장을 당연시했던 상나라, 민간인 습격을 끔찍한 범죄행위로 인식하지 않는 이슬람 원리주의자, 이

145   위잉스, 《주희의 역사세계》, 싼렌서점, 2004년, p28

런 관점에서 본다면 도덕 상대주의나 도덕 허무주의에 빠지고 말 것이다. 이 문제는 다음 장에서 본격적으로 다룰 예정으로, 지금은 한 가지 문제에 집중하려 한다. 선한 행위, 진실한 결과가 선이라는 성에서 비롯된다면 우리의 도덕적 고찰과 도덕 학습을 어떻게 정의할 것인가?

도덕적인 행동은

어디에서

비롯되는가

　　　　　　물에 빠진 아이를 구하겠다며 물에 뛰어드는 순간, 당신의 그 결심과 행동은 무엇에서 비롯되는가? 타고난 측은지심인가, 아니면 이렇게 행동하는 것이 도덕적이라고 판단했기 때문인가? 만약 후자의 경우라면 그 대답이 무엇이든 그다지 적합해 보이지 않는다. 도덕적이라고 생각하지 않는다면서 수수방관하거나 죽도록 내버려두지 못하는 까닭은 무엇인가? 고민 끝에 물에 빠진 사람을 구하겠다고 스스로 물에 뛰어드는 것이 도덕적이라는 결론을 얻었다면 다소 계산적이라는 비난을 피할 수 없을 것이다.

　물에 빠진 사람을 구하는 의인의 대부분은 자신을 향해 달려드는 방송국의 카메라를 앞에 두고 당시 아무 생각 없이 그냥 물로 뛰어들

었다고 이야기한다. 대부분의 경우 정말 그랬을 것이다. 사람을 구해
야 한다는 생각에 아무 생각 없이 물에 뛰어든다. "당연히 해야 할 일
이라고 생각해서 한 것뿐입니다"라고 대답할 바에야 차라리 아무 말
도 안 하는 편이 훨씬 효과적일 것이다. 아마도 당사자는 나름 계산을
했을 것이다. 도덕적이라는 이유로 그렇게 행동한 것이 아니라, 상대
가 어린아이여서, 혹은 죽기 살기로 버둥거리는 모습을 봐서 그런 것
이라고 말이다.

물에 빠진 사람을 구하는 의인이 '나의 행동은 과연 도덕적인가?'
라는 문제를 미처 생각해보지 못하는 것은, 사건이 느닷없이 일어나
는 바람에 미처 생각할 여유가 없어서 그런 것이 아니다.[146] 차분히 생
각해볼 수 있는 시간적 여유가 있는 상황이라면 어떨까? 자신의 행동
이 도덕적 기준에 부합하기 때문에 의인이 그렇게 행동했을 것이라는
설명도 이상하다. 이때 어떻게 행동하는 것이 도덕적 기준에 맞는지
부터 따져본다면 덕을 갖춘 것이 아니라 위선이라 하겠다.

맹자는 의인의 행동을 이렇게 분석했다. "물에 빠진 사람을 구한
것은 아이를 구해 부모와 교분을 맺으려는 계산 때문도 아니고, 마을
사람과 친구들로부터 칭찬을 받거나 어린아이의 비명소리가 듣기 싫

---

[146] 이러한 상황에 대한 다윈의 생각을 들어보자. "이러한 행동은 항상 순식간에 이루어지기 때문에 되돌아
생각해볼 만한 여지가 없다." 하지만 그의 말은 쾌락주의적 해석을 반대한다. "어떠한 고통, 쾌락을 느낄
만한 기회도 주어지지 않는다." 찰스 다윈, 《인간의 유래》 참고

어서 그런 것도 아니다(맹자), 〈공손추(公孫丑)〉 상권." 제아무리 주변 사람들의 평판에 전혀 개의치 않는다고 해도 이러한 도덕적 계산에는 여전히 문제가 있다. 쉘러의 말을 빌자면 계산을 통해 선행을 베푸는 사람은 선하지 않다. 그저 사람들 앞에서 자신의 선을 드러내고 싶은 것뿐[147]이다.

의인의 행동이 도덕적 계산에서 비롯된 것이 아니라면 그의 행동은 도덕적 본능에서 비롯된 것인가? 도덕적 본능은 그 자체만으로 대략적인 의미를 추정할 수 있지만, 반면에 그렇기 때문에 쉽게 오도될 수 있다. 가장 단순하고 노골적인 의미로 바라본 본능은 별다른 학습이나 수련의 과정을 필요로 하지 않는다. 이에 반해 용기, 비분강개와 같은 감정은 수련하고 학습되어야 한다. 사람마다 똑같은 반응을 내놓을 수 있지만 물에 빠진 아이를 보고 놀라서 도망치는 사람도 있고, 멀뚱멀뚱 구경만 하는 사람도 있다. 요컨대 모든 사람이 아이가 물에 빠진 것을 보자마자 뛰어드는 것은 아니다.

앞에서 설명했듯이 맹자가 말하는 성선은 사람이 태어날 때부터 지닌 고유한 본능과는 다르다. 일상적으로 사용하는 용어로서 본능은 자발, 자동, 본성, 자연 등을 두루 가리키지만 이들 사이에는 미묘

---

147   쉘러, 《윤리학에서의 형식주의와 본질의 가치윤리학》

하면서도 중대한 차이가 존재한다. 언어 능력이라는 관점에서 이러한 차이를 간단히 짚어보자.

누군가가 문을 두드리는 소리에 아무 생각 없이 '들어오세요'라고 말하는 것은 갑자기 찾아온 통증에 아이가 '으앙' 하고 울음을 터뜨리는 것과 같다. 어디 이뿐이랴? 우리가 일상적으로 사용하는 용어는 별 생각 없이 그냥 입에서 술술 나오는 것이다. '언어 본능'에 따라 이야기하는 것 같지만 말 속에 들어 있는 사유는 고통을 표현하는 것과는 그 의미가 다르다. 고통을 표현하기 위해 '으앙' 하고 울음을 터뜨리는 아이, 분노를 표시하기 위해 얼굴을 심하게 구기는 것 모두 인과에 의해 통제받지 않는 '표현'에 속한다.

하지만 동일한 표현 형식의 하나인 말은 우리가 후천적으로 배워야 하는 것이다. 평소 우리가 입을 열고 말하는 것은 노련한 선원이 아무 생각 없이 매듭을 묶는 것처럼, 말이라는 표현방식을 사용하는 데 숙련되었기 때문이다. 하지만 제아무리 숙련된 기술이라고 해도 인과나 반응적 본능이 아니라 스스로 깨우치고, 특정한 기준에 의해 통제된 활동에 속한다. 그래서 화자와 청자는 표현의 정확성과 적절성 여부를 파악하고, 표현의 좋고 나쁨을 파악할 수 있어야 한다.

당신이 연기를 한다면 얼굴을 일그러뜨린다고 해서 한눈에 봐도 알아볼 수 있을 만큼 분노를 드러냈다고 말할 수 없다. 숙련된 기술과 자리 잡은 습관을 통해 우리는 자동반사적으로 일을 해내지만, 이들 모두 스스로 깨달아야 하는 활동이다. 그렇기 때문에 아무 생각 없이 활동한다고 해도 반성을 통해서 깨달을 수 있다. 매듭을 노련하게 묶고 있는 내게 당신이 어떻게 묶어야 하는지 물었을 때, 내가 아무 말도 하지 못한다고 해서 내가 본능에 따라 매듭을 묶거나, 동작을 어떻게 '완성'하는지 모른다는 뜻은 아니다. 당신에게 지금 매듭 묶는 법을 가르쳐주기 위해 조금 천천히 매듭을 묶는 동작을 해보면 된다. 천천히 묶으면서 자신이 어떻게 매듭을 묶는지 주의 깊게 살피면 되는 것이다.

혼란을 피하기 위해, 처음에는 습득했다가 스스로 깨우치거나 나중에 매우 노련하게 다룰 수 있는 습성을 본능으로 불러서는 결코 안 된다. 설사 그것이 '획득된 성 본능[148]'이라고 해도…. 이러한 습관은 본능이 아니다. 기껏해야 '두 번째 천성'쯤이나 될까? 우리가 말하는 법을 배울 때는 '고유한' 학습 능력을 필요로 한다. 닭에게 사람의 말을 가르칠 수 없는 노릇 아닌가! 하지만 늑대아이의 사례에서도 볼 수 있듯이 이러한 능력이 말하는 능력으로 저절로 발전하지 않는다. 언어를 배우는 능력은 특정한 언어를 배양하는 환경 속에서만 실제 말할 수 있는 능력으로 발전할 수 있다.

언어 학습은 윤리도덕 분야의 습득에 여러 가지 점을 시사하는데, 그 중 다음 세 가지 점을 강조하려고 한다.

---

148 빌헬름 분트Wilhelm Wundt는 숙련된 피아니스트의 활동 등을 '획득된 성본능'이라고 불렀다. 빌헬름 분트, 《인류와 동물의 심리학 논고》 참고

첫째, 말은 자연스러운 활동이지 우리가 태어날 때부터 할 수 있는 천성은 아니다. 요컨대 학습이라는 과정을 통해 언어체계를 이해하는 것이다. 덕성을 지닌 행동이 제아무리 자연스럽다 해도 도덕에 대한 인지를 포함해야 한다. 콜버그Lawrence Kohlberg의 설명처럼 "도덕 행동은 내부적인 도덕 인지나 도덕 판단의 성분을 모두 포함하고 있다. 이들은 도덕적 행동의 실천이라는 함의의 일부로서, 반드시 직접적으로 정의되고 평가되어야 한다.[149]" 요컨대 자연이 곧 본능은 아니다.

둘째, 말을 배우려면 언어 학습이라는 사고력의 조직이 필요할 뿐만 아니라, 규범화된 언어 시스템이 반드시 사전에 존재해야 한다. 이와 비슷한 관점에서 선을 배울 수 있는 능력만으로는 아무것도 해내지 못한다. 이러한 능력 외에도 이미 성립된 윤리도덕 시스템이 필요하다. 우리는 사회에서 선악을 배운다. 그리고 그 사회에서 우리가 학습을 시작할 때는 시비, 선악이라는 시스템이 이미 존재해 있다. 선한 단서善端는 그저 윤리 시스템을 통해서만 선을 행할 수 있는 능력이 된다.

셋째, 말은 신호반응이 아니다. 신호반응은 일종의 본능으로, 환경과 일일이 대응하는 인과식 연계를 이룬다. 특정 형태의 자극이 특정한 반응을 이끌어내지만, 각 신호가 모두 의미체계를 구축하는 것은 아니다. 언어에서 각 구성요소는 서로 연결되어 하나의 전체를 형성

---

149 로렌스 콜버그, 《도덕교육에서의 철학》

한다. 윤리 학습은 언어 학습처럼 한 가지 사실을 하나씩 가르치는 것이 아니라, 하나의 시스템을 온전히 가르친다. "하나를 가르치면 열을 깨우친다"는 표현이 바로 여기에 속한다.

의인이 물에 빠진 아이를 구해야겠다고 마음먹었다고 해도 그것은 협의적 본능이 아니다. 특정 장소에서의 반응과 다른 장소에서 표출되는 반응은 반드시 연계되어야 하며, 또한 서로 연관되어 이해 가능한 전체로 구성되어야 한다. 윤리도덕적 측면에서 개인이 보여준 행동은 그의 행위가 처음부터 끝까지 연결된 전체를 이뤘다는 뜻이다. 이러한 전체 구조에 속한 행위자는 품격을 갖춘 인물로서 도덕성을 갖췄다고 이야기할 수 있다.

둘째와 셋째는 두 개의 서로 다른 전체를 집중적으로 다룬다. 하나는 사회윤리 시스템으로, 나는 이것을 '외재적 시스템'이라고 부르려 한다. 이 시스템은 사전에 우리 마음에 자리 잡은 것이 아니라, '우리의 밖我们之外, 우리를 제외한'에 해당하는 예의법도를 가리킨다. 이러한 예의법도는 오늘날의 관점에서 분석해본다면 순자가 말한 것처럼 오로지 성인의 사고만을 모아서 만든 것이 아니다. 하나의 사회는 지난날의 삶을 통해 점차 모습을 갖추고, 마지막 순간에 성인의 설명과 말씀이 추가되는 것이다. 덕성은 윤리 시스템의 덕성이지, 덕성을 지닌 개인이 이미 알고 있는 대상에 의해 갇혀 있는 것이 아니다.

개인의 감정과 욕망 등은 예의법도의 조율을 거쳐 또 다른 전체,

즉 개인의 관념행위 전체인 도덕성을 형성한다. 전체에서 개인이 지닌 온갖 본능, 감각, 욕망은 서로 조화를 이루고 서로를 독려한다. 흔히 볼 수 있는 양심론에 따르면 예의법도를 가르치지 않고도 개인의 천성은 윤리적 측면에서 이미 전체를 이루고 있다. 하지만 내부화는 이와 정반대로, 개인적 측면의 전체성을 무시한다.

사람들은 '내부화'라는 표현으로 윤리도덕 영역에서의 학습 과정을 설명한다. 권력을 지닌 사람, 성인成人은 명령이라는 형식으로 우리와 아이에게 다양한 규범, 이를테면 음주운전 하면 안 된다든가 착한 어린이는 거짓말하지 않는다고 가르친다. 경찰이나 부모님에게 처벌을 받거나 꾸중을 들을까 봐 규범을 준수하게 되는데, 이러한 과정이 오랫동안 반복되면 습관이 된다. 내부화된 사고는 윤리 시스템의 외부성을 받아들이지만 양심론은 종종 이 점을 망각한다. 하지만 내부화 이론은 결코 올바른 사유가 아니다. 로크의 백지설로는 마음을 전혀 이해하지 못하기 때문이다.

내부화에는 내부화를 위한 준비가 필요하다. 어미닭이 언어 시스템을 자신의 의식세계에 내부화시키지 못하는 것처럼 어떤 윤리적 규범도 내부화할 수 없다. 이보다 더 중요한 사실은 외부적 규범이 개인적인 측면에서 어떻게 통합되는지에 대해서는 무관심한 채, 윤리학의 습득에 외부적 규범을 일일이 새겨 넣어서는 안 된다는 것이다. 우리는 규범을 하나의 조각처럼 받아들여서는 안 된다.

규범의 습득에는 항상 이해가 선행되고 포함되어야 한다. 이러한 규범이 지닌 이치, 예를 들어 착한 어린이는 왜 거짓말을 하면 안 되는지, 술을 마시고 운전하면 안 되는지에 대한 이유를 깨달아야 한다. 모든 이치는 우리의 본성과 관련되었을 때 비로소 이해될 수 있다. 이러한 이해를 통해 각종 규범은 개인적인 측면에서 서로 연결되어 전체를 이룬다. 내부화라는 표현을 여전히 사용하겠다면 내부화 과정에서도 통합이라는 과정이 일어난다는 사실을 최소한 확인할 수 있어야 한다.

도덕군자가 될 수는 없지만 윤리도덕을 배울 수 있다는 사실을 망각하는 경향이 점차 두드러지고 있다. 말하기 위해 어휘나 어법을 공부하는 것처럼 '무엇부터 해야 할 것인가?', '무엇을 해야 무엇이 될 수 있는가?' 등을 깨달아야 윤리도덕을 배울 수 있다. 이처럼 중대한 의미에서 윤리적 삶을 배우려는 것보다 외부적으로 평가받는 것이 더 낫겠다. 우리는 태어날 때부터 다양한 욕망과 충동을 지녔지만, 인류 사회에서 윤리적 삶이라는 시스템에 들어가야만 욕망과 충동이 비로소 표현되고 구현될 수 있다. 행위와 행동은 욕망과 충동에 연결된 동시에, 또 다른 한쪽에서는 윤리 시스템과 이어져 있다.

말은 언어로 대화하는 것이다. 우리가 일에 대해 말할 때 사용된 언어 시스템이 동시에 드러난다. 덕행을 갖춘 행동이 진행되는 동시에, 윤리 시스템도 모습을 드러낸다. 윤리적 행위는 특정한 결과를 구해야 한다고 주문하는 동시에, 표현 그 자체에 해당한다. 윤리적 행위와 일반적 행위를 구분 짓는 기준 중 하나가 바로 윤리적 행위는 항상 표현된다는 것이다. 덕행을 지닌 사람이 마음대로 행동해도 규범에 걸리지 않는 것은 일을 처리할 때 '외재적'이라는 규범 시스템에 이미 표현되었기 때문이다.

나의
덕성을
고찰한다

물에 빠진 사람을 구하려는 의인의 문제로 다시 돌아가보자. 어린아이가 물에 빠진 위급한 상황이라면 미처 생각할 틈도 없기 마련이다. 생각이라고 해봤자 기껏해야 '지금 달려가면 구할 수 있을까? 내 수영실력으로 아이를 구할 수 있을까?' 정도에 불과하다. 순식간에 떠올랐다 사라지는 생각을 '고찰'이라 부르기는 어렵다. 상대적으로 생각해볼 수 있는 여유가 주어진다면 오히려 어떻게 행동해야 할 것인지 고민하게 될 것이다. 수재의연금을 얼마나 내야 할지 고민하는 것과 비슷하다고나 할까? 그들은 대체 무엇을 고민하는 것일까? 이를테면 이번 달 수익과 지출 그리고 동료들이 성금으로 얼마를 냈는지, 혹은 피해지역과의 연계성에 따라 성금의 금액이 달라질 것이다.

　성금을 내는 기부자는 온갖 상황을 고민하지만 정작 '도덕적 고찰'은 외면한다. 사실 '도덕적 고찰'이라는 표현은 그다지 뒷맛이 개운하지 못하다. 당사자가 자신의 결정을 의심하게 되는 상황을 계속해서 유도하기 때문이다. 이기심과 도덕 사이에서 우리는 계산기를 두드려야 하는 것일까? 계산기를 두드린다는 말이 이익을 조금이라도 더 차지하기 위해서 도덕적 고찰을 포기한다는 뜻으로 비춰지는 것은 아닐까? 찜찜한 기분이 좀처럼 사라지지 않는다. 이기심과 도덕 사이에서 균형을 잡을 필요가 없다면, 도덕을 응당 영원히 우선순위에 올려놔야 한다는 뜻으로 이해해야 할까? 칸트의 설명처럼 거짓말을 하지 말라는 것은 도덕적 기준으로서, 어떤 상황에서도 거짓말하면 안 된다는 뜻이다. 도덕 규율에 대해서는 다음 장에서 구체적으로 다룰 예정으로, 여기서는 다음 두 가지 점만 짚고 넘어가겠다.

　첫째, 도덕을 영원히 우선순위에 둬야 한다는 주장은 현실적으로 실행하기 매우 어렵다는 것이다. 당신을 위협하고 겁박하는 상황에서 진실만을 말할 수 있는 사람이 과연 몇 명이나 되겠는가? 불의를 보고 약자의 편에 서는 것은 지극히 도덕적으로 옳은 선택이다. 하지만 그로 인해 자신이 입게 될 손해를 생각한다면, 그래도 약자의 편에 설수 있을까?

　둘째, 설사 도덕 법령 같은 것이 있다고 해도 성금을 기부하는 데 별 도움이 되지 못한다. 재해가 일어났으니 반드시 성금을 내야 한다는 법령을 세울 수는 없다. 설사 그런 법령이 있다고 해도 얼마를 내라고 말해주지 않는다.

　일을 처리할 때 도덕적 요소를 끌어들여 고민하고 비교해야 한다면 일처리가 지지부진할 수밖에 없다. 다른 사람이 성금을 얼마나 냈는지 궁금해하는 것은 도덕적 고찰이 아니다. 재난으로 인한 피해 정도에 따라 문제의 심각성을 파악하는 편에 가깝다. 그럼 다른 사람이 성금으로 얼마를 냈는지 궁금해하는 이유는 무엇 때문인가? 자신의 배포를 보여주기 위해 다른 사람보다 더 많이 내거나, 체면을 생각해 최소한 다른 사람만큼 내려는 것이다. 하지만 이러한 의미의 도덕적 고찰은 자신을 좀 더 도덕적으로 만들어주지 못한다. 불행을 당한 사람을 위해 기꺼이 지갑을 여는 의인은 단순히 돈을 더 많이 냈다고 해서 훌륭한 사람이라고 불리는 것은 아니기 때문이다.

　결론적으로 이야기해서 '도덕적 고찰'은 진퇴양난에 빠질 수밖에 없다. 처음부터 도덕적 잣대를 생활 속의 다양한 이익이나 감정 등과 분리시킬 수 없기 때문이다. 이러한 요소를 우리가 올라가 있는 저울의 맞은편 저울 위에 올려놓고 어느 것이 유리할지 따져보는 행위는 주식투자를 연상시킨다. 이를테면 도덕, 감정, 이익이라는 테마에 따라 투자하는 것이다. 하지만 도덕, 감정, 미적 감각 등을 우리가 서 있는 저울의 맞은편 저울 위에 올려놓고 비교할 수는 없다. 요컨대 우리와 따로 떨어뜨려 놓고 생각하는 것이 아니라, 우리라는 존재가 반드시 그 안에 포함되어야 한다.

'나를 포함한 고찰'이라는 의미를 가장 이해하기 쉽게 설명해본다면, 정도의 차이는 있지만 자신의 능력과 처지를 고려해야 한다는 뜻으로 이해할 수 있다. 물에 빠진 사람을 구하는 행동을 도덕 법령이라고 생각했다면 자신이 제대로 수영할 수 있을지부터 파악해야 한다. 자신의 영혼을 구하는 일은 당사자의 능력 여부와 아무런 관계도 없다. 하지만 물에 빠진 사람을 구하려면 수영할 줄 아는 의인이 필요하고, 환자를 치료해줄 수 있는 의사가 필요하다. 하느님을 흠모하는 데 별다른 능력이 필요한 것은 아니지만, 당신의 아이는 기저귀를 갈아줄 사람, 밥 줄 사람, 약을 먹여줄 사람, 따뜻하게 입혀주고 먹여줄 사람을 필요로 한다.

이러한 의미에서 당신도 자신의 덕성을 고민해야 한다. "자신의 덕성을 고민한다"는 것은 "어떻게 해야 도덕적인가?"라는 문제와는 성향이 다르다. 친구가 비밀행동을 취해보자며 나를 끌어들이지만 아무리 생각해도 내 성격상 버티지 못할 것 같아 권유를 거절한다. 겁이 나서 거절한 것이 아니라 _{당연히 어느 정도 가능하다} 특정한 사유에서 비롯된 판단에 따라 정당하게, 그리고 충분한 고민 끝에 내린 결과라 하겠다. 비밀 활동에 참여한다는 사실이 두려운 나머지 이익을 가져다주기는커녕 전체 활동을 지연시킨다. 경찰에 잡혀 들어갔다면 동료를 심문하는 사람에게 발설하지 않도록 버틸 수 있다고 보장할 수 없다.

앞에서 설명한 것처럼 능력과 덕성은 종종 하나로 이어져 있다. 하지만 궁극적으로 이러한 행동은 능력에 대한 단순한 고민과는 다르다. 겁이 많다는 것은 내가 고민해야 하는 문제 중 하나일 뿐만 아니라 내가 상황을 고민하는 출발점이 되기 때문이다. 내가 이러저러한 고민을 하게 되는 중요한 이유 중 하나는 내가 겁이 많다는 사실이다. 그러나 무서운 것 하나 없는 용감한 사람에게는 고민할 가치조차 없을 것이다.

그래서 사람들은 도덕적 고찰을 내재적 고찰이라고 말한다. 상당히 괜찮은 표현이지만, 두 가지 점을 고려하지 못하고 있다. 하나는 내재적 고찰, 또 하나는 외부적 고찰이다. 우리는 두 가지 고찰을 저울 위에 올려두고 어느 쪽의 고찰이 더 중요한지 비교해야 한다. 내재적 고찰이라 함은 내재적으로 이뤄지는 모든 고찰을 의미한다. '도덕적 고찰'이라는 표현에 어떠한 의의가 담겨 있다면 도덕을 고민해야 할 대상으로 간주한다고 말할 수 없다. 그저 서로 다른 덕성을 지닌 사람이 다양한 방식으로 문제를 고민할 뿐이다. '우리 자신을 포함시켜 얻게 된 고찰'이라는 말이 좀 더 심오한 의미를 담고 있다.

통이 큰 사람과 그렇지 못한 사람은 서로 다르다. 그 차이는 어디서 비롯되는 것일까? 통이 큰 사람이 고상하게 행동하는 방법을 고민하는 것과 달리, 속이 좁은 사람이 고상하게 행동하는 방법을 고민하지 않아서 그런 것이 아니다. 통이 큰 사람은 수익이 넉넉하니 많은 돈을 기부해도 된다고 생각하지만, 속이 좁은 사람은 자신의 수익으로는 쥐꼬리만 한 돈을 낼 수밖에 없다고 생각한다. 믿음을 지키는 일을 예로 들어 설명해보자. 자신에게 주어진 일이라면 반드시 해내야 한다고 생각하지만 반드시 그 약속을 지키는 것은 아니다. 그다지 중요하지 않은 약속이지만 예상치 못한 변화가 생겨 애초의 약속을 지키지 못하게 되었다. 그러면 약속에 응한 상대에게 사과하며 기존의 약속을 취소하거나 수정해야 한다. 하지만 제아무리 중요한 약속이라고 해도, 혹은 변화의 폭이 제아무리 크다고 해도 사람마다 다양한 판단과 해석을 내놓기 마련이다. "개인의 덕성이 모두 다르다는 점은 그가 문제를 어떻게 고민하는가에 영향을 준다.[150]" 가장 먼저 고민해야 할 문제는 그들의 다양한 덕성 때문에 다양하게 고민할 수 있다는 것이지, 그들의 고민이 덕성을 다양화시키는 것은 아니라는 것이다.[151]

물에 빠진 아이를 보고 당장 물로 뛰어드는 사람도 있고, 슬그머니 도망치거나 팔짱만 끼고 구경하는 사람이 있을 수 있다. 의인은 고민한 뒤 물로 뛰어들지 않는다. 고민한 뒤에 슬그머니 도망치거나 구경만 하기로 결정한 사람도 있다. 사람들은 자신의 성향에 따라 다양한 반응을 내놓는다. 본성에 따라 고민하는 것은 본성에 따라 움직이는 것과 비슷하다.

150　버나드 윌리엄스, 《윤리학과 철학적 한계Ethics and the Limits of Philosophy》, 라우틀리지, 2006, p10

151　좀 더 광범위하게 말해서 판단력이 단순히 지적 능력만을 가리키는 것이 아니라는 점을 우리는 모두 알고 있다. 그래서 마음이 좁은 사람, 진중하지 못한 사람의 판단력이 출중할 것이라고 기대하기 어렵다.

향선,
윤리적 삶을 위한 노력

거의 대부분의 경우, 우리는 별다른 고민 없이 본능적으로 행동한다. 설사 고민한다고 해도 그 역시 본능에 의한 것이다. 다만 어린아이가 물에 빠지는 위급한 상황일수록 앞뒤 가리지 않고 물로 뛰어드는 의인의 본능은 더욱 눈에 띄게 드러난다. "선은 자연스러워야 한다. 실로 자연스럽지 못해서는 안 된다. 손해를 두려워한다면 그것은 선이 아니다.[152]

여기서 행위자의 관점과 평가자의 관점은 또렷이 구별된다. 위기

---

152 양수명, 《양수명이 말하는 공자와 맹자》, 광시 사범대학교 출판사, 2003년, p150

에 처한 사람을 구하기 위해 물로 뛰어드는 의인은 도덕적 기준을 염두에 두고 물로 뛰어든 것이 아니라, 그냥 본능적으로 그렇게 행동한 것뿐이다. 다른 사람에게 도덕적으로 보이기 위해 어떻게 행동해야 할지 고민하는 것이 아니라, 물에 빠진 아이를 구할 수 있는 방법을 고민한다. 하지만 우리 같은 방관자는 그렇게 행동해야 도덕적이라는 평가를 들을 수 있기 때문에, 그렇게 행동해야 한다고 말한다.

평가자의 눈에 비친 의인은 선택의 여지가 충분하다. 이를테면 물에 뛰어들지 않고 조용히 사태를 지켜보거나 제자리에 서서 아이가 구조되기를 간절히 기도할 수도 있다. 이처럼 다양한 선택지 속에서 아이를 구하기 위해 물로 뛰어드는 방법을 선택했다면, 그것은 여러 가지 가능성 중에서도 의인의 덕성을 지닌 행동을 선택한 것이라고 말할 수 있다. 이처럼 어떻게 행동하겠다고 의도적으로 마음먹어서 행동하는 것이 아니라, 그저 자신의 일을 묵묵히 해낼 때 비로소 그 행동은 자연스러울 수 있다.

자연스러운 존재는 실연과 응연의 중간쯤에 존재한다. 덕을 갖춘 사람은 사실의 묘사와 가치의 당위성을 모두 겸비한 귀감으로써, 윤리에 의해 대체되지 않는다. '이치의 설명과 가치의 당위성'이 귀감이라는 존재 안에서 하나로 합쳐지기 때문이다. 그러다 보니 실제 존재하는 귀감에 비해 '이러저러해야 한다'는 식의 도덕적 훈계는 좀 더 신성한 힘을 빌리지 않는 이상 무력할 수밖에 없다.

자연스러움과 타고난 성질 모두 본성에 의거한 것으로 우리의 귀를 기쁘게 해주지만, 여기서 짚고 넘어가야 할 문제가 하나 있다. 자연스럽다는 것은 무엇을 가리키는가? 말을 타는 것은 자연스러운가? 차를 타는 것은 부자연스러운가? 그렇다면 수술은? 수술 중에 마취약을 사용하는 것도 자연스럽다고 볼 수 있을까? 자연스러움이나 타고난 성질이라는 표현은 때로 악행을 감싸주기도 하고, 정당화시킬 수도 있다. 탐욕, 성욕, 시기, 질투, 권력욕 모두 인간의 본성에 속한다. 오줌이 마려워 쩔쩔 매다가 결국 시내 한복판에서 오줌을 싼다면 이것 역시 타고난 습성이라고 할 수 있을까? 러일전쟁 당시, 일본군이 중국의 동북부 지역에 쳐들어와 무고한 양민을 잔인하게 학살한 행동도 일본인의 타고난 습성이라고 말할 수 있을까?

자연이라 함은 저절로 그렇게 되는 모양을 말한다. 본성 역시 근본을 지킬 때 비로소 성性이라고 부를 수 있다. 즉 당사자를 배제한 채 그의 행동이 자연스러운 것인지 판단할 수 없다. 사탕을 먹고 싶은 아이가 자신의 뜻을 이루지 못해 울음을 터뜨리는 것은 자연스러운 행동이다. 하지만 스무 살이 된 당신이 사탕을 먹지 못했다고 울음을 터뜨린다면 누가 봐도 부자연스럽다. 침팬지가 긴 털로 온몸이 뒤덮여 있는 것은 자연스럽지만, 사람이 온몸에 그런 털이 난다면 토픽감이다. 또한 구체적인 행동을 외면한 채 그 행동이 자연스러운 것인지 판단할 수 없다. 두 다리가 튼튼하다면 누가 가르쳐주지 않아도 자연스럽게 걸을 수 있지만, 테니스를 친다면 상황은 달라진다. 뛰어난 코치 없이는 아무리 라켓을 휘둘러도 제대로 된 서브조차 넣을 수 없다. 그래서 잘못된 동작을 코치가 일일이 지도해줘야 한다. 오랜 시간 동안 서브를 연습하고 잘못된 동작을 교정하다 보면 어느새 물 흐르듯 자연스러운 동작으로 상대의 공을 맞받아칠 수 있게 된다. 그렇게 되면 테니스계의 황제라 불렸던 피터 샘프라스처럼 될 수 있을지도 모른다. 요컨대 본능만으로 해결될 수 없는 일은 배우지 않으면 자연스러울 수 없다. 그래서 우리는 육성, 훈련, 수련을 통해 본능이 아닌 동작이나 행위가 완벽해질 때까지 연습한다. 그리고 그 동작이나 행위를 완벽하게 해낼 때 비로소 자연스러워질 수 있다.

예술 활동, 윤리적 삶은 교화 없이는 자연상태를 달성할 수 없다. 앞에서 이미 설명한 것처럼 인성이나 맹자가 말한 성은 본능처럼 이미 만들어진 것이 아니라 육성과 학습을 통해서만 획득하고 기를 수 있다. "배워서 구하는 것은 군자요, 구하되 얻지 못하는 것은 필부이니, 구하지 않고서 얻을 수 있는 것은 없다_{출처: 양웅(揚雄), 《법언학행(法言學行)》}." 최고의 서예가 왕희지, 농구 황제 마이클 조던, 마음 내키는 대로 행동해도 어긋난 것이 없다는 공자 모두 자연스러움의 극치를 보여준다.

성장할 수 있는 공간이 있어야 성장은 비로소 자연스러울 수 있다. 참나무 씨앗을 심은 곳에 거대한 참나무가 자라는 것 역시 자연스러운 결과다. 여섯 살 아이가 하루가 다르게 무럭무럭 자라야 자연스럽다. 여섯 살밖에 안 됐는데 성장이 멈춘다면 당장 병원부터 데려가야 옳다. 자연에 해당하는 phusis_{퓨시스, 자연, 본성}라는 개념은 고정불변한 것이 아니라, 성장하고 발전하는 존재라는 사실을 분명하게 드러낸다.

천성이나 자연은 본능적인 반응이 아니라 학습을 통해 달성한 반응을 가리킨다. 오줌이 마려울 때 해서 아무 데서나 싸는 것은 본능적인 행위라고 볼 수 있다. 마찬가지로 본능이라는 단계에 머물러 있다면 농구 황제 마이클 조단도 엄마 뱃속에 있을 때부터 자연스러운 실력을 보여주지 못했을 것이다. 성인이 된 당신이 눈앞에 맛있는 음식을 먹지 못해 펑펑 울거나 오줌을 참지 못해 번화가 한복판에서 오줌을 싸는 일은 누가 봐도 부자연스럽다. 사회생활 속에서 자신의 천성을 억압하는 온갖 상황에 맞닥뜨려도 우리는 본능으로 돌아가는 방식을 통해 천성을 회복할 수 없다. 이를테면 번화가 한복판에서 바지를 내리고 오줌을 싸는 한이 있어도 일단 바지를 입고 외출할 것이다.

이번에는 실오라기 하나 걸치지 않고 외출하는 상황을 가정해보자. 시내에 가려면 일단 나와야 할 집이 필요하다. 집이 없어서 박스 안에서 잔다고 가정해보자. 하지만 박스로 만든 집은 본능에 따라 만들어진 것이 아니다. 이런 식으로 계속해서 꼬리를 물고 이야기를 풀다 보면 박스에서 자는 행위는 본능에 귀의한 것이 아니라, 오히려 다양한 본능을 극복해야만 박스 안에서 잘 수 있다는 사실을 인정해야 할 것이다. 염세주의자는 거짓된 이치의 부자연스러움에 저항하기 위해 노력하지만, 저항이라는 방식으로 억지를 부리는 것이야말로 오히려 더 부자연스럽다.

본능으로 돌아가는 방식을 통해서도 자연상태에 이를 수 없다. 오히려 정반대로 한 단계 더 높은 덕성을 기름으로써 자연상태에 이르러야 한다. 더 높은 덕성을 기른다는 것에는 본능을 극복하려는 노력도 포함된다. 앞에서 이야기한 것처럼 이러한 노력은 격리된 외부적 규범을 일일이 기록하는 것이 아니라, 관념-행위라는 총체를 형성하는 것을 가리킨다. 쉽게 말해서 다양한 본능, 감각, 욕망이 서로 조화를 이루고 서로를 뒷받침하는 것이다.

총체를 이루려면 특정 본능, 감각, 욕망을 억제하고 극복해야 한다. 이를테면 날아오는 공을 보고 몸을 피하는 본능, 미지에 대한 두려움, 질투심, 급한 성격, 성욕을 극복하는 노력 등이 포함된다. 타고난 감각과 욕망을 시도 때도 없이 극복하는 것이 곧 성장은 아니다. 몸이 좋지 않아 진료를 받기 위해 내원한 아름다운 여성, 그녀를 치료하는 남자 의사는 아무것도 신경 쓰지 말고 묵묵히 자신의 일을 해야 한다. 나는 A 씨를 질투한다. B 씨도 미워 죽겠다. 그럼에도 상대를 향한 나쁜 감정을 버리고 친절하게 대하려 노력한다. 나는 여성을 무시한다, 장애인도 무시하고 막일꾼도 무시한다. 그럼에도 그들을 향한 색안경을 벗고 나와 동등한 대상으로 인정하려 노력한다.

정상적인 육체와 성적 취향을 지닌 남자 의사가 아름다운 여성 환자를 앞에 두고 자신의 본능을 숨기는 것을 허위라고 이해해야 할까? 누군가를 질투하지 않으려 나는 노력한다. 질투하지 않으려고 노력하거나, 질투하지 않는 척 노력하는 것은 어떻게 이해해야 하는가? 나는 수많은 사람을 무시하고 함부로 대한다. 그래서 그러지 않으려고 노력한다. 이는 진정한 노력인가, 아니면 차별하지 않는 척 꾸미는 모습인가? 나는 평소 자린고비 저리 가라 할 정도로 짠돌이지만, 계산할 때마다 돈을 내겠다고 계산서를 뺏어 든다. 이런 나는 위선적일까? 이러한 물음에 대한 대답은 상황에 따라 달라질 수 있다.

돈을 지나치게 아끼는 것이 나쁘다는 것을 알고, 그런 내 성격이 싫어 잘못된 습관을 고치려고 스스로 노력한다. 내가 계산하겠다고 지갑을 꺼내들 뿐만 아니라, 흔쾌히 돈을 냈다는 사실에 기뻐한다. 돈을 아까워하는 버릇을 완전히 버리지 못해서 돈을 낼 때마다 아직까지 속은 쓰리지만 잘못된 습관을 조금씩 고쳐가고 있으니 언젠가는 완전히 고칠 수 있을 것이라고 확신한다. 내가 계산하겠다며 계산서를 빼앗기는 하지만, 잘못된 습관을 고쳐야 한다는 생각이 먼저 들기도 전에 내심 누가 대신 내주기를 바랄 수도 있다. 하지만 내 바람과 달리 결국 내가 계산하고 나면 기쁘기는커녕 속만 쓰리다. 어찌나 속이 쓰리든지 다음에는 내가 계산하는 척하면서 다른 사람에게 계산서를 건네는 방법을 고민하게 된다. 가짜 구두쇠는 자신의 약점을 감추기 위해 선뜻 돈을 쓰지만 돈 한 푼 쓰는 것을 아까워하는 그 습관은 여전하다. 그저 겉으로만 그렇지 않은 '척'하는 것뿐이다.

자신의 한계를 진정으로 극복하려는 사람은 자신에게 문제가 있다는 스스로의 판단에 따라 행동한다. 하지만 위선자는 자신의 생각이 아니라 다른 사람의 눈치를 보며 극복하는 척, 노력하는 척할 뿐이다. 속마음을 감춘 채 사람들을 적당히 대할 수 있지만 마음속에 자리 잡은 원망과 질투는 제아무리 교묘하게 감춘다고 해도 언젠가는 드러나

기 마련이다. 말끔한 외모로 여자를 농락하는 사람은 법률은 물론 사회적으로 지탄을 받는다. 아름다운 여성 환자를 앞에 두고 병원 규정에 따라 묵묵히 자신의 일을 하는 의사에게서 우리는 거짓된 모습을 찾아볼 수 없다. 속으로 무슨 생각을 하고 있는지 알 수 없지만….

순자는 인위적인 것을 가리켜 모두 '거짓僞'이라고 불렀다. 하지만 우리는 향선의 '거짓'과 위선적인 '거짓'을 구분해야 한다.[153] 일단 향선은 노력을 필요로 한다. 공자조차 쉬운 것부터 배워 지극한 경지에 오르지 않았던가! 양수명은 선이 자연스럽지 않으면 안 된다고 말했지만 "소위 자연이라는 것은 마음대로 흐르도록 내버려두는 것이 아니라 쉼 없이 노력해야 한다"고 지적했다.[154] 그런 점에서 향선의 '거짓'은 자연과 어긋난 것이 아니라 자연상태에 도달하기 위한 노력이라 할 수 있다.

성인은 마음대로 행동하면서도 규율에 어긋나지 않지만 우리 같은 범인은 자아와 덕성이 완전하게 융합되는 경지에 오르지 못한다. 어떤 상황에서 보통 사람은 겁을 먹고 꼼짝도 하지 못하지만 용사는 아무렇지 않은 듯 용감하게 행동한다. 물론 용사가 제아무리 용감하다고 해도 그 역시 두려워하는 것이 있을 것이다. 그러한 상황에 처하더

---

153   자제와 위선, 위선과 위장은 일종의 과도기적 상태를 형성한다.

154   양수명, 《양수명이 말하는 공자와 맹자》, 광시사범대학교 출판사, 2003년, p123

라도 두려워하지 않도록 용사는 훈련을 통해 자신을 더욱 강하게 만들어야 한다. 생각이 깊은 사람은 평소에도 여러 번 심사숙고하는 습관을 갖고 있다. 습관적으로 신중하게 생각하면서 새로운 문제가 나타날 때마다 진지하게 생각하도록 자신에게 주의를 기울여야 한다. 자아와 덕성이 완벽하게 조화를 이루는 경지에 오르지 못했기 때문에 우리는 삶을 끊임없이 배우고 성장하는 과정이라고 부른다.

배움에 끝이 없다고 하지만 우리는 여전히 옛 사람들처럼 배움과 입신을 구분하고, 배움의 단계와 성인成人의 단계를 구분해야 한다. 성인의 단계는 생겨난 성질에 따라 행동하는 것으로, 의인이 위기에 처한 사람을 돕거나 처지가 여의치 않은 사람을 위해 선뜻 지갑을 여는 행위를 가르친다. 하지만 이러한 행동 때문에 덕성이 생겨나는 것은 아니다. 그래서 수행하는 과정에서 어떻게 행동해야 덕성을 얻을 수 있을지 종종 고민하게 된다. 의인이 위기에 처한 사람을 구하는 것은 그렇게 행동해야 도덕규범에 맞기 때문이 아니라, 그저 자신의 본능대로 움직인 것뿐이다.

1970~1980년대 중국의 유명한 이단평행봉 선수 마옌훙馬燕紅이 이단평행봉 위에서 가볍게 몸을 회전하는 것처럼 지극히 자연스럽기 그지없다. 학습의 단계에서 어떻게 행동해야 도덕적 기준에 부합할지 자주 고민해야 한다. 마옌훙의 동작은 지극히 자연스러워 보이지만 훈련 과정에서 동작의 정확성을 위해 한 동작씩 일일이 구분하고 코치의 동작을 모방했다. 그 모습은 무척 부자연스러워 보이지만 여러

번 연습하고 동작 하나하나에 최선을 다한 끝에 비로소 물 흐르듯 자연스러운 연기를 선보일 수 있게 된다. 덕성을 갖춘 사람에게 덕성은 그의 본능이요, 존재 자체가 된다. 하지만 배우는 사람은 어떻게 행동해야 도덕적 기준에 맞는지 시시때때로 고민하고 돌아봐야 한다. 다만 이러한 고민은 도덕적 행위에 의한 고민이 아닌 덕성을 갖춘 행동을 어떻게 배울 수 있는지에 관한 고민이라 할 수 있다.

우리에게 부여된 가장 중요한 임무는 바로 배움이다. 귀감이 되는 사람처럼 되기 위해 우리는 그들에게서 지식, 덕목, 품성 등을 배웠다. 하지만 어른이 된 뒤로는 배움이 아닌 몸으로 직접 부딪쳐가며 스스로 일을 해내는 것이 무엇보다도 중요하다는 사실을 깨달았다. 원하는 목표를 이룰 수 있는 지금 하고 있는 일이 중요하며, 귀감은 그저 참고용으로 활용할 뿐이다. 더 높은 자아를 추구하고, 더 커다란 꿈을 지녔다고 해도 내가 지금 할 수 있는 것은 무언가가 되고 싶다는 바람이 아니라 내 두 손으로 직접 할 수 있는 일이다. 사람의 성질은 다양하다고 알려져 있다. 그래서 자신의 천성과 어울리지 않는 일에도 죽기 살기로 매달리기보다는 타고난 대로 행동하며 문제를 해결하는 편이 더 옳다고 본다. 어른이 된 후 일을 통해서만 성장을 이끌어낼 수 있다.

전체적으로 덕성을 갖춘 사람이 되기 위해서 우리는 덕행이 무엇인지 배우게 된다. 나는 본래 구두쇠로 그런 성향이 큰 결점이라는 사실을 잘 알고 있다. 이러한 단점을 극복했을 때 나는 크게 기뻐한다.

우수한 사람이 되고 싶은 나는 우수한 사람을 통해 돈에 집착하는 모습이 조화를 이루지 못하고 부자연스럽다는 사실을 깨닫게 된다. 앞에서 이야기한 것처럼 윤리적 행위는 온전한 정체성을 의미한다. 동물의 여러 가지 본능이 조화를 이룰 때 오랫동안 생존을 유지할 수 있다. 그리고 윤리적 품성 역시 서로 조화를 이뤄야 비로소 일관된 인성을 유지할 수 있다.

향선을 따르는 사람은 각종 도덕, 율령을 자신에게 새겨 넣는 데 그치지 않고 윤리적인 삶을 살기 위해 노력한다. 무언가를 일관적으로 해낼 수 있으면 우리는 그것을 성격이라고 부른다. 또한 본능, 감각, 욕망이 서로 조화를 이뤄야 그것을 비로소 본성이라고 부를 수 있다. 아침 다르고 저녁 다른 사람을 가리켜 성(性)이 진실하다고 말하지 않는다. 선하거나 악한 본능은 여기서 말하는 성이 아니다. 성은 평생 꾸준한 노력을 통해 얻을 수 있는 것으로, 쉬지 않고 노력한 것이 선이라면 그것을 이뤘을 때 성이라고 말할 수 있다. 이처럼 일관성은 성의 심오한 의미를 담고 있는 것으로 처음부터 끝까지 함께 이어져 있어야 한다. 선에 다가가기 위해 죽기 살기로 노력하고, 변하기 위해 제아무리 몸부림친다고 해도 모든 변화는 근본에서 벗어날 수 없다.

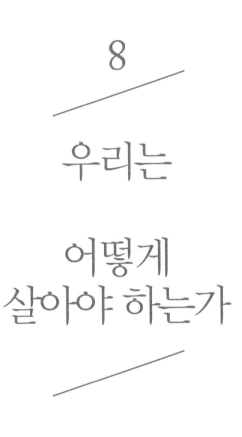

8

우리는

어떻게
살아야 하는가

이번 장에서는 《설리》의 보편성과 특수성에 대한 내용을 상당 부분 인용하여 재구성했다.

다양한

입신의

본질

플라톤과 아리스토텔레스가 철학적 사유를 최고의 삶이라고 주장한 것은 철학적 사유 덕분에 입신했기 때문일까? 그런 의도로 말한 것이라면 경박함을 피하기 어렵다. 그들의 주장은 인생, 영혼, 이성에 대한 자신의 전반적인 견해에 크게 의존한다. 이를테면 플라톤과 아리스토텔레스는 모든 사람이 자연스러운, 동일하게 지극한 선함至善을 지니고 있다고 믿었다. 그리스 철학자들은 양질의 삶에 관한 보편적인 이상을 제시했지만, 기독교가 빠르게 성장하면서부터 보편주의는 사람을 억압하는 도구로 전락했다. 기독교는 스스로 보편적인 종교이며, 기독교의 하느님은 모든 인간의 하느님이라고 말한다. 심지어 모든 사람이 결국에는 하느님의 품 안으로 돌아갈 것이라고 주장한다. 그런데도 기독교로 귀의하지 않겠다면? 뭐 상관 없다. 그렇지 않으면 지옥으로 떨어질 테니까! 계몽운동은 다양한 영역에서 기독교와 충돌하지만 보편주의라는 원칙은 기독교와 맥을 함께한다. 이를테면 칸트는 도덕명령을 절대성을 지닌 보편성이라고 주장했다.

동양의 상황은 서양과는 다소 다르다. 공자는 양질의 삶에 대한 자신만의 이상을 제시했는데 6장에서 공자가 그리는 군자의 모습을 소개한 바 있다. 공자와 맹자의 유교사상이 2천 년도 넘게 지식인 계층에 커다란 영향을 주면서, 입신하기 위한 보편적인 이상을 형성하였다. 하지만 관대하면서도 실재를 추구하는 공자는 도는 서로 다르다는 결론을 처음부터 제시했다.

하지만 양질의 삶에 대한 유일한 이상은 존재하지 않았다. 묵자의 이상은 공자와 달랐고, 장자는 자신만의 이상을 소개하기도 했다. 아리스토텔레스가 생각한 양질의 삶은 공자가 생각하는 양질의 삶과 다르고, 에피쿠로스가 상상한 이상은 아리스토텔레스와 또 다르다. 훗날 기독교가 추구한 것 역시 이들과는 그 성격이 달랐다. 시간은 흐르고 흘러, 현대사회와 관념에 거대한 변화의 물결이 일어나면서 현대인 역시 옛사람과는 다른 삶을 동경하게 되었다.

그중 한 가지만 예로 들자면 과거에는 양질의 삶, 군자, 품성과 식견을 강조했다. 또한 이러한 주장은 모두 남성에 의해서만 제시되었다. 여성도 즐겁고 행복할 수 있지만 양질의 삶과는 아무런 관련도 없었다. 하지만 오늘날 우리가 직면한 현실은 그렇지 않다. 또한 21세기를 살아가는 현대인의 모습이라고 할 수도 없다. 개인적인 생각으로는 오늘날 현대인이 추구하는 양질의 삶은 일상생활, 가정생활, 남녀 간의 사랑에 보다 집중하는 것 같다. 그래서 양질의 삶이 무엇이냐는 문제는 더 이상 남성의 전유물이 아닌 모두가 고민해야 하는 문제로 자리 잡았다. 활발한 성격, 성실한 삶에 대해 이야기할 때 여성이 남성보다 뛰어날 수 있는 것이다.

옛사람에 비해 현대인의 가치관은 한결 다양한 형태로 표출된다. 시간을 기준으로 했을 때, 이러한 변화는 역사적으로 나타난 다양한 삶에 대한 이상이 다양한 변화를 시도하며 이어졌다는 사실에서 비롯된다. 우리는 더 이상 영웅의 시대, 신앙의 시대를 살지 않지만 여전히 이곳저곳에서 영웅의 품격, 믿음의 힘을 추종하는 사람들을 만날 수 있다. 실제로 이러한 품격의 그림자를 좇는 사람들이 무척 많다. 정조를 잃었다는 사실은 더 이상 삶을 좌우할 정도로 심각한 일은 아니지만 여전히 많은 부모와 남편 심지어 여성 스스로도 매우 부도덕한 행위로 생각한다. 공간이라는 축에서 봤을 때 교통, 편의, 정보 등이 크게 발전했다. 케냐인이 자유와 평등을 추구하고 불교에 심취한 미국인이 점점 늘고 있다.

"무릇 천하는 지극히 크고, 만민이 지극히 많으니 만물이 고르지 않음은 만물의 정이 아니겠는가 이지(李贄). 중국 명나라의 사상가이자 비평가—역주?" 모든 사람은 짧은 데다 심지어 고달픔으로 가득한 삶을 한탄한다. 누군가는 인생사 일장춘몽이라며 즐길 수 있을 때 즐겨야 하는 것 아니냐며 반문하기도 하고, 젊은 시절에 놀기만 하다가는 늙어서 고생할 것이라며 전전긍긍하기도 한다. 두 사람 중 과연 누구의 생각이 옳고 틀린 것인가? 21세기를 살아가는 현대인은 다양한 개인, 서로 다른 민족적 특징을 지닌 사람에게는 동일한 잣대를 적용할 수 없으며 저마다의 방법이 있음을 인정할 수밖에 없다.

본회퍼Diertich Bonhoeffer, 독일 행동주의 신학자로 나치 정권을 비판하다 탄압을 받았다.—역주는 윤리학을 역사의 존재라고 주장하며 하늘에서 갑자기 땅으로 떨어진 것이 아니라 대지의 소산이라고 설명했다. 또한 미국의 윤리가 있듯 독일의 윤리, 프랑스의 윤리가 있다고 지적했다.[155] 오늘날 우리는 시대, 민족, 종교에 따라 다양한 삶의 이상과 도덕관념을 제시한다. 이러한 차이는 본회퍼 시대를 배경으로 하는 여러 서방 국가의 입장 차이보다 크다. 고요한 평화를 강조하는 불교를 예로 들어 설명해보자. 일각에 따르면 "고대, 기독교가 지배한 중세기, 그리고 현대에 이르러 고요한 평화라는 이상은 서양에서 단 한 번도 주도적인 위치에 오른 적 없었다.[156]"

155 디트리히 본회퍼Diertich Bonhoeffer, "기독교 윤리란 무엇인가What is a Christian Ethic?", J. J. 코켈만 엮음, 《현대유럽의 윤리》, 앵커북스, 1972, p.449, 매킨타이어는 《덕의 상실》에서 10장부터 14장에 걸쳐 영웅사회부터 근대의 미덕관념으로 서구사회가 변천하는 과정을 소개했다.

156 로버트 포그 해리슨Robert Pogue Harrison, 《정원: 인간의 조건에 대한 에세이Gardens: An Essay on the Human Condition》, p134

고요한 평화란 좋은 것인가? 물이 머물 듯 고요한 해탈은 최고의 경지에 해당하는가? 물이 머물 듯 고요한 마음이 좋은 단어라면, 물이 머물 듯 고요한 마음 역시 좋은 것이다. 파우스트나 반 고흐 모두 평탄한 삶을 보내지 않았지만 그렇다고 특별히 나쁠 것도 없었다. 생기 넘치는 활력은 양질의 삶을 위한 요소 아닌가? 최고의 경지라는 말은 그저 말뿐이며, 모든 것이 돌고 돌아 원점으로 돌아간다는 것 역시 사람이나 상황에 따라 정해질 뿐이다.[157]

앞에서 성선론을 다루면서 선의 구조와 형식을 주로 다룬데 반해, 상대적으로 자세한 내용을 다루지 못했다. 그도 그럴 것이 동일한 선은 존재하지 않는다. 모든 사람이 저만의 삶의 목표를 지니고 있으니 입신할 수 있는 방법 역시 모두 다르다. 당신이 도를 닦아 입신하기를 꿈꾼다면 천하를 다스려서 입신하겠다는 꿈을 지닌 사람도 있을 것이다.

결론적으로 말해서 가치는 다양하다. 열심히 일해서 부자가 되겠다는 가치관을 지닌 당신도 있고, 대충 적당히 살다 가면 된다고 생각하는 나도 있다. 그저 당신과 나의 가치관이 다를 뿐이지 '누가 맞고 누가 틀렸는가?'의 문제는 존재하지 않는다. 인권은 가치의 한 종류

---

157 칸트의 생각처럼 순수한 도덕철학에서 모든 경험적인 산물을 제거하면 사람의 지식에 관한 어떠한 것도 빌려올 수 없다. 칸트의 《도덕 형이상학을 위한 기초 놓기》 참고. 상황은 당연히 다를 수 있다. 하지만 필자는 이러한 도덕철학에 완전히 동의하지 않는다. 다음 글에서 '거짓말하면 안 된다'는 '절대명령'에 대해 칸트와 작은 논쟁을 벌이게 된다.

이지만 그것은 서양인의 가치일 뿐, 북한 사람들에게는 인권이 다양한 가치와 의미를 지닐 수 있다. 요컨대 서양인은 그들의 인권 가치관이 있고, 북한 사람에게는 인권을 바라보는 그들만의 특유한 시선과 생각이 존재한다.

다양한 가치관은 현대의 수용적이면서 개방된 정신을 구체적으로 대변하고 있다. 공산주의적 가치관을 지닌 우리 같은 늙은이들은 오로지 돈 버는 일에만 집착하는 사람이나 바람피우는 사람, 동성애를 즐기는 사람을 보면 순간의 분노를 참지 못하고 너 죽고 나 살자는 식으로 덤벼댄다. 하지만 오늘날에는 그런 모습을 더 이상 찾아보기 어렵다. 공무원이라면 공무원으로서의 삶을 살고, 장사하는 자영업자라면 열심히 물건을 팔면 된다. 행위 예술가라면 자신의 예술적 감각을 마음껏 뽐내면 그뿐이다.

가치의 다원화와 함께 문화의 특수론 역시 새롭게 등장했다. 예를 들어 미국 문화가 개인의 자유를 숭상하는 데 반해, 중국 문화는 안정성과 평화를 추구한다. 서방에는 서방의 인권 가치관이 있고, 북한에는 자국만의 인권 가치관이 존재한다. 왜냐하면 이는 북한의 특별한 문화이기 때문이다.

모두가 공유하는 가치관은 존재하는가

오늘날 주류사상에 의하면 다원화된 가치는 긍정적인 것임에 틀림없다. 하지만 사람마다 모두 저마다의 가치관을 지녔다는 것은 결론적으로 말해서 상대주의를 의미하는 것인가? 참고로 상대주의는 그동안 악명을 누려왔다. 실제로 상대주의의 함정에 빠지지 말라는 경고를 누구나 한 번쯤은 들어봤을 것이다. 그렇다면 오늘날 다원화된 가치관이 공존하는 시대에 상대주의에 대한 우리의 생각도 재정의되어야 하는 것일까?

절대진리는 존재하지 않는다는 말은 상대주의를 대표하는 가장 전형적인 구호로 알려져 있다. 그렇다면 절대진리가 존재하지 않는다는 명제 자체는 절대진리일까? 이 문제는 상대주의가 자체 모순적이거나 자아 부정적이라는 결론을 오히려 또렷이 보여주는 듯하다. 이 문제를 놓고 흥미로운 논리학적 토론이 대거 진행되었지만 그 내용은 주로 문화 특수론과 같은 형태의 상대주의와는 그다지 관계가 없다. 현재 문화 특수론은 여러 가지 난관에 봉착해 있는데, 그중 가장 두드러진 문제는 전 인류가 공유할 수 있는 가치는 존재하지 않는다는 것이다. 미국인의 가치관이 중국인의 가치관과 다르다는 것이야 어느 정도 이해되지만, 모든 중국인이 공유할 수 있는 가치관이 존재한 적이 있었던가? 다양한 민족으로 구성된 중국에서 위구르족과 한족은 서로 다른 가치관을 지녔다. 사실 멀리 위구르족과 비교할 것도 없다. 베이징 사람이 입에 마르도록 칭찬하는 광둥 사람이라고 해서 반드시 대단할 것도 없고, 옆집 아저씨의 가치관이 나와 같지도 않을 것이다. 심지어 며칠 전까지 내가 믿어 의심치 않았던 가치관이 오늘 모조리 부정당했을 수도 있다.[158]

가치의 다원화가 '민족 문화' 같은 관광 프로그램처럼 저마다 다양한 성격과 형태를 지녔다면 당신과 내가 서로 다른 가치관을 지녔다고 해도 충돌하지 않고, 오히려 다양하다는 점에서 흥미를 자극할 수도 있다. 하지만 아쉽게도 현실생활은 다양한 가치가 공존하는 친목회가 아니다. 관광버스를 놓친 당신이 이질적인 가치를 지닌 곳에 낙

---

158 중국인의 가치관이 전반적으로 미국인의 가치관과 큰 차이를 보인다. "대다수 중국인이 기본적인 가치를 공유하고 있는가?"라는 문제는 단순히 이치를 분석하는 것이 아니라 '재료, 물질'에 관한 것이다.

오됐다면 가치의 다양성이라는 의미를 전혀 느끼지 못할 것이다. 남편을 잃고 슬픔을 가누지 못해 스스로 목숨을 끊는 아내, 혈기를 주체하지 못해 몰려다니며 범죄를 저지르는 청년들, 온몸에 폭탄을 두른 채 많은 사람이 다니는 기차역으로 달려들어 자폭한 청년…. 이러한 사건에 비해 중국의 민간 치료요법이 일으킨 소동은 별다른 관심을 끌지 못한다.

가치의 다양성은 마치 관광 명승지나 영화관에서 특정한 가치관을 감상하는 것과 같다. 하지만 가치관은 감상하기 위해 존재하는 것이 아니다. 서로 다른 가치관에 따라 사람들은 다양한 일을 벌인다. 그로 인해 다른 사람을 다치게 할 수도 있고, 자신이 다칠 수도 있다. 좀 더 쉽게 말해보자면 이스라엘 사람과 팔레스타인 사람은 각각 자신만의 가치관을 지니고 있다. 각자의 가치관에 따른 정치적 결단으로 인해 수많은 사람이 평화로운 시간을 보낼 수도 있고, 서로 죽고 죽이는 비극의 시간을 보낼 수도 있다.

이야기가 여기까지 나온 마당에 다양한 삶의 방식이 당신의 도덕적 태도를 있는 그대로 반영한 것인지 물어봐야 할 것 같다. 우리는 정말 모든 가치관을 고르게 바라보고 있는가? 나와 상관없는 상황이라면, 예를 들어 삶에 대한 페르시아 사람과 히브리 사람의 태도와 자세가 당연히 저마다 다르다며 '쿨'하게 그들의 존재를 인정하겠지만, 당신의 딸에 관한 일에도 과연 쿨한 표정을 지을 수 있을까? 차별 없는 세상이 제아무리 숭고하고 아름답다고 할지라도, 우리 같은 평범한 사람들은 타락하는 딸의 생각을 인정하고 쿨하게 받아들일 수는 없다. 무고한 여성을 강간한 범인과 여성과 아이를 위해 자신의 몸을 던지는 의인을 어떻게 똑같이 바라볼 수 있단 말인가? 사람을 구한 의인과 사람을 해친 악인 모두 괜찮다고 이야기한다면 당신은 정작 아무것도 말하지 못한 셈이다.

사실 문화 특수론이라는 상대주의는 본래 방어적인 성향을 보인다. 100여 년 동안, 서양 문명은 보편주의라는 잣대를 들이대며, 중국처럼 오랜 역사를 자랑하는 국가도 자신만 못하다는 평가를 내리곤 했다. 그로 인해 중국인은 자신의 문화를 의심하고 심지어 부끄럽게 여기기도 했었다. 문화가 저마다의 개성을 자랑한다면 서양 문화, 중국 문화 사이에 우열은 존재하지 않는다.

자아보호라는 관점에서 문화의 특수주의는 수용할 수 있는 주장이지만, 여기에도 한 가지 주의할 점이 존재한다. 한 나라의 정부가 자국의 문화 특수성을 이유로 다른 나라의 가치를 배척한다면, 문화를 보호하겠다는 것이 아니라 자신의 통치를 강화하기 위해 '문화보호'라는 이름으로 문화 전통을 해칠 뿐이다. 지식인의 동기 역시 심각하게 의심할 필요는 없지만, 그들이 주장하는 특수한 가치가 반드시 모든 민족이 보편적으로 지닌 가치는 아닐 수 있다는 점을 잊어서는 안 된다. 그저 다양한 종류의 지식인이 각자 선호하는 문화의 가치에 불과할 수도 있다. 보다 일반적인 이론의 측면에서 문화 특수론 내지는 일반적인 상대주의는 근본적으로 보편주의에서 벗어날 수 없다는 사실을 반드시 명심해야 한다. 서양에 대해서는 문화에 우열이 없다고 이야기하면서도, 브룬디Burundi, 아프리카 중앙 콩고민주공화국 동쪽에 있는 나라—역주에 대해서는 중국 문화가 브룬디에 비해 우수하다는 자긍심을 드러낸다. 중국이 내리막길을 걸을 때에도 문화적인 우열감이 없다면 중국은 비로소 강국으로서의 면모를 드러내고, 중국 문화 역시 비로소 우월감을 지닐 수 있을 것이다. 나아가 전 세계에서 모두 수용할 수 있는 보편성을 지니게 될 것이다.

시공간적 제한을
받지 않는
절대진리는
존재하는가

관용과 개방을 외치되 반드시 윤리도덕적 마지노선을 설정해야 한다는 말로 가치의 다원화를 변호할 수 있다. 가치가 제아무리 다양하다고 해도 멀쩡하게 산사람을 순장하거나 정부가 무작위로 국민을 탄압하거나 학살하는 일은 결코 용납될 수 없다. 윤리적 마지노선에 가치의 다양성을 수용하거나 독려할 수 있다. 최근 들어 중국 내에서 마지노선 윤리를 적극적으로 주장하는 학자로 허화이홍何懷宏이 큰 주목을 받고 있다. 허화이홍은 중국이 또 한 차례의 격변을 코앞에 두고 있다고 예감하며 새로운 변화를 맞이해야 한다고 주장한다. "온화하면서도 강력한 힘을 지닌 중도세력이 일어나 사회의 주도세력으로 자리 잡기를 기대한다. 다양한 세력이 윤리적 마지노선을 모두 지켜줄 수 있기를 기대한다.[159] 하지만 학문의 이치에서 봤을 때 '윤리의 마지노선'에 대해 나는 유보적인 입장을 취하고 있다. 보편주의에 대해서도 전반적으로 유보적인 태도를 견지한다.

허화이홍은 윤리의 마지노선은 동시에 윤리의 보편주의라고 주장했다.[160] 하지만 그리스의 주류 윤리학 역시 보편주의라고 부른다면, 마지노선 이론의 보편주의와는 그다지 비슷하지 않다. 그리스인은 천성에 입각해 인간의 전반적인 자연스러운 발전을 그려냈다. 이러한 발전은 자연스럽고, 공통적인 방향으로 귀결-선호-규정되었다. 윤리의 마지노선은 이와 반대로 보편성을 최저 기준으로 설정해둠으로써 그 위에서 어떤 방향으로 나갈 것인지 저마다 다른 해석을 내놓고 있다. 그로 인해 두 가지 학설은 서로 다른 문제에 직면하게 된다. 일단 그리스인에게 "선의 귀결점이라는 문제개인의 삶 혹은 사회 전체에 대해서든가 다양한 실질 윤리의 요구를 과연 조화롭게 이끌 수 있는가?"라는 문제를 던질 수 있다. 마지노선 윤리라는 보편주의는 "시공간적 제한을 받지 않는 절대진리는 존재하는가?"라는 상당히 단순한 문제를 마주하고 있다.

절대진리는 당연히 고상하거나 매우 매력적인 존재는 아니다. 허

159   허화이홍, 《신강상新綱常: 중국사회의 도덕 기초 연구》, 쓰촨四川 인민출판사, 2013년

160   허화이홍, 《윤리의 마지노선》, 랴오닝辽宁 인민출판사, 1998년, p6

화이훙의 설명처럼 윤리의 마지노선은 이미 군자의 덕성에서 소인배의 '스펙'으로 전락해버렸다. 윤리의 마지노선은 대다수의 도덕규범이 시공간에 따라 변한다는 사실을 인정했다. 또한 한 차원 높은 요구는 모두가 원하는 것이지만, 결코 변하지 않거나 혹은 변할 수 없는 가장 기본적인 도덕규범이 존재한다는 입장을 견지했다. 이미 언급한 바 있지만 거짓말을 하지 말아야 한다는 주장이 바로 여기에 속한다.

칸트는 언제, 어디서든 거짓말하면 안 된다는 절대적인 도덕명령을 제시했다. 그의 주장대로라면 폭력배가 당신에게 자신을 신고한 사람이 당신의 집에 숨어 있는지 물었을 때 이러한 도덕적 규율에 복종해야 한다는 것이다. 이미 알려질 대로 알려진 문제에 대해서 많은 논쟁이 있었던 바, 여기서 굳이 이야기하고 싶지는 않다. 사실 칸트와 그의 추종자가 거짓말을 그렇게 심각한 문제로 여겼는지 원래 잘 이해할 수도 없었다. 개인적인 경험을 털어놓자면, 거짓말보다 더 비열하고 용서받을 수 없는 상황이 우리 사회에 비일비재하다고 생각한다. 폭력배가 무고한 사람을 해치는 상황은 사실 일상생활에서 누구나 겪을 수 있는 일이 아니다.

우리가 날마다 살아가는 일상 속에서 더 많은 거짓말을 목격할 수 있다. 시한부 선고를 받고 절망에 빠진 내가 다른 환자를 위로하거나, 위기에 처한 비행에서 승객의 안전을 위해 승무원은 아무런 문제도 없다고 거짓말로 둘러댄다. 이보다 더 잡다한 경우도 허다하다. 누군가가 당신에게 자신과 무관한 일을 일부러 물어보기도 하고, 반대로 당신의 거짓말로 누군가가 쫓겨나기도 한다.[161] 거짓말을 아예 안 할 수는 없으니 최대한 거짓말을 하지 않는 게 최선인 것 같다. 발목 잡힐 일은 애초부터 하지 말아야 하고, 폭력배에게 쫓기는 사람을 자신의 집에 숨겨줘서는 더더욱 안 된다.

보편주의자는 칸트처럼 언제, 어디서든 거짓말을 하면 안 된다고 주장하지 않는 대신 환경적 요소를 끌어들일 것이다. 도덕 보편주의자에게 도덕 법규는 보편적이지만 '비슷한 환경에 처한 개체'에만 적용되기 때문이다. 하지만 어떤 상황을 가리켜 비슷한 환경이라고 정의할 수 있을까? 해난사고와 전쟁터를 비슷한 환경이라고 볼 수 있을까? 침략전쟁과 방어전쟁을 같은 상황으로 이해해도 되는 것일까? 전쟁터 한가운데서 싸우는 병사와 광장에서 열병식을 하는 병사의 상황은 같은가? 바다 위에서 침몰 중인 배, 그 안에 있는 선장과 아이를 품에 안은 여성을 '비슷한 환경에 처한 개체'로 간주해도 무방할까? 이러한 구체적인 상황이 수백, 수천 가지가 된다는 점을 감안했을 때 도덕 원칙의 보편성은 보기 좋은 허울만 남는 셈이다.

이때 보편주의와 상대주의 논쟁이 환경의 유사성으로 옮겨지면서 민주주의를 주장하는 쪽은 보편적 가치의 논객으로서 중국의 환경이

161　사이먼 블랙번Simon Blackburn, 《우리 시대의 윤리학我们时代的伦理学》, 2009년, p43. 샌델은 '거짓말과 오도誤導성을 띤 침말' 사이의 차이를 입증하는 데 주력했다. 개인적인 판단으로는 그의 논증은 칸트의 주장을 좀 더 '근본적으로 변호할 수 없는 것'처럼 보이게 만들었을 뿐이라고 생각한다. 마이클 샌델의 《정의란 무엇인가?》 참고

민주제를 채택한 국가와 비슷하다는 경향을 제시한다. 이에 반해 상대주의자는 중국의 현재 환경이 송나라 신종 때와 비슷하다고 주장한다. 민주주의가 보편적 가치라는 것을 인정하지 않는 것은 민주주의가 일종의 가치라는 것을 부정하는 것이 아니라, 이러한 가치는 특정한 환경하에서만 가치가 된다고 주장하는 것뿐이다.

"중국의 현재 환경은 어느 시대와 비슷한가?" 이는 실질적 고찰로서, 이치를 분석하는 범위에 속하지 않는다. 이러한 방식으로 제시되는 보편주의와 상대주의는 사실 동일한 측면에서 작동하는 것으로 이들 모두 원칙이나 가치관을 환경과는 무관한 존재로 바라본다. 즉 외부적인 측면에서 어떠한 특정 환경에 적용될 수 있는지 고찰했다.

거짓말이라는 문제를 놓고 봤을 때 허화이훙은 칸트보다 온화한 입장을 취한다. 폭력배가 당신에게 자신을 신고한 사람을 숨겨줬느냐고 물었을 때, "어쩔 수 없이 진실을 숨길 수도 있다"고 말했다. 굳게 입을 닫거나 말을 더듬거나 빙빙 돌리는 식으로 위기에서 벗어날 수 있는 방법이 있는지 고민해봐야 한다는 조건을 만족해야 하지만…. 개인적인 생각으로는 진실을 숨긴 채 위기에서 빠져나갈 수 있는 상황을 고민하다가, 오히려 폭력배의 의심을 살 가능성이 더 클 것이다. 거짓말을 심각한 문제로 생각하지 않는 나로서는 폭력배의 모습에 겁을 먹은 나머지 고민할 것도 없이 바로 거짓말을 둘러댔을 것이다.

한편 학문적으로 온화한 입장을 취했다면 비판적인 시선에서 조금이나마 벗어날 수 있다. 하지만 어떤 상황에서도 거짓말을 하면 안 된다며 칸트가 강경한 입장을 고수한 데는 분명한 이유가 있다. 보편주의는 보편주의로서, 당신이 이 상황에서 한 고민이 내가 다른 상황에 처했을 때 한 고민이나 최저 기준에 대한 고민을 막을 수 없다. 우리가 방금 지적한 것처럼 보편주의의 원칙에서 상대주의로 빠진 것이다. 물론 허화이훙의 주장에 따르면 특수한 상황에 처했을 때 거짓말을 했다고 해도, "그로 인해 거짓말의 성질이 악하다는 것을 부정할수는 없다." '악'이라는 단어의 어감은 다소 무겁게 느껴지기 때문에 거짓말은 나쁘다고 표현하는 편이 좀 나을 것 같다. 무고한 사람을 구하는 일이 좋은 것이고, 거짓말을 하는 것도 좋은 것이라면 무엇을 논의해야 하는 것인가? 거짓말이 좋다 나쁘다가 아닌, 거짓말이 절대명령인가를 놓고 토론을 벌여야 한다.

그런 점에서 거짓말은 좋은 예가 되지 못한다. 절대로 넘으면 안된다고 모든 사람이 동의하는 최저 기준도 존재한다. 이를테면 무고한 사람을 함부로 해치면 안 된다거나 양심을 속이는 행동을 하지 말라는 경우가 여기에 속한다. '함부로'라는 단어에는 이미 그렇게 해서는 안 된다는 의미가 내포되어 있고, '무고함'이라는 단어에는 사람을 해쳐서는 안 된다는 뜻이 이미 포함되어 있다. 하지만 "누가 무고한 사람인가?"라는 문제를 놓고 사람마다 생각이 다르다는 데 어려움이 있다. 부패 공무원의 아내와 그 자녀들은 무고한 사람일까? 제아무리 부패를 저질렀다고 해도 구족을 멸하는 일은 지나친 처사이다. 무정부주의자가 자신의 정치적 이상을 위해 수상을 암살했다. 수상과 암살자 중 누가 무고한 사람인가? 일본 나가사키의 주민들은 무고한가? 그들의 지원이 없었다면 전선에 뛰어든 일본 군인들은 남경南京을 함락하지 못했을 것이고, 남경대학살도 자행하지 못했을 것이다. 인간은 모두 죄인이라는 성경의 말씀은 서양에서만 볼 수 있는 신기한 이야기는 아니다. 사실상 사람들이 모두 동의하는 일이라면 윤리의 마지노선으로 우리를 설득할 필요가 없다.

콜버그에 따르면 심리학과 철학 분야의 연구는 다음과 같은 주장을 입증해야 한다. "보편적인 인류 원칙은 실제로 존재한다. 여기서 말하는 문제의 핵심은 바로 '원칙'이다. 도덕적 원칙은 도덕적 규칙과 다르기 때문이다. '간음하지 말라'는 이야기는 일부일처제라는 특수한 상황에서 정해진 행위의 원칙이다. 반대로 절대적 책임다른 사람이 똑같은 상황에서도 그렇게 행동해 주기를 바라는 것 역시 원칙이다. (중략) 특정한 문화적 내용에 제한되지 않고 특정한 사회적 법규를 초월하고 포용하기 때문에 보편적으로 적용될 수 있다.[162]"

이 주장에서 분명 '원칙'이라는 단어는 결정적인 요소가 된다. 도덕적 원칙은 보편성이 의심받을 때 주로 내용을 희석하는 방식으로 자신을 변호하고 보편성을 지켜낸다. 하지만 지키는 대상은 점점 얄팍

---

162 콜버그, 《도덕 교육에서의 철학》, 콜버그와 그의 학파는 인지발전이라는 관점에서 도덕 심리를 연구했다. 그들이 확인하려는 보편성은 주로 기본적인 인지 구조의 보편성으로서, "도덕적 판단의 특정한 내용이라고 해도 문화에 의해 달라질 수 있다"고 주장했다. 콜버그, 《도덕 발전 심리학》, 2004년, p561 참고. 여기서 발생한 논쟁이 바로 '판단의 내용'이다.

해지는 무의미한 보편성일 뿐이다. 바른 앎, 본래의 진실, 절대 책임, 악행 금지 등은 실질적인 내용이 없는 얄팍한 개념일 뿐이다. 사람들은 모두 참된 앎에 따라 행동한다고 자처하지만 행동이 말과 180도 다른 경우가 대부분이다. "대체 무엇을 참된 앎에 따른 실천으로 이해해야 하는가, 어떻게 해야 절대적인 명령을 이행할 수 있는가?" 이런 질문이 궁극적으로 문제를 일으킨다. 상대적으로 무고하다는 표현은 해석의 여지가 많다. 혼외정사, 거짓말 역시 마찬가지다. 혼외정사나 거짓말에 대한 사람들의 논쟁은 보기 드물지만, 어떤 상황에서도 이 두 행동이 모두 악하다는 것을 입증하기란 쉽지 않다.

보편주의의 논증은 종종 단어가 담고 있는 간단한 해석을 뛰어넘지 못한다. 선악이라는 문제를 놓고 논쟁이 벌어졌다면 용기, 믿음, 정의는 당연히 좋은 것으로, 나약함, 교활함, 소심함은 항상 나쁜 것으로 취급된다. 용기, 믿음은 긍정적인 의미를 담고 있는 단어로서 그 자체만 봤을 때 좋다, 선하다는 의미로 통한다. 하지만 실제 논쟁에서 자살 테러리스트를 용기 있고 믿을 수 있다고 말할 수 있을까? 조지 부시는 그들을 가리켜 겁쟁이라고 불렀다. 하지만 그가 뭐라고 불렀든지 간에 테러리스트들은 전혀 겁쟁이처럼 보이지 않는다.

진정한 인성은
진정한 종교의
바탕이다

윤리적 고민은 궁극적으로 보편주의의 길에서 벗어날 수 없는 것 같다. 한스 큉이 주장한 '진정한 종교'는 이러한 사실을 입증하는 좋은 사례이다. 앞에서 이야기한 것처럼 기독교는 한때 자신을 보편적인 종교라고 생각했다. 기독교 철학자인 한스 큉은 자신의 민족, 문화, 종교가 다른 사람보다 더 낫다고 생각해서는 안 된다고 지적했다. 이와 함께 기독교가 구원을 받을 수 있는 유일한 방법이라고 생각해서도 안 된다고 강조했다. 그의 이러한 관점은 현대사회 특유의 개방성을 반영한 것이지만, 동시에 한 가지 의문을 우리에게 제시한다. "교회와 기독교 외에 구원이 존재한다면, 교회와 기독교도는 여전히 필요한가[163]?"

한스 큉은 세 가지 기준에 의거해 이 문제에 답했다.

첫째, 인성에 바탕을 둔 보편적인 윤리 기준이 존재하며, 모든 진정한 종교는 총체적인 윤리 기준에 위배하지 않는다.

둘째, 모든 위대한 종교는 저만의 성전을 지니고 있으며, 여기서 자신만의 규범을 제공받는다.

셋째, 특수한 기독교적 기준이 있다. "종교가 이론과 실천적인 측면에서 사람들에게 예수라는 그리스도가 존재한다는 믿음을 심어줄 수 있다면 해당 종교는 진정한 의미에서 선하다고 할 수 있다. 이 기준을 기독교에 대해서만 직접 사용하거나 자아비판적인 방법을 동원해 기독교가 기독교 정신에 어느 정도 부합되는지 확인해봐야 한다. 주제넘게 말하자면, 해당 기준은 자연스럽게 간접적으로 다른 종교에도 적용되어야 한다."

한스 큉이 더 이상 기독교의 보편성을 고집하지 않는다고 해도 그의 세 가지 기준에 따르면 여전히 보편성은 정도에 따라 구분된다. 세 가지 기준 중에서 가장 높은 곳에 있으면서 동시에 가장 보편적인 기

163　한스 큉, 《진정한 종교란 무엇인가?: 보편적 종교의 기준에 관해》, 본 장에서 인용한 한스 큉의 주장은 해당 책을 참고한 것이다.

준은 인성에 바탕을 둔 윤리 기준이다. 한마디로 가장 기본이 되는 기준이다. 또한 그 아래 있는 두 가지 기준이 확립되려면 첫 번째 기준에 반드시 부합되어야 한다. "기독교의 특수한 기준은 종교의 일반적이고, 본질적인 기준에 부합되어야 할 뿐만 아니라 궁극적으로 인성의 총체적인 윤리 기준에도 부합되어야 한다." 한스 큉의 펜 아래 탄생한 하느님 역시 이러한 의미에서 가장 보편화된 존재라 하겠다. "기독교 신도는 그리스도를 믿는 것이 아니라 하느님을 믿는다." 여기서 말하는 하느님은 기독교의 하느님만을 의미하는 것이 아니라 모든 종교의 하느님을 의미한다. "최후의 종말이 더 이상 등장하지 않는 종교에는 오로지 하느님만 존재할 뿐이다."

보편성은 특수성보다 한 차원 높은 위치를 차지하고, 특수성은 보편성을 구체적으로 실천한다. "진정한 인성은 진정한 종교의 전제가 된다. 진정한 종교는 진정한 인도주의의 실천이다."

한스 큉은 신실한 기독교 신자이지만 '자아비판적 방법'을 동원해 기독교 자체를 돌이켜봤다. 십자군, 종교재판소, 유대인에 대한 핍박 등 역사적 사실을 비롯해 배타적이면서 용서하지 않는 종교적 특징, 원죄와 용서에 이르기까지…. 남다른 크기의 그릇을 보여준 그의 용기와 지혜에 뜨거운 박수를 보낸다. 하지만 현재 우리가 이야기하는 보편성과 특수성의 관계에 대해 한스 큉은 그다지 만족스러운 답변을 내놓지 못했다. 핵심 문제는 이러하다. 가장 높은 곳에 위치한 동시에 가장 일반적인 보편적 인성에 관한 윤리 기준이 존재하지만, 해당 기준에 의거하지 않고 거짓 기독교 혹은 다른 특별한 기준을 사용한다면 어떻게 될 것인가?

"교회와 기독교가 여전히 필요한 존재인가?"라는 한스 큉의 질문을 떠올려보자. 기독교의 특별한 기준이 궁극적으로 인성의 총체적인 윤리 기준에 부합한다면 특수한 기준은 그저 보편적 기준의 주석에 불과하다. 심한 경우 그저 장신구에 지나지 않을 수도 있다. 하느님이 매우 특별한 존재라면, 최후의 종말이 오기를 기다릴 필요 없이 하느님을 믿으면 그만이다. 즉 기독교나 다른 종교를 믿을 하등의 이유가 필요 없는 셈이다. 게다가 반드시 특수성을 통해 보편성을 구현해야 한다고 주장한다면, 기독교는 보편적 종교임에도 왜 거짓 기독교를 따르려 하는가? '진정한 인도주의'를 개인이라는 존재에 구체화시키지 않는 까닭은 또 무엇인가?

이러한 질문에 대해 한스 큉은 외부적인 관점과 내부적인 관점에서 답변을 제시했다. "중립적인 관찰자의 눈에 비친 기독교는 그저 여러 가지 종교 중 하나일 뿐이다. 그러나 내부적인 관점에서 바라본 기독교는 다른 종교와 나란히 놓인 종교가 아니라 '나의 종교'가 된다. 해당 종교에서 나는 삶과 죽음의 진리를 설명할 수 있는 진리를 찾았다는 믿음을 얻게 된다. 특정 종교가 나의 종교가 될 때 진리에 대한 탐구는 비로소 사람의 마음을 감동시킬 수 있는 깊이에 도달할 수 있다."

외부적 관점과 내부적 관점으로 나눠 이 문제에 답했다는 사실은 매우 희망적이라고 생각한다. 그러나 한스 큉은 희망적인 메시지를 제시했지만 정작 더 중요한 문제는 탐구하지 않았다. "외부적 관점과 내부적 관점은 어떻게 연계되는가?" 이 문제에 대해 명확한 답변을 제시하지 않고는 관점의 구분이라는 방법을 통해 보편성에 대한 한스 큉의 추상적 이해를 바로잡을 수 없다. 이러한 이해에 의거했을 때, 하느님은 기독교만의 하느님이 아니라 모든 종교의 하느님이 될 수 있다. 하느님은 다신교의 하느님이 아니라 무신론의 하느님인가? 그런 것 같지는 않다. "종교만이 무조건적이고 보편화된 윤리를 구축하고, 동시에 이를 구체화시킬 수 있다."

그렇다면 어떤 종교에도 귀속하지 않은 사람은 '무조건적이면서도 보편적인 윤리를 세우는 동시에 이를 구체화'시킬 수 없는 것일까? 당사자 스스로 어떻게 생각하든, 그 역시 특정한 종교를 믿는 것이 아닐까? 한스 큉은 '익명의 기독교도Anonymous Chhstian, 포괄주의-역주'라고 비난하며 이러한 견해 때문에 기독교가 자신의 믿음을 다른 종교에 강요한다고 지적했다. "기독교인도 아니고, 기독교도가 될 생각도 없는 사람의 의지가 존중받지 못한다. (중략) 유대인이나 무슬림, 힌두교 그리고 불교도들은 '익명의 기독교도'로 여기는 행동처럼 자신의 의지를 다른 사람에게 강요하는 수단으로 사용되는 것을 발견할 수 없다. 이들은 자신들이 누군지도 알지 못하는 것 같다!" 마찬가지로 우리 역시 어떤 종교도 믿지 않는 사람을 익명의 신자라고 봐서는 안 될 것이다. 설사 그의 믿음을 '진정한 종교'라고 불러도 말이다.

단어가 추상적이라고 말하지만 또 다른 의미에서 단어는 구체적이다. Jehovah여호와, God신, Allah알라, 하늘天, Sakyamuni석가모니…. 하나같이 특별한 문화—역사—이치를 모두 내포하고 있다. 다시 말해서 하나의 단어가 제아무리 보편적인 개념을 담고 있다고 해도 그 안에 들어 있는 특수성은 보편적이지 않다. 하느님이라는 단어 하나에도 무신론자에 대한 불공평함이 이미 포함되어 있다.

모든 단어에서 말하는 가장 높은 자리에 앉은 자 위에 어쩌면 더 높은 사람이 앉아 있을지도 모른다. 그저 부를 만한 이름이 없는 것일 수도 있다. 무신론자가 자신보다 더 높은 존재를 믿는다고 하더라도 그것은 모든 종교의 하느님이 아닌, '부를 만한 이름이 없는 자'일 것이다. 한스 큉은 실제로 이러한 입장을 밝힌 바 있다. "지극히 보편적인 것은 이름이 없으니, 이것은 사람들이 생각할 수 있는 마지막 출구와 같다."

보편적
기준은 존재한다

한스 큉이 말한 보편성과 일반적인 의미의 보편성 모두 공상共相 혹은 공통점을 통해 이해될 수 있다. 기독교, 불교, 청양교青阳教 모두 종교라고 부르는 것은 이들 사이에 모종의 공통점이 있기 때문이다. 미국의 제도와 필리핀의 제도를 우리가 민주제라고 부르는 것 역시 두 가지 제도가 공유하고 있는 보편성 때문이다.

비트겐슈타인이 가족 유사성Family resemblance이라는 개념을 제시한 이래, 많은 사람이 반드시 보편성을 통해 가족의 범주를 이해하는 것은 아니라는 사실을 깨닫게 됐다. 이를테면 A, B, C 세 나라의 제도 모두 민주제로 불리지만 세 나라 모두 하나의 공통점을 지닌 것은 아니다. A국과 B국의 제도 사이에 공통점이 존재하고, B국과 C국의 제도 사이에도 공통점이 존재한다. 하지만 A와 C국 사이에 공통점이 존재하지 않을 수도 있다. 이러한 사례는 보편적 사유의 변체_{變體}에 속한다. 여전히 공통점을 통해 가족의 범주를 이해할 수 있지만, 모든 하위 범주에 동일한 요소가 존재한다는 입장을 더 이상 견지할 수 없을 뿐이다. 하위 범주는 일련의 중첩되는 공통적인 요소를 통해 가족의 범주를 형성할 수 있다.

최근에 유행한 '중첩적 합의_{Overlapping consensus}'는 가족 유사성이라는 사유의 또 다른 변체로, 공통점을 통해 여전히 보편성을 이해하고 있다. 보편적 가치에 대한 탕이지에_{湯 一介} 교수의 이해 역시 해당 사례에 속한다. 탕이지에의 보편적 가치 _{지금껏 당국의 탄압을 받고 있음에도 여전히 유행 중이다}는 '보편주의'를 반대하고 있다고 알려져 있다. "보편주의는 '모종의 사상적 관점_{명제}'을 절대적 · 보편적이라고 여기며, 단 하나의 예외도 인정하지 않는다. 그러면서 다른 민족의 문화, 사상, 관념_{명제}에 보편적 가치가 없거나, 심지어 아무런 가치도 없다고 여긴다. 보편적 가치는 서로 다른 민족 문화 속에 같거나 유사한 가치와 관념으로 존재할 수 있다고 말한다. 다양한 상황에서 서로 다른 민족에 의해 수용될 수도 있다. 그러므로 다양한 민족 문화 속에 '보편적 가치'라는 요소가 존재한다고 분명히 말할 수 있다.[164]" 해당 논증에서 '명제'라는 단어를 '요소'

---

164 탕이지에, 《문화 속의 '보편적 가치'를 찾아서》, 덩정라이_{鄧正來}가 엮은 《세계사회과학 고급강단 강연록》에 실림, 상우인 서관, 2010년, p218

로 대체하더라도 '같거나 유사한'이라는 굴레에서 벗어나지 못하기 때문에 보편적 사유에서 제시한 문제를 여전히 해결하지 못한다. '다양한 민족 문화에 존재하는 동일하거나 유사한 가치적 관념을 보편적 가치'라고 한다면 '다양한 민족에 의해 받아들여지는 것'이 아니라 다양한 민족에 의해 이미 수용된 것이라 하겠다.

이는 또 다른 설명을 제시하고 있다. 사유의 당사자가 제아무리 보편주의를 경계한다고 해도 우리는 보편주의적 사유에서 벗어나기 어렵다. 이러한 사유는 보편성이 특수성보다 우선한다는 거대한 전통에서 비롯됐기 때문이다. 각자 특수한 위치에 서 있는 우리가 다른 특수성을 이해하려면 먼저 보편성으로 '발전'해야 한다. 특별한 이익, 입장 사이에 이견과 갈등이 발생하면 '인성에 바탕을 둔 보편적 윤리 기준'으로 '발전'해 문제를 판단하고 해결하려고 한다. 철학이 최고의 학문인 이유는 보편적 원리, 이를테면 대립적 통일, 지나치면 독이 된다는 '원리原理'를 제공하기 때문이다.

6장에서 쾌락에 관한 문제를 다루며 공통점과 가족 유사성을 찾는 작업은 일반적으로 초보적 준비에 해당한다고 설명했다. 그래서 설사 공통점이나 가족 유사성을 찾더라도 그것만으로 관련 현상의 공통점과 차이점이 어디서 비롯되는지 설명하기 어렵다. 하지만 윤리학의 임무는 이러한 문제에 대한 답을 찾는 것이 아니다. 우수한 문학작품처럼 '인성 중에서 보편적인 것을 발굴'하는 데 그 목적이 있다. 《홍루몽》,《안나 까레니나》에서 우리는 집착에 가까운 사랑, 사랑에 자신의 모든 것을 던진 사람들을 만날 수 있었다. 두 가지 종류의 철학 시스템을 비교·연구해보면, 한 가지 내용을 돋보이게 하는 데 그 취지가 있다는 사실을 발견할 수 있다. 논란의 여지가 있지만 우수한 문학작품은 인성 중에서 보편적인 것을 발굴하는 데 관심이 없다. 그보다는 우수한 작품은 특수한 인물의 특수한 일에 들어 있는 특수성을 발굴하는 데 그 목적이 있다고 생각한다.

보편성으로의 발전을 통해 현실 속의 온갖 이견과 충돌을 해결하자는 주장은 어디서나 볼 수 있지만, 아이러니하게도 가장 현실에서 멀리 떨어져 있다. 보편적인 윤리기준이 확실히 존재한다면, 이견과 충돌이 발생했을 때 사람들은 자신의 특수성에서 보편적 기준을 향해 나아갈 것이다. 궁극적으로 이러한 사실은 보편적 기준은 분명 존재한다는 함의가 될 수 있다. 그 이유인즉, 이견과 충돌이 발생했을 때 사람들이 '보편적 기준'으로의 발전을 원치 않는다면 보편적 기준이라는 말은 빈 말이 되기 때문이다. 이견과 충돌은 쉽게 해결될 수 없지만 사람들이 이로 말미암아 이견이 없던 상태에 이른다는 뜻과 일맥상통할 수 있다. 다만 다양한 사람들의 특수한 이익과 특수한 믿음에서 몰이해와 충돌이 비롯된다는 데 문제가 있다. 이스라엘 사람과 팔레스타인 사람 모두 인간으로서 다양한 공통점과 보편성을 지녔다. 그럼에도 이스라엘 사람들은 왜 예루살렘을 점령하고, 팔레스타인 사람들은 이스라엘 사람들을 향해 미사일을 퍼붓는가?

어느 영역에서 개별적 존재가 되는가

특수성은 모든 윤리생활과 윤리적 사고의 출발점이자 도착점이지만 보편성에서 단 한 번도 벗어난 적 없다. 나는 중국인이다. 그리고 당신은 기독교인이다. 중국인이라고 해서 완전히 이쪽이나 저쪽에 있다고 말할 수 없다. 즉 나는 중국인으로서 특수성을 띤 특별한 존재에 속한다.

나는 왜 중국인이라고 강조하는가? 나는 동시에 하이디옌海淀 구 사람이자, 베이징 시민 그리고 아시아인이기도 하다. 베이징, 중국, 아시아는 추상적 의미의 영역이 다를 뿐이다. 하지만 여기서는 개별된 상태의 추상적인 영역이 아니라, 어떤 영역이 사회−윤리생활의 조직·연계를 의미하는지 주의 깊게 살펴볼 필요가 있다. 해외여행에 앞서 나는 하이디엔 지역이나 아시아 지역의 여권이 아니라 중국 여권을 가지고 있어야 한다. 중국 사람인 나는 아시아 언어가 아닌 중국어를 사용한다. 여기에서 말하고자 하는 핵심은 간단하다. "무엇이 보편적인 영역인가?"가 아닌, "사회─윤리적 생활의 요소가 대체 어느 영역에서 유기적인 통합, 즉 개별적 존재가 되는가?"이다.

나는 개별적 존재다. 중국 문화, 기독교 역시 개별적 존재다. 나의 개인적인 상황만 보더라도 나는 일단 중국인이다. 또 다른 누군가에게는 자신을 드러낼 때 공산당원이라는 사실을 가장 먼저 밝힐지도 모르겠다. 한스 큉은 자신을 독일인이라고 소개하기 전에 기독교인이라는 신분을 먼저 밝혔다. 세계인은 당신의 첫 번째 '신분'이 될 수 있지만, 그렇다고 해서 세계인이 가장 상위에 자리한 보편성이라는 뜻은 아니다. 당신의 개별성이 세계인이라는 측면에서 전체를 이룬다는 데 남다른 의의를 지니고 있기 때문이다. 일반적으로 희박한 전체를 의미할 것 같다. 당신이 민족이 아닌 인성에 관심이 있다고 해서 당신의 관심이 더욱 보편적이라는 뜻은 아니다. 여전히 특수한 방식으로 인성에 관심을 보여야 한다.

환경이라고 해서 항상 '외재적 환경'을 의미하는 것은 아니다. 환경은 환경을 구성하는 모든 대상을 내재적으로 제약할 수 있다. 앞에서 이야기한 것처럼 윤리적 요구를 비교적 실질적인 방식으로 제시하려면 반드시 환경적 요소를 고민해야 한다. '민주주의'가 제아무리 보편적인 가치를 지녔다고 해도 송나라 신종神宗 시대에 민주제를 도입한 것은 적절한 선택이 아니었다. 이쪽에 민주제가 있으면 저쪽에 민주제를 응용할 수 있는 적합한 환경이 있어야 한다. 원칙이나 가치가 이미 만들어진 것이며 환경과 무관하다면, 이미 만들어진 원칙과 가치를 어떠한 특정 환경에 적용시켜야 할 것인지 고민해야 한다.

민주제는 역사–사회 환경 밖에서 생겨난 것이 아니다. 특정한 역사–사회 환경에서 존재하며, 그 속의 역사–사회 환경을 조직해 사회 구성원으로부터 인정받은 것이다. 왕안석이 신종에게 민주제를 건의하지 못한 것은 민주제가 북송의 역사–사회 환경에 적합하지 않다고 생각했기 때문이 아니다. 혹은 신종이 민주제에 관심이 없으리라는 추측 때문도 아니다. 그저 두 사람 모두 자신이 뭘 이야기하려는지 잘 몰랐던 것뿐이다.

우리는 역사 문자 사회 환경을 떠나 민주제를 구상할 수 없다. 특정한 언어를 벗어나 변려문이 무엇인지 알 수 없고, 평면에서 벗어나 상하의 위치가 정확히 어디인지를 파악할 수 없는 것과 같은 이치다. 개인의 권리를 담은 연설문 〈세계인권선언〉에서 조셉 라즈Joseph Raz는 교육권에 대한 글을 소개하며 이렇게 평가했다. "초등교육, 기술교육, 고등교육으로 나눈 작업은 석기시대나 기타 시대에는 아무런 의미도 없었다. 그중에서 일부를 의무교육이라고 봐도 아무런 의의도 지니지 못했다.[165]" 이 문제는 비트겐슈타인이 자주 인용하던 평론을 떠올리게 한다. "개는 왜 아픈 척하지 못하는가? 너무 솔직해서? 개에게 아픈 척하도록 가르칠 수 있을까? 아마도 특정 장소에서 아프지 않아도 아픈 척 울게 만들 수 있을 것이다. 하지만 그의 행위는 항상 정당한 주변 환경이 부족하기 때문에 진정한 위장행위라고 볼 수 없다.[166]"

'간음하지 말라'는 말은 일부일처제라는 제도에서만 통용된다. 일부일처제라는 제도에서 벗어나면 우리는 간음의 의미가 무엇인지 전혀 알 수 없다. 칸트에 따르면 '거짓말하지 말라'는 계율은 이성적 존재자라는 범위 안에서만 유효할 뿐이다. 이성적 존재자가 더 까다로운 요구를 제시하기 때문이 아니라, 오직 이성적 존재만 거짓말을 하기 때문이다. 또한 이성적 존재자가 존재할 때만 우리는 비로소 '거짓말'이 무엇인지 알 수 있다. 거짓말이 무엇인지 알아야 거짓말하면 안 된다는 계율도 알 수 있는 법이다.

번역이라는 활동을 통해 보다 구체적이고 세밀하게 이해에 대한 환경이라는 내재적 제약을 연구하고, 공상, 중첩적 합의 등의 관념을 규명할 수 있다. 누군가 당신에게 law의 뜻을 물어본다면 당신은 법이라고 대답할 것이다. 그렇다고 해서 법의 의미가 law의 의미와 100퍼센트 같다는 뜻은 결코 아니다. 법의 의미와 law는 동일한 의미를 가진 두 가지 표현이다. 먼저 law는 법으로 번역하지만 또 다른 장소에서는 규칙, 규율, 예의나 다른 의미로 번역될 수 있다. 물론 법과 law의

---

165   조셉 라즈, 《새로운 세계질서 속의 개인 권리》. 여기에서는 시대 차이만 다루고 있다. 유사한 이유에 의거해 현재 세계의 특정 지역에 대해 동일하게 단언할 수 있다.

166   비트겐슈타인, 《철학연구》

어의는 중첩된다. 그렇지 않고서야 우리가 어떻게 law를 법으로 번역하겠는가? 여기서 중첩되는 부분은 두 단어 사이의 공통점을 가리키는 것으로, 우리는 이것을 '보편성'이라고 불러도 무방할 것이다. 하지만 두 단어의 어의가 중첩되는 부분을 보편성으로 번역해도 괜찮을까? 보편성을 우리는 어떻게 불러야 할까? law도 아니고 법으로도 번역할 수 없다면 말이다.

사실 이 문제를 해결할 수 있는 방법은 무척 간단하다. law와 법은 각각 영어와 중국어에 속한다는 사실을 떠올리면 된다. 하나의 단어가 하나의 언어에 해당한다. 특정한 언어 시스템에서 해당 단어는 하나의 낱말, 하나의 단원單元, 단일한 근원 또는 실체에 불과하다. law는 영어로, 영어라는 언어 시스템에서 비로소 하나의 단원이 되고, 하나의 함의를 지니게 된다. 중국어에 속하는 법 역시 저만의 함의를 지닌다. 이들의 어의가 일부 중첩되기만 하지만 영어, 중국어 혹은 기타 언어에 속했다는 뜻은 아니다. 그러므로 독립된 어의의 단원도 아니니 '저만의' 함의를 지녔다고 이야기할 수도 없다. law와 법이 중첩되는 어의는 law의 모든 함의에 속하기 때문에 반드시 전체 함의를 가진 다른 부분과 하나로 이어질 때 비로소 이해될 수 있다. 마찬가지로 법과 law의 중복되는 해당 어의는 법의 전체 함의에 속하는 기타 부분, 예를 들어 방법, 모방 등의 함의와 함께 연결되어야 한다.

"law와 법의 어의에 공통점이 있다"는 말은 이해될 수 있다. 서로 다른 두 가지 언어의 관계에 입각하면 공통점을 구분할 수 있기 때문이다. 공통점을 '보편성'으로 바꾸면 우리는 서로 다른 길을 걷게 된다. '보편성'은 독립적인 단원이지만 law와 법의 어의가 중첩되는 부분은 그렇지 않기 때문이다. "law와 법의 어의에 공통점이 있다"는 것은 독립적인 단원이 아니기 때문에 전체를 구성할 수 없다. 그래서 단독 형태의 단어로 표현할 수 없는 것이다.

두 가지 언어의 중첩되는 부분은 보편성이 아니다. 두 언어 모두 보편성이 존재하지 않는다. 스티븐 핑커Steven Arthur Pinker는 '사상언어思想言語'가 존재한다고 주장했다. 사상언어는 중국어, 영어 및 기타 언어의 공통된 기반으로서 사상언어에 의존했을 때만 비로소 번역될 수 있다고 주장했다. 그의 설명에 따르면 우리가 영어를 자국어로 번역하는 작업은 먼저 영어를 사상언어로 번역한 뒤에 다시 자국어로 번역하는 과정이다. "한 가지 언어를 이해한다는 것은 사상을 어휘의 모음으로 어떻게 번역해야 하는지 이해하는 것이다. 또한 어떻게 역번역해야 하는지도 안다는 뜻이다.[167]"

여기에서 '사상언어 가설'에 대한 논의를 중단하는 대신 누구도 한 가지 부정할 수 없는 질문을 던지겠다. 사상언어에 속하는 단어는 영어 단어와 일대일 대응될 수 없다. 그렇지 않다면 그 단어는 영어가 되어야 한다어법적 요소 배제. law와 비슷한 함의를 지닌 단어를 laoi로 부른

---

167   스티븐 핑커, 《언어본능The Language Instinct》, 알렌 레인, 1994, p73

다고 가정해보자. law를 laoi로 번역할 때 무슨 근거로 laoi로 번역할 수 있을까? laoi와 law의 어의에 상당 부분 중첩된다는 사실에 주목해야 한다. 중첩되는 부분은 영어도 아니고 사상언어에 속하지도 않는다면 laoi와 law의 공통점을 표현할 수 있는 단어로는 무엇이 있을까? 그 답을 찾기 위해 사상언어와 영어 이외의 또 다른 언어가 필요한 것은 아닐까?

이는 매우 오래된, 끝없이 시대를 거슬러 올라가야 하는 문제다. 플라톤과 아리스토텔레스 모두 똑같은 생각으로 보편성 이론에 질문을 던졌다. 사실 우리가 한 단계 높은 보편성을 향해 줄곧 발전해온 것은 아니다. 이와 유사한 문제에 봉착하기도 했는데, 이를테면 law와 법은 보편성을 필요로 하며, law와 규칙 역시 보편성이 필요하며, 규율과도 보편성을 필요로 한다. law, 라트비아어 중 유사어, 그리고 스와질랜드어 중 유사어 사이에 얼마나 많은 보편성이 필요한가? 이런 식이라면 얼마 가지 않아 보편의 세계가 번잡해질 것이다.

법과 law는 각각 특수한 언어에 속해 있다. 법과 law의 위에는 추상적인 보편성은 존재하지 않으며, 우리 역시 보편성 위에 오르거나 그 아래 처할 필요 없이도 많은 글에서 law를 법으로 번역하고 있다. 영어를 자국어로 번역할 때 보편성을 띤 제3의 언어를 거치지 않고도 직접 영어를 자국어로 번역할 수 있다. 마치 당신이 자국어를 이해하고 또 다른 언어를 이해하는 것처럼 말이다.

앞에서 이야기했던 것처럼 어떤 언어도 아무런 특수성도 지니지 않은 보편성을 가리킬 수 없다. 모든 것은 모종의 특수한 문화—역사—이치에 입각해 말해야 한다. 하지만 이와 동시에 어떤 것은 자신이 속한 언어에서 높은 위치를 차지한다. God, Allah, 하늘 모두 특수한 언어에 속한다. 이들 위에 더 이상 이름 붙일 수 있는, 더 높은 대상은 존재하지 않는다. '이름이 없다'는 것은 그 어떤 특수한 언어에도 속하지 않는다는 의미이자, 동시에 어떤 언어보다 더 높은 언어에 속하지 않는다는 뜻이기도 하다. 혹은 모든 언어를 기반으로 하는 언어에 속하기도 한다는 뜻이다. 그런 점에서 '이름이 없다'는 것은 두 가지 혹은 그 이상의 언어를 아우르는 중간지대라고 하는 편이 좀 더 적절할 것 같다.

'이름 붙일 만한 이름이 없다'는 것이 가능한 것은, 언어가 가지고 있는 모든 보편성보다 더 보편적이기 때문이 아니다. 근본적으로 특수성 위에 속하는 보편성이 없기 때문이다. 그래서 특수성 사이의 번역은 서로 통하게 된다.[168] 특수성에 이름을 붙일 수 있어야 특수성 간의 통용성이 이름이 없다는 기반에서 유지될 수 있다. 그리고 특수성에 반영된다고 할 수 있다.

---

[168] 앞에서 이미 말한 것처럼 하나의 언어를 다른 언어로 바꾼다는 데 제3의 언어, 한 차원 높은 언어를 필요로 하지 않는다.

보편성과
정통성

다양한 가치, 신앙, 정치적 주장에 관한 치열한 논쟁에서 가장 중요한 핵심은 무엇일가? 보편성에 따라 정답을 찾고 추상적인 보편성으로 발전을 꾀하는 것이 아니라, 보편성을 번역하고 그 의미를 온전히 깨닫는 데 있다. '민주제 채택'이라는 통속적인 주장에 오도되어 law라는 단어를 곧이곧대로 자국어에 적용해서는 안 된다. 'law 채택'이라는 개념에서 law를 법으로 번역할 경우, law라는 단어는 여전히 영어와 연계를 유지하고 있기 때문에 영어에서만 사용되는 함의를 지녔을 때만, 법이라는 단어로 동일한 입지에 오르게 된다.

우리가 철학이 탐구하는 보편성에 대해 이야기한다고 해도, 철학이 인생의 이치와 가치, 물리학의 진리, 심리학의 진리보다 앞서는 일반성 명제를 제공한다고 이야기할 수 없다. 지나치면 독이 된다는 말은 가장 흔히 볼 수 있는 보편적인 명제이지만 다소 빈말처럼 들린다. 반대로 적당한 장소와 상황에서 하는 말은 다른 말보다 높은 차원이 아닌 같은 눈높이에서 이야기한다. 철학적 사상은 일반성을 띠고 있지만 그렇다고 해서 사유가 일반적으로 가장 보편적인 수준인 '공유형식'으로 발전했기 때문이 아니라, '공유형식'이 모든 특수한 언어보다 한 차원 높기 때문에 이름을 지을 수 없다.

철학적 노력의 핵심은 바로 여기에 있다. 낯선 영역의 진리_{멀고 먼 시대, 변두리 문화, 물리학 혹은 심리학}를 자국어로 바꿈으로써 이들 진리에 담긴 의의를 파악할 수 있다. 철학은 전달, 번역, 정통_{正統}의 과정이다. "후자의 의미에서 말하는 번역_{이러한 의미의 번역은 '어의의 내용을 또 다른 함축된 형식으로 전송되는 것'을 가리킨다.—필자의 주장}만 가능하다. 그렇지 않다면 철학은 존재하지 않는다. 그러므로 철학의 주제는 이러한 보편적 의미의 번역 가능성, 즉 하나의 어의나 진리를 하나의 언어에서 또 다른 언어로 바꾸는 동시에 커다란 피해를 주지 않아야 한다.[169]"

철학은 번역이다. 두 가지 언어 사이에서 활동하고, '이름 없는' 지대에서도 활동한다. 추상적인 보편성을 정태라고 부른다면 정통성을

169　　자크 데리다 외, 《The Ear of the Other》, 네브라스카대학 출판부, 1985, p120

지닌 보편성은 변화 속에서 생겨난다. "닫고 여는 것은 변變이라 이르고, 끝없이 왔다 갔다 하는 것을 통通이라고 부른다." 성공적인 번역과 해석은 사상의 '공유형식'을 온전히 이해하고 구축하는 작업이다. 사유는 획일화를 경계해야 하고, 서로 통할 때 비로소 사상이 번성한다. 물론 세상 그 어떤 것도 우리가 항상 성공적으로 번역할 수 있도록 보장하지 않는다. 때로는 두 가지 언어를 번역 · 관통하려는 노력이 물거품이 되어 실패로 끝날 수 있다. "철학의 근원은 번역이나 번역 가능한 주제로서, 이러한 의미의 번역이 효용을 잃는 원인은 철학이 이미 격퇴당했다는 사실을 발견했기 때문이다."

번역은 돌아갈 곳이 존재하지 않는다. 즉 우리가 법을 law로 번역한 것은 law라는 단어를 자국어 중에서 법이라는 단어나 다른 관련어와 연동시키려 하기 위함이다. 영어, 일본어 혹은 스와질랜드어로 번역하든 나는 자국어를 통해 이해할 수 있다. 다시 말해서 우리는 자국어를 사용하여 이해를 추구한다. law를 자국어로 번역하면 법, 이로써 자국어에 대한 이해를 완료한 셈이다. 두 가지 언어를 번역해야 하는 작업에서 두 언어는 평행계를 이루지 않는다. 둘 중 하나는 "자신이 또 다른 이해를 위한 매개가 되지 않도록 시도한다.[170]"

철학은 번역으로서 귀결점을 지닌다. 철학은 이치를 관통하는데,

---

170 한스 게오르그 가다머Hans-Georg Gadamer, 《진리와 방법》, 2007년, 1권, p519

출발점과 귀결점을 관통하려면 특정한 시대, 특정한 지역의 절실한 호소 그리고 특정한 사고를 지닌 당사자의 요청이 필요하다. 이와 함께 이치를 관통하는 힘이 제아무리 크다고 해도 그 힘은 언젠가 떨어지기 마련이고, 온 세상의 모든 사물을 아우를 수 있는 힘도 존재하지 않는다.

마찬가지로 중국인이 인권 관념이나 민주제에 관심을 갖는 것도 모두 귀결점을 지닌다. 이미 사회적으로 수립된 인권의 가치를 어떻게 사회로 이전할 것인가? 현재 중국의 특수한 사회적 상황, 특수한 문제를 해결하는 데 민주제가 해답을 제시할 수 있을 것인가? 중국의 국정을 감안해 중국은 민주제를 채택해야 하는가? 그렇게 할 수 없다면 우리는 민주제에서 무엇을 배워야 하는가?

귀결점에 관심을 보이는 중국으로서는 고대 그리스의 민주제가 아니라 현대 미국의 민주제, 인도의 민주제에 더 많은 관심을 보이게 된다. 다시 말해서, 우리는 특정한 역사-사회 환경과 연계해 민주제도를 고민해야 한다. 보편적이거나 표준이 될 만한 언어[171]가 없다면, 각 언어는 해당 언어의 하위 언어에 속하게 된다. 그렇게 되면 각종 언어는 보편적 언어를 통해 서로 연계된다. 마찬가지로 근거로 삼을 만한 구체적인 사례, 구체적인 관찰 시각과 사유 관점 없이 민주제로 바꾸

---

171   여기서는 촘스키Noam Chomsky의 보편어법에 대한 논의는 생략하겠다.

면 '모든 것이 가능한 세계에서는 사실이 되겠지만', 본질에 대해 환경은 아무런 규제도 제시할 수 없다. 그래서 오로지 응용에 해당했을 때만 환경적 요소를 고민해야 한다. 우리는 평소 민주제의 보편성 유무에 대해 이야기하고, 하나의 역사—사회 환경에서 또 다른 역사—사회 환경으로 효과적으로 번역될 수 있는지 논의한다. 보다 고차원적인 추상성을 통해 보편성을 이루려는 것이 아니다.

미국의 민주제, 인도의 민주제, 고대 그리스의 민주제는 훗날 어떤 관점에서 봐도 동일한 민주제의 본질을 지니고 있는가? 기껏해야 학자들이 이론을 구상할 때 관심을 갖는 문제일 뿐이다. 민주제가 추상적인 의미의 보편성으로서, 전 세계의 각 시대에 적용될 수 있는지 어떠한 근거도 없다. 고대 인도의 아소카Asoka 왕이 민주제를 실행해야 했었는지나 실행할 수 있었는지의 문제는, 민주제가 오늘날 기타 세계에 적용될 수 있는지와 하등의 관계도 없다. 전 세계적으로 제아무리 많은 국가가 민주제를 실시하지 않는 쪽을 선택했다고 해도 우리는 여전히 자국의 제도에 적응할 수 있다는 결론을 얻을 수도 있다. 물론 많은 국가에서 민주제를 실시하고 안정적인 발전에 성공했다는 점은 해당 제도를 채택한 사람들에게 큰 용기를 심어줄 수 있다.

그렇다면 각 민주국가의 민주제도는 실은 모두 특수한 제도로서 영국, 일본 그리고 이란 모두 자신만의 민주제도를 운영한다고 볼 수 있을까? 딱히 틀린 말은 아니지만 그렇다고 어떤 의미를 담고 있는 것도 아니다. 필리핀과 미국의 제도가 서로 다르다는 주장은 아무 의도 없이 그저 뱉어내는 말일 뿐, 누구도 두 나라의 제도가 같다고 이야기하지 않는다. 어떠한 환경에서도 민주제를 얼렁뚱땅 이야기해서는 안 된다는 주장은 결과적으로 아무런 도움이 되지 않는다. 각 민주 국가의 민주제가 다양하다는 말은 일반적인 의미의 '민주제'에서 벗어나지 못하기 때문이다. 내가 이야기하려는 내용은 간단하다. 각 민주 국가의 공통점이라는 추상을 뽑아내 일반적인 의미의 민주제라는 개념을 피해가려는 것이 아니며, 하나 혹은 여러 개의 전형적인 민주국가의 제도에 의거해서 가장 비슷한 제도를 참고함으로써 민주제의 개념을 갖춰야 한다는 것이다.

우리는 중국의 상황에서 민주제의 채택 여부 가능성을 고민해야 한다. 이러한 상황에서 우리의 시야를 넓히는 동시에 민주제도를 이미 채택한 국가와 그러지 않은 국가의 상황을 별도로 관찰해야 한다. 또한 최근 민주주의를 채택한 국가에서 이 제도를 배우고, 이 제도를 수행하기 전후의 문화적 변화도 유심히 살펴야 한다. 시야를 넓히는 작업은 추상적인 보편성과 아무런 관계도 없다. 이러한 고민은 영국식 민주제, 일본식 민주제, 이란식 민주제 그리고 고대 그리스의 민주제 사이에서 공통적인 본질을 발견하는 데 의의를 두지 않는다.

어떠한 관점에 의거하지 않고도 변하는 민주제 자체를 발견해야 한다. 이는 마치 언어를 번역할 때 보편성으로 이루어진 이상 언어_{Ideal Language}를 '과도적 교량'으로 삼을 필요가 없는 것과 같은 이치다. 그래서 미국식 민주제를 배울 때 보편성의 민주제를 거치지 않고 미국의 민주제를 직접 배우는 것과 같은 논리다. 이러한 고민은 항상 우리 자신의 상황과 맥을 함께하기 때문에 일본과 중국, 이란과 중국을 일대일로 고찰해야 한다. 어떤 문학작품은 영어에서 중국어로 번역하고, 어떤 문장은 일본어에서 중국어로 번역한다. 일본 언어학 역시 우리의 번역 수준을 향상시키는 데 도움이 되지만 반드시 필요한 것은 아니다.

위의 이야기에서는 보편적인 요구가 존재한다는 것을 부정하는 것이 아니다. 신앙의 자유, 남녀평등, 침략 반대_{평화 수호} 등은 오늘날 세계에서 보편적으로 제시하는 정치적 요구에 속한다. 하지만 이것이 처음부터 모든 종교와 문화의 공통된 가치는 아니었다. 종교-문화의 충돌과 대화를 통해 지금과 같은 자리에 오를 수 있었다. 이미 형성된 공감대가 없을 때에만 공감대를 형성하면 됐다. 가장 행복한 순간에 충돌하는 당사자끼리 공감대를 '형성'하게 된다. 라즈는 '공시적인 보편적 권리'라는 개념을 제시하며, 해당 개념은 특정한 이론에서 비롯된 것이 아니지만 '중요한 실질적 이유가 존재한다'고 설명했다. "근본적인 점은 우리가 인권을 모든 사람이 지금의 삶에서 공통적으로 갖춘 조건이자 보유한 권리라고 생각한다는 것이다. [172]"

현재 통용되는 인권관념은 서구에서 비롯됐다고 해서 비서구지역

---

[172]　조셉 라즈, 〈새로운 세계질서 속의 개인 권리〉

의 국민이 일반적으로 요구하는 권리가 될 수 없다는 뜻은 아니다. 하지만 이러한 보편적인 요구는 인권의 보편성에서 도출된 것이 아니라, 인권에 대한 보편적 요구라는 사실은 인권의 '보편성'을 오히려 든든히 뒷받침 한다.

앞에서 매킨타이어가 관찰한 내용을 일부 소개한 바 있다. 고대 혹은 중세기 언어에는 오늘날 권리에 해당하는 개념이 존재하지 않았다. 심지어 권리라는 단어의 존재 자체를 모르는 경우도 있었다. 오늘날 사람들은 과거의 사회생활과 사상 자원에서 이와 관련된 요소를 찾으려 노력한다. 이는 우리가 궁극적으로 권리라는 개념이 예전에도 있었다는 것을 증명하기 위한 노력이 아니라, 그저 유익한 작업이다. 이러한 요소들은 이미 권리로 번역된 right라는 개념을 우리들이 보다 잘 이해하도록 도움으로써, 자국어의 언어적 환경에 보다 세세히 녹아들도록 한다.

사소한

이치 하나로

변할 수 있다

윤리학의 취지는 최고의 가치를 찾거나 발명하는 것이 아니라, 공효, 의무, 자유, 사랑 혹은 기타의 존재나 가치가 통합되면서 해당 이론 시스템에서 각 가치가 자신의 자리를 찾아 한데 어우러지게 만드는 데 있다. 이러한 이론은 모두 탁상공론에 불과하다. 인류의 이익이 영원히 조화를 이룰 수 없는 것처럼 서로 다른 가치를 요구하는 목소리 역시 하나로 통일될 수 없기 때문이다. 이들 사이에는 영원한 갈등이나 충돌만 존재할 뿐이다. 막스 베버Max Weber가 여러 번 주장한 것처럼, 삶에 대한 다양한 태도를 일치시키는 것은 불가능하다. 이들 사이의 투쟁은 결코 궁극적인 결론을 이끌어내지 못한다. 이 점은 이사야 벌린 경Sir Isaiah Berlin의 일관된 주장이기도 하다.

보편적인 원리가 없으며, 노력하지 않는 사상가는 모든 특수성을 무시하는 보편성에 현혹되어서는 안 된다. 그리고 자신의 특수성을 상식적인 원리로 격상시킬 필요도 없다.

더 높은 수준의 보편성을 지속적으로 추구한다고 해서 상대주의를 극복할 수 있는 것은 아니다. 상대주의가 추상적인 보편주의를 향해 반기를 든 것이 아니라면 상대주의는 어떻게 극복해야 할까? 원래 절대적으로 변하지 않는 지극한 선이란 존재하지 않는다. 인생을 살아가는 길은 사람마다 다르다. '넌 너고 난 나'라는 말에는 아무런 문제도 없다. 이렇게 이해했을 때 문제가 있다고 이야기할 수도 있다. 다양한 삶의 방식은 자신 외의 다른 방법과 단절된 것으로 내가 어떻게 살든지 다른 사람에게 아무런 영향도 주지 않는다. 나 또한 다른 사람의 삶의 방식을 이해하지 못하며, 나의 삶의 방식에 불만을 느껴야만 나의 방법을 바꾼다. 그래서 우리는 반드시 어떻게 살아야 하는지 토론할 수 없으며, 특정한 삶의 방식도 비난할 수 없다.

'중국 특유'라는 말에는 어떤 문제가 존재하는가? 중국 공직자의 권력 남용, 부패 문화, 불신과 이익에 대한 집착으로 가득 찬 사회가 중국을 가리킬 때만 중국의 특성은 변하지 않고 계속 유지된다. 중국인의 인권관이 미국인의 인권관과 다르다는 주장에 의문이 생긴다면 세상에 한 종류의 인권관만 존재해서 그런 것이 아니라 이러한 주장이 종종 차단벽처럼 사용되기 때문이다. 궁극적으로 답이 모두 다르기 때문에 좋고 나쁨의 구분이 더 이상 존재하지 않고, 서로 비교하거나 이해, 학습 및 발전할 수 있는 여지가 더 이상 존재하지 않는다. 이는 마치 어떠한 상황에서도 동일한 인권관을 세울 수 없다는 것처럼 느껴진다. 이러한 상대주의에 굳이 이름을 붙이자면 '절대적인 상대주의' 정도가 옳을 것 같다. 실제로는 절대주의의 또 다른 버전이다.

이것도 옳고, 저것도 옳다는 애매한 기로에 섰을 때 수많은 개성과 특수성 사이에서 공통된 특성을 찾아 문제를 천천히 해결하기란 쉽지 않다. 우리는 특수한 사람, 특수한 문화, 특수한 종교를 통해 충돌을 해소할 수 있는 방법을 찾는다. 하지만 특수성은 완전히 폐쇄된 것이 아니며, 이들 사이에 정도의 차이는 있지만 서로 번역, 이해, 학습할 수 있다. 우리가 보편성으로의 성장을 통해 상대주의를 없앨 수 있는 것이 아니라, 단절된 자신의 상태에서 벗어나 상대주의를 극복해야 한다.

다양한 종교는 서로 구분되었지만 서로 단절된 것은 아니다. 기독교는 예수 그리스도를 믿고 따르는 종교지만 한스 큉은 교회 이외의 예언자와 계시를 받은 자들이 필요하다고 지적했다. 이를테면 마호메트와 석가모니도 필요한 것이다. 여기서 한 발 더 나아가 신도와 무신론자라고 해서 반드시 서로 배척한다고도 볼 수 없다. 특정 종교가 없는 우리들은 다양한 종교를 따르는 신도들과 이야기할 때 신앙이 전혀 낯설지 않다는 상황을 종종 경험하게 된다. 좀 더 조심스럽게 이야기한다면 자신의 문화에 대한 우리의 사랑과 믿음에도 religious종교의, 혹은 religiosity독실한, 즉 종교적 관심이 포함되어 있다.

첫째, 우리는 각각 개별성을 띤 특수한 존재다. 그로 인해 우리가 배우게 되는 존재 역시 개별성을 띤 특수한 존재다. 우수한 품격이 사람이라는 구체적인 형태에서 구현되고, 뛰어난 제도는 특수한 역사나 사회에서 만들어진다. 학습은 귀감을 배우는 것이지 본질적인 것을 쥐고 자신에게 적용하는 것이 아니다. 내가 우수한 사람에게서 배운다고 해서 그 사람이 될 수 없고, 위대한 스승이 반드시 뛰어난 제자를 배출하는 것도 아니다. 친구 사이에도 다른 친구를 자신처럼 만들려는 사람은 없을 것이다. 혹은 자신을 다른 사람처럼 만들려는 사람도 없을 것이다. 우리는 또 다른 누군가가 될 생각이 없으며, 보편적으로 널리 알려진 인물이 되겠다는 것은 꿈에도 생각해본 적이 없다. 그저 개별적 존재로서, 좀 더 뛰어나고 풍부해짐으로써 우리가 처한 삶이 더욱 나아지기를 기대할 뿐이다.[173]

우리는 자신을 변화시킬 준비가 끝나면 종종 다른 사람에게 변해야 한다고 설득한다. 많은 사람이 여전히 계몽주의적 태도를 지니고 있다. 일단 엘리트가 진리를 손에 쥐고 있으면 진실에 어두운 사람들을 깨우쳐줘야 한다고 생각한다.

둘째, 이성적 설득에 대해 높은 기대감을 지니고 있다. 어쩌면 당

173 이사야 벌린 경은 악단을 예로 들어 설명했다. 재즈악단의 즉흥연주를 펼친다. 모든 악사가 마음껏 자신의 기량을 뽐낸다. "모든 악사의 연주실력이 뛰어날수록 다른 악사들도 그에게서 영감을 받아 더 멋진 솜씨를 발휘할 수 있다." 테리 이글턴Terry Eagleton, 《인생의 의미》 참고

신이 생명을 포함한 모든 것을 걸고 덤비는 일이 내게는 별 의미가 없을 수도 있다. 그저 배불리 먹고 마시며 유유자적하게 경치를 즐기는 것이 내게는 최고의 삶이다. 그렇다면 우리는 상대에게 자신의 삶이 더 옳다며 삶에 대한 태도를 바꾸라고 이야기할 수 있을까? 정반대로 생각해보자. 이슬람교도인 내가 우연한 기회에 강좌를 들으러 갔다가 기독교로 개종했다. 그러다 다른 어떤 깨달음을 얻고 무신론자가 되었다면 이를 자연스러운 상황으로 이해할 수 있을까? 이는 그저 나라는 개인이 어떤 것도 진정으로 믿지 않는다는 것을 보여주는 것일 뿐, 어떤 종교를 믿든 큰 차이가 없다. 이런 사람을 당신은 믿을 수 있는가? 이 한 가지 상황으로 다음과 같은 상황을 미뤄볼 수 있을 것이다. 내가 바뀔 만반의 준비가 끝난 상태에 지금 필요한 것은 나를 바꿀 수 있는 '동풍', 즉 사소한 이치 하나만으로도 나는 변할 수 있다.

우리가 살아가면서 만나게 되는 상황은 삶의 궁극적인 목표에 미치지 못할 수도 있으므로 설득의 힘에 크게 기대해서는 안 된다. 심지어 어떤 의미에서 우리가 타인을 바꿔야 하는지 스스로 반문할 수도 있다. 다른 사람이 자신만의 삶의 목표를 포기하고 당신의 뜻을 따른다면 그 삶에 대체 의미가 있단 말인가? 일찍이 현자께서는 삶에 대해서 어느 누구도 설득당하기를 원치 않으며, 우리를 설득하려는 사람들을 증오한다고 말씀하셨다.[114] 도덕주의자들은 종종 가치의 혼란을 걱정하며 가치관을 바탕으로 공감대를 마련해야 한다고 호소한다. 하지만 나는 이러한 호소에 대한 의구심을 버릴 수 없다. 사회적으로 영향력이 큰 지도층 인사가 미성년을 강간했다가 그 부모에게 복수를 당하고 목숨까지 잃은 사건과 가치관의 통일-비ᵈ통일은 그다지 관계없다.

또한 공감대를 형성하려는 노력을 과연 효과적이라고 볼 수 있을까? 공감대를 형성하려고 노력하는 것보다 한 가지 국면, 한 가지 제도를 만들려는 노력이 서로 다른 공감대를 가진 사람들이 조화롭게 균형을 이뤄가며 살아가는 데 보다 효과적이라고 생각한다.

오늘날 제아무리 심신이 건강한 젊은이라고 해도 주류 가치관을 경계하고 전혀 다른 삶의 방식에 빠져들지 않도록 노력해야 한다. 전혀 다르다고 해서 삶의 방식에 우열의 구분은 존재할 수 없다. 전혀 다른 삶은 일반적인 삶 그리고 가치관에서 전혀 분리된 적이 없기 때문이다. 설사 일반적인 잣대에 의한 우열의 구분이라는 굴레에서 벗어났다고 해도, 모든 삶의 방식은 여전히 내부적으로 우열의 구분을 지니고 있다.

사실 비판과 설득은 우정에 충실했을 때 효과적이다. 친구의 독특한 삶의 목적을 이해해야만 현재 그가 살고 있는 삶의 출발점에 영향을 주고 비판할 자격이 있기 때문이다. 친구끼리는 서로 영향을 주고 서로 비판하며 분열하기도 한다. 이러한 일련의 사정을 겪으며 끊임

174 토마 피케티Thomas Piketty, 《도덕윤리》

없이 자신에 대한 이해의 깊이를 더해가고, 타인에 대한 배려나 진심 어린 응원을 통해 자신의 삶의 목표를 한결 아름답고 의미 있게 가꿀 수 있다. 특수성은 보편성의 구현이 아니며, 특수한 존재는 서로 이해와 응원을 통해 자신을 만들어간다.

어떤 종류의 삶이든, 혹은 어떤 종교를 믿든지 비난을 피할 수 없다. 비평은 외부에서 비롯되기도 하지만 내부에서 비롯되기도 한다. 기독교처럼 거대한 종교집단, 거대한 문명에는 다양한 형태의 요소가 존재한다. 한스 큉은 목사라는 신분으로 기독교 역사를 비판했다. 마찬가지로 예를 들어 중화문명이라는 문명의 구체적인 내용을 시종일관 비판하거나 의심하는 세력은 존재했다. 사랑의 깊은 책임에 대한 모든 이야기, 종교적·문화적 대화 모두 내부적 갈등의 연장으로 이해된다. "다원화된 세계에서 종교적 대화를 한다면 모든 종교는 반드시 자아비판적 정신을 지녀야 한다. 그래야만 겸허하게 다른 종교의 진리에 귀 기울일 수 있고 나아가 자신을 반성할 수 있다.[175]"

비판과 설득은 누가 누구를 깨우치는 것이 아니라, '내부'에서 일어났을 때 비로소 진정한 힘이 된다는 뜻이다. 목사인 한스 큉은 기독교도라는 신분 안에서 "진리에 대한 토론만이 사람의 마음을 울릴 수 있는 수준에 도달할 수 있다"고 이야기했다. 이러한 탐색이 뒷받침될

---

175   위안후이원袁惠文, 《종교적 대화에 대한 신학의 의의》, 유빈游斌의 《해석학 및 중국─서양의 상호이해》에 기재, 종교문화출판사, 2013년, p55

때 비로소 내부적인 문제를 이해함으로써 사람의 마음에 '울림'을 선사할 수 있다.

'보편성을 달성했다'는 뜻은 사상의 귀결점이 아니며, 삶의 귀착점은 더더욱 아니다. 삶의 진리는 다양한 전통 속에서 나 자신을 드러내는 것이다. 전통의 내부에 속할 때 비로소 진리를 절실히 믿고 사랑할 수 있기 때문이다. 끊임없이 보편적 가치를 구축해야 하는 시대에서 자신이 속한 문명에 대한 '종교적 믿음'이나 특정한 종교적 신앙은 의의를 결코 잃지 않았다. 우리는 그저 특수한 방식으로 구원을 얻을 뿐이다. 누군가는 기독교의 하느님으로부터 구원을 받고, 누군가는 문명으로부터 구원을 얻는다. 흔히 접할 수 있는 종교나 보편적 이론으로부터 구원을 받는 사람도 있다. 그것은 고차원적인 구원이 아닌, 특정한 형태의 구원일 뿐이다.

사람은 왜 도덕적이어야 하는가

초판 1쇄 인쇄 | 2017년 2월 6일
초판 1쇄 발행 | 2017년 2월 13일

지은이 | 천자잉(嘉映 Chen Jianying) 지음, 이지은 옮김
발행인 | 박효상
총괄이사 | 이종선 편집장 | 김현 기획 · 편집 | 박혜민 디자인 책임 | 손정수
마케팅 | 이태호, 이전희 디지털콘텐츠 | 이지호 관리 | 김태옥
본문 편집 | 정은아

종이 | 월드페이퍼 인쇄 · 제본 | 현문자현

출판등록 | 제10-1835호
발행처 | 사람in
주소 | 121-839 서울시 마포구 양화로11길 14-10(서교동) 4F
전화 | 02) 338-3555(代) 팩스 | 02) 338-3545
E-mail | saramin@netsgo.com
Homepage | www.saramin.com

:: 책값은 뒤표지에 있습니다.
:: 파본은 바꾸어 드립니다.

ⓒ 천자잉 2017

ISBN 978-89-6049-618-7 03190

사람이 중심이 되는 세상, 세상과 소통하는 책 **사람in**